NORM UND STRUKTUR

STUDIEN ZUM SOZIALEN WANDEL
IN MITTELALTER UND FRÜHER NEUZEIT

IN VERBINDUNG MIT

GERD ALTHOFF, HEINZ DUCHHARDT, PETER LANDAU
KLAUS SCHREINER, WINFRIED SCHULZE

HERAUSGEGEBEN VON
GERT MELVILLE

Band 19

GESCHICHTSWISSENSCHAFT UND »PERFORMATIVE TURN«

Ritual, Inszenierung und Performanz
vom Mittelalter bis zur Neuzeit

Herausgegeben von

JÜRGEN MARTSCHUKAT
und
STEFFEN PATZOLD

2003
BÖHLAU VERLAG KÖLN WEIMAR WIEN

Gedruckt mit Unterstützung
der Hamburgischen Wissenschaftlichen Stiftung
und der Universität Hamburg

Bibliografische Information der Deutschen Bibliothek

Die Deutsche Bibliothek verzeichnet diese Publikation
in der Deutschen Nationalbibliografie;
detaillierte bibliografische Daten sind im Internet über
http://dnb.ddb.de abrufbar.

© 2003 by Böhlau Verlag GmbH & Cie, Köln
Ursulaplatz 1, 50668 Köln
Tel. (0221) 91 39 00, Fax (0221) 91 39 011
vertrieb@boehlau.de
Alle Rechte vorbehalten
Druck und Bindung: MVR Druck GmbH, Brühl
Gedruckt auf chlor- und säurefreiem Papier
Printed in Germany
ISBN 3-412-07203-6

VORWORT

Im Sommersemester 2001 haben wir im Rahmen der „Hamburger Gespräche zur Geschichtswissenschaft" (HGG) eine Vorlesungsreihe zum Thema „Geschichtsschreibung und ‚performative turn'" durchgeführt. Die Vorträge fanden am Historischen Seminar der Universität Hamburg und über die Fächergrenzen hinweg großen Zuspruch. Das hat uns ermutigt, dieses Buch zu publizieren.

Dabei haben wir große Unterstützung erfahren. Zunächst möchten wir uns bei allen Mitgliedern des Trägerkreises der HGG bedanken, die an der Konzeption der Vorlesungsreihe mitgewirkt haben und mit denen wir nach wie vor anregende Diskussionen über die unterschiedlichsten Themen der Geschichtstheorie und Geschichtsschreibung führen. Unser Dank gebührt ebenso Gert Melville und den Mitherausgebern von „Norm und Struktur" für die Aufnahme in die Reihe. Für die großzügige finanzielle Unterstützung sind wir der „Hamburgischen Wissenschaftlichen Stiftung" und dem Fachbereich „Philosophie und Geschichtswissenschaft" der Universität Hamburg zu Dank verpflichtet. Julia Kramer hat das Manuskript auf vorbildliche Art und Weise redaktionell betreut. Astrid Kusser, Maren Möhring, Susanne Rau und Volker Scior haben uns wertvolle Hinweise zum Konzept des Bandes gegeben. Ihnen allen sei gedankt.

Für uns war die Arbeit an diesem Projekt sehr anregend. Dies gilt sowohl für den Blick über die Grenzen der eigenen Disziplin als auch für das Gespräch zwischen Mittelalter- und Neuzeithistorie. Wir hoffen, dass dieser Band dazu beiträgt, einen solchen interdisziplinären und epochenübergreifenden Gedankenaustausch weiter voranzutreiben.

Jürgen Martschukat
Steffen Patzold

INHALT

Vorwort V

Jürgen Martschukat / Steffen Patzold
Geschichtswissenschaft und „performative turn":
Eine Einführung in Fragestellungen, Konzepte und Literatur 1

Erika Fischer-Lichte
Performance, Inszenierung, Ritual:
Zur Klärung kulturwissenschaftlicher Schlüsselbegriffe 33

Steffen Patzold
Amalar, Guntard und die missglückte Messfeier:
Ein methodischer Versuch über das Spucken im Frühmittelalter 55

Geoffrey Koziol
A father, his son, memory, and hope:
The joint diploma of Lothar and Louis V (Pentecost Monday, 979)
and the limits of performativity 83

Gerd Althoff
Inszenierung verpflichtet:
Zum Verständnis ritueller Akte bei Papst-Kaiser-Begegnungen
im 12. Jahrhundert 105

Klaus van Eickels
Kuss und Kinngriff, Umarmung und verschränkte Hände:
Zeichen personaler Bindung und ihre Funktion
in der symbolischen Kommunikation des Mittelalters 133

Achim Landwehr
Raumgestalter:
Die Konstitution politischer Räume in Venedig um 1600 161

Johannes Paulmann
„Napoleon hat sich im Grabe umdrehen müssen ...":
Vergegenwärtigung von Vergangenheit und
Geschlechterkonstruktion in der performativen Politik
der monarchischen Nationalstaaten 185

Jens Jäger
Erkennungsdienstliche Behandlung:
Zur Inszenierung polizeilicher Identifikationsmethoden um 1900 207

Jürgen Martschukat
„The duty of society":
Todesstrafe als Performance der Modernität in den USA um 1900 229

Maren Möhring
Performanz und historische Mimesis:
Die Nachahmung antiker Statuen in der deutschen
Nacktkultur, 1890-1930 255

Verzeichnis der Abbildungen 287

Verzeichnis der Autorinnen und Autoren 288

JÜRGEN MARTSCHUKAT / STEFFEN PATZOLD

Geschichtswissenschaft und „performative turn"

Eine Einführung in Fragestellungen, Konzepte und Literatur

1. Der „performative turn"

Als sich im Januar 2002 in den USA zum ersten Mal nach den Anschlägen auf das World Trade Center die beiden besten Teams der zurückliegenden Football-Saison zum alljährlichen „Superbowl" trafen, wurde zu den Klängen der Nationalhymne genau diejenige US-Flagge in das Stadion getragen, die an „9/11" auf einem der Twin Towers geweht hatte. Einige Tage nach den Terrorangriffen war sie nahezu unbeschädigt in den Trümmern gefunden worden. „Heroes, hope and homeland" war das Motto, unter dem das Endspiel stand.[1]

Theatralische Akte und Selbstinszenierungen sind freilich nicht nur in den USA, sondern auch in anderen westlichen Gesellschaften zu beobachten. So trafen im Spätsommer des Jahres 2002 erstmals in der deutschen Geschichte der amtierende Bundeskanzler und sein Herausforderer in einem Fernsehduell aufeinander. Im Vorfeld waren weniger die politischen Argumente, die bei diesem Schlagabtausch zu hören sein würden, sondern vielmehr die Inszenierung des Duells öffentlich diskutiert und die Performance der Kombattanten mit Spannung erwartet worden. Expertenrunden, Feuilletons sowie die Boulevardpresse diskutierten die Haltung der Redner am Pult, ihre Gestik und ihre Kleidung bis hin zur Farbe und Musterung der Krawatten. Kulturpessimisten klagten, politische Botschaften spielten keine Rolle mehr, die Theatralisierung der Politik – und damit auch deren Banalisierung – erreiche mit diesem Ereignis ihren Höhepunkt in einem Wahlkampf, der ohnehin nur ein Medienzirkus im Zeitalter allgemeiner Politikverdrossenheit sei. Das traurige Ende des so genannten „kritischen Diskurses", gern als untrügliches Zeichen aufgeklärt rationaler Gesellschaften bemüht, schien nun unabwend-

---

[1] Eine erste Deutung von „9/11" versucht der Band von Sabine SIELKE (Hg.), Der 11. September 2001. Fragen, Folgen, Hintergründe, Frankfurt am Main 2002. Vgl. für eine Historisierung des US-amerikanischen Patriotismus u.a. Cecilia E. O'LEARY, To die for. The paradox of American patriotism, Princeton, NJ 2000.

bar. Andere Stimmen diagnostizierten dagegen nur eine Verschiebung der Akzente. „Wo irgendeine Form von Öffentlichkeit eine Rolle spielt, hat Inszenierung von Politik Bedeutung", betonte zum Beispiel der Politikwissenschaftler Jürgen Falter in der Zeitschrift „vorgänge". Andere Politologen kommentierten, auch wenn die Inszenierung oft als Täuschungsmanöver in manipulativer Absicht gelesen werde, sei sie doch selbst Politik: Sie ermögliche die Zuspitzung von politischen Inhalten, sozio-kulturellen Aussagen, Ordnungsvorstellungen und Konzepten in der Selbstinszenierung politischer Kandidaten. Glücke eine solche Inszenierung, so entstehe eine Verbindung zwischen dem Aufführenden und dem Publikum, zwischen dem Politiker und den Wahlberechtigten – eine Verbindung, die eine politische Gemeinschaft konstituiere.[2]

Wir könnten über Seiten hinweg weitere Beispiele auflisten, die verdeutlichen, dass sich moderne, vermeintlich sprach- und textbasierte Gesellschaften in hohem Maße in Performances, Aufführungen, Inszenierungen und Ritualen verständigen, sich in derartigen Akten ihrer selbst versichern und ihre Wertordnungen schaffen. Dies gilt nicht nur für die große Bühne, sondern auch für das Leben im Alltag, für die Art und Weise, wie sich Menschen begrüßen, wie sie sich kleiden oder zur Arbeit bewegen. Die individuelle wie kulturelle Selbstschöpfung durch Handlungsweisen, die in kollektiven Deutungsmustern gründen und diese Muster zugleich auch ihrerseits wieder begründen, hat in den Gesellschafts- und Kulturwissenschaften der letzten Jahre so große Aufmerksamkeit erfahren, dass sogar von einem Paradigmenwechsel die Rede ist: von text- zu handlungsorientierten Betrachtungen. Zumindest, so die Theaterwissenschaftlerin Erika Fischer-Lichte, müsse das Text-Modell notwendig durch ein Handlungs-Modell ergänzt werden.[3]

---

[2] Dass sich die Bekleidung und insbesondere die Krawatten Gerhard Schröders und Edmund Stoibers bei ihrem zweiten TV-Duell zum Verwechseln ähnlich waren (rot mit aufwärts weisenden Streifen), kann als simple Koinzidenz, aber auch als Ausdruck der Annäherung der beiden bürgerlichen Parteien gedeutet werden. Vgl. aus der Literatur die durchaus kontroversen Beiträge in: vorgänge 41, 2 (2002), insb. von Jürgen FALTER, Politik im medialen Wanderzirkus. Wie Inszenierung die Politikverdrossenheit befördert, S. 5-9; Ulrich SARCINELLI, Politik als „legitimes Theater"? Über die Rolle des Politischen in der Mediendemokratie, S. 10-22; Thomas MEYER / Christian SCHICHA / Carsten BROSDA, Die Theatralität des Wahlkampfs. Politische Kampagnen und sozialwissenschaftlicher Theatralitätsbegriff, S. 23-31, sämtlich mit Hinweisen auf weitere Literatur zur Inszenierung von Politik; vgl. außerdem Erika FISCHER-LICHTE, Politik als Inszenierung, Hannover 2002.

[3] Erika FISCHER-LICHTE, „Notwendige Ergänzung des Text-Modells", in: Frankfurter Rundschau (23. 11. 1999), S. 20; vgl. auch DIES., Theater als Modell für eine performative Kultur. Zum performative turn in der europäischen Kultur des 20. Jahrhunderts (Universitätsreden 46), Saarbrücken 2000; DIES., Grenzgänge und Tauschhandel. Auf

Dabei ist vor allem der Begriff der *Performanz* in den Vordergrund gerückt, er hat sich „von einem *terminus technicus* der Sprechakttheorie zu einem *umbrella term* der Kulturwissenschaften verwandelt", wie der Literaturwissenschaftler Uwe Wirth kürzlich betonte.[4]

Ein *performative turn* also scheint eingeläutet. Der vorliegende Band soll das Potenzial dieser „Wende" für die Geschichtswissenschaft vom Mittelalter bis zur Neuzeit ausloten. Nun hat John L. Austin schon 1961 betont, es sei „durchaus verzeihlich, nicht zu wissen, was das Wort *performativ* bedeutet. Es ist ein neues Wort und ein garstiges Wort, und vielleicht hat es auch keine sonderlich großartige Bedeutung."[5] Diese Bedeutung haben Kulturwissenschaftler und Kulturwissenschaftlerinnen seitdem ausführlich diskutiert. Trotzdem ist das „garstige Wort" immer noch unscharf und in der Geschichtsschreibung vergleichsweise unbestimmt. Daher werden verschiedene Aufsätze dieses Buches eine ausführliche Auseinandersetzung mit einzelnen Begriffen und Konzepten führen. Dies gilt vor allem für den Beitrag der Theaterwissenschaftlerin Erika Fischer-Lichte über „Performance, Inszenierung, Ritual", der zum Einstieg eine „Klärung kulturwissenschaftlicher Schlüsselbegriffe" bietet. Am Ende des Bandes wird sich die Historikerin Maren Möhring in ihrem Text über „Performanz und historische Mimesis" ausführlich mit der „Nachahmung antiker Statuen in der deutschen Nacktkultur, 1890-1930" befassen und sich dabei zugleich dezidiert mit einem poststrukturalistisch angeleiteten Performanzkonzept auseinandersetzen.

---

dem Weg zu einer performativen Kultur, in: Uwe WIRTH (Hg.), Performanz. Zwischen Sprachphilosophie und Kulturwissenschaften, Frankfurt am Main 2002, S. 277-300, S. 279, S. 293.

[4] Uwe WIRTH, Der Performanzbegriff im Spannungsfeld von Illokution, Iteration und Indexikalität, in: DERS. (Hg.), Performanz (wie Anm. 3), S. 9-60, S. 10; vgl. auch DERS., „Kultur der Inszenierung. Performanz – der unaufhaltsame Aufstieg eines kulturwissenschaftlichen Leitbegriffs", in: Frankfurter Rundschau (27. 02. 2001), S. 20; neben dem Sammelband von Wirth sind grundlegend sicherlich die Hefte der Zeitschrift Paragrana 7 (1998): Kulturen des Performativen, und Paragrana 10 (2001): Theorien des Performativen, sowie der Band von Christoph WULF / Michael GÖHLICH / Jörg ZIRFAS (Hgg.), Grundlagen des Performativen. Eine Einführung in die Zusammenhänge von Sprache, Macht und Handeln, Weinheim/München 2001; Sybille KRÄMER, Sprache, Sprechakt, Kommunikation. Sprachtheoretische Positionen des 20. Jahrhunderts, Frankfurt am Main 2001; dekonstruktivistische Perspektiven werden u.a. ausgeführt in Andrew PARKER / Eve Kosofsky SEDGWICK (Hgg.), Performativity and Performance, London/New York 1995; vgl. auch das Themenheft von: Theory, Culture & Society 16, 3 (1999): Performativity and Belonging. Insgesamt repräsentieren diese Texte nur eine Auswahl.

[5] John L. AUSTIN, Performative Äußerungen [1961], hier nach WIRTH, Performanzbegriff (wie Anm. 4), S. 9.

In dieser Einleitung hingegen möchten wir zunächst die verschiedenen kulturwissenschaftlichen Felder umreißen, in denen sich bisher Konzepte von Performanz entfaltet haben: die Sprachphilosophie, die Theaterwissenschaft, die Ethnologie bzw. Sozialwissenschaft und die Geschlechterforschung. In diesen Feldern werden zwar je unterschiedliche Akzente gesetzt, sie sind jedoch in ihren Aussagen nicht eindeutig voneinander zu trennen. In einem zweiten Schritt werden wir dann skizzieren, wie sich Handlungs- und insbesondere Performanzkonzepte bisher in der Geschichtsschreibung niedergeschlagen haben, um abschließend die einzelnen Beiträge sowie die Zielsetzung dieses Bandes zusammenzufassen.

2. Handlungskonzepte in den Kulturwissenschaften

Einer der vier Bereiche, auf die das Performanz-Konzept der Kulturwissenschaften wesentlich rekurriert, ist die Sprachphilosophie. John L. Austin unterschied in seiner Sprechakttheorie zunächst zwischen sogenannten *konstativen* und *performativen* Äußerungen. Während konstative Äußerungen Zustände feststellen („die Buchstaben auf dem Blatt sind schwarz") und somit entweder *wahr* oder *falsch* sein können, bezieht sich die performative Dimension von Sprechakten auf das Verhältnis von Äußerungen und Handlungen. Performative Äußerungen beschreiben keine Zustände in der sozialen Welt, sondern sie schaffen solche Zustände im Akt des Sprechens. „Das Äußern der Worte ist gewöhnlich durchaus ein entscheidendes oder sogar das entscheidende Ereignis im Vollzuge der Handlung, um die es in der Äußerung geht", heißt es in Austins erster Vorlesung. Wer sagt „ich verspreche", der gibt im Moment des Äußerns ein Versprechen ab; wer sagt „ich taufe dich", vollzieht im Moment des Äußerns den Akt der Taufe. Ob und wie performative Sprechakte gelingen, hängt vor allem von den Bedingungen ab, unter denen sie geäußert werden. So kann ein und dieselbe Äußerung unter verschiedenen Bedingungen verschiedene Handlungen vollziehen bzw. nach sich ziehen.[6] Wenn ein Historiker jemanden tauft, wird dieser Akt nicht gelingen, jedenfalls nicht die derart „getaufte" Person zum Mitglied der Kirchengemeinde machen. Gleichwohl können solche gescheiterten performativen Sprechakte für Historiker von Interesse sein, denn häufig lässt gerade das Misslingen von Sprechakten nicht nur Regeln und Konventionen des Spre-

---

[6] John L. AUSTIN, Zur Theorie der Sprechakte, Stuttgart 1994 [1955], erste Vorl., S. 31.

chens, sondern auch die sozio-kulturelle Ordnung und Machtstrukturen sichtbar werden.

Die schablonenhafte Unterscheidung zwischen konstativen und performativen Sprechakten gab Austin selbst noch im Verlauf seiner Vorlesungen auf. Schließlich sei jede konstative Äußerung auch performativ, und zwar in dem Sinne, dass sie etwas feststelle („ich stelle fest, dass die Buchstaben auf dem Blatt schwarz sind"); und sie könne missglücken. Analog sei die wahr/falsch-Unterscheidung auch für performative Akte von Bedeutung, so etwa bei einer Verurteilung vor Gericht. Weiterhin bemängelte Austin, das Konzept konstativer Sprechakte sei von der irrigen Vorstellung getragen, dass es Äußerungen gebe, die unter allen Umständen und immer wahr seien: „Unsere Vorstellung von der Entsprechung zu den Tatsachen [ist] zu einfach."[7]

Die Aufmerksamkeit richtete sich nun vielmehr auf Differenzierungen innerhalb der Performativa. Hier ist vor allem zwischen sogenannten *illokutiven* und *perlokutiven* Sprechakten zu unterscheiden: Illokutive Sprechakte sind besagte Äußerungen, die als Äußerungen einen Akt vollziehen, wie das „ja" bei der Eheschließung, das „ich verspreche", das „ich verurteile" oder „ich taufe". Sollen illokutive Sprechakte gelingen, so bedürfen sie häufig eines spezifischen institutionellen Kontexts; daher eignet ihnen gewöhnlich eine deutlich rituelle Qualität. Als perlokutive Sprechakte bezeichnet Austin diejenigen Äußerungen, die mittelbar oder unmittelbar Handlungen nach sich ziehen: Wenn jemand sagt „ich friere", kann dies eine andere Person veranlassen, das Fenster zu schließen. Eine Analyse von Sprechakten fokussiert dann weniger den Satz als solchen oder die inhärent performative Qualität eines Verbums, als vielmehr jene Sprechsituation und jene kulturellen Konventionen, die Sprechakte gelingen oder misslingen lassen. „Bedeutung ist mehr als nur eine Sache der Intention", betonte John R. Searle in seinen Ausführungen zur Sprechakttheorie, „es ist auch eine Sache der Konvention".[8]

In diesem Sinne verschiebt die Theorie performativer Sprechakte die bedeutungskonstituierenden Instanzen, nämlich weg vom Sprecher bzw. vom Autor eines Satzes oder Textes, hin zu einem Raster sozio-kultureller Bedin-

---

[7] AUSTIN, Theorie der Sprechakte (wie Anm. 6), elfte Vorlesung; die zweite und elfte Vorlesung sind auch in WIRTH, Performanz (wie Anm. 3), S. 63-82, das Zitat S. 81.
[8] John R. SEARLE, What is a speech act? [1965], hier nach: Was ist ein Sprechakt? In: WIRTH, Performanz (wie Anm. 3), S. 83-103, S. 93; vgl. auch Ekkehard KÖNIG, „Performativ" und „Performanz". Zu neueren Entwicklungen in der Sprechakttheorie, in: Paragrana 7, 1 (1998), S. 59-70; Ulrike BOHLE / Ekkehard KÖNIG, Zum Begriff des Performativen in der Sprachwissenschaft, in: Paragrana 10, 1 (2001), S. 13-34, S. 20 f., S. 24; Sybille KRÄMER / Marco STAHLHUT, Das „Performative" als Thema der Sprach- und Kulturphilosophie, in: Paragrana 10, 1 (2001), S. 35-64.

gungen, das einen Text in unterschiedlichen Momenten je divergierende Aussagen hervorbringen und je verschieden wirksam werden lässt. Die Bedeutung einer Äußerung wird folglich erst im Augenblick der Rezeption von den Rezipientinnen und Rezipienten generiert; dabei wirken Text, Rezipierende und die in diesem spezifischen Augenblick vorherrschenden Konventionen zusammen. In jedem Akt der Rezeption wird so von neuem Bedeutung hervorgebracht.[9]

Wie die Sprechakttheorie zwischen konstativen und performativen Äußerungen differenziert, so unterscheidet die Theaterwissenschaft zwischen einer *referenziellen* und einer *performativen* Dimension des Theaters. Die referenzielle Dimension betont die Anbindung des Bühnenstücks an einen Text; sie gründet in der Vorstellung, dass die Aufführung eine textuell vorgegebene Bedeutung vermittle. Diese Dimension, so Erika Fischer-Lichte, war bis zum ausgehenden 19. Jahrhundert vorherrschend: „Der Kunstcharakter von Theater [galt] ausschließlich durch seinen Bezug auf dramatische Kunstwerke, auf literarische Texte [als] garantiert", vereinzelte andere Stimmen konnten das Primat des Textes nicht dauerhaft durchbrechen.[10] Um 1900 aber rückte die Performativität der Bühnenhandlung in den Vordergrund. Bedeutung, so hieß es unter Theateravantgardisten und in der sich formierenden Theaterwissenschaft, werde erst in den Aktionen der Schauspielenden konstituiert; mehr noch: Sie entstehe erst aus dem Zusammenwirken von Schauspielern und Schauspielerinnen, Publikum und Aufführungsbedingungen (wie Bühnenraum, Requisiten, Licht, Temperatur etc.). Bedeutung ist demnach etwas Flüchtiges, sie entsteht in jeder Aufführung neu. Eine Stabilisierung ist nur durch permanente Wiederholung und auch dann nur begrenzt möglich.[11]

---

[9] Vgl. hierzu Michel FOUCAULT, Was ist ein Autor? [1969] In: Michel FOUCAULT, Schriften in vier Bänden – Dits et Ecrits, Bd. 1: 1954-1969, hg. v. Daniel DEFERT / François EWALD, Frankfurt am Main 2001, S. 1003-1041; Roland BARTHES, Der Tod des Autors, in: Fotis JANNIDIS (Hg.), Texte zur Theorie der Autorschaft, Stuttgart 2000, S. 185-193; Wolfgang ISER, Das Modell der Sprechakte [1976], in: DERS., Der Akt des Lesens. Theorie ästhetischer Wirkung, München 1994, S. 87-101, Barthes und Iser sind abgedruckt in: WIRTH, Performanz (wie Anm. 3), S. 104-110, S. 129-139; vgl. außerdem BOHLE / KÖNIG (wie Anm. 8), S. 23.

[10] FISCHER-LICHTE, Theater als Modell (wie Anm. 3), S. 8.

[11] Daher auch die große Bedeutung, die in der Performanztheorie dem „Zitat" beigemessen wird. Vgl. dazu und zu weiteren Verweisen auf die Literatur vor allem den Beitrag von Maren Möhring in diesem Band (Performanz und historische Mimesis. Die Nachahmung antiker Statuen in der deutschen Nacktkultur, 1890-1930). Vgl. zur Theaterwissenschaft und zur Zentralität der „Aufführung" Erika FISCHER-LICHTE / Jens ROSELT, Attraktion des Augenblicks – Aufführung, Performance, performativ und Performativität als theaterwissenschaftliche Begriffe, in: Paragrana 10 (2001), S. 237-

Diese Transformation des Theaters war eingebettet in einen weiträumigeren Wandel hin zu einer performativen Kultur um 1900, betont Fischer-Lichte. Nun habe sich das sozio-kulturelle Selbstbild auch gehobener Kreise und elitärer Zirkel immer weniger über Texte und Monumente, sondern in Aufführungen, Schaustellungen und Inszenierungen formiert. Fischer-Lichte jedenfalls konstatiert für das frühe 20. Jahrhundert eine weit greifende „Theatralisierung des öffentlichen Lebens".[12] Der Theaterwissenschaft als neu begründeter Wissenschaft von der Aufführung kam dabei eine paradigmatische Bedeutung auch für die Diagnose der Gesellschaft zu. Aus einer solchen Perspektive, an der dann ab den 1950er Jahren erneut gefeilt wurde, kann das Theater auch einen Weg zum Verständnis der „wirklichen Lebenswelt" weisen. Die Theatertheorie vermag also beispielsweise dabei zu helfen, die Produktion von Bedeutung im Geflecht von Handelnden, Publikum und Aufführungssituation in einer Wahlkampfveranstaltung genauer zu erfassen.[13]

Eine derart verstandene Theaterwissenschaft, die sich mit dem Theater als Performance befasst, berührt sich mit einer avancierten Ritualforschung. Die These, dass sich Gemeinschaften in und durch Rituale bilden und erhalten, ist alles andere als neu.[14] Gleichwohl hat erst die jüngere ethnologische und sozialwissenschaftliche Forschung das Ritualkonzept aus seinem unmittelbar religiösen Zusammenhang herausgelöst und generell auf die gemeinschaftsstiftende Darstellung, Verhandlung und Transformation von kulturellem Selbstverständnis oder Traditionen bezogen. „Alles", um Stanley Tambiah zu zitieren, „was ‚blind' akzeptiert und ‚traditionalisiert' wird, kann als heilig betrachtet werden" – sei dies nun eine Gottheit, eine Verfassung oder auch ein Unabhängigkeitskrieg. Eine solche Sakralisierung wird eben nicht (nur) in Texten und Monumenten, sondern unter Anwendung je spezifischer Inszenierungsstrategien und -regeln in unterschiedlichen Arten von Aufführungen vollzogen. In der Regel ist auch das dergestalt erweiterte Ritualkonzept auf besondere Ereignisse (wie Zeremonien, Feste, Spiele, Wettkämpfe, etc.) bezogen, und für zahlreiche „cultural performances" ist es unabdingbar, dass

---

253, sowie FISCHER-LICHTE in: WIRTH, Performanz (wie Anm. 3), S. 279 ff., die das Erregen von unkalkulierbaren Publikumsreaktionen als Teil der Aufführung erläutert.
12   FISCHER-LICHTE, Theater als Modell (wie Anm. 3), S. 11.
13   Vgl. hierzu etwa MEYER / SCHICHA / BROSDA (wie Anm. 2).
14   Christoph WULF / Jörg ZIRFAS, Die performative Bildung von Gemeinschaften. Zur Hervorbringung des Sozialen in Ritualen und Ritualisierungen, in: Paragrana 10, 1 (2001), S. 93-116, S. 93 verweisen auf Emile DURKHEIM, Die elementaren Formen des religiösen Lebens, Frankfurt am Main 1994 [1912]. Grundlegend außerdem: Arnold VAN GENNEP, Übergangsriten, Frankfurt am Main/New York 1986 [1909]; Victor TURNER, The ritual process – structure and anti-structure, London 1969.

sie „vorgeführt werden wie ein Stück auf der Bühne". Gleichwohl können auch die ritualisierten Momente alltäglicher Interaktion und Kommunikation in den Blick genommen werden.[15]

Wichtig in unserem Zusammenhang ist freilich die performative Dimension von Ritualen: Rituale werden nämlich nicht nur „aufgeführt", ihnen wird zudem die Fähigkeit zugeschrieben, Bedeutungen hervorzubringen und Schwellenüberschreitungen zu erwirken (und eben nicht nur eine gegebene Schwellenüberschreitung abzubilden). Ein Ritual zielt auf Legitimierung ab, und das bedeutet, dass eine Grenze, die durch das Ritual selbst erst gesetzt wird, als *natürlich* und somit dem Ritual vorgängig anerkannt wird. Rituale erwecken also den Anschein, konstativ zu sein, sie sind aber performativ. Die Performativität des rituellen Akts bleibt den Akteuren jedoch meist verborgen, und so scheint er etwas zu bestätigen, das ohnehin bereits gegeben ist. Rituelle Akte jedoch können, wie auch Ursula Rao und Klaus Peter Köpping betonen, Personen verändern sowie Symbole und sozio-kulturelle Figurationen verschieben. Um als Performanzen zu gelingen, bedürfen sie häufig eines vergleichsweise strengen, institutionalisierten Rahmens.[16]

Schließlich haben sich Konzepte von „Performanz" seit mehr als einem Jahrzehnt in der Geschlechterforschung niedergeschlagen und sind dort wei-

---

[15] Stanley J. TAMBIAH, Eine performative Theorie des Rituals [1998], in: WIRTH, Performanz (wie Anm. 3), S. 210-242, Zitat auf S. 216. Vgl. insgesamt Erika FISCHER-LICHTES und Gerd ALTHOFFS Ausführungen zum Ritualbegriff in diesem Band, mit Hinweisen auf weitere Literatur. Außerdem: Pierre BOURDIEU, Was heißt Sprechen? Die Ökonomie des sprachlichen Tauschs, Wien 1990, hier nach KRÄMER / STAHLHUT, Das „Performative" (wie Anm. 8), S. 46. Der Begriff der „cultural performance" geht zurück auf den Ethnologen Milton SINGER (Hg.), Traditional India. Structure and change, Philadelphia 1959; vgl. dazu FISCHER-LICHTE, in: WIRTH, Performanz (wie Anm. 3), S. 289. WULF / ZIERFAS, Gemeinschaften (wie Anm. 14), S. 100, verweisen bezüglich der alltäglichen ritualisierten Kommunikation insb. auf Erving GOFFMAN, Wir alle spielen Theater. Die Selbstdarstellung im Alltag, München/Zürich 2000 [1959], und DERS., Interaktionsrituale. Über Verhalten in direkter Kommunikation, Frankfurt am Main 1999 [1967]. Als eine wesentliche Arbeit, die die bedeutungskonstituierende Kraft alltäglichen Handelns herausarbeitet, gilt Michel DE CERTEAU, Kunst des Handelns, Berlin 1988 [1980]; de Certeau hat insbesondere die „Popular Culture"-Forschung stark beeinflusst, vgl. etwa John FISKE, Understanding Popular Culture, Boston 1989. Vgl. insgesamt auch die Bände von Hans-Georg SOEFFNER, Die Ordnung der Rituale, Frankfurt am Main 1992, und Andréa BELLIGER / David J. KRIEGER (Hgg.), Ritualtheorien. Ein einführendes Handbuch, Opladen 1998.

[16] Ursula RAO / Klaus Peter KÖPPING, Die ‚performative Wende'. Leben – Ritual – Theater, in: DIES. (Hgg.), Im Rausch des Rituals. Gestaltung und Transformation der Wirklichkeit in körperlicher Performanz, Münster 2000, S. 1-31; vgl. auch TAMBIAH (wie Anm. 15), S. 223 ff.; KRÄMER / STAHLHUT, Das „Performative" (wie Anm. 8), S. 53 f.; WULF / ZIRFAS, Gemeinschaften (wie Anm. 14), S. 99; BOURDIEU (wie Anm. 15), S. 84 ff.

terentwickelt worden. Seit den 1980er Jahren hat die feministische Forschung Geschlecht als biologisch fundierte Kategorie zunehmend in Frage gestellt. Ähnlich wie seit Austins Sprechakttheorie die Bedeutungen von Äußerungen nicht mehr auf ein solides Fundament eines Textes zurückgeführt werden konnten und ähnlich wie die Aussagen von Bühnenstücken nun nicht mehr auf einem soliden Fundament eines schriftlich ausformulierten Dramentextes gründeten, wurden nun auch die Geschlechter nicht mehr auf ein solides Fundament der Biologie zurückgeführt. Vor scheinbar evidenten Biologisierungen dessen, was als „weiblich" und als „männlich" galt, wurde in zunehmendem Maße gewarnt.[17] Was aber, so musste die Frage lauten, ist „Geschlecht", wenn es nicht biologisch gegeben ist? Und wie entsteht es?

Geschlecht ist nicht etwas, was Menschen haben, sondern was sie tun – „doing gender" lautete die Antwort. Die „performative" Herstellung von Geschlecht rückte in den Blick, und zwar sowohl in groß inszenierten Aufführungen als auch in den vielen kleinen alltäglichen Verhaltensweisen. Solche Geschlechtsperformances folgen einerseits einem spezifischen Wissen und Vorgaben über die „Wesensart" des Weiblichen und des Männlichen. Dieses Wissen und die bestehenden Vorgaben sind aber ihrerseits erst durch das permanente Nachleben und Zitieren von Codes zu standardisiertem Wissen über die „Wesensarten" der Geschlechter geworden. Mithin sind diese Wissensstandards performativ erzeugt, und zwar durch permanent reproduzierte Aussagen und Verhaltensweisen. Letztlich erscheinen die Geschlechter, ihre Eigenschaften und Identitäten auf diese Weise sogar „natürlich"; sie sind aber eine „sedimentierte Wirkung einer andauernd wiederholenden oder rituellen Praxis", wie die US-amerikanische Philosophin Judith Butler betont,[18] die das „Performative" in eine zentrale Stellung in der Geschlechtertheorie gerückt hat. Aus einer solchen Perspektive ist das Reden über und Handeln in Beziehung zu Geschlecht also nicht „konstativ", denn es stellt nicht etwas fest oder geht auf etwas zurück, das schon immer „da" gewesen wäre. Denk-, Rede- und Handlungsweisen sind vielmehr „performativ", denn sie stellen Geschlechter, eine Geschlechtsidentität und ein Subjekt mit Ge-

---

[17] Vgl. etwa die beiden „Meilenstein"-Aufsätze der 1980er Jahre von Joan Scott und Gisela Bock, die beide solche Warnungen aussprechen; Joan W. SCOTT, Gender. A useful category of historical analysis, in: American Historical Review 91, 5 (1986), S. 1053-1075; Gisela BOCK, Geschichte, Frauengeschichte, Geschlechtergeschichte, in: Geschichte und Gesellschaft 14 (1988), S. 364-391.
[18] Judith BUTLER, Körper von Gewicht. Die diskursiven Grenzen des Geschlechts, Berlin 1995 [1993], S. 32; vgl. auch DIES., Das Unbehagen der Geschlechter, Frankfurt am Main 1991 [1990]; vgl. auch Butlers Darlegungen zur Sprechakttheorie in DIES., Haß spricht. Zur Politik des Performativen, Berlin 1998 [1997].

schlecht erst her.[19] Sybille Krämer und Marco Stahlhut haben darauf verwiesen, dass Butler die Konstitution von Geschlecht mit Prozessen des Theaters vergleicht: „Die Akte, durch die die Geschlechterzugehörigkeit konstituiert wird, [ähneln] performativen Akten in theatralischen Kontexten", die den *„Anschein von Substantialität* [erzeugen], an welche das weltliche gesellschaftliche Publikum einschließlich der Akteure selbst nun glaubt und die es im Moment des Glaubens performiert."[20] Dass die Kontexte, in denen bestimmte Akte als Geschlechterperformanzen gelingen, historisch und kulturell variieren, liegt auf der Hand. So wäre es heute sicher als ungewöhnlich zu bezeichnen, wenn zwei Staatschefs einen Friedensschluss durch einen Kuss auf den Mund besiegelten. Unvorstellbar wäre es, dass sie zu diesem Zweck eine Nacht gemeinsam im selben Bett schliefen. Im 13. und 14. Jahrhundert aber war dies, wie Klaus van Eickels in seinem Aufsatz in diesem Band ausführt, durchaus üblich.[21]

Allen vier Feldern – Sprechakttheorie, Theaterwissenschaft, Rituallehre und Geschlechterforschung – ist eines gemein: Sie fragen danach, wie menschliches Handeln Bedeutung hervorbringt und vermittelt. Dabei setzen performanztheoretische Erwägungen in jedem dieser Forschungsfelder die Prämisse, dass eine Äußerung, eine Aufführung, ein Ritual oder eine Verhaltensweise nicht etwas Vorgegebenes abbilden, sei es nun ein bestimmter Text, eine biologische Entität oder gar Identität. *Vielmehr wird Bedeutung erst im Augenblick des Äußerns, Aufführens oder sich Verhaltens hervorge-*

---

[19] Vgl. aus der umfangreichen Literatur u.a. die Arbeiten von Ursula PASERO / Friederike BRAUN (Hg.), Wahrnehmung und Herstellung von Geschlecht = Perceiving and performing gender, Opladen 1999; Carol HAGEMANN-WHITE, Die Konstrukteure des Geschlechts auf frischer Tat ertappen? Methodische Konsequenzen einer theoretischen Einsicht, in: Feministische Studien 11, 2 (1993), S. 68-78; Barbara HEY, Women's History und Poststrukturalismus. Zum Wandel der Frauen- und Geschlechtergeschichte in den USA, Pfaffenweiler 1995; Hiltrud BONTRUP (Hg.), Doing Gender. Das Konzept der sozialen Konstruktion von Geschlecht. Eine Bibliographie mit Einführung, Münster 1999. Für einen umfassenden Überblick über die Entwicklung der Frauen- und Geschlechtergeschichte sei empfohlen Anne CONRAD, Frauen- und Geschlechtergeschichte, in: Michael MAURER (Hg.), Aufriss der historischen Wissenschaften, Bd. 7: Neue Themen und Methoden der Geschichtswissenschaft, Stuttgart (im Erscheinen).

[20] KRÄMER / STAHLHUT, Das „Performative" (wie Anm. 8), S. 48; das Zitat stammt aus Judith BUTLER, Performative Akte und Geschlechterkonstitution. Phänomenologie und feministische Theorie [1988], in: WIRTH, Peformanz (wie Anm. 3), S. 301-320, S. 302, S. 304, Hervorhebung im Original. Butler geht hier auch beispielsweise über Erving Goffman hinaus, der ein vorgängiges Subjekt voraussetzt, das dann im Alltag diverse „Rollen" spielen kann. Butler hingegen betont, dass dieses Subjekt erst durch das Spielen performativ erzeugt wird; ebenda, S. 316.

[21] Klaus VAN EICKELS (Kuss und Kinngriff, Umarmung und verschränkte Hände); DERS., Vom inszenierten Konsens zum systematisierten Konflikt, Stuttgart 2002.

bracht. Performances werden also nicht als Abbilder von Essenzen verstanden, ihnen wird selbst eine bedeutungsstiftende und identitätsbildende Kraft zugesprochen. Dadurch rücken menschliche Handlungsweisen in das Zentrum der Aufmerksamkeit – und mit ihnen die Art und Weise, wie diese Handlungsweisen in spezifischen historischen und kulturellen Kontexten Bedeutungen generieren.

3. Handlung und Bedeutung in der bisherigen Historiographie

Für Historikerinnen und Historiker ergeben sich aus alledem zwei eng miteinander verbundene Aufgaben: Sie können der produktiven, bedeutungskonstituierenden Kraft von menschlichen Handlungsweisen in der Geschichte nachspüren. Und sie können solche Handlungsweisen als eine Art Sonde nutzen, um jene sich wandelnden kulturellen Figurationen zu erforschen, in die sich die einzelnen Akte einfügten und in denen bzw. durch die sie erst eine spezifische Bedeutung hervorbrachten. Diejenigen geschichtswissenschaftlichen Studien, die sich dieser Aufgaben bereits angenommen haben, zu überschauen und zu systematisieren fällt allerdings schwer. „Performanz" ist ein kulturwissenschaftlicher Leitbegriff; mit dem entsprechenden Instrumentarium lassen sich folglich alle Themen untersuchen, die Gegenstand von Kulturgeschichte sein können. Kulturgeschichte aber ist ihrerseits nicht über einen festen Untersuchungsgegenstand definiert, sondern über ihre Herangehensweise, die Analyse von Bedeutungszuschreibungen und -konstitutionen. Daher kann schlechterdings jedes Thema kulturhistorisch angegangen werden: sei es nun das internationale Spekulantentum, seien es die wissenschaftlichen Tatsachen, der Autotest oder der Kalte Krieg, wie Ute Daniel im „Kompendium Kulturgeschichte" pointiert formuliert hat.[22] So hat sich diejenige historische Forschung, die „cultural performances" und die Herstellung von Bedeutung durch Handlungen untersucht, mit sehr verschiedenartigen Gegenstandsbereichen befasst. Weiterhin geht auch die diskurstheoretisch geprägte Historiographie dazu über, nicht nur der Performativität von Text und Sprache, sondern auch von Handlungsweisen nachzuspüren. Immer häufiger rückt an die Stelle des „Diskurses" das Konzept des „Dispositivs", das – in den Worten Michel Foucaults – „Gesagtes ebensowohl wie Ungesagtes umfaßt" und so den vermeintlichen Gegensatz zwischen Sprache und Materie

---

[22] Ute DANIEL, Kompendium Kulturgeschichte. Theorien, Praxis, Schlüsselwörter, Frankfurt am Main 2001, S. 12.

aufzubrechen versucht.²³ Aufgrund der Vielfalt möglicher Betrachtungsbereiche können wir im Folgenden nur einen selektiven Überblick bieten, der aber immerhin einige Tendenzen der jüngeren Forschungsentwicklung in der Geschichtswissenschaft aufzeigen soll.

3.1 Mediävistik

In der Mediävistik haben Gesten, Rituale und Inszenierungen spätestens seit den 1990er Jahren Hochkonjunktur.²⁴ Dass derartigen Handlungen in den

---

23 Michel FOUCAULT, Ein Spiel um die Psychoanalyse. Gespräch mit Angehörigen des Département de Psychanalyse der Universität Paris VIII in Vincennes, in: DERS., Dispositive der Macht. Über Sexualität, Wissen und Wahrheit, Berlin 1978, S. 118-175, S. 120; DERS., Archäologie des Wissens, Frankfurt am Main 1994 [1969], S. 113-190; Hubert L. DREYFUS / Paul RABINOW, Michel Foucault. Jenseits von Strukturalismus und Hermeneutik. Weinheim 1994 [1982], S. 69 ff. Vgl. zur Historiographie Achim LANDWEHR, Geschichte des Sagbaren. Einführung in die Historische Diskursanalyse, Tübingen 2001; Jürgen MARTSCHUKAT, Geschichte schreiben mit Foucault – eine Einleitung, in· DERS (Hg.), Geschichte schreiben mit Foucault, Frankfurt am Main 2002, S. 7-26; Ulrich BRIELER, Blind date. Michel Foucault in der deutschen Geschichtswissenschaft, in: Axel HONNETH / Martin SAAR (Hgg.), Michel Foucault. Zwischenbilanz einer Rezeption, Frankfurt am Main 2003, S. 309-332.

24 Angesichts der Flut der Publikationen kann hier nur auf einige neuere Studien verwiesen werden; für eine kritische Analyse vgl. Frank REXROTH, Rituale und Ritualismus in der historischen Mittelalterforschung. Eine Skizze, in: Hans-Werner GOETZ / Jörg JARNUT (Hgg.), Mediävistik im 21. Jahrhundert. Stand und Perspektiven der internationalen und interdisziplinären Mittelalterforschung (im Druck). – Die Literatur zum Spätmittelalter schließt sich in mancher Hinsicht enger an die Forschung zur Frühen Neuzeit an; vgl. die klassischen Studien von Richard TREXLER, Public life in Renaissance Florence, New York 1980; Eward MUIR, Civic ritual in Renaissance Venice, Princeton 1981; Mervyn JAMES, Ritual, drama and social body in the Late Medieval English town, in: Past and Present 98 (1983), S. 3-29; Volker BREIDECKER, Florenz oder „Die Rede, die zum Auge spricht". Kunst, Fest und Macht im Ambiente der Stadt, München 1990; Miri RUBIN, Corpus Christi. The eucharist in Late Medieval culture, Cambridge 1991; Jean-Claude SCHMITT, Die Logik der Gesten im europäischen Mittelalter, Stuttgart 1992; Peter ARNADE, Realms of ritual. Burgundian ceremony and civic life in Late Medieval Ghent, Ithaca, NY 1996 oder auch David NIRENBERG, Communities of violence. Violence against minorities in the Middle Ages, Princeton 1996; Gordon KIPLING, Enter the King. Theatre, liturgy, and ritual in the Medieval civic triumph, Oxford 1998; aus der jüngeren deutschen Forschung vgl. beispielsweise Klaus SCHREINER / Gabriela SIGNORI (Hgg.), Texte, Bilder, Rituale. Wirklichkeitsbezug und Wirklichkeitskonstruktion politisch-rechtlicher Kommunikationsmedien in Stadt- und Adelsgesellschaften des späten Mittelalters (Zeitschrift für historische Forschung, Beiheft 24), Berlin 2000; Gerrit Jasper SCHENK, Zeremoniell

mittelalterlichen Gesellschaften ein hoher Stellenwert zukam, sei „now so widely recognized as to be something of a commonplace", hat jüngst David Warner konstatiert.²⁵ Das breite mediävistische Interesse an Ritualen, Inszenierungen und „performances" ist allerdings nicht unmittelbar aus performanztheoretischen Überlegungen erwachsen, sondern zunächst von ethnologischen Studien zu so genannten oralen Gesellschaften angeregt worden. Dies beeinflusst, wie im Folgenden zu zeigen sein wird, die mediävistische Debatte über „cultural performances" bis heute. Eine Rezeption performanztheoretischer Ansätze könnte diesem bereits etablierten Forschungsbereich neue Anregungen geben.

Seit den 1960er Jahren haben Ethnologen, aber auch Altertums- und Kommunikationswissenschaftler herausgearbeitet, wie tiefgreifend die Kulturtechnik der Schrift die Funktionsweise von Gesellschaften und das menschliche Denken beeinflussen kann.²⁶ Primäre Oralität, also das Fehlen von Schrift, erschien für große Sektoren auch der meisten mittelalterlichen Gesellschaften charakteristisch. So entfaltete sich seit den 1970er Jahren in der Mediävistik eine intensive, interdisziplinäre Debatte über das Verhältnis von Schriftlichkeit und Mündlichkeit und über die Auswirkungen der Literalisierung auf die mittelalterliche Kultur.²⁷

---

und Politik. Herrschereinzüge im spätmittelalterlichen Reich (Forschungen zur Kaiser- und Papstgeschichte des Mittelalters 21), Köln/Weimar/Wien 2003.

25 David A. WARNER, Ritual and memory in the Ottonian *Reich*: The ceremony of *adventus*, in: Speculum 76 (2001), S. 255-283, S. 255. – Im Übrigen ist das Interesse an einzelnen Ritualen in der Mediävistik schon früh erwacht, ohne deshalb aber zu einer Leitidee der Forschung zu werden. Hier sei nur verwiesen auf die klassischen Werke von Marc BLOCH, Die wundertätigen Könige, München 1998 [1924], Ernst H. KANTOROWICZ, Laudes regiae. A study in liturgical acclamations and mediaeval ruler worship, Berkeley/Los Angeles 1946, und die Studien Percy Ernst SCHRAMMS (DERS., Kaiser, Könige und Päpste. Gesammelte Aufsätze zur Geschichte des Mittelalters, 4 Bde., Stuttgart 1968-1971).

26 Klassische Studien aus diesem Feld sind etwa: Walter J. ONG, Oralität und Literalität. Die Technologisierung des Wortes, Darmstadt 1987; Eric HAVELOCK, Preface to Plato (A history of the Greek mind, 1), Cambridge 1963; Jack GOODY, The domestication of the savage mind, Cambridge u.a. 1977; DERS. / IAN WATT, Konsequenzen der Literalität, in: DIES. / Kathleen GOUGH (Hgg.), Entstehung und Folgen der Schriftkultur, Frankfurt am Main 1986, S. 63-122.

27 Wichtig waren hier vor allem Michael T. CLANCHY, From memory to written record. England 1066-1307, London 1979; Hanna VOLLRATH, Das Mittelalter in der Typik oraler Gesellschaften, in: HZ 233 (1981), S. 571-594; Brian STOCK, The implications of literacy. Written language and models of interpretation in the eleventh and twelfth centuries, Princeton 1983; Rosamond MCKITTERICK (Hg.), The uses of literacy in early medieval Europe, Cambridge 1990; Hagen KELLER, Die Entwicklung der europäischen Schriftkultur im Spiegel der mittelalterlichen Überlieferung. Beobachtungen und Überlegungen, in: Paul LEIDINGER / Dieter METZLER (Hgg.), Geschichte und Ge-

Die Frage nach Performanz hielt erst auf dieser Basis in die mediävistische Forschung Einzug. Einerseits wurde rasch erkannt, dass Menschen nicht nur durch gesprochene oder geschriebene Sprache miteinander kommunizierten, sondern auch nonverbal, via Mimik, Gestik, Körperbewegungen jeder Art. Andererseits zeigten zahlreiche Untersuchungen zur „oral tradition", dass vielen schriftlosen Kulturen die Idee eines Urtextes und seiner Reproduktion im Rahmen einer Aufführung fehlt; statt dessen komponieren die Dichter hier ihre Werke erst während der „performance", jede Aufführung ist damit zugleich eine Neuschöpfung im Zusammenspiel zwischen Dichter und Publikum.[28] Beides zusammen legte auch Mediävisten eine Analyse mittelalterlicher „performances" und nonverbaler Kommunikation nahe. Die theoretischen Grundlagen suchte man, der Entwicklung entsprechend, vor allem in ethnologisch begründeten Ritualtheorien. Diesen Ursprüngen war – mehr oder minder explizit – die Mehrheit der einschlägigen Untersuchungen zu mittelalterlichen „performances" bis in jüngste Zeit hinein verpflichtet.

Von ihrer Herangehensweise her lassen sich die meisten dieser Studien grob in eine von drei Gruppen einordnen: Die Mehrzahl geht von einer bestimmten Handlungsweise oder einem gegebenen Ritual aus, betrachtet also etwa das Küssen, Weinen, Barfußlaufen, Entblößen oder auch das gemeinsame Speisen[29], oder ist komplexeren Handlungszusammenhängen gewid-

---

schichtsbewußtsein. Festschrift Karl-Ernst Jeismann zum 65. Geburtstag, Münster 1990, S. 171-204. Zusammenfassend und mit weiterer Literatur: Marco MOSTERT, Oraliteit, Amsterdam 1998; Charles F. BRIGGS, Literacy, reading, and writing in the medieval West, in: Journal of Medieval History 26 (2000), S. 397-420.

[28] Statt anderer seien hier nur die grundlegenden Studien von Milman PARRY zu Homers Dichtung genannt (zusammengestellt in: The making of Homeric verse. The collected papers of Milman PARRY, hg. v. Adam PARRY, Oxford 1971) sowie die daran anknüpfenden Feldforschungen zu oralen Traditionen, die Albert LORD im ehemaligen Jugoslawien durchgeführt hat: DERS., The singer of tales (Harvard studies in comparative literature 24), Cambridge 1960. Eine kritische Würdigung von Parrys Kernthesen bei Mary SALE, The oral-formulaic theory today, in: Janet WATSON (Hg.), Speaking volumes. Orality and literacy in the Greek and Roman World (Mnemosyne. Bibliotheca classica Batava), Leiden/Boston/Köln 2001, S. 53-80.

[29] Klaus SCHREINER, „Gerechtigkeit und Frieden haben sich geküßt" (Ps. 84, 11). Friedensstiftung durch symbolisches Handeln, in: Johannes FRIED (Hg.), Träger und Instrumentarien des Friedens im hohen und späten Mittelalter (Vorträge und Forschungen 43), Sigmaringen 1996, S. 37-86; DERS., „Er küsse mich mit dem Kuß seines Mundes" (Osculetur me osculo oris sui, Cant. 1,1). Metaphorik, kommunikative und herrschaftliche Funktion einer symbolischen Handlung, in: Hedda RAGOTZKY / Horst WENZEL (Hgg.), Höfische Repräsentation. Das Zeremoniell und die Zeichen, Tübingen 1990, S. 89-132; DERS., Gregor VIII., nackt auf einem Esel. Entehrende Entblößung und schandbares Reiten im Spiegel einer Miniatur der „Sächsischen Weltchronik", in: Dieter BERG / Hans-Werner GOETZ (Hgg.), Ecclesia et regnum. Beiträge zur

met, die gleichwohl festen Formen folgten – beispielsweise Unterwerfungsakten wie der *deditio*, Bußakten wie der Harmschar, politischen Ritualen wie der Investitur oder auch monastischen Verfluchungen und der *humiliatio sanctorum*, der rituellen Erniedrigung von Reliquien.[30] In der Regel begreifen die Autoren derartige Handlungsweisen bzw. Rituale als Zeichen bzw. Zeichenketten und fragen dementsprechend danach, was die Handlungen einem einzelnen Adressaten oder einer Gruppe von Menschen signalisieren sollten – seien es nun Demut, Friedensbereitschaft, Zorn oder Aufrichtigkeit, sei es das Ende eines Konflikts oder die Demütigung eines Heiligen. Ziel ist es, gleichsam das ‚Vokabular' der „symbolischen Kommunikation"[31] des Mittelalters zu entschlüsseln; dadurch hofft man, jene Handlungsweisen besser begreifen und einordnen zu können, die in mittelalterlichen Quellen geschildert werden.

Eine zweite Gruppe von Untersuchungen nähert sich dem Gegenstand auf dem umgekehrten Weg: Sie gehen nicht vom einzelnen Zeichen, sondern vom Kommunikationsziel aus, fragen also danach, mit welchen verschiedenen Handlungsweisen und Ritualen eine bestimmte Aussage kommuniziert oder eine gegebene Situation gemeistert werden konnte – etwa die Bitte um Verzeihung oder Gunst,[32] die Eröffnung und Beilegung von Konflikten[33] oder die Begegnung von Herrschern.[34]

Geschichte von Kirche, Recht und Staat im Mittelalter. Festschrift Franz-Josef Schmale, Bochum 1989, S. 155-202; Gerd ALTHOFF, Empörung, Tränen, Zerknirschung. Emotionen in der öffentlichen Kommunikation des Mittelalters, in: DERS., Spielregeln der Politik im Mittelalter. Kommunikation in Frieden und Fehde, Darmstadt 1997, S. 258-281; DERS., Der frieden-, bündnis- und gemeinschaftsstiftende Charakter des Mahles im früheren Mittelalter, in: Irmgard BITSCH / Trude EHLERT / Xenja von ERTZDORFF (Hgg.), Essen und Trinken in Mittelalter und Neuzeit, Sigmaringen 1987, S. 13-25; sowie die Beiträge in dem Band von Gerd ALTHOFF (Hg.), Formen und Funktionen öffentlicher Kommunikation im Mittelalter (Vorträge und Forschungen 51), Stuttgart 2001.

[30] Zahlreiche Beispiele hierzu bei ALTHOFF, Spielregeln (wie Anm. 29); Jean-Marie MOEGLIN, Harmiscara – Harmschar – Hachee. Le dossier des rituels d'humiliation et de soumission au Moyen Âge, in: Archivum latinitatis medii aevi 54 (1996), S. 11-65; Hagen KELLER, Die Investitur. Ein Beitrag zum Problem der ‚Staatssymbolik' im Hochmittelalter, in: Frühmittelalterliche Studien 27 (1993), S. 51-86; Lester K. LITTLE, Benedictine Maledictions. Liturgical Cursing in Romanesque France, Ithaca/London 1993; Patrick J. GEARY, L'humiliation des saints, in: Annales ESC 34 (1979), S. 27-42.

[31] Zu diesem Begriff vgl. Gerd ALTHOFF / Ludwig SIEP, Symbolische Kommunikation und gesellschaftliche Wertesysteme vom Mittelalter bis zur französischen Revolution, in: Frühmittelalterliche Studien 34 (2000), S. 393-412.

[32] Geoffrey KOZIOL, Begging pardon and favor. Ritual and political order in Early Medieval France, Ithaca/London 1992.

Eine dritte, deutlich kleinere Gruppe von Arbeiten schließlich nimmt jeweils einen einzelnen mittelalterlichen Text zum Ausgangspunkt und fragt danach, wie dessen Verfasser Gesten, Rituale, Inszenierungen gleich welcher Art darstellte; auf diese Weise geraten die jeweiligen Ziele und Absichten der ausgewerteten Texte genauer in den Blick.[35]

Umstritten ist dabei bis in die jüngste Forschung hinein, wie verständlich diese ‚Zeichen' und ‚Zeichenketten' für die Zeitgenossen waren. Die äußeren Pole der Debatte markieren etwa die Auffassungen von Johannes Fried einerseits und Gerd Althoff andererseits: Fried möchte „das frühere symbolisch-rituelle Weltbild" abgrenzen von den „logisch kausalen Ausdrucksweisen", die sich erst in der Aufklärung ausgebildet hätten.[36] Die „zeichenhafte" Kommunikation des früheren Mittelalters, so Fried, „legte jeder zwischenmenschlichen Verständigung schwere Hürden in den Weg. Kein Zeichen war von Anfang an eindeutig. Andere mochten die Zeichen zwar ähnlich, aber vielfach auch anders gedeutet haben". Eine Aufklärung derartiger Wider-

---

[33] Grundlegend sind hier die Beiträge von Gerd ALTHOFF, in: Spielregeln (wie Anm. 29); in enger Anlehnung an Althoffs Arbeiten: Steffen KRIEB, Vermitteln und Versöhnen. Konfliktregelung im deutschen Thronstreit 1198-1208 (Norm und Struktur 13), Köln/Weimar/Wien 2000; Hermann KAMP, Friedensstifter und Vermittler im Mittelalter (Symbolische Kommunikation in der Vormoderne), Darmstadt 2001.

[34] Achim Thomas HACK, Das Empfangszeremoniell bei mittelalterlichen Papst-Kaiser-Treffen (Forschungen zur Kaiser- und Papstgeschichte. Beihefte zu J. F. Böhmer, Regesta Imperii 18), Köln/Weimar/Wien 1999. – Die Liste der Beispiele ließe sich fortschreiben: Jacques LE GOFF, Le rituel symbolique de la vassalité, in: DERS. (Hg.), Pour un autre Moyen Age, Paris 1977, S. 349-420; János M. BAK (Hg.), Coronations. Medieval and Early Modern monarchic ritual, Berkeley/Los Angeles/Oxford 1990; Peter WILLMES, Der Herrscher-'Adventus' im Kloster des Frühmittelalters (Münstersche Mittelalter-Schriften 22), München 1976; David A. WARNER, Henry II at Magdeburg: Kingship, ritual and the cult of saints, in: Early Medieval Europe 3 (1994), S. 135-166; DERS., Ritual (wie Anm. 25); Horst FUHRMANN, „Willkommen und Abschied". Über Begrüßungs- und Abschiedsrituale im Mittelalter, in: Wilfried HARTMANN (Hg.), Mittelalter. Annäherungen an eine fremde Zeit, Regensburg 1993, S. 111-139; Janet NELSON, Carolingian Royal Funerals, in: DIES. / Frans THEUWS (Hgg.), Rituals of power. From Late Antiquity to the Early Middle Ages (The Transformation of the Roman World 8), Leiden/Boston/Köln 2000, S. 131-184, jeweils mit weiterer Literatur.

[35] David A. WARNER, Thietmar of Merseburg on rituals of kingship, in: Viator 26 (1995), S. 53-76; Philippe BUC, Writing Ottonian hegemony. Good rituals and bad rituals in Liutprand of Cremona, in: Maiestas 4 (1996), S. 3-38; Hermann KAMP, Die Macht der Zeichen und Gesten. Öffentliches Verhalten bei Dudo von Saint-Quentin, in: Gerd ALTHOFF (Hg.), Formen und Funktionen öffentlicher Kommunikation im Mittelalter (Vorträge und Forschungen 51), Stuttgart 2001, S. 125-155.

[36] Johannes FRIED, Ritual und Vernunft – Traum und Pendel des Thietmar von Merseburg, in: Lothar GALL (Hg.), Das Jahrtausend im Spiegel der Jahrhundertwenden, Berlin 1999, S. 15-63, S. 53.

sprüche sei überhaupt erst seit dem 12. Jahrhundert „unter dem Siegel der Vernunft" möglich geworden.³⁷ Althoff rechnet dagegen nur mit einem „begrenzte[n] Vorrat von Gesten, Gebärden und Handlungsweisen", „deren Sinn zumindest dem geübten Auge unmißverständlich war". Mehr noch: Die Zeitgenossen seien in der Lage gewesen, diesen begrenzten Zeichen-Vorrat auch neuen, außergewöhnlichen Situationen flexibel anzupassen; sie hätten „neuen Sinn erzeugt, indem sie die vorhandenen Bausteine neu zusammensetzten" und „Rituale aus einem Bereich in einen anderen übertrugen".³⁸ Dementsprechend vertritt Althoff die Ansicht, dass die Menschen des früheren Mittelalters Rituale, Gesten und anderes „Verhalten, das auf Gewohnheiten basiert", geradezu „im Weberschen Sinne zweckrational" einzusetzen vermochten.³⁹

Im Übrigen ist die Mediävistik zunächst ganz überwiegend von jenem funktionalistischen Ritual-Modell ausgegangen, auf das sich auch zahlreiche frühere ethnologische Studien stützten. Demzufolge hatten Rituale, Inszenierungen und dergleichen eine bestimmte Funktion für die Gesellschaft insgesamt. Diese Funktion musste den mittelalterlichen Akteuren selbst gar nicht unbedingt bewusst sein, der Mediävist aber – so die meist unausgesprochene Grundannahme – vermag sie zu erkennen und zu beschreiben. Zugespitzt formuliert dienten Rituale, Inszenierungen, „performances" aus dieser Sicht der jeweiligen Gesellschaft letztlich dazu, sich ihrer Ordnung zu vergewissern, ja diese Ordnung überhaupt erst herzustellen.⁴⁰

Dieser Erklärungsansatz ist in der Mediävisitik seit Ende der 1990er Jahre in die Kritik geraten. Vor allem Philippe Buc hat herausgearbeitet, wie problematisch es ist, funktionalistische Ritualtheorien der Ethnologie und der Sozialwissenschaft auf das europäische Mittelalter anzuwenden:⁴¹ Erstens seien Rituale nicht einfach ein ordnungstiftendes Kommunikationssystem gewesen; sie wurden vielfach zum eigenen Vorteil missbraucht, mit ihrer Hilfe konnte man ausgrenzen, manipulieren, täuschen, betrügen. Zweitens sei bei der Untersuchung mittelalterlicher „Rituale" zu beachten, dass sie fast nur

---

37 Alle Zitate ebenda, S. 55.
38 Gerd ALTHOFF, Die Veränderbarkeit von Ritualen im Mittelalter, in: DERS., Formen (wie Anm. 35), S. 157-176, die Zitate auf S. 175.
39 Gerd ALTHOFF, Zur Bedeutung symbolischer Kommunikation für das Verständnis des Mittelalters, in: Frühmittelalterliche Studien 31 (1997), S. 370-389, S. 371 f.
40 Vgl. statt anderer nur Gerd ALTHOFF, Zur Einführung, in: DERS., Formen (wie Anm. 35), S. 7-9, S. 8.
41 Philippe BUC, Martyre et ritualité dans l'Antiquité Tardive. Horizons de l'écriture médiévale des rituels, in: Annales HSS 52 (1997), S. 63-92, S. 64; DERS., Ritual and interpretation. The early medieval case, in: Early Medieval Europe 9 (2000), S. 183-210, S. 183-186; sowie nun umfassend: DERS., The dangers of ritual. Between early medieval texts and social scientific theory, Princeton/Oxford 2001.

in mittelalterlichen Texten überliefert seien; frage man nach der Wirkung solcher Akte, dann müssten die ‚Quellen' als – nicht selten interessengeleitete – Interpretationsversuche der Zeitgenossen betrachtet werden. Aus dieser Perspektive aber seien die überlieferten Schriften selbst Teil jenes vielschichtigen Interpretationsprozesses, in dem und durch den eine „performance" erst mit Bedeutung aufgeladen wurde. Drittens schließlich legt Buc dar, dass die modernen sozialanthropologischen Ritual-Konzepte einerseits selbst aus mittelalterlichen Vorstellungen hervorgegangen seien, andererseits aber einen wesentlichen Zug des mittelalterlichen Interpretationsrahmens aufgegeben hätten und daher für die Analyse der mittelalterlichen Akte ungeeignet seien. Sie unterstellten einen „monistischen" Deutungsrahmen, in dem es keinen Unterschied zwischen den Handlungen und den Intentionen der Handelnden geben könne. Für das Mittelalter greife jedoch eine solche „monistische" Sicht zu kurz: Hier nämlich hätten die Akteure in einer „dualistisch" gedachten Welt gelebt, hätten an den Teufel geglaubt und daher selbst stets auch mit manipulierten Ritualen, mit Täuschungsversuchen, rituellen Lügen und dergleichen mehr gerechnet.[42] Die Diskussion über Bucs Thesen ist in der Mediävistik gerade erst eröffnet. Einige Beiträge in diesem Band lassen sich auch als Stellungnahmen in dieser Debatte lesen.

3.2 Neuzeit

Für die Geschichte der Neuzeit insgesamt fördert die Suche nach entsprechenden geschichtswissenschaftlichen Arbeiten mit performanztheoretischem Instrumentarium bisher nur wenige Ergebnisse zu Tage. Viele der im Folgenden aufgeführten Untersuchungen zeigen eher Möglichkeiten für entsprechend angeleitete Zugriffe auf, als dass sie diese tatsächlich ausgeführt hätten. Eine solche konkrete Ausführung wäre vielleicht am ehesten von der interdisziplinären Forschung zu Geschlecht und Körper zu erwarten, denn hier sind die Begriffe „Performanz" und „Performativität" mittlerweile fest im Vokabular verankert. Allerdings sind Historikerinnen und Historiker in entsprechenden disziplinenübergreifenden Projekten kaum vertreten,[43] und es

---

[42] Vgl. zusammenfassend: BUC, Dangers (wie Anm. 41), S. 8-11.
[43] Vgl. etwa das Heft der Potsdamer Studien zur Frauen und Geschlechterforschung 1/2 (2001): „Verkörperungen. Über die allmähliche Verfertigung der Geschlechter" ohne Beteiligung von Historikerinnen und Historikern. Auch im Berliner Sonderforschungsbereich „Kulturen des Performativen", der sich freilich nicht ausschließlich mit Geschlecht und Körper befasst, ist kein Historiker und keine Historikerin verankert. Gleiches gilt für eine Reihe von Vorlesungen und Kolloquien an der LMU München im SS 2002 zum „Iconic Turn". Bei dem DFG-Symposion „Rhetorik. Figuration

liegen letztlich nur wenige historische Untersuchungen vor, die tatsächlich zu zeigen versuchen, wie Geschlecht und Körper durch die ritualisierte Wiederholung von Praktiken normiert und erzeugt werden. Hier ist auf Maren Möhrings Untersuchungen zu Gymnastik und Freikörperkultur zwischen 1890 und 1930 zu verweisen.[44] Erwähnt werden sollten sicherlich auch solche Arbeiten, die der (performativen) Herstellung von geschlechtlicher Identität in den Praktiken der Justiz nachspüren.[45] Andere Untersuchungen haben an Formen weiblicher Vergemeinschaftung im 19. Jahrhundert erinnert, die häufig in ritualisierten, körperlichen Zuwendungen wie Umarmungen und Küssen gründete.[46] Hier müsste sich allerdings die Frage nach ritualisierten Formen männlicher Vergemeinschaftung anschließen: Denn solange nur nach Freundschaftsritualen unter Frauen gefragt wird, während Männer scheinbar im „rationalen Diskurs" die aufgeklärte politische Öffentlichkeit der modernen Gesellschaft konstituieren, läuft die Geschichtsschreibung Gefahr, über

---

und Performanz" in Bonn im September 2002 war mit Ute Frevert immerhin eine Historikerin federführend beteiligt. – Ein kritischer Beitrag zur Debatte ist Barbara DUDEN, Die Frau ohne Unterleib. Zu Judith Butlers Entkörperung, in: Feministische Studien 2 (1993), S. 24-33.

[44] Maren MÖHRING, Nackte Marmorleiber und organische Maschinen. Der natürliche Körper in der deutschen Nacktkultur, 1890-1930, Phil. Diss. München 2001. Vgl. auch die Hinweise auf Möhrings weitere Aufsätze in ihrem Text in diesem Band (wie Anm. 11). Vgl. zur Körpergeschichte den Band von Maren LORENZ, Leibhaftige Vergangenheit. Einführung in die Körpergeschichte, Tübingen 2000; Heiko STOFF, Diskurse und Erfahrungen. Ein Rückblick auf die Körpergeschichte der neunziger Jahre, in: 1999 14 (1999), S. 142-160. Auch Philip SARASIN, Reizbare Maschinen. Eine Geschichte des Körpers 1765-1914, Frankfurt am Main 2001, fragt nach Identitätsbildung durch Hygienepraktiken. Vgl. auch den Band von PASERO / BRAUN (wie Anm. 19), in dem sich die meisten Beiträge allerdings eher der Wahrnehmung denn der Herstellung von Geschlecht widmen.

[45] Vgl. hierzu etwa die Ausführungen von Ulrike GLEIXNER, Geschlechterdifferenzen und die Faktizität des Fiktionalen. Zur Dekonstruktion frühneuzeitlicher Verhörprotokolle, in: WerkstattGeschichte 11 (1995), S. 65-70; DIES., „Das Mensch" und „der Kerl". Die Konstruktion von Geschlecht in Unzuchtsverfahren der Frühen Neuzeit, Frankfurt am Main/New York 1994; Susanna BURGHARTZ, Zeiten der Reinheit – Orte der Unzucht. Ehe und Sexualität in Basel während der frühen Neuzeit, Paderborn 1999. Maren LORENZ, Kriminelle Körper – Gestörte Gemüter. Die Normierung des Individuums in Gerichtsmedizin und Psychiatrie der Aufklärung, Hamburg 1999; Andrea GRIESEBNER, Konkurrierende Wahrheiten. Malefizprozesse vor dem Landgericht Perchtoldsdorf im 18. Jahrhundert, Wien/Köln/Weimar 2000. Die meisten Arbeiten konzentrieren sich vornehmlich auf die Performativität von Textquellen, und weniger auf die Verfahrensweisen an sich. Vgl. etwa Jürgen MARTSCHUKAT, „Ein Mörder aus Liebe". Über Vaterschaft, Fürsorge und Verzweiflung an der Wende vom 18. zum 19. Jahrhundert, in: WerkstattGeschichte 29 (2001), S. 8-26.

[46] Carroll SMITH-ROSENBERG, The female world of love and ritual. Relations between women in nineteenth-century America, in: Signs 1 (1975), S. 1-29.

das Vehikel „symbolische Kommunikation" lediglich das Stereotyp irrationaler Weiblichkeit und rationaler Männlichkeit zu reproduzieren. Wenn sich der Blick der neueren Geschichte auf Rituale der Männlichkeit richtet, dann zudem zumeist auf Gewalthandlungen.[47]

Außerhalb der Geschlechtergeschichte sind historische Arbeiten, die sich ausdrücklich auf das Performanz-Konzept stützen, noch rarer. Bezieht man dagegen generell solche Betrachtungen ein, die nach symbolischer Kommunikation, nach den Zusammenhängen von Handlung und Bedeutung fragen, so eröffnet sich ein weites Feld an Themen und Studien, das hier nur exemplarisch dargestellt werden kann. Dies gilt insbesondere für die Geschichte der Frühen Neuzeit, die ja ähnlich wie das Mittelalter als Zeit symbolischer Kommunikation und ritualisierten Handelns gilt. In Hinblick auf die historische Forschung sei diesbezüglich zuvorderst auf drei Publikationsreihen verwiesen, die einen institutionalisierten Ort für die Veröffentlichung entsprechender Arbeiten bieten. Zum einen existiert seit 1992 die Reihe „Norm und Struktur", die sich ausdrücklich der symbolischen Kommunikation in Mittelalter und Früher Neuzeit zuwendet. Hier gehören Mechanismen der Konfliktregelung durch Handlungsweisen zu den zentralen Forschungsfeldern. Vor allem das Aus*handeln* von Wahrheiten und Ansprüchen innerhalb normativer Systeme sowie die Sinnhaftigkeit und Rationalität symbolischer Kommunikation stehen im Zentrum des Interesses.[48] Seit einigen Jahren haben Fragen dieser Art in der Reihe „Konflikte und Kultur: Historische Perspektiven" einen weiteren ‚festen' Publikationsort gefunden.[49] Schließlich erscheint seit 2001 die interdisziplinär angelegte Reihe „Symbolische Kommunikation in der Vormoderne. Studien zu Geschichte, Literatur und Kunst", deren ersten beiden Bände das Thema Konflikt und Krieg behandeln.[50]

---

[47] Vgl. Pieter SPIERENBURG, Men and violence. Gender, honor, and rituals in modern Europe and America, Columbus, OH 1998; zum Duell vgl. insbesondere Ute FREVERT, Ehrenmänner. Das Duell in der bürgerlichen Gesellschaft, München 1991; Robert SHOEMAKER, The taming of the duel. Masculinity, honor and ritual violence in London, 1660-1800, in: The Historical Journal 45 (2002), S. 525-545.

[48] „Norm und Struktur. Studien zum sozialen Wandel in Mittelalter und Früher Neuzeit", seit 1992 hg. v. Gert MELVILLE in Verbindung mit Gerd ALTHOFF, Heinz DUCHHARDT, Peter LANDAU, Klaus SCHREINER, Winfried SCHULZE; vgl. das Vorwort zur Reihe in Gert MELVILLE (Hg.), Institutionen und Geschichte. Theoretische Aspekte und mittelalterliche Befunde (Norm und Struktur 1), Köln 1992.

[49] „Konflikte und Kultur – Historische Perspektiven", seit 1999 hg. v. Andreas BLAUERT, Martin DINGES, Mark HÄBERLEIN, Doris KAUFMANN, Ulinka RUBLACK, Gerd SCHWERHOFF.

[50] Die Reihe wird herausgegeben von Gerd ALTHOFF, Barbara STOLLBERG-RILINGER und Horst WENZEL.

Auch über Konfliktregelungen hinaus ist symbolisches Handeln als Thema in der Historiographie zur Frühen Neuzeit mittlerweile fest verankert. „Beim genaueren Hinsehen", hat Barbara Stollberg-Rilinger kürzlich konstatiert, „vervielfältigen sich die symbolischen Handlungen unaufhörlich, bis man schließlich vor der Einsicht steht, dass nahezu alles menschliche Handeln eine symbolische Komponente aufweist – von den Tischmanieren bis zum Gesetzgebungsakt."[51] Sowohl Studien zur sogenannten „Volkskultur", wie sie seit den frühen 1980er Jahren zunehmend betrieben wurden, als auch zur elitären Distinktion, zur Positionierung im höfischen Raum oder zur Festkultur operieren mit dem Konzept bedeutungsschöpfenden Handelns als kulturellem Artefakt.[52] Als eine von vielen solchen rituellen Praktiken, die Beziehungen zwischen den unterschiedlichsten Menschen in der frühneuzeitlichen Gesellschaft herstellten, ist in den letzten Jahren vermehrt das Schenken betrachtet worden. Es bietet nicht zuletzt deshalb einen besonders facettenreichen Untersuchungsgegenstand, da der Geber explizit keine Ansprüche auf Gegenleistungen erheben kann, das Schenken aber zugleich Bindungen bekräftigen sollte und häufig Teil eines politischen Kalküls war.[53] Ähnlich

---

[51] Eine vertiefende Lektüre über die neuere Forschung ermöglicht Barbara STOLLBERG-RILINGER, Zeremoniell, Ritual, Symbol. Neuere Forschungen zur symbolischen Kommunikation in Spätmittelalter und Früher Neuzeit, in: ZHF 27, 3 (2000), S. 389-405, das Zitat S. 390.

[52] Eine Auswahl wegweisender Studien wäre etwa Natalie Zemon DAVIS, Humanismus, Narrenherrschaft und die Riten der Gewalt. Gesellschaft und Kultur im frühneuzeitlichen Frankreich, Frankfurt am Main 1987 [1975]; Norbert ELIAS, Über den Prozeß der Zivilisation. Soziogenetische und psychogenetische Untersuchungen, 2 Bde., Frankfurt am Main 1995, die erst 1976 erstmals publiziert wurde und zu verspätetem Ruhm gelangte; Richard VAN DÜLMEN / Norbert SCHINDLER (Hgg.), Volkskultur. Zur Wiederentdeckung des vergessenen Alltags, 16.-20. Jh., Frankfurt am Main 1984; vgl. auch Richard VAN DÜLMEN, Theater des Schreckens. Gerichtspraxis und Strafrituale in der frühen Neuzeit, München 1985, der vielfältige Arbeiten zur Inszenierung der Justiz angestoßen hat. Vgl. zum Gefängnis als Ort ritualisierter Bestrafung Michel FOUCAULT, Überwachen und Strafen. Die Geburt des Gefängnisses, Frankfurt am Main 1976 [1975]; Michael MERANZE, Laboratories of virtue. Punishment, revolution and authority in Philadelphia, 1760-1835, Chapel Hill, NC/London 1996. Vgl. auch die Ausführungen von Jürgen Martschukat in diesem Band („The duty of society". Todesstrafe als Performance der Modernität in den USA um 1900). Zur Festkultur vgl. Michael MAURER, Feste und Feiern als historischer Forschungsgegenstand, in: HZ 253 (1991), S. 101-130. Vgl. als neuere Überblicksstudie insgesamt Edward MUIR, Ritual in Early Modern Europe, Cambridge/New York 1997; weitere Literaturhinweise bei STOLLBERG-RILINGER (wie Anm. 51).

[53] Natalie Zemon DAVIS, Die schenkende Gesellschaft. Zur Kultur der französischen Renaissance, München 2002 [2000]; Valentin GROEBNER, Gefährliche Geschenke. Ritual, Politik und die Sprache der Korruption in der Eidgenossenschaft im späten Mittelalter und am Beginn der Neuzeit (Konflikte und Kultur 3), Konstanz 2000.

kann auch die Geheimhaltung von bestimmten Handlungsweisen und die Betonung von Intimität als zentrale Praktik in der Herstellung von (Zweier)Beziehungen oder eines kulturellen Selbstentwurfes gelesen werden.[54]

Das 18. Jahrhundert gilt weiten Teilen der Forschung als eine Umbruchzeit zur Moderne; als eine Zeit, in der sich Vernunft und ein Verständnis herauszubilden begannen, die für den Selbstentwurf aufgeklärter Gesellschaften zentral waren und immer noch sind. In dieser Phase wurden Bemühungen zur Systematisierung symbolischer Handlungen angestrengt, um einen rationalisierten Zugriff auf die Symbolwelt zu ermöglichen. Auf diesem Wege sollte die Inszenierung herrschaftlicher Macht entschlüsselt und zugänglich gemacht werden.[55] Ein systematisierter, verschriftlichter Zugriff auf die Formen symbolischer Kommunikation schien aus Sicht der Forschung einer zunehmend aufgeklärten, sich selbst als rational definierenden Gesellschaft angemessen.

In der Historiographie zum „langen" 19. und 20. Jahrhundert sind Rituale und die performative Herstellung von Gemeinschaft seltener untersucht worden. Hierfür zeichnet nicht zuletzt eben jenes Postulat der Rationalität moderner Gesellschaften verantwortlich, die angeblich in einer Verschriftlichung der Kommunikation Ausdruck findet. Wenn überhaupt, dann sind bisher allenfalls solche Momente in den Blick genommen worden, in denen sich moderne Gesellschaften entweder selbst inszenierten und bewusst ausstellten[56] oder in denen sie in der zeitgenössischen Einschätzung den Boden

---

[54] Hier sei nur auf die umfassenden Debatten zwischen Norbert Elias und Hans-Peter Duerr über Schamhaftigkeit und Zivilisation verwiesen oder auf die paradigmatische Bedeutung der Intimität für die Selbstkonstitution der bürgerlichen Gesellschaft. Vgl. insgesamt den Band von Gisela ENGEL / Brita RANG / Klaus REICHERT / Heide WUNDER (Hgg.), Das Geheimnis am Beginn der europäischen Moderne (Zeitsprünge. Forschungen zur Frühen Neuzeit 6, 1-4 (2002)), Frankfurt am Main 2002.

[55] Vgl. etwa die Arbeiten von Milos VEC, Zeremonialwissenschaft im Fürstenstaat. Studien zur juristischen und politischen Theorie absolutistischer Herrschaftsrepräsentation, Frankfurt am Main 1998; Volker BAUER, Hofökonomie. Der Diskurs über den Fürstenhof in Zeremonialwissenschaft, Hausväterliteratur und Kameralismus, Wien/Köln/Weimar 1997, der allerdings wenig auf die politische Praxis an sich schaut; Bernd SÖSEMANN (Hg.), Kommunikation und Medien in Preußen vom 16. bis zum 19. Jahrhundert, Stuttgart 2002, dort insb. den Aufsatz Sösemanns über „Zeremoniell und Inszenierung"; vgl. zur symbolischen politischen Kommunikation Andreas GESTRICH, Absolutismus und Öffentlichkeit. Politische Kommunikation in Deutschland zu Beginn des 18. Jahrhunderts, Göttingen 1994.

[56] Hier sei nur an die umfassende Literatur zu den Welt- und Großausstellungen erinnert, die im 19. Jahrhundert ihren Ausgang nahmen. Vgl. zum US-amerikanischen Kontext etwa Robert RYDELL, All the world's a fair. Visions of empire at American international expositions, 1876-1916, Chicago 1984. Siehe auch John E. FINDLING (Hg.), Histo-

Geschichtswissenschaft und „performative turn" 23

von Aufklärung und Vernunft verließen. Dies zeigt sich unter anderem in der Historiographie zur Französischen Revolution. Hier wird vor allem die intensivierte Herstellung eines veränderten kulturellen Bewusstseins durch symbolische Ausdrucksformen der Revolutionäre behandelt oder eben die Zeit der Schreckensherrschaft, in der Gewaltexzesse und die Guillotine zum Zeichen der Umwälzung wurden.[57] Weiterhin hat der praxisorientierte Blick die Vermassung moderner Gesellschaften und die Selbstpräsentation von Diktaturen in Massenaufführungen erfasst, die das Paradebeispiel für staatliche Selbstinszenierungen und den Verrat aufgeklärten Denkens insbesondere im 20. Jahrhundert bieten.[58] Einen handlungsorientierten Ansatz hat mit Blick

---

rical dictionary of world's fairs and expositions, 1851-1988, Westport, CT 1990, sowie die umfassende Bibliographie „International exhibitions, expositions universelles and world's fairs, 1851-1951" mit derzeit fast 400 Einträgen unter <http://www.lib.csufresno.edu/SubjectResources/SpecialCollections/WorldFairs/Secondarybiblio.pdf> (24. Feb. 2003). Auch die Festkultur im weiteren Sinne birgt Elemente bewusster Selbstdarbietung. Ein Band, der die Brücke von der Frühen Neuzeit zur Moderne schlägt, ist herausgegeben von Karin FRIEDRICH (Hg.), Festive culture in Germany and Europe from the sixteenth to the twentieth century, Lewiston/Queenston/Lampeter 2000; vgl. zur deutschen Identitätsbildung in den USA etwa den Aufsatz von Heike BUNGERT, Demonstrating the values of ‚Gemüthlichkeit' and ‚Cultur'. The festivals of German-Americans in Milwaukee, 1870-1910, in: Geneviève FABRE / Jürgen HEIDEKING / Kai DREISBACH (Hgg.), Celebrating ethnicity and nation. American festive culture from the Revolution to the early twentieth century, New York 2001, S. 257-297.

[57] Lynn HUNT, Symbole der Macht – Macht der Symbole. Die Französische Revolution und der Entwurf einer politischen Kultur, Frankfurt am Main 1989 [1984]; Mona OZOUF, Festivals and the French Revolution, Cambridge, MA/London 1988; Daniel ARASSE, Die Guillotine. Die Macht der Maschine und das Schauspiel der Gerechtigkeit, Reinbek bei Hamburg 1988 [1987]; Regina JANES, Beheadings, in: Representations 35 (1991), S. 21-51; Jürgen MARTSCHUKAT, Ein schneller Schnitt, ein sanfter Tod? Die Guillotine als Symbol der Aufklärung, in: Anne CONRAD / Arno HERZIG / Franklin KOPITZSCH (Hgg.), Das Volk im Visier der Aufklärung. Studien zur Popularisierung der Aufklärung im späten 18. Jahrhundert, Hamburg 1998, S. 121-142; Rolf E. REICHARDT, Das Blut der Freiheit. Französische Revolution und demokratische Kultur, Frankfurt am Main 1998.

[58] Vgl. etwa Serge MOSCOVICI, Das Zeitalter der Massen. Eine historische Abhandlung über die Massenpsychologie, Frankfurt am Main 1986; George L. MOSSE, Die Nationalisierung der Massen. Von den Befreiungskriegen zum Dritten Reich, Frankfurt am Main/New York 1993; Yvonne KAROW, Deutsches Opfer. Kultische Selbstauslöschung auf den Reichsparteitagen der NSDAP, Berlin 1997; Günter BERGHAUS (Hg.), Fascism and theatre. Comparative studies on the aesthetics and politics of performance in Europe, 1925-1945, Providence, RI/Oxford 1996. Das Buch ist aus einer Kooperation von Theater-, Literatur-, Politik- und Geschichtswissenschaften hervorgegangen; vgl. auch Jeffrey BROOKS, Thank you, comrade Stalin! Soviet public culture from revolution to Cold War, Princeton, NJ 2000.

auf faschistische Gesellschaften auch Sven Reichardt in seiner Untersuchung von Kampfbünden umgesetzt. Er arbeitet die Gemeinsamkeiten faschistischer Bewegungen in Deutschland und Italien unter anderem an Hand spezifischer Verhaltens- und Handlungsmuster heraus. Gewalt wird dabei nicht als Mittel zum Zweck verstanden, sondern als das Moment, das faschistische Gesellschaften erst konstituiert.[59]

Wenn sich auch wenige der oben genannten Studien ausdrücklich auf Performanztheorien beziehen, so schreiben sie doch auf die eine oder andere Art Geschichten, die die Handlungen von Menschen und auch deren bedeutungskonstituierende Dimension stärker berücksichtigen, als dies weithin üblich ist. Dies gilt auch für Thomas Mergels Untersuchung über die politische Kultur der Weimarer Republik. Mergel betritt insofern ein anderes Terrain, als er sich der scheinbar rationalsten aller Austauschformen zuwendet, nämlich der politischen Diskussion in einer parlamentarischen Demokratie. Mergel jedoch wendet das Blatt und beobachtet, wie parlamentarisches Bewusstsein und eine demokratische Gesellschaft in räumlichen Anordnungen, in Regularien und Austauschformen erst hergestellt werden. Dabei gilt Mergels Aufmerksamkeit nicht primär den Inhalten parlamentarischer Kommunikation im Weimarer Reichstag, sondern deren Formen.[60] Ähnliche Anknüpfungspunkte für eine explizit performative Geschichte moderner Politik bietet auch das Buch über „Pomp und Politik", mit dem sich Johannes Paulmann auf das weite Feld symbolischer Diplomatie im 19. Jahrhundert begeben hat. Paulmann fragt nach dem „*wie*" der internationalen Politik, nach den Inszenierungen und Wirkungen von Herrscherbegegnungen, die dann vor allem in den Jahren um 1900 häufig mit der Theatermetapher belegt wurden.[61]

Überhaupt ist die Politik eines der wenigen Felder, in dem die symbolische Kommunikation auch in modernen Gesellschaften ins Visier genommen wird. Dies mag daran liegen, dass die Vorstellung eines doppelten Körpers des Königs und somit einer symbolisch repräsentativen Ebene politischen

---

[59] Sven REICHARDT, Faschistische Kampfbünde. Gewalt und Gemeinschaft im italienischen Squadrismus und in der deutschen SA, Köln/Weimar/Wien 2002.

[60] Thomas MERGEL, Parlamentarische Kultur in der Weimarer Republik. Politische Kommunikation, symbolische Politik und Öffentlichkeit im Reichstag (Beiträge zur Geschichte des Parlamentarismus und der politischen Parteien 130), Düsseldorf 2002.

[61] Johannes PAULMANN, Pomp und Politik. Monarchenbegegnungen in Europa zwischen Ancien Régime und Erstem Weltkrieg, Paderborn u.a. 2000; vgl. zur Inszenierung von Politik und Herrschaft auch den Band von Thomas FRANK u.a., Des Kaisers neue Kleider. Über das Imaginäre politischer Herrschaft. Texte, Bilder, Lektüren, Frankfurt am Main 2002.

Handelns bis in die Neueste Geschichte und in die Gegenwart nachhallt.[62] Gleichwohl stellen auch in diesem Themenfeld Untersuchungen wie die von Mergel und Paulmann immer noch Ausnahmen dar. Andererseits war zu sehen, dass die erwähnten Arbeiten über Politik und Performativität in ein Spektrum von Untersuchungen eingebettet sind, die in den unterschiedlichsten Themenfeldern das Verhältnis von Handlung und Bedeutung auskundschaften. Wir haben längst nicht alle Forschungsbereiche ansprechen können: Zu nennen wären beispielsweise noch die Toten- und Gedenkkulte[63], die Geschichtsschreibung selbst oder auch die viel diskutierte Erinnerungskultur, die über Rituale, Gedenktage und die permanente Konstitution einer „erinnerten" Vergangenheit eine Gegenwart erst ermöglicht und kollektive Identitäten herstellt.[64]

4. Folgerungen

Aus dem – gewiss nur groben – Überblick über Theoriebildung und einschlägige geschichtswissenschaftliche Forschung ergeben sich mehrere inhaltliche

---

[62] Ernst H. KANTOROWICZ, Die zwei Körper des Königs. Eine Studie zur politischen Theologie des Mittelalters, München 1994 [1957]. Vgl. weiterhin etwa den Sammelband von Hans-Georg SOEFFNER / Dirk TÄNZLER (Hgg.), Figurative Politik. Zur Performanz der Macht in der modernen Gesellschaft, Opladen 2002, oder für eine gegenwartsorientierte Betrachtung etwa Hermann LÜBBE, „Ich entschuldige mich". Das neue politische Bußritual, Berlin 2001. Auf das Heft der Zeitschrift vorgänge 41, 2 (2002) haben wir oben bereits verwiesen.

[63] Vgl. etwa den Klassiker von Philippe ARIÈS, Geschichte des Todes, München 1995 [1978] oder als neuere Überblicksarbeit mit zahlreichen Hinweisen auf weitere Literatur Norbert FISCHER, Geschichte des Todes in der Neuzeit, Erfurt 2001.

[64] Klassische Referenzpunkte sind hier sicherlich Eric HOBSBAWM / Terence RANGER (Hgg.), The invention of tradition, Cambridge u.a. 1984; Benedict ANDERSON, Imagined communities. Reflections on the origins and spread of nationalism, London 1983. Hier sei außerdem hingewiesen auf die Arbeiten von Edgar WOLFRUM, Geschichte als Waffe. Vom Kaiserreich bis zur Wiedervereinigung, Göttingen 2001; DERS., Geschichtspolitik in der Bundesrepublik Deutschland. Der Weg zur bundesrepublikanischen Erinnerung 1948-1990, Darmstadt 1999; Winfried SPEITKAMP (Hg.), Denkmalsturz. Zur Konfliktgeschichte politischer Symbolik, Göttingen 1997; DERS., Die Verwaltung der Geschichte. Denkmalpflege und Staat in Deutschland 1871-1933, Göttingen 1996, wo der Autor u.a. die gemeinschaftstiftende, geschichtsprägende und herrschaftspolitische Funktion der Denkmalspflege eruiert. Andreas DÖRNER, Politischer Mythos und symbolische Politik, Opladen 1995. Vgl. auch James W. LOEWEN, Lies across America. What our historic sites get wrong, New York 2000.

wie methodische Folgerungen, die zugleich eine gemeinsame Basis für die in diesem Band vereinten Beiträge bilden. Zunächst sollte der Überblick deutlich gemacht haben, dass Historikerinnen und Historiker performanztheoretische Ansätze auf jeden historischen Untersuchungsgegenstand anwenden können: Alles menschliche Handeln generiert Bedeutung – und sei es, wie eingangs erwähnt, ein Duell zwischen Bundeskanzler und Herausforderer im deutschen Fernsehen oder ein Football-Endspiel in den Vereinigten Staaten. Der vorliegende Band spiegelt dies auf seine Weise wider: Das Spektrum der Untersuchungsgegenstände reicht hier von Messfeiern (Patzold) und Herrschertreffen (Althoff, Paulmann) über Urkundenausfertigungen (Koziol), Küsse und Kinngriffe (van Eickels), bis zu Raumgestaltungen (Landwehr), kriminalistischen Erfassungspraktiken (Jäger), Strafvollstreckungen (Martschukat) und zur Nachahmung antiker Statuen (Möhring).

Zweitens offenbart der Überblick über die bisherige Forschung ein auffälliges Ungleichgewicht zwischen Vormoderne und Moderne. Zwar sind explizit performanztheoretische Zugriffe sowohl in der Mediävistik als auch in der Historiographie zur Frühen Neuzeit bisher noch Ausnahmen. Jedoch haben Studien zu Ritualen, Inszenierungen und Performanzen in der Vormoderne bereits seit einigen Jahren Hochkonjunktur, während die Geschichtsschreibung zum 19. und 20. Jahrhundert dieses Feld gerade erst zu erschließen beginnt. Zugleich reproduzieren die bisherigen methodisch-theoretischen Zugriffe auf die jeweiligen Epochen einen kollektiven Selbstentwurf, der in der Zeit der Aufklärung seinen Anfang nahm: Symbolische Kommunikation erscheint typisch für vormoderne Kulturen, die Moderne gilt als geprägt durch textbasierte, schriftliche Kommunikation. Dabei wird symbolische Kommunikation noch immer gern als irrational beschrieben, schriftliche Kommunikation als rational. Eine Reihe von Studien zur Geschichte des Mittelalters und der Frühen Neuzeit haben sich einem derartigen entwicklungsgeschichtlichen Verständnis bereits entgegen gestellt und betont, dass symbolische Kommunikation durchaus ein hohes Maß an Rationalität impliziere;[65] Gerd Althoff bekräftigt diese Auffassung in seinem Beitrag zu diesem Band noch einmal mit weiteren Argumenten. Zu fragen bleibt allerdings, inwieweit auch moderne Kulturen über „performances" kommunizieren. Der vorliegende Band bricht deshalb die Epochengrenze der Reihe „Norm und Struktur" bewusst auf: Johannes Paulmann, Jens Jäger, Jürgen Martschukat

---

[65] Beispielsweise hoben Heinz DUCHHARDT / Gert MELVILLE, Vorwort, in: DIES. (Hgg.), Im Spannungsfeld von Recht und Ritual. Soziale Kommunikation in Mittelalter und Früher Neuzeit (Norm und Struktur 7), Köln/Weimar/Wien 1997, S. v-viii, S. vii, hervor, von der modernisierungstheoretischen Vorstellung „eines mehr oder minder linearen Verlaufs von archaisch kompakter Ritualität zu rational ausdifferenzierter Rechtsgestaltung" müsse Abschied genommen werden.

und Maren Möhring zeigen, in welch hohem Maße im 19. und 20. Jahrhundert gerade auch Modernität performativ hergestellt worden ist, sei es in der Diplomatie, der Strafverfolgung und -vollstreckung oder in der Körperbildung. Paulmanns Analyse von Herrscherbegegnungen im Frankreich des 19. Jahrhunderts eröffnet dabei durchaus bemerkenswerte Parallelen zu Gerd Althoffs Untersuchung von Kaiser-Papst-Treffen im 11./12. Jahrhundert.

Drittens aber lenkt die Zusammenschau der eingangs umrissenen Theorie-Felder und der bisherigen geschichtswissenschaftlichen Umsetzung den Blick auf drei eng miteinander verwobene Problemkomplexe, die weiterer Diskussion bedürfen. Im Gegensatz zur älteren Ritualtheorie besagt die Performanztheorie, dass Bedeutung im Augenblick des Äußerns, Aufführens oder Sich-Verhaltens selbst hervorgebracht, also stets neu *in actu*, im Zusammenspiel aller Beteiligten generiert werde. Für Historikerinnen und Historiker – zumal für solche, die sich mit früheren Jahrhunderten beschäftigen – ergibt sich daraus ein gewichtiges methodisches Problem: Die Zuschauer des „Superbowl" können die US-Fahne sehen, die Nationalhymne hören, können aufstehen, mitsingen, weinen, ihren Nachbarn umarmen, seinen Schweiß riechen; dem Auge, dem Ohr, der Nase des Historikers bleibt der entscheidende Akt dagegen entzogen,[66] er muss den Gegenstand seines Interesses vielmehr erst mit Hilfe seiner ‚Quellen' (re)konstruieren. Die Beiträge in diesem Band zeigen Möglichkeiten auf, wie sich dieses Problem in der Geschichtswissenschaft methodisch fassen lässt.

Maren Möhring stellt hierzu in ihrem Artikel auch grundlegende Gedanken auf performanztheoretischer Ebene vor. Andere Beiträge erproben verschiedene Annäherungsmöglichkeiten eher in der praktischen historischen Arbeit: Jens Jäger und Klaus van Eickels nutzen neben Texten als Zugang zu den zu (re)konstruierenden Akten auch Bilder; diese Erweiterung der Materialbasis eröffnet die Chance, performative Akte nicht nur in der Vermittlung über die Sprache der Zeitgenossen, sondern auch in einem anderen, visuellen Medium zu erfassen. Geoffrey Koziol betrachtet die stark formalisierten Herrscherurkunden der Karolingerzeit gewissermaßen als archäologische Überreste hochpolitischer „performances". Für Koziol stellen die Diplomata karolingischer Herrscher materielle Überreste einer Politikinszenierung dar: Der Vollziehungsstrich, mit dem die Könige ihre Urkunden ratifizierten, ist eine heute noch sichtbare, handgreifliche Spur jener Akte, die Koziol zu deuten sucht.

---

[66] Hierauf hat bereits Timothy REUTER, Pre-Gregorian mentalities, in: Journal of Ecclesiastical History 45 (1994), S. 465-474, S. 471, hingewiesen; zuletzt nachdrücklich: WARNER, Ritual (wie Anm. 25), S. 282 f.

Einen anderen Weg wählt Achim Landwehr: Er liest Raumbeschreibungen des 16. Jahrhunderts als Produkt zeitspezifischer Wahrnehmungs- und Handlungsweisen, durch die Räume erst abgrenzt und für die Menschen verfügbar gemacht wurden. Schriftlich überlieferte Texte sind aus dieser Perspektive einerseits Ergebnisse von Bewegungen im Raum, andererseits steuern sie aber auch die Art und Weise, wie sich Menschen im Raum bewegen. Ähnlich gehen auch Gerd Althoff und Steffen Patzold davon aus, dass Texte und Handlungen in einem Wechselverhältnis stehen: Sie geben die – allein historiographiegeschichtlich zu erklärende – Annahme auf, dass Rituale, Gesten und dergleichen im Mittelalter an die Stelle der „weithin fehlenden schriftlichen Verlautbarungen" getreten seien und folglich in ihrer Funktionsweise aus der „weitgehende[n] Schriftlosigkeit" der Kultur heraus erklärt werden müssten.[67] Statt dessen zeichnen sie nach, in welcher Weise (und mit welchen Konsequenzen) mündliche, schriftliche und nonverbale Kommunikationsformen im Mittelalter ineinandergriffen. Althoff zeigt am Beispiel von hochmittelalterlichen Kaiser-Papst-Begegnungen, dass derartige Akte von intensiven Debatten in mündlicher wie schriftlicher Form über ihre genaue Bedeutung begleitet waren, Debatten, die spätestens dann Wirkung zeigten, wenn es galt, das nächste Treffen vorzubereiten. Patzold wiederum stellt dar, wie eine missglückte Messfeier eine ganze Kette von mündlichen wie schriftlichen Deutungsversuchen anstieß, die schließlich mehr als ein Jahrzehnt später gravierende Folgen für das Leben eines der Akteure nach sich zogen. Auch Althoff und Patzold nutzen die überlieferten Texte demnach gewissermaßen als archäologische Überreste – allerdings nicht als Überreste der „performance" selbst, sondern jenes vielschichtigen und oft konfliktiven Interpretationsprozesses, den die „performance" bei den Zeitgenossen auslöste. Klaus van Eickels dagegen beschreitet den Weg in umgekehrter Richtung: Er nimmt die Textualität seiner ‚Quellen' ernst und fragt dementsprechend nach dem Stellenwert, den die Berichte über performative Akte wie Küsse und Kinngriffe für die narrative Struktur der überlieferten Texte haben.

Wenn nun Handlungen Bedeutung erst im Vollzug, durch das Zusammenspiel aller Beteiligten generieren, dann lenkt das den Blick des Historikers zudem auf die Perzeption und die Rezeption der Akte durch Mitwirkende selbst, aber auch durch dritte. Maren Möhring betont angesichts dessen in ihrem Beitrag, dass die Wahrnehmung einer bestimmten Handlung nicht

---

[67] Die Zitate finden sich bei Matthias BECHER, ‚Cum lacrimis et gemitu'. Vom Weinen der Sieger und Besiegten im frühen und hohen Mittelalter, in: ALTHOFF (Hg.), Formen (wie Anm. 35), S. 25-52, 28, der seinerseits, ebenda Anm. 14, auf Johannes FRIED, Der Weg in die Geschichte. Die Ursprünge Deutschlands bis 1024 (Propyläen Geschichte Deutschlands 1), Berlin 1994, S. 136 ff., verweist.

etwas Vorgegebenes unverändert abbilde, sondern bereits Sinn stifte; aus dieser Perspektive lässt sich also Wahrnehmung – und auch die Wahrnehmung von „performances" – selbst als performativer Akt begreifen und analysieren.

Die Theaterwissenschaft hat die Mitwirkung des Publikums an der Bedeutungsproduktion betont, dabei aber auf die leibliche Kopräsenz zwischen Akteuren und Zuschauern abgehoben. Das Beispiel des Fernsehduells deutet dagegen an, dass die Rezeptionskreise weiter reichen und vielschichtiger gestaffelt sein können: Leibhaftig kopräsent waren hier die beiden Politiker, jene zwei Journalisten, die sie befragten, außerdem die Techniker im Studio und eine handverlesene Zahl von Journalisten. An den Fernsehbildschirmen aber verfolgten Millionen die „performance", und weitere Publika erfuhren von dem Ereignis aus den Berichten in Illustrierten und Tageszeitungen, durch die Erzählungen ihrer Bekannten – oder vielleicht gar erst durch die Lektüre dieser Einleitung. Die Bedeutung(en), die der Akt hervorbrachte, erhalten andere Dimensionen, wenn man die Konstitution verschiedener Publika und deren jeweilige Wahrnehmungen in die Untersuchung miteinbezieht; zugleich gibt ein Blick auf die verschiedenen Rezeptionsschichten, die das Fernsehduell entstehen lässt, aber auch wieder Aufschluss über die gegenwärtige Verfasstheit und die Kommunikationsformen der deutschen Gesellschaft.

Die folgenden Beiträge unterscheiden in diesem Sinne zwischen verschiedenen Rezeptionsebenen: Johannes Paulmann etwa differenziert, inwieweit die Inszenierungen beim Treffen der englischen Königin Victoria und Kaiser Napoleons III. im Jahre 1855 an den monarchischen Gast, an den französischen Adel oder das französische Volk gerichtet waren; in jedem dieser Rezipientenkreise dürften die Akte je anders mit Bedeutung aufgeladen worden sein. Ähnlich zeigt Gerd Althoff, dass die einzelnen Handlungen bei einer Begegnung zwischen Papst und Kaiser im Hochmittelalter schon bei den Zeitgenossen durchaus unterschiedlich interpretiert werden konnten – je nachdem ob diese Zeitgenossen dem kaiserlichen oder dem päpstlichen Lager nahestanden. Steffen Patzold zeichnet nach, wie ein einzelnes Ausspucken mit je neuer Wirkung zunächst zwischen den Akteuren selbst verhandelt wurde, dann in ein liturgisches Werk Eingang fand, dadurch die Geistlichkeit der Erzdiözese Lyon beschäftigte, später auf einer Reichsversammlung vor dem Kaiser diskutiert und endlich in zahlreichen Handschriften über halb Europa bekannt gemacht wurde. Jürgen Martschukat verweist darauf, dass bei den ersten „modernen" Hinrichtungen durch elektrischen Strom zwar nur ein kleines, sorgfältig ausgesuchtes Publikum leibhaftig teilhaben durfte; weitere Menschen aber ‚erlebten' das Ereignis vor den Mauern des Gefängnisses ‚mit', in dem die Hinrichtung stattfand, während wieder andere über die ausführlich berichtenden Zeitungen informiert wurden. Das Ausschließen der Masse von der leiblichen Kopräsenz aber und das Zulassen nur eines kleinen elitären Zirkels von Experten erweist Martschukat seinerseits als performativen Akt, der Modernität generierte (und letztlich die gesamte „zivilisierte Welt" zum Publikum machte). Geoffrey Koziol schließlich fordert in kritischer Auseinandersetzung mit der bisherigen Forschung, in die Analyse eines performativen Aktes auch die individuellen Gefühle und die persönlichen Erinnerungen der Beteiligten miteinzubeziehen: Er sucht daher zu ermitteln, was König Lothar empfunden haben könnte, als er am Pfingstmontag des Jahres 979 gemeinsam mit seinem Sohn eine Urkunde ausstellte.

Eng mit den bisher umrissenen Problemfeldern verbunden ist das folgende: Wenn Handlungen erst durch ihren Vollzug und im Moment ihres Vollzugs Bedeutung generieren und wenn dafür das Zusammenspiel von Akteuren und verschiedenen Publika und deren jeweiligen Wahrnehmungen grundlegend ist, dann liegt es nahe, danach zu fragen, wie der Wandel der Konfigurationen, in denen eine Handlung jeweils stand, Bedeutungsveränderungen mit sich brachte. Dieser Unbeständigkeit von Bedeutung gehen die folgenden Beiträge auf verschiedene Weise nach. Steffen Patzold legt dar, dass die Angehörigen jenes Milieus, in dem unsere ‚Quellen' entstanden, eine Verhaltensweise in höchst verschiedenartiger (und aus heutiger Sicht oft befremdlicher) Weise deuten konnten – je nach dem Zusammenhang, in dem dieses Verhalten verhandelt wurde. Jens Jäger arbeitet heraus, dass die Anthropometrie nur solange in der „erkennungsdienstlichen Behandlung" Verwendung fand, wie sie als wissenschaftlich auf der Höhe der Zeit galt. Als das Ausmessen von Körperteilen dieses Image verlor, vermochten dieselben Handlungen nicht mehr dieselbe Bedeutung zu erzeugen und wurden obsolet. Maren Möhring zeigt, dass in der Nacktkultur an der Wende vom 19. zum 20. Jahrhundert gerade auch über die *Art* der Nachahmung von antiken Statuen reflektiert wurde: Die anzustrebende Zitationsweise sei dabei als aktiv, männlich, heroisch kodiert worden.

Achim Landwehr und Klaus van Eickels demonstrieren die Unbeständigkeit von performativ erzeugter Bedeutung durch die Gegenüberstellung historischer und heutiger Zeit. Landwehr führt vor, dass Räume im 16. Jahrhundert anders gedacht und konzipiert wurden als heute. Entscheidend für die Herausbildung dieser Raumvorstellungen war ihm zufolge die fortwährende Wiederholung nicht nur historisch spezifischer Aussagen über den Raum, sondern auch entsprechender Handlungsweisen im Raum. Klaus van Eickels schließlich macht nicht nur deutlich, dass Gesten wie Kinngriffe und Küsse in hierarchischen Beziehungen (etwa zwischen Lehensherr und Lehensmann) eine andere Bedeutung hervorzubringen vermochten als in Beziehungen zwischen gleichberechtigten Partnern. Er weist uns zudem darauf hin, wie sehr bisherige historiographische Interpretationen mittelalterlicher mann-männlicher Freundschaftsgesten von Denkmustern des 20. Jahrhunderts geprägt waren und wie wenig sie der Alterität mittelalterlichen Lebens und Denkens Rechnung trugen.

Ein Band wie dieser kann nicht den Anspruch erheben, die angesprochenen Methodenprobleme abschließend zu lösen oder gar sein Thema zu erschöpfen. Seine Ziele sind bescheidener: Er will die Chancen von Konzepten für die Geschichtswissenschaft ausloten, die in anderen Disziplinen bereits etabliert sind und die der bedeutungsprägenden Kraft menschlicher Handlungsweisen nachgehen. Er will die Schwierigkeiten, die sich aus einer Übertragung verschiedener Performanz-Theorien auf die Historie ergeben, an Beispielen aus der historiographischen Praxis diskutieren. Und er möchte eine Kluft überbrücken helfen, die zwischen der Forschung zur Geschichte der Vormoderne und der Moderne aufgerissen ist. Wenn er diese drei Ziele erreicht, dann – so hoffen die Herausgeber – könnte er dazu beitragen, neue Wege für eine Historiographie zu eröffnen, die verfestigte Epochenbildungen konstruktiv in Frage stellt, sich von modernisierungstheoretischem Geschichtsdenken verabschiedet und der Vielfältigkeit menschlichen Lebens Rechnung trägt.

ERIKA FISCHER-LICHTE

Performance, Inszenierung, Ritual

Zur Klärung kulturwissenschaftlicher Schlüsselbegriffe

1. Vom *performative turn* in der Kultur zum *performative turn* in den Kulturwissenschaften

Mit dem *performative turn*, den die Geistes- und Sozialwissenschaften in den neunziger Jahren des 20. Jahrhunderts vollzogen und mit dem sie sich zugleich als Kulturwissenschaften neu definiert haben,[1] sind Begriffe zu wichtigen heuristischen Instrumenten kulturwissenschaftlicher Forschung avanciert, die bisher in eher disziplinären Grenzen bestimmt und verwendet wurden: die Begriffe Performance, Inszenierung und Ritual. Während die Begriffe Performance und Inszenierung der Fachterminologie der Theaterwissenschaft entstammen, handelt es sich beim Begriff des Rituals um einen Zentralbegriff ethnologischer und religionswissenschaftlicher Forschung.

Die heutige Verwendung dieser Begriffe, wie sie in nahezu allen Kulturwissenschaften zu beobachten ist, setzt sie in ein spezifisches Verhältnis zueinander, das zugleich auf eine merk- und denkwürdige historische Konstellation ihrer Herkunftsdisziplinen verweist. Um die Wende vom 19. zum 20. Jahrhundert bildete sich zum einen in Ethnologie, Religionswissenschaft und Altertumskunde die Ritualforschung als ein neues und eigenständiges Forschungsgebiet heraus; zum anderen entstand die Theaterwissenschaft als eine selbständige Universitätsdisziplin. Und nicht zuletzt endlich begann der Aufstieg des Regisseurs zum eigentlichen Schöpfer des Theaterkunstwerks. Alle drei Entwicklungen hängen mit einem spezifischen kulturellen Wandel zusammen, der als Wandel in Bezug auf das vorherrschende kulturelle Paradigma verstanden werden kann. Während die Entstehung der Ritualforschung mit einer Verkehrung des bisher geltenden Verhältnisses von Mythos und

---

[1] Vgl. hierzu Erika FISCHER-LICHTE, Vom 'Text' zur 'Performance'. Der *performative turn* in den Kulturwissenschaften, in: Kunstforum, Bd. 152: Kunst ohne Wert. Ästhetik ohne Absicht, Oktober-Dezember 2000, S. 61-64; DIES., Theater als Modell für eine performative Kultur. Zum *performative turn* in der europäischen Kultur des 20. Jahrhunderts, Universitätsreden 46, Universität des Saarlandes, 28. Januar 2000.

Ritual begründet wurde, verdanken sich der Aufstieg des Regisseurs und die Gründung der Theaterwissenschaft einer Verkehrung der bisher gültigen Hierarchie zwischen Text und Aufführung.

Im 19. Jahrhundert galt der Mythos als das Primäre, der vom Ritual lediglich bebildert, illustriert und anschaulich gemacht wird. D.h. den Handlungen des Rituals kommt eine Bedeutung nur unter Bezug auf den Mythos zu. Um die Jahrhundertwende bildete sich ein neues Verständnis von Ritual heraus. Es wurde nun als körperlicher Vollzug von „repräsentativen, symbolischen Handlungen"[2] definiert. Die Altphilologin Jane Ellen Harrison bestimmte das Ritual als „not simply a thing done but a thing *re*-done and *pre*-done".[3] Diese körperlichen Handlungen waren einerseits als ebenso bedeutungsvoll wie ein Text gedacht, andererseits als fähig, auf alle am Ritual Beteiligten eine Wirkung auszuüben. Das Ritual wurde entsprechend als zentrales Medium einer Vermittlung konzipiert, das Handeln und Denken, Individuum und Gesellschaft aufeinander zu beziehen und sinnvoll miteinander zu verbinden vermag. Das Ritual ermöglicht nach dieser Auffassung den Teilnehmern ganz spezifische Erfahrungen und stellt zugleich etwas dar, was für die Gemeinschaft bedeutsam ist. Deswegen sei es das Ritual, das als primär zu begreifen ist, und nicht der Mythos, wie William Robertson Smith bereits 1888/89 feststellte: „Soweit Mythen als Deutung ritueller Bräuche bestehen, ist ihr Wert überhaupt ein sekundärer, und man kann wohl mit Sicherheit behaupten, daß beinahe in jedem Fall der Mythos aus dem Ritus hergeleitet ist und nicht der Ritus im Mythos wurzelt."[4]

Der hier vorgenommenen Umkehrung der geltenden Hierarchie zwischen Mythos und Ritual entsprach diejenige, welche die Hierarchie zwischen Text und Aufführung betraf. Im ausgehenden 19. Jahrhundert galt der Kunstcharakter von Theater ausschließlich durch seinen Bezug auf dramatische Kunstwerke, also auf literarische Texte als garantiert. Diese allgemein geltende Vorstellung vom Primat des Textes über die Aufführung, des Wortes (Geistes) über den Körper im Theater wurde zu Beginn des neuen Jahrhunderts von zwei Seiten attackiert: von den Theateravantgardisten und von der neu sich formierenden Theaterwissenschaft. Theaterkünstler der europäischen Avantgarde wie Edward Gordon Craig, Adolphe Appia, Max Reinhardt, Wsewolod E. Meyerhold u.a. stellten die Forderung nach einer

---

[2] Jan N. BREMMER, 'Religion', 'ritual', and the opposition 'sacred vs. profane'. Notes towards a terminological genealogy, in: Fritz GRAF (Hg.), Ansichten griechischer Rituale. Geburtstagssymposion für Walter Burkert, Stuttgart/Leipzig 1998, S. 9-32, S. 15.

[3] Jane Ellen HARRISON, Themis. A study of the social origins of greek religion, Cleveland/New York 1962 [1912], S. 330.

[4] William Robertson SMITH, Die Religion der Semiten, Darmstadt 1967 [London 1889/1884], S. 13.

„Retheatralisierung" des Theaters auf. Sie könne nur durch eine Dominanz der theatralen Mittel der Aufführung erreicht werden, nicht aber durch den Bezug auf einen literarischen Text. So schreibt Edward Gordon Craig in *Die Kunst des Theaters* (1905): „Die Kunst des Theaters ist weder die Schauspielkunst noch das Theaterstück, weder die Szenengestaltung noch der Tanz. Sie ist die Gesamtheit der Elemente, aus denen diese einzelnen Bereiche zusammengesetzt sind." Der wahre Künstler des Theaters sei daher der Regisseur, „wenn er [...] den Gebrauch der Bewegungen, Worte, Linien, Farben und des Rhythmus beherrscht"[5] und daher fähig ist, aus diesen Elementen die Aufführung zu schaffen, die als ein Kunstwerk folglich nur auf dem Wege der Inszenierung geschaffen werden könne.

Eine entsprechende Auffassung führte auch zur Gründung der Theaterwissenschaft als einer selbständigen Universitätsdisziplin. Während Theater bisher von der Literaturwissenschaft mitbehandelt wurde, da als wichtigster, ja geradezu konstitutiver Bestandteil des Theaters der literarische Text des Dramas galt, konstatierte der Begründer der Berliner Theaterwissenschaft, der Mediävist Max Herrmann: „Bei der Theaterkunst ist die Aufführung das Wichtigste."[6] Er ging dabei von einem grundsätzlichen Gegensatz zwischen Text und Aufführung aus:

> „Theater und Drama sind nach meiner Überzeugung [...] ursprünglich Gegensätze, die zu wesentlich sind, als daß sich ihre Symptome nicht immer wieder zeigen sollten; das Drama ist die wortkünstlerische Schöpfung des Einzelnen, das Theater ist eine Leistung des Publikums und seiner Diener."[7]

Herrmann stellte die Beziehung zwischen Darstellern und Zuschauern in den Mittelpunkt; sie sei es, welche die Aufführung als eine eigene Wirklichkeit konstituiert: „Der Ur-Sinn des Theaters [...] besteht darin, daß das Theater ein soziales Spiel war – ein Spiel Aller für Alle. Ein Spiel, in dem Alle Teilnehmer sind – Teilnehmer und Zuschauer. Das Publikum ist als mitspielender Faktor beteiligt. Das Publikum ist sozusagen Schöpfer der Theaterkunst."[8]

---

[5] Edward Gordon CRAIG, Über die Kunst des Theaters, Berlin 1969, S. 101, S. 106.
[6] Max HERRMANN, Forschungen zur deutschen Theatergeschichte des Mittelalters und der Renaissance, 2. Teil, Berlin 1914, S. 118.
[7] Max HERRMANN, Vossische Zeitung vom 30. Juli 1918.
[8] Max HERRMANN, Über die Aufgaben eines theaterwissenschaftlichen Instituts, Vorlesung vom 27. Juni 1920, in: Helmar KLIER (Hg.), Theaterwissenschaft im deutschsprachigen Raum. Texte zum Selbstverständnis, Darmstadt 1981, S. 15-24, S. 19. Zur Entstehung der Theaterwissenschaft in Deutschland vgl. Erika FISCHER-LICHTE, From text to performance. The rise of Theatre Studies as an academic discipline in Germany, in: Theatre Research International 24, 2 (1999), S. 168-179.

Der Prozess, in dem die drei Begriffe Ritual (vs. Mythos) sowie Inszenierung und Aufführung (vs. Text) um die Wende vom 19. zum 20. Jahrhundert allmählich in den Vordergrund traten, verweist auf einen Wandel in Bezug auf das vorherrschende kulturelle Paradigma. Während im 19. Jahrhundert die europäische Kultur ihr Selbstbild und Selbstverständnis in Texten (und Monumenten) formuliert sah und sich in diesem Sinne als „Text"-Kultur begriff, setzte sich um die Jahrhundertwende allmählich die Einsicht durch, dass auch die moderne europäische Kultur wenigstens zum Teil als eine performative Kultur zu verstehen sei, d.h. als eine Kultur, die ihr Selbstverständnis in verschiedenen Arten von „Aufführungen" artikuliert: in Ritualen, Zeremonien, Festen, Spielen, Sportwettkämpfen, politischen Versammlungen u.a. Die Entstehung von Ritualforschung und Theaterwissenschaft sowie der Aufstieg des Regisseurs zum eigentlichen Schöpfer des Theaterkunstwerks lassen sich in diesem Sinne als Indikatoren für einen *performative turn* begreifen, der im Selbstverständnis der europäischen Kultur um die Wende vom 19. zum 20. Jahrhundert eintrat und den Wandel von einer dominant textuellen zu einer hochgradig performativen Kultur einleitete.[9]

In den neunziger Jahren war dieser Wandel längst vollzogen. Es erscheint insofern durchaus als folgerichtig, zumindest jedoch als verständlich, wenn die Kulturwissenschaften im Zuge ihres *performative turn*, der die Erklärungsmetapher „Kultur als Text" zunehmend hinter die Erklärungsmetapher „Kultur als Performance" zurücktreten lässt, auf die Begriffe Performance / Aufführung, Inszenierung und Ritual zurückgreifen und sie bei der Analyse kultureller Prozesse als heuristische Instrumente verwenden.

2. Klärung der Begriffe

Die drei Begriffe Performance, Inszenierung und Ritual sind folgendermaßen aufeinander bezogen: Während der Begriff der Performance jede Art von Aufführung meint, intendiert der Begriff der Inszenierung den besonderen Modus der Herstellung von Aufführungen und der Begriff des Rituals bezeichnet eine besondere Gattung von Aufführungen.

---

[9] Vgl. zu diesem *performative turn* Erika FISCHER-LICHTE, Zwischen 'Text' und 'Performance'. Von der semiotischen zur performativen Wende, in: DIES., Ästhetische Erfahrung. Das Semiotische und das Performative, Tübingen 2001, S. 9-23.

2.1 Performance

Von den fünf verschiedenen Bedeutungsvarianten, die *The Oxford English Dictionary* mit je verschiedenen Bedeutungsnuancierungen für den Terminus „performance" auflistet,[10] sind für die Kulturwissenschaften neben der bereits seit langem in der Linguistik eingeführten Variante als prozesshafte und kreative Aktualisierung von Kompetenz (2c) vor allem die unter (3c) und (5) angeführten Bestimmungen wichtig geworden:

---

[10] Es handelt sich um folgende Einträge mit jeweils einer Fülle von Nachweisen:
1. The carrying out of a command, duty, purpose, promise, etc.; execution, discharge, fulfilment.
2.a. The accomplishment, execution, carrying out, working out of anything ordered or undertaken; the doing of any action or work; working, action (personal or mechanical); *spec.* the capabilities of a machine or device, now esp. those of a motor vehicle or aircraft measured under test and expressed in a specification. Also used *attrib.* to designate a motor vehicle with very good performance.
b. Something performed or done; an action, act, deed, operation. Often in emphatic sense: A notable deed, achievement, exploit.
c. A piece of work (literary or artistic); a work, a composition. Now rare or merged in b.
d. *Psychol.* The observable or measurable behaviour of a person or animal in a particular, usu. experimental situation.
e. *Linguistics* Opp. *competence*
3. *spec.* a. The action of performing a ceremony, play, part in a play, piece of music etc., formal or set execution.
+ b. A ceremony, rite, or public function performed.
c. The performing of a play, of music, of gymnastic or conjuring feats, or the like, as a definite act or series of acts done at an appointed place and time; a public exhibition or entertainment.
d. A display of temperament, anger or exaggerated behaviour; a fuss or 'scene', a difficult or annoying action or procedure. *colloq.*
+ 4. Trimming, or set of (fur) trimmings.
5. *attrib.* and *Comb.*, as **performance art**, a form of visual art in which the activity of the artist forms a central feature, combining static elements with dramatic performance; so **performance artist**; **performance bond**, a bond issued by a bank or other financial concern, guaranteeing the fulfilment of a particular contract; **performance test**, *(a) Psychol.* (in sense 2d), a non-verbal test of capability or intelligence based on the performance of certain manual tasks; *(b)* the measurement of weight gain, food conversion, and other heritable characteristics of farm animals, as a guide to selective breeding; also **performance testing**; so **performance-tested** a., having had heritable qualities evaluated. (*The Oxford English Dictionary*, Second Edition, prep. by J. A. Simpson and E. S. C. Weiner, vol. XI, Ow-Poisant, Oxford 1989, S. 544).

„(3c) The performing of a play, of music, of gymnastic or conjuring feats, or the like, as a definite act or series of acts done at an appointed place and time; a public exhibition or entertainment."

„(5) as *performance art*, a form of visual art in which the activity of the artist forms a central feature, combining static elements with dramatic performance."

Die erste dieser Bestimmungen ist insbesondere in der spezifischen Modifizierung einflussreich geworden, die der amerikanische Ethnologe Milton Singer vorgenommen hat, als er den Begriff „cultural performance" Ende der fünfziger Jahre prägte. Er verwendete ihn, um „particular instances of cultural organization, e.g. weddings, temple festivals, recitations, plays, dances, musical concerts etc."[11] zu beschreiben, durch die eine Gesellschaft sich für ihre eigenen Mitglieder wie auch für Fremde dar- und ausstellt.

„For the outsider, these can conveniently be taken as the most concrete observable units of the cultural structure, for each performance has a definitely limited time span, a beginning and end, an organized program of activity, a set of performers, an audience and a place and occasion of performance".[12]

Der Begriff *cultural performance* zielt also auf jegliche Art von Aufführung – auf künstlerische wie Theateraufführungen, Konzerte, Ausstellungen („the performing of a play, of music [...], a public exhibition") ebenso wie auf nicht künstlerische Aufführungen wie Sportwettkämpfe („the performing [...] of gymnastic [...] feats"), Jahrmarkts- und andere Spektakel („the performing [...] of [...] conjuring feats, [...]; a public [...] entertainment") sowie Rituale (Hochzeiten, Begräbnisse, Strafrituale wie öffentliche Folterungen und Hinrichtungen, Krönungen), Zeremonien (Preis- und Ordensverleihungen, Militärparaden, Aufmärsche), Feste und politische Veranstaltungen.

Für Aufführungen gilt generell, dass sie – im Unterschied zu Texten und Artefakten – weder fixier- noch tradierbar sind, sondern flüchtig und transitorisch. Ihre Materialität wird geschaffen durch die Körper der Teilnehmer, die sich in spezifischer Weise durch den Raum bewegen, sprechen und / oder singen und Gegenstände manipulieren. Die Gegenstände, die Verwendung finden mögen, sind dabei nicht als fixierte Artefakte von Belang, sondern als Elemente in einem dynamischen Prozess. Die spezifische Materialität der Aufführung wird nicht von ihnen konstituiert – ebensowenig wie von den Texten, die in ihnen Verwendung finden mögen. Sie wird vielmehr durch das Zusammenspiel mit den sich im Raum bewegenden, sprechenden oder auch singenden Akteuren – oder anderen Bewegungen und Lauten – hervorgebracht. Das heißt, erst durch die Verwendung der jeweiligen Materialien in

---

[11] Milton SINGER (Hg.), Traditional India. Structure and change, Philadelphia 1959, S. XII.
[12] Ebenda, S. XII f.

performativen Prozessen kann sich hier Räumlichkeit, Körperlichkeit, Lautlichkeit konstituieren und erfahrbar werden. Die Materialität der Aufführung wird also immer erst performativ hergestellt. Die Aufführung ist daher auch nicht als Werk – im Sinne eines Artefaktes – zu begreifen, sondern als ein Ereignis. Als solches ist sie einmalig und unwiederholbar.

Für Aufführungen ist das Zusammentreffen zweier Gruppen von Personen konstitutiv: die der Akteure und die der Zuschauer, wobei die Akteurs- und die Zuschauerrolle durchaus zwischen verschiedenen Gruppen wechseln kann. Diese Bedingung bestimmt die spezifische Medialität von Aufführungen, insofern sie besondere Voraussetzungen für Wahrnehmung und Kommunikation schafft. Die physische Ko-Präsenz von Darstellern und Zuschauern setzt voraus, dass eine Aufführung nur stattfinden kann, wenn sich Akteure und Zuschauer für eine bestimmte Zeitspanne an einem bestimmten Ort versammeln und dort gemeinsam etwas tun. In diesem Sinne laufen Produktion und Rezeption gleichzeitig ab und bedingen einander. Dabei sind die Zuschauer keineswegs als distanzierte Beobachter zu begreifen, sondern sie sind vielmehr auf vielfältige Weise in das Geschehen involviert. Entsprechend können auch die Beziehungen, die zwischen Akteuren und Zuschauern bestehen (sollen), häufig direkt zwischen beiden Gruppen ausgehandelt werden.

Aus dem gleichzeitigen Ablaufen von Produktion und Rezeption sowie aus der Involviertheit der Zuschauer ergeben sich besondere Bedingungen für die Wahrnehmung der Aufführung und die auf sie bezogenen Prozesse der Bedeutungskonstitution. Der Zuschauer kann nicht vor- und zurückblättern – wie bei der Lektüre eines Textes – oder sich in ein Detail versenken – wie bei der Betrachtung eines Bildes. Seine Wahrnehmungsmöglichkeiten sind entsprechend begrenzt, auch und gerade, wenn gleichzeitig mehrere Sinne – wie Gesichtssinn, Gehör, Geruch – angesprochen werden. Er wird daher kaum je in der Lage sein, sich über jedes Detail, d.h. jede Bewegung, jeden Spielzug, jedes Geräusch, jeden Geruch einen vollkommenen Überblick zu verschaffen. Wenn er Bedeutungen konstituiert, so geschieht dies immer unter dieser grundlegenden Einschränkung. Aufführungen werden entsprechend zunächst einmal erfahren, ehe sie vielleicht später – wenn überhaupt – verstanden werden. Auch wenn im Einzelfall den verwendeten Gegenständen, den Farben und Formen der Kostüme der Darsteller, ihren Bewegungen durch den Raum und ihren Gesten bestimmte symbolische Bedeutungen beigelegt werden können, ergibt sich die Bedeutung des gesamten Geschehens erst aus seinem Ablauf; Bedeutung emergiert aus diesen performativen Prozessen. So entstehen Ambivalenzen und damit Spielräume für Innovationen.[13]

Das Phänomen der Aufführung – und damit zugleich der Begriff der Performance – ist in seiner Bedeutung für die moderne westliche Kultur vor allem durch die Entstehung einer sogenannten Performance-Kultur seit den ausgehenden sechziger Jahren zunehmend ins Bewusstsein getreten. Jede Art von Demonstrationen, von Go-ins, Sit-ins, Aufmärschen, Straßen- und Stadtteilfesten, jede neue Nutzung öffentlicher Räume, von den Straßen und Plätzen der Städte bis hin zu den Gerichtssälen, hat anschaulich vor Augen geführt, wie sich Selbstbild und Selbstverständnis unterschiedlicher gesellschaftlicher Gruppen in und durch derartige Aufführungen artikulieren.

Als Teil bzw. als Vorläufer der so genannten Performance-Kultur kann die Aktionskunst bzw. Performance Art gelten, die sich in den sechziger und siebziger Jahren herausgebildet hat. An der Entwicklung des neuen Kunst-Genres waren vor allem bildende Künstler beteiligt, aber auch Theaterkünstler, Dichter und Musiker. Sie wendeten sich zum einen gegen die Herstellung von Werken, von Artefakten, die als Waren auf den Markt kommen, und zum anderen gegen die Konstruktion fiktiver Welten mit fiktiven Figuren auf der Bühne. Wie Rose Lee Goldberg bemerkt:

> „Historically, performance art has been a medium that challenges and violates borders between disciplines and genders, between private and public, between everyday life and art, and that follows no rules. In the process, it has energized and affected other disciplines – architecture as event, theatre as images, photography as performance."[14]

Performance Kunst konstituierte sich als neues theatrales Genre in der bzw. durch die Intensivierung und Radikalisierung eben jener Merkmale, die vorstehend der Aufführung zugesprochen sind. Das Transitorische, Flüchtige der Aufführung wird als das eigentliche Konstituens der neuen Gattung begriffen. An die Stelle des (Kunst-)Werkes soll das (Kunst-)Ereignis treten. Das wird durch die tatsächliche Einmaligkeit der Aufführung oder auch durch die reflektierte Spannung zwischen ihrer Flüchtigkeit und den unablässigen Versuchen, sie mit Video, Film, Fotografie, Beschreibungen zu dokumentieren, immer wieder fokussiert.

> „Die Rede von der Performance markiert eine Leerstelle, einen Verlust. Zum verfügbaren Gegenstand, der referiert, diskutiert, beurteilt werden könnte, wird sie uns nur um den Preis ihres Verschwindens, und diese Erfahrung setzt die Anerkennung nicht verfügbarer Bedingungen voraus. [...] Die Kunst der Performance wäre gerade nicht

---

[13] Zum Begriff der Aufführung vgl. Erika FISCHER-LICHTE / Jens ROSELT, Attraktion des Augenblicks – Aufführung, Performance, performativ und Performativität als theaterwissenschaftliche Begriffe, in: Paragrana 10, 1 (2001), S. 237-253.
[14] Rose Lee GOLDBERG, Performance – Live art since the 60s, London 1988, S. 30 f.

nach dem künstlerischen Programm oder der subjektiven Erfahrung des Künstler-Körpers zu befragen, sondern nach dem Abstand zwischen Präsentation und Wahrnehmung, der sich in den Dokumenten und Erinnerungstexten der Beobachter artikuliert."[15]

Die Betonung des Transitorischen, Flüchtigen in der Performance wirkt sich verschärfend auf die Bedingungen aus, die jeweils Materialität, Medialität und Möglichkeiten der Bedeutungskonstitution von und in Aufführungen betreffen, und macht sie so auf besondere Weise bewusst. Der Begriff der Performance, wie er zunehmend in den Kulturwissenschaften verwendet wird, intendiert eben diese besonderen Bedingungen: die Ko-Präsenz von Akteuren und Zuschauern, das Flüchtige und Transitorische, das Ereignishafte, Emergenz und Ambivalenz der Bedeutungen, das Entstehen von Spielräumen – und was sich aus diesen Bedingungen ergibt.

2.2 Inszenierung

Im Unterschied zu den Begriffen Performance / Aufführung und Ritual handelt es sich bei „Inszenierung" um eine relativ junge Neuschöpfung. Der Begriff wurde in den zwanziger Jahren des 19. Jahrhunderts als Übersetzung aus dem erst wenige Jahre früher im Französischen geprägten Begriff *mise-en-scène* eingeführt. Er fungierte als ein technischer Begriff, mit dem „das Ordnen des Personals und Materials zum Ganzen der Darstellung einer dramatischen Dichtung" bezeichnet wurde.[16] Dabei stand zunächst der Bezug des Begriffs auf den dramatischen Text im Vordergrund, wie nicht nur aus dem zitierten Lexikonartikel hervorgeht, sondern auch aus dem Versuch einer Begriffsbestimmung, die August Lewald 1857 vornahm: „,In die Scene setzen' heißt, ein dramatisches Werk vollständig zur Anschauung zu bringen, um durch äußere Mittel die Intention des Dichters zu ergänzen und die Wir-

---

[15] Hans-Friedrich BORMANN / Gabriele BRANDSTETTER, An der Schwelle. Performance als Forschungslabor, in: Hanne SEITZ (Hg.), Schreiben auf Wasser – Performative Verfahren in Kunst, Wissenschaft und Bildung, Bonn 1999, S. 45-55, S. 46, S. 50.

[16] Karl HERLOßSOHN / Hermann MARGGRAFF u.a. (Hgg.), Allgemeines Theaterlexikon oder Encyclopädie alles Wissenswerten für Bühnenkünstler, Dilettanten und Theaterfreunde unter Mitwirkung der sachkundigsten Schriftsteller Deutschlands. Neue Ausgabe, Altenburg/Leipzig 1846, Eintrag: „Inscenesetzen", S. 284, vgl. außerdem August LEWALD, In die Szene setzen, erst in: Allgemeine Theater-Revue 3 (1837), S. 251-257, wieder abgedruckt in: K. LAZAROWICZ / Christopher BALME (Hgg.), Texte zur Theorie des Theaters, Stuttgart 1991, S. 300-311; sowie Alain REY (Hg.), Dictionnaire historique de la langue française, 2 Bde., Bd. 2, Paris 1992, bes. S. 1892.

kung des Dramas zu verstärken."¹⁷ Der Begriff Inszenierung meint also hier ein „Ordnen des Personals und Materials" als Mittel der Transformation eines dramatischen Textes in eine Aufführung, wobei den Bezugspunkt der dramatische Text und nicht die Aufführung bildet. Denn die Transformation soll zum einen „die Intention des Dichters [...] ergänzen" und zum anderen „die Wirkung des Dramas [...] verstärken". Inszenierung meint entsprechend das Einsetzen spezifischer allgemein bekannter und verfügbarer Techniken und Verfahren, um dies Ziel zu erreichen. Der Einsatz solcher Techniken, d.h. die Inszenierung, wurde zur Aufgabe des Regisseurs erklärt. Zu dieser Zeit bürgerte sich auch die Praxis ein, den Namen des Regisseurs auf dem Theaterzettel zu nennen.

Solange der Kunstcharakter von Theateraufführungen durch den Kunstcharakter des Dramas als eines Werkes der Literatur gegeben und garantiert schien und entsprechend der grundlegende mediale Unterschied zwischen Literatur und Theater kaum in den Blick kam, galt das Inszenesetzen nicht als eine genuin künstlerische, schöpferische Tätigkeit. Dies änderte sich erst, als die historischen Avantgardebewegungen Theater zu einer eigenständigen, von der Literatur unabhängigen Kunstform erklärten und entsprechend die Aufführung zu einem autonomen Kunstwerk. Mit Adolphe Appia, Edward Gordon Craig, Max Reinhardt, Wsewolod Meyerhold u.a. avancierte die Tätigkeit des Regisseurs, das Inszenesetzen, zu einer schöpferischen Tätigkeit.

Da die Aufführung, das Resultat und Produkt der Inszenierung, nun als autonomes Kunstwerk gedacht wird, müssen auch Aufgaben der Inszenierung und damit der Begriff der Inszenierung neu bestimmt werden. Craig definiert sie dahingehend, dass sie „Unsichtbares"¹⁸ zur Erscheinung bringen sollte. Es geht also beim Inszenieren nicht mehr darum, etwas, das bereits im Text niedergelegt ist, nun noch einmal mit anderen Mitteln auszudrücken und so gegebenenfalls in seiner Wirkung zu verstärken, sondern darum, etwas, das nicht mit den Sinnen wahrgenommen werden kann, das nicht gegenständlich gegeben ist, überhaupt erst in Erscheinung treten zu lassen. Unsichtbares, Imaginäres soll durch den Prozess der Inszenierung in der Aufführung wahrnehmbare Gegenwart annehmen.

Diese Auffassung galt nicht nur für Regisseure, die ganz ohne Texte arbeiteten, sondern auch für diejenigen, die sich intensiv mit dramatischen Texten auseinandersetzten wie zum Beispiel Wsewolod Meyerhold oder Leopold Jeßner. Sie begriffen allerdings „das vorliegende Dichtwerk (als)

---

[17] LEWALD (wie Anm. 16), S. 307.
[18] CRAIG (wie Anm. 5), S. 45.

das Material (ihrer) [...] Arbeit".[19] So argumentierte Jeßner ganz ausdrücklich, dass die Bühne ihre eigenen, von der Dichtung deutlich unterschiedenen Gesetze habe. Deswegen müsse „der Regisseur das bereits geformte Werk der Dichtkunst zunächst einmal in seine einzelnen Bestandteile auflösen, um dann aus der Neuordnung dieser Bestandteile das *Bühnenwerk* zu formen". Daraus folgte für ihn die Notwendigkeit, anstatt von der „Fabel des klassischen Werkes" auszugehen, „das Werk von der herrschenden Idee anzupacken und von hier aus die Fokussierung des Ganzen zu übernehmen."[20] Die „herrschende Idee" von Schillers *Wilhelm Tell* zum Beispiel war aus Jeßners Sicht der „Freiheitsschrei" eines von der Tyrannei geknechteten Volkes. Ihn sollte die Inszenierung in Erscheinung treten lassen.

Es ist also Aufgabe der Inszenierung, unter Rekurs auf und Verwendung von unterschiedlichen Materialien – Räumen, Körpern, Objekten, Licht, Tönen – sinnlich wahrnehmbare Vorgänge zu gestalten, in denen etwas Nicht-Sinnliches, etwas Imaginäres sinnlich in Erscheinung tritt und die in der Aufführung Zuschauern vorgeführt werden, die sie wahrnehmen, erfahren und ihnen Bedeutung beilegen können. Während die Aufführung – nicht zuletzt aufgrund der je besonderen Konstellation von Akteuren und Zuschauern – einmalig und unwiederholbar ist, ist die Inszenierung häufig auf Wiederholung angelegt; sie kann aber auch als ein *work in progress* konzipiert und durchgeführt werden.

Diese Auffassung von Inszenierung, die sich im Theater der historischen Avantgardebewegungen (ca. 1900-1935) herausgebildet hat, ist seit den ausgehenden sechziger und vor allem seit den siebziger Jahren – d.h. parallel zur Entstehung eines postmodernen bzw. postdramatischen Theaters[21] sowie der Entstehung von Aktions- und Performance Kunst – wieder zum vorherrschenden Begriffsverständnis geworden. In diesem Verständnis findet der Begriff seit den siebziger Jahren auf den unterschiedlichsten kulturellen Feldern Verwendung. Zu dieser Entwicklung hat sicher beigetragen, dass unsere zeitgenössische Kultur zu einer Kultur der Inszenierung geworden ist, die sich auch als eine Inszenierung von Kultur beschreiben lässt. In allen gesellschaftlichen Bereichen wetteifern einzelne und gesellschaftliche Gruppen in der Kunst, sich selbst und ihren eigenen Lebensstil wirkungsvoll in Szene zu setzen. Stadtplanung, Architektur und Design inszenieren unsere Umwelt als kulissenartige Environments, in denen mit wechselnden Outfits kostümierte

---

[19] Leopold JEßNER, Regie, in: Hugo FETTING (Hg.), Leopold Jeßner. Schriften. Theater der zwanziger Jahre, Berlin (DDR) 1979, S. 171-177, S. 172.
[20] Ebenda.
[21] Zu diesem Theater vgl. vor allem Hans-Thies LEHMANN, Postdramatisches Theater, Frankfurt am Main 1999.

Individuen und Gruppen sich selbst und ihren eigenen Lifestyle mit Effekt zur Schau stellen. Politik wird nur noch als symbolische Inszenierung in den Medien greifbar.

In allen diesen Fällen wird der Begriff als ein ästhetischer Begriff eingesetzt. Er umfasst die ästhetische Arbeit in ihrer ganzen Breite, also neben der künstlerischen Produktion im engeren Sinn auch die Bereiche Stadt- und Landschaftsplanung, Design, Mode, Kosmetik, Werbung etc. Es geht dabei entsprechend jeweils um bestimmte Kulturtechniken und -praktiken, mit denen etwas zur Erscheinung gebracht wird. In diesem Sinne wird Inszenierung als ein ästhetisches bzw. ästhetisierendes Verfahren begriffen und ihr Resultat als ästhetische bzw. ästhetisierte Wirklichkeit – zum Beispiel in den Bereichen Politik, Wirtschaft, Alltagswelt, Natur.[22]

Als ein ästhetischer Begriff ist der Begriff der Inszenierung eng auf den Begriff der Wahrnehmung bezogen. Für Inszenierungen ist nicht nur wichtig, *wie* das in ihnen jeweils in Erscheinung Tretende wahrgenommen wird, sondern bereits, *ob* sie als Inszenierungen wahrgenommen werden oder nicht. Für Theaterinszenierungen gilt, dass ihre Wirkung nicht darunter leidet, dass sie stets auch als Inszenierung wahrgenommen werden. Im Gegenteil, dies stellt in der Regel die *conditio sine qua non* für ihre Wirkung dar. Diese Art der ästhetischen Wahrnehmung kann nun keineswegs umstandslos auf Inszenierungen im sozialen Leben übertragen werden. Wenn ein Spaziergänger einen englischen Garten oder ein Gesprächspartner ein sorgfältig einstudiertes Verhalten als „natürlich" empfinden, so haben sie Landschaft und Verhalten wohl den Inszenierungsstrategien entsprechend wahrgenommen, nicht jedoch als Inszenierung. D.h. die Inszenierung vermag hier gerade deshalb zu wirken, weil sie nicht als solche wahrgenommen wird. Umgekehrt können eine nicht von Menschen gestaltete Landschaft oder eine nicht inszenierte Interaktionssequenz vom Zuschauer als „Schauspiel" und „Szene" wahrgenommen und entsprechend ästhetisch rezipiert werden. Daneben gibt es im sozialen Leben eine Fülle von Situationen, in denen die Inszenierung eines Environments, einer Erscheinung, eines Verhaltens durchaus als solche wahrgenommen und bewundert werden soll, ohne dadurch an Wirkung einzubüßen; vielmehr vermag sie gerade erst unter dieser Bedingung ihre Wirkung voll zu entfalten.

Eine ganz besondere Art von Inszenierungen stellen in dieser Hinsicht Politikinszenierungen dar. Nicht nur bei den Kaiser-Papst-Begegnungen im 12. Jahrhundert sollte den Zuschauern verborgen bleiben, dass die Demuts-

---

[22] Vgl. hierzu vor allem Herbert WILLEMS / Martin JURGA (Hgg.), Inszenierungsgesellschaft. Ein einführendes Handbuch, Opladen/Wiesbaden 1998; sowie Josef FRÜCHTL / Jörg ZIMMERMANN (Hgg.), Ästhetik der Inszenierung, Frankfurt am Main 2001.

gesten des Kaisers und die huldvollen Versöhnungsgesten des Papstes keineswegs einer spontanen Reaktion auf die konkrete Situation entsprangen, sondern das Ergebnis einer sorgfältigen Inszenierung waren.[23] Auch heute noch wird an Politiker und ihr Verhalten – auch in den Medien! – der Anspruch von „Authentizität" gestellt, so dass Politikinszenierungen leicht unter den Verdacht und das Verdikt des „Betruges" geraten, zumindest jedoch als oberflächliche Show abgewertet werden. Symptomatisch dafür ist die fast einhellige Empörung der Journalisten über die „Entdeckung", dass es sich beim Parteitag der SPD in Leipzig im April 1998 offensichtlich um eine Inszenierung handelte – offensichtlich, weil der Beleuchtungsplan aufgrund eines Versehens in die Pressemappen geraten war.[24] Diese Empörung verwundert umso mehr, als gerade Medienvertretern klar sein müsste, dass und in welchem Maße Politikvermittlung immer als Inszenierung geschieht.

Wenn auf allen kulturellen Feldern inszeniert wird, wenn alles Gegenstand von Inszenierung zu werden vermag, dann erhebt sich die Frage, wo die Grenze zwischen Inszenierungen und nicht-inszenierten Handlungen, Verhalten, Geschehnissen, Räumen verläuft. Diese Frage lässt sich insofern kaum beantworten, als diese Grenze nicht für alle in gleicher Weise gegeben ist – also gerade nicht *verläuft*, sondern immer wieder neu gezogen werden muss. Zu Recht betont Martin Seel, dass „weder die, die inszenieren, noch die, für die inszeniert wird, [...] sich jemals ganz sicher sein (können), wann eine Inszenierung anfängt und wann sie zuende ist."[25] Zwar scheine es im Alltag nicht allzu schwer zu sein, die Grenze zu ziehen: Seel verweist hier auf Handlungen wie einen Stecker in die Steckdose stecken, ein Zimmer aufräumen, einen Laden renovieren, mit den Nachbarn reden, im Büro arbeiten – wobei allerdings nicht übersehen werden darf, dass auch alle dieser Handlungen, wenn sie vor Zuschauern und im Hinblick auf Zuschauer vollzogen werden, um den Handelnden in ihren Augen in einer bestimmten Weise erscheinen zu lassen, ebenfalls als inszeniert zu betrachten sind. In der Tat, Inszenierung

„fängt überall da an, wo etwas für ein wenigstens potentielles Publikum so herausgestellt wird, daß es für sie eine Zeit lang zu einem sinnlich bedeutsamen, aber sachlich

---

[23] Vgl. hierzu den Beitrag Gerd ALTHOFFS in diesem Band (Inszenierung verpflichtet. Zum Verständnis ritueller Akte bei Papst-Kaiser-Begegnungen im 12. Jahrhundert); sowie DERS., Inszenierung verpflichtet. Welche Erinnerungen fixieren politische Rituale des Mittelalters?, in: Paragrana 9, 2 (2000), S. 45-60.
[24] Vgl. hierzu Carsten BROSDA / Christian SCHICHA, Politikvermittlung als Event Marketing, in: Erika FISCHER-LICHTE u.a. (Hgg.), Performativität und Ereignis, Theatralität, Bd. 4, Tübingen 2003.
[25] Martin SEEL, Inszenieren als Erscheinen lassen, in: FRÜCHTL / ZIMMERMANN (Hgg.) (wie Anm. 22), S. 48-62, S. 62.

ungreifbaren Ereignis werden kann. Wo die Grenze aber jeweils liegt, hängt immer von denen ab, denen an dieser Grenze etwas liegt – von den Menschen, die sich öffentlich unterschiedlich präsentieren und es mit unterschiedlichen öffentlichen Präsentationen zu tun haben."[26]

Die in den neunziger Jahren einsetzende nahezu ubiquitäre Verbreitung des Inszenierungsbegriffs hat die Vermutung aufkommen lassen, dass es sich hier nicht nur um einen ästhetischen Begriff, sondern darüber hinaus um eine anthropologische Kategorie handelt. Diese Auffassung hat Wolfgang Iser bereits zu Beginn der neunziger Jahre vertreten. Wenn Inszenierung als der Vorgang bestimmt wird, der durch eine je spezifische Auswahl, Organisation und Strukturierung von Personen und Materialien etwas zur Erscheinung bringt, das „seiner Natur nach nicht gegenständlich zu werden vermag",[27] leuchtet unmittelbar ein, dass und wie in der Inszenierung ästhetische und anthropologische Dimensionen aufeinander bezogen sind. Denn diese Definition impliziert, dass einer Inszenierung

„etwas vorausliegen muß, welches durch sie zur Erscheinung kommt. Dieses Vorausliegende vermag niemals vollkommen in die Inszenierung einzugehen, weil sonst dieses selbst das ihr Vorausliegende wäre. Anders gewendet ließe sich auch sagen, daß jede Inszenierung aus dem lebt, was sie nicht ist."[28]

Wenn man mit Helmuth Plessner die *conditio humana* als Abständigkeit des Menschen von sich selbst begreift, als seine exzentrische Position,[29] so erscheint die These plausibel, dass mit der *conditio humana* zugleich die Möglichkeit und Notwendigkeit von Inszenierung gesetzt sind. Der Mensch tritt sich selbst – oder einem anderen – gegenüber, um ein Bild von sich als einem anderen zu entwerfen und zur Erscheinung zu bringen, das er mit den Augen eines anderen wahrnimmt bzw. in den Augen eines anderen reflektiert sieht. Entsprechend bestimmt Iser Inszenierung als „Institution menschlicher Selbstauslegung"[30] bzw. als den „unablässigen Versuch des Menschen, sich selbst zu stellen":[31] „In den Inszenierungen verselbständigt sich die eigene Andersheit des Menschen [...]. Nur inszeniert kann der Mensch mit sich selbst zusammengeschlossen sein; Inszenierung wird damit zur Gegenfigur

---

[26] Ebenda, S. 61 f.
[27] Wolfgang Iser, Das Fiktive und das Imaginäre, Perspektiven literarischer Anthropologie, Frankfurt am Main 1991, S. 504.
[28] Ebenda, S. 511.
[29] Vgl. hier Helmuth Plessner, Zur Anthropologie des Schauspielers, in: Gesammelte Schriften, Bd. 7, hg. von Günter Dux u.a., Frankfurt am Main 1982, S. 399-418.
[30] Ebenda, S. 512.
[31] Ebenda, S. 525.

aller transzendentalen Bestimmungen des Menschen."[32] Dem ästhetischen Begriff ist insofern immer schon seine anthropologische Dimension inhärent. Nicht zuletzt vielleicht wegen dieser von Iser aufgedeckten anthropologischen Dimension hat der Begriff der Inszenierung auf allen kulturellen Feldern Eingang gefunden und wird heute – wenn auch teilweise *ad nauseam*, weil ausgesprochen inflationär – in allen möglichen Zusammenhängen verwendet. Obwohl diese Entwicklung eher dafür zu sprechen scheint, ihn nicht unbedingt als einen wissenschaftlichen Begriff zu verwenden, lässt die Fülle der kulturwissenschaftlichen Publikationen, die – mit einigen Vorläufern in den siebziger und achtziger Jahren – seit den neunziger Jahren erschienen sind und den Begriff im Titel tragen,[33] eher den Schluss zu, dass die Kulturwissenschaften im Zuge ihres *performative turn* ebenfalls für den heuristischen Wert des Begriffs sensibilisiert sind und für bestimmte Analysen kultureller Prozesse ohne ihn nicht auszukommen vermögen. Der Begriff der Inszenierung ist zu einem kulturwissenschaftlichen Schlüsselbegriff avanciert, der durchaus noch nicht von allen Kulturwissenschaften entdeckt ist und deswegen wohl immer noch eine große Karriere vor sich hat.

2.3 Ritual

Unter Ritualen verstehen wir eine bestimmte Gattung von Aufführungen, die der Selbstdarstellung und Selbstverständigung, Stiftung bzw. Bestätigung oder auch Transformation von Gemeinschaften dienen und unter Anwendung je spezifischer Inszenierungsstrategien und -regeln geschaffen werden.

Während zu Beginn der Ritualforschung – wie zum Beispiel von Robertson Smith, Frazer, Harrison oder Durkheim – Rituale nur im Zusammenhang mit dem Sakralen bzw. religiösen Prozessen untersucht und diskutiert wurden, hat sich der Begriff heute weitgehend aus dieser Beziehung gelöst und findet häufig auch auf „jedes formalisierte Verhalten [...], das im

---

[32] Ebenda, S. 514 f.
[33] So z.B. Inszenierungen des Ich (1990), Die Inszenierung des Sonnenkönigs (1992), Die Inszenierung des Scheins (1992), Kultur-Inszenierungen (1995), Geschlechterdifferenz in der literarischen Inszenierung (1996), Inszenierung der Schrift (1996), Inszenierung von Geschlecht (1996), Körper-Inszenierungen (1996), Die Inszenierung von Politik (1996), Inszenierte Natur (1997), Inszenierungsgesellschaft (1998), Die Inszenierung von Schönheit und Erotik (1998), Die Inszenierung von Prominenz und Schicksal (1999), Inszenierungen des Erinnerns (2000), Ästhetik der Inszenierung (2001).

Charakter autoritativ und in der Gestalt 'traditionsgleich' ist",[34] Anwendung. Die Grenzen zwischen den Begriffen Ritual und Zeremonie, Sitte, Gebrauch oder auch Gewohnheit sind so durchlässig geworden, dass sie kaum noch klar zu ziehen sind.

Dadurch entsteht gerade für die Verwendung des Ritualbegriffs als eines wissenschaftlichen Begriffs ein Problem, auf das vor allem Mary Douglas hingewiesen hat.[35] Denn wenn Formalisierung, Stereotypisierung, Wiederholung und Redundanz zu den bestimmenden Merkmalen von Ritualen deklariert werden, sind sie von alltäglichen Routinehandlungen nicht mehr zu unterscheiden, so dass sich kaum mehr erklären lässt, wieso Rituale ein solches Wirkpotential zu entfalten vermögen, wie es ihnen üblicherweise zugesprochen wird. Diesem Dilemma versucht die Ritualforschung dadurch zu entgehen, dass sie den Ritualbegriff um zwei wichtige Aspekte erweitert. Zum einen wird auf die Setzung eines Rahmens verwiesen, die durch die Zustimmung aller Beteiligten an der Durchführung eines Rituals und die Übereinkunft über seine spezifischen Inszenierungsregeln vorgenommen wird. Allerdings kann eine solche Rahmensetzung, die besagt: „Dies ist ein Ritual", durchaus auch von den Beteiligten unterlaufen werden.

Zum anderen wird auf die bereits von Arnold van Gennep in seiner Schrift *Les rites de passage* (1909) herausgestellte transformative Kraft von Ritualen abgehoben. Van Gennep legt unter Rekurs auf eine Fülle von ethnologischem Material dar, dass Rituale mit einer im höchsten Maße symbolisch aufgeladenen Grenz- und Übergangserfahrung verknüpft sind. Er unterscheidet an den sogenannten Übergangsriten, mit denen Krisen im Leben der Gemeinschaft und des Individuums wie Hungersnot, Krieg, Jagd, Geburt, Pubertät, Hochzeit, Schwangerschaft, Krankheit, Tod bewältigt werden, drei Phasen:
1. Die Trennungsphase, in der die / der zu Transformierende(n) aus ihrem Alltagsleben herausgelöst und ihrem sozialen Milieu entfremdet werden;
2. die Schwellen- und Transformationsphase; in ihr wird / werden die zu Transformierende(n) in einen Zustand „zwischen" allen möglichen Bereichen versetzt, der ihnen völlig neue, zum Teil verstörende Erfahrungen ermöglicht;

---

[34] Ursula RAO / Klaus-Peter KÖPPING, Die 'performative Wende'. Leben – Ritual – Theater, Einleitung zu: Klaus-Peter KÖPPING / Ursula RAO (Hgg.), Im Rausch des Rituals. Gestaltung und Transformation der Wirklichkeit in körperlicher Performanz, Münster/Hamburg/London 2000, S. 1-31, S. 1.
[35] Vgl. Mary DOUGLAS, Natural Symbols, London 1970.

3. die Inkorporationsphase, in der die nun Transformierten wieder in die Gesellschaft aufgenommen und in ihrem neuen Status, ihrer veränderten Identität akzeptiert werden.

Diese Struktur lässt sich nach van Gennep in den verschiedensten Kulturen beobachten. Sie wird erst in ihren Inhalten kulturspezifisch ausdifferenziert.[36] Victor Turner hat den Zustand, der in der Schwellenphase hergestellt wird, als Zustand der Liminalität (von lat. *limen* – die Schwelle) bezeichnet und genauer als Zustand einer labilen Zwischenexistenz „betwixt and between the positions assigned and arrayed by law, custom, convention and ceremonial"[37] bestimmt. Er führt aus, dass und wie die Schwellenphase kulturelle Spielräume für Experimente und Innovationen eröffnet, insofern „in liminality, new ways of acting, new combinations of symbols, are tried out, to be discarded or accepted."[38] Die Veränderungen, zu denen die Schwellenphase führt, betreffen nach Turner in der Regel den gesellschaftlichen Status derer, die sich dem Ritual unterziehen, sowie die gesamte Gesellschaft. Auf die Individuen bezogen bedeutet das, dass zum Beispiel Knaben in Krieger transformiert werden, eine unverheiratete Frau und ein unverheirateter Mann in ein Ehepaar, ein Kranker in einen Gesunden. Die gesamte Gesellschaft betreffend bestimmt Turner Rituale als Mittel zur Erneuerung und Etablierung von Gruppen als soziale Gemeinschaften. Dabei sieht er vor allem zwei Mechanismen am Werk: Erstens die in den Ritualen erzeugten Momente von *communitas*, die er als gesteigertes Gemeinschaftsgefühl beschreibt, das die Grenzen aufhebt, welche die einzelnen Individuen voneinander trennen; und zweitens eine spezifische Verwendung von Symbolen, die sie als verdichtete und mehrdeutige Bedeutungsträger erscheinen lässt und es Akteuren wie Zuschauern ermöglicht, verschiedene Interpretationsrahmen zu setzen.

In Weiterführung und zugleich Kritik dieses Ansatzes betonen Rao und Köpping einerseits die Mehrdeutigkeit von Ritualen, andererseits ihre spezifische Performativität. Sie bestimmen sie als „transformative Akte", denen „die Macht zugeschrieben" wird, „jeden Kontext von Handlung und Bedeutung und auch jeden Rahmen und alle sie konstituierenden Elemente und Personen in jeder möglichen Hinsicht zu transformieren und dadurch Personen und Symbolen einen neuen Zustand aufzuprägen".[39] Entsprechend gehen sie davon aus, dass die Schwellenphase nicht nur zu einer Veränderung des gesellschaftlichen Status der beteiligten Personen führen kann, sondern zu

---

[36] Vgl. Arnold VAN GENNEP, Übergangsriten, Frankfurt am Main/New York 1986.
[37] Victor TURNER, The ritual process – structure and anti-structure, London 1969, S. 95.
[38] Victor TURNER, Variations on a theme of liminality, in: Sally F. MOORE / Barbara C. MYERHOFF (Hgg.), Secular rites, Assen 1977, S. 36-57, S. 40.
[39] RAO / KÖPPING (wie Anm. 34), S. 10.

ihrer Transformation „in jeder möglichen Hinsicht", die ihre „Wirklichkeitswahrnehmung" betrifft.
Eine solche Akzentverschiebung, die zwar eine klare Abgrenzung zu Routinehandlungen ermöglicht, lässt jedoch andererseits die Grenzen zwischen Ritual und Theater unscharf werden. Nun lassen sich, wie auch Rao und Köpping annehmen, ohnehin kaum formale Kriterien angeben, nach denen man eine klare Unterscheidung zwischen diesen beiden Genres von *cultural performance* vornehmen könnte. Denn

> „beide Genres kennen Inszenierung, Skriptvorlagen (wenn man Mythen als solche bezeichnen möchte), Improvisation, Probe, Einstudierung, in beiden können Teilnehmer wie Zuschauer ihre Rollen verändern, und beide können sowohl dem Ziel der Unterhaltung dienen wie auch dazu, andere Wirklichkeiten aufzuzeigen".[40]

Daraus erhellt, dass eine solche Unterscheidung nicht systematisch durchgeführt werden kann, sondern immer nur im Hinblick auf ganz spezifische historische und kulturelle Kontexte, die jeweils bestimmte Funktionsdifferenzierungen zwischen beiden Genres vornehmen und begründen.[41]

Die Affinität zwischen beiden Genres von *cultural performance* lässt auch die theatrale Dimension von Ritualen, die in der Forschung häufig bemerkt wurde, in einem neuen Licht erscheinen. Rituale werden – wie jede Aufführung – inszeniert. Die Regeln, welche der jeweiligen Inszenierung des Rituals zugrunde liegen, können überliefert sein und im Prozess der Überlieferung allmählich, für den einzelnen kaum merklich, verändert werden; sie können aber auch unter den Beteiligten ganz explizit ausgehandelt werden. Wenn an einem Ritual Beteiligte in Trance geraten – was von westlichen Beobachtern häufig als Zeichen für die „Authentizität" des Rituals aufgefasst wird –, so ist dies das Ergebnis bestimmter Inszenierungsstrategien, die eben dies ermöglichen. Andere Inszenierungsstrategien wiederum verhelfen dazu, glaubwürdig den Anschein zu erwecken, dass man sich in einem Trancezustand befindet, ohne dass dies der Fall ist. Und wenn Initiierte in einem Ritual eine Wirklichkeit als tatsächlich existent zur Darstellung bringen, an die sie selbst nicht glauben, so ist dies nicht ein „Betrug", sondern den besonde-

---

[40] RAO / KÖPPING (wie Anm. 34), S. 11.
[41] Vgl. dazu auch Erika FISCHER-LICHTE, Ästhetische Erfahrung als Schwellenerfahrung, in: Ästhetik und Kunstwissenschaften 46, 2 (2001), S. 189-208. Zum Rekurs von Theater und Performance Kunst auf Rituale seit den sechziger Jahren vgl. DIES., Verwandlung als ästhetische Kategorie. Zur Entwicklung einer neuen Ästhetik des Performativen, in: DIES. / Friedemann KREUDER / Isabel PFLUG (Hgg.), Theater seit den sechziger Jahren, Tübingen 1998, S. 21-91.

ren Inszenierungsregeln geschuldet, die seine Wirksamkeit garantieren.[42] Ohne Inszenierung gibt es keine Rituale. Sie ist eine der Garanten für deren Wirksamkeit.

Einen anderen, kaum weniger gewichtigen Garanten stellt der jeweilige Kontext dar, in dem ein Ritual als solches funktioniert.[43] Verändert sich der Kontext, können Rituale sehr leicht in andere Arten von Aufführungen oder auch in Formen nicht-inszenierten Verhaltens mutieren. Während das im Anschluss an das Ritual seiner Krönung von Ludwig XIV. vollzogene Heilungsritual, bei dem der nun mit dem Salböl des hl. Ludwig gesalbte König den Skrufulösen die Hand auflegte und dazu die Worte sprach: „Le Roi te touche, Dieu te guérit", noch als ein Ritual funktionierte, hatte sich knapp dreißig Jahre später der Kontext so geändert, dass Ludwig XIV. es für nötig befand, das Ritual in eine einfache symbolische Handlung umzuwandeln. Er ersetzte die alte rituelle Formel durch eine neue: „Le Roi te touche, Dieu te guérisse."[44]

Für den Übergang von rituellem in nicht-inszeniertes Verhalten, wie er beispielsweise beim Umschlagen „spielerischer", rituell erlaubter Gewalt in den blutigen Ernst revolutionärer Handlungen im 16. Jahrhundert in Frankreich zu konstatieren ist, liefert Natalie Davis schlagende Beispiele:

„There are fascinating examples, however, in both city and countryside, of carnivals where the tension between the festive and everyday official realms was broken and uprising and rebellion ensued. Sometimes this was partially planned ahead of time, sometimes it was spontaneous [...]. During the revolt of Netherlands in Cambrai [...] the rebels were costumed and carried fools' scepters with the head of the hated governor Cardinal Granvelle. In sixteenth century France in the Côtes du Rhones region, E. Le Roy Ladurie reports that 'the societies of youth in the parishes [...] (were) the cells for insurrection'. Indeed, an entire uprising and its terrible suppression occured in the

---

[42] Vgl. hierzu das Beispiel, das Rao und Köpping unter Bezug auf Paul Radin anführen (wie Anm. 34), S. 14: „In Zentralaustralien klären die Ritualbosse die Kandidaten bei Initiationsriten über die Bedeutung des heiligen Schwirrholzes auf, indem sie ausführen, daß man ihnen, als sie Kinder waren, wie allen anderen Nicht-Initiierten, vor allem den Frauen, erklärte, daß die Schöpfergottheit und das Schwirrholz verschiedene Dinge seien. Jetzt wüßten die Initianden, daß diese Dinge dasselbe seien, daß es also den Schöpfergott nicht gebe: 'Yet, what we told you, when you were a boy, that you must now in turn pass on to your children, so that the knowledge that Tuanjiraka does not really exist is not divulged to them.'".

[43] Vgl. hierzu Richard VAN DÜLMEN, Theater des Schreckens. Gerichtspraxis und Strafrituale in der frühen Neuzeit, München 1988.

[44] Vgl. hierzu Peter BURKE, Ludwig XIV. Die Inszenierung des Sonnenkönigs, Frankfurt am Main 1995.

course of the Mardi Gras carnival of 1580 at Romans, 'a long series of symbolic actions' ending in blood."[45]

Die Ablösung des Ritualbegriffs aus der Sphäre des Sakralen, die Betonung der Rahmensetzung und vor allem des transformatorischen Potentials haben ihn auch jenseits seiner angestammten Disziplinen, der Religionswissenschaft und der Ethnologie, zu einem wichtigen heuristischen Instrument in den Kulturwissenschaften werden lassen. Zwar hatten Aktions- und Performance-Kunst sowie das Theater – zum Teil unter Berufung auf Vertreter der historischen Avantgardebewegungen – das Ritual bereits in den sechziger Jahren in seiner kulturerzeugenden Kraft wiederentdeckt und auf ganz unterschiedliche Weise auf es Bezug genommen.[46] Für die Kulturwissenschaften wurde der Ritualbegriff allerdings erst wichtig, nachdem sich im Zuge ihres *performative turn* allgemein die Erkenntnis durchgesetzt hatte, dass *alle* Kulturen ihr Selbstbild und Selbstverständnis bzw. das ihrer diversen gesellschaftlichen Gruppen nicht nur in Texten und Monumenten, sondern zu einem großen Teil – wenn nicht gar überwiegend – in unterschiedlichen Arten von Aufführungen darstellen, verhandeln und transformieren. Jetzt erst trat klar in den Blick, welche Bedeutung Ritualen auf den unterschiedlichsten kulturellen Feldern auch in der modernen europäischen Kultur – nicht nur in sozialen Institutionen – zukommt und welche Rolle sie bis heute in Prozessen von Vergemeinschaftung und Identitätsbildung spielen. Die vor allem von Ethnologie bzw. Anthropologie vorangetriebene Neufassung des Ritualbegriffs[47] hat also die Voraussetzung dafür geschaffen, dass den Geistes- und Sozialwissenschaften das für entsprechende Forschungen notwendige heuristische Instrumentarium zur Verfügung steht.

3. Reichweite und Grenzen der Begriffe

Nach der performativen Wende, welche in der europäischen Kultur um die Wende vom 19. zum 20. Jahrhundert eintrat, ist in den Geistes- und Sozialwissenschaften eine verstärkte Hinwendung zu Theaterbegrifflichkeit festzustellen. Was auf den ersten Blick wie eine Rückkehr des alten Topos vom

---

[45] Natalie ZEMON DAVIS, Society and culture in Early Modern France, Stanford 1975, S. 119.
[46] Vgl. dazu Erika FISCHER-LICHTE, Verwandlung (wie Anm. 41); sowie Richard SCHECHNER, Theateranthropologie: Spiel und Ritual im Kulturvergleich, Reinbek bei Hamburg 1990.
[47] Zu dieser Neufassung vgl. vor allem RAO / KÖPPING (wie Anm. 34).

Theatrum mundi bzw. vom *Theatrum vitae humanae* erscheinen mag, erschließt sich im Rückblick als eine erste tentative Suche nach einer der vorgenommenen Akzentverlagerung und Perspektivenänderung angemessenen Terminologie. Im Zuge des Performativierungsschubes, den die westliche Kultur in den sechziger und siebziger Jahren erlebte, hat sich diese Tendenz merklich verstärkt. Foucault schlägt sein „Theatrum philosophicum" auf, Lyotard beobachtet „die philosophische und politische Bühne", Baudrillard sinnt über die „Bühne des Körpers" nach. Goffman untersucht die „Selbstdarstellung im Alltag" als Theater und Paul Zumthor die „Aufführungen" der Erzähler und Sänger in oralen Kulturen. Clifford Geertz erforscht den „Theater-Staat im Bali des 19. Jahrhunderts", Hayden White erläutert „den historischen Realismus als Tragödie", Richard van Dülmen analysiert Gerichtspraxis und Strafrituale der frühen Neuzeit als „Theater des Schreckens" und Ferdinand Mount das „Theater der Politik"; Richard Sennett geht dem „Wandel der Rollen auf der Bühne und auf der Straße" vom 18. zum 19. Jahrhundert nach, und Werner Durth beschreibt den Städtebau nach dem „Bühnenmodell" sowie die Arbeit eines Bauplaners als die eines „Bühnenbildners". Die Liste der Beispiele ließe sich fortsetzen.

Die Verwendung von Theaterbegrifflichkeit war in der Mehrzahl der hier zitierten Fälle allerdings nicht metaphorisch gemeint – wie im 17. Jahrhundert; sie wurde vielmehr aus heuristischen Gründen vorgenommen: Mit ihr sollte die spezifische Performativität kultureller Prozesse und Phänomene erfasst werden, auf die es den jeweiligen Autoren ankam, ohne dass sie den Begriff des Performativen verwendet hätten. Dass sie dabei auf Theaterbegrifflichkeit rekurrierten, erscheint keineswegs zufällig. Denn Theater als flüchtige und transitorische Kunst stellt in diesem Sinne geradezu den Inbegriff des Performativen dar. Die performative Wende, die in den Geistes- und Sozialwissenschaften dann definitiv in den neunziger Jahren eingetreten ist, ließ die Notwendigkeit einer entsprechenden Terminologie offenbar werden. Die im Zuge des *linguistic turn* vor allem in den Textwissenschaften geprägten neuen Begriffe schienen gerade nicht geeignet, die besondere Performativität kultureller Prozesse und Phänomene zu fokussieren. Da in der Theaterwissenschaft und der Ethnologie – also in Disziplinen, die sich als Wissenschaften vom Performativem verstehen – inzwischen eine entsprechende Terminologie entwickelt war, lag es nahe, sich ihrer zu bedienen. Mit den Begriffen Performance / Aufführung, Inszenierung und Ritual liegen in der Tat mehr oder weniger weit definierte Begriffe vor, die eine Verwendung auch in anderen Kulturwissenschaften als vielversprechend und produktiv erscheinen lassen. Zugleich ist davon auszugehen, dass sie im Zuge dieser Verwendung weitere Modifikationen erfahren werden, die sie als heuristische

Instrumente für die Untersuchung kultureller Prozesse noch besser qualifizieren. Solange die Performativität von Kultur im Mittelpunkt des Interesses der Kulturwissenschaften steht, werden Begriffe wie Performance / Aufführung, Inszenierung, Ritual zum geläufigen Analyseinstrumentarium gehören und je nach Weiterentwicklung sich als unentbehrlich erweisen. Dies wird sich voraussichtlich erst ändern, wenn die Kulturwissenschaften neue Forschungsperspektiven jenseits des Performativen anvisieren. Da allerdings das neue Paradigma „Kultur als Peformance" zum jetzigen Zeitpunkt von den verschiedenen Geistes- und Sozialwissenschaften noch nicht einmal ansatzweise ausgeschöpft, ja von einigen überhaupt noch nicht entdeckt ist, wird dieser Fall wohl in absehbarer Zeit nicht eintreten.

STEFFEN PATZOLD

Amalar, Guntard und die missglückte Messfeier

Ein methodischer Versuch über das Spucken im Frühmittelalter

Wohl Mitte der 820er Jahre sandte der Theologe Amalar einen Brief an einen gewissen Guntard.[1] „Mein Sohn", so begann der gebildete und weitgereiste Liturgiker sein Schreiben, „ich habe mich daran erinnert, dass Dein großer Scharfsinn eine Erklärung verlangt hat, warum ich mich nicht mit größerer Vorsicht davor hüte, gleich nach dem Empfang der Eucharistie zu spucken".[2] Kurz vor seiner Abreise nämlich, so führte Amalar aus, habe Guntard ihm vorgehalten, er sei niemals eines anderen Priesters ansichtig geworden, der unmittelbar nach dem Genuss der Eucharistie gespuckt habe. Zunächst habe

---

[1] Amalar, Epistolae, hg. von Ernst DÜMMLER (MGH Epp. V), Berlin 1898, S. 240-274, Nr. 11, S. 263-266; besser: hg. von Johannes Michael HANSSENS, Amalarii episcopi opera liturgica omnia, Bd. 2: Liber officialis (Studi e testi 139), Città del Vaticano 1948, S. 393-399 [hiernach im folgenden zitiert]. Zu Amalars Biographie zuletzt ausführlich: Wolfgang STECK, Der Liturgiker Amalarius – eine quellenkritische Untersuchung zu Leben und Werk eines Theologen der Karolingerzeit (Münchener Theologische Studien 35), St. Ottilien 2000, der, S. 90 f., Amalars Schreiben an Guntard auf die Jahreswende 825/26 datiert und nähere Beziehungen Amalars zu Metz bezweifelt (wie übrigens zuvor schon Rudolf SAHRE, Der Liturgiker Amalarius, in: Programm des Gymnasiums zum heiligen Kreuz in Dresden, Dresden 1893, S. III-LII, S. XII-XVII). Einen konzisen Abriss von Amalars Lebenslauf bietet Klaus ZECHIEL-ECKES, Florus von Lyon als Kirchenpolitiker und Publizist. Studien zur Persönlichkeit eines karolingischen „Intellektuellen" am Beispiel der Auseinandersetzung mit Amalarius (835-838) und des Prädestinationsstreits (851-855) (Quellen und Forschungen zum Recht im Mittelalter 8), Stuttgart 1999, S. 22-27; vgl. ferner Johannes Michael HANSSENS, Amalarii episcopi opera liturgica omnia, Bd. 1: Introductio – Opera minora (Studi e testi 138), Città del Vaticano 1948, S. 58-82; Allen CABANISS, The personality of Amalarius, in: Church History 20, 3 (1951), S. 34-41; DERS., Agobard and Amalarius. A comparison, in: JEH 3 (1952), S. 125-131; DERS., Amalarius of Metz, Amsterdam 1954; Eleanor Shipley DUCKETT, Carolingian portraits. A study in the ninth century, Ann Arbor 1962, S. 92-120.

[2] Amalar, Epistola (wie Anm. 1), c. 1, S. 393: *Fili mi, recordatus sum percontasse pollens ingenium tuum quare non me cum maiore cautela custodirem, ne ilico post consumptum sacrificium spuerem.*

er, Amalar, nicht viel zu diesem Vorwurf gesagt und auch gar nicht daran gedacht, ausführlich zu antworten: „Ich habe eine solche Erkundigung für vollkommen unwichtig gehalten",[3] erklärte er dem Empfänger des Briefes rundheraus. Erst unterwegs habe er sich anders entschieden – „damit Dir nicht irgendein falscher Verdacht im Herzen bleibt, ich hätte es gleichsam in unverschämter Weise gegen unsere Frömmigkeit getan".[4] Diesen „unnützen Verdacht" wolle er ausräumen und Guntard aus dem „Irrtum seiner Unwissenheit" befreien.[5] Mit dieser Absicht erörterte Amalar im weiteren Text des langen, gelehrten und mit Bibelzitaten gespickten Briefs, warum sein Spucken durchaus nicht blasphemisch gewesen sei.

Was Guntard zur Nachfrage und Amalar zum Schreiben veranlasst hatte, war ein missglücktes Ritual:[6] Amalar hatte gespuckt, Guntard zeigte sich befremdet, die Feier der Messe war gescheitert. Aus diesem Blickwinkel betrachtet, vermag Amalars Schreiben exemplarisch Einblick in ein Forschungsfeld zu gewähren, das die internationale Mediävistik nun schon seit mehr als einem Jahrzehnt intensiv beackert. Spätestens seit den 1990er Jahren ist die Frage nach Gesten, Ritualen, Inszenierungen und nach deren Bedeutung für die mittelalterliche Kultur fest in der deutschen, französischen und anglo-amerikanischen Mittelalterforschung etabliert.[7] Tonangebend sind in diesem Zusammenhang bis heute ethnologische Modelle.[8] Anders als Ethnologen aber können Mediävisten die Rituale, Inszenierungen und „performances", die sie erforschen, nicht selbst beobachten. Sie vermögen Amalar nicht bei der Messfeier zuzuschauen, sehen ihn nicht spucken, spüren nicht Guntards Befremden. Sie können sich zwar, wenn die Überlieferung günstig ist, mit Hilfe ihrer „Quellen" nachträglich ein Bild von einem Ritual machen; die „performance" selbst aber bleibt ihrem Blick und ihrem Gehör entzogen.

---

[3] Ebenda: *Nauci duxi talem percontationem.*
[4] Ebenda: *[...] ne aliqua suspicio remaneret tibi falsa in pectore, quasi ego proterve hoc agerem contra nostram religionem [...].*
[5] Ebenda: *[...] neque remaneres in aliquo errore ignorantiae. [...] malui ex itinere formare tibi animum meum, quam diutius remanere ardens ingenium tuum in suspicione inutili.*
[6] Zu dieser Kategorie vgl. den Beitrag von Erika FISCHER-LICHTE in diesem Band (Performance, Inszenierung, Ritual. Zur Klärung kulturwissenschaftlicher Schlüsselbegriffe).
[7] Vgl. die Einleitung dieses Bandes (Geschichtswissenschaft und „performative turn". Eine Einführung in Fragestellungen, Konzepte und Literatur).
[8] Vgl. dazu die Kritik bei Philippe BUC, Anthropologie et histoire, in: Annales HSS 53 (1998), S. 1243-1249, S. 1248; DERS., Political ritual. Medieval and modern interpretations, in: Hans-Werner GOETZ (Hg.), Die Aktualität des Mittelalters (Herausforderungen. Historisch-politische Analysen 10), Bochum 2000, S. 255-272.

Dass dieser Unterschied zwischen Ethnologie und Mediävistik methodische Konsequenzen nach sich ziehen muss, haben Timothy Reuter,[9] David Warner[10] und Philippe Buc[11] herausgearbeitet: Historiker sind in aller Regel gezwungen, sich den Handlungen und Verhaltensweisen mittelalterlicher Menschen auf dem Umweg über Texte anzunähern, welche die Angehörigen der zu untersuchenden Kultur selbst geschaffen haben. Diese Texte aber sind immer schon Interpretationen der Akte, von denen sie berichten; und sie sind, wie Buc zu Recht betont hat, „already highly structured, through both a native understanding of what rites ought to do and complicated authorial strategies".[12] Nicht selten blieb die Interpretation eines Rituals oder einer Inszenierung bereits unter den mittelalterlichen Zeitgenossen umstritten; in diesem Falle konnten die überlieferten Berichte, die dem Historiker heute als „Quellen" dienen, schon damals als „elements de stratégies politiques ou narratives" fungieren.[13]

Wer also nach der sinnstiftenden Funktion jener Handlungen und Verhaltensweisen fragt, von denen mittelalterliche Texte erzählen, der wird beachten müssen, in welcher Weise die Zeitgenossen selbst ihre Handlungen und Verhaltensweisen jeweils im mündlichen Gespräch wie auch in Schriftform deuteten – und welche der jeweils möglichen, auch konträren Deutungen sich durchzusetzen vermochte.[14] Amalars Brief kann als Beispiel dienen, um das komplexe Ineinandergreifen mündlicher, schriftlicher und visuellkörperlicher Kommunikation[15] bei der Produktion kulturellen Sinns nachzuzeichnen: Amalar rechtfertigte sein Spucken ausführlich; die Interpretation seines Verhaltens, die er zu diesem Zweck schriftlich niederlegte, weicht deutlich von heutigen Erfahrungen und Erwartungen ab und wird erst vor

---

[9] Timothy REUTER, Pre-Gregorian mentalities, in: JEH 45 (1994), S. 465-474, S. 471.
[10] David A. WARNER, Ritual and memory in the Ottonian Reich. The ceremony of Adventus, in: Speculum 76 (2001), S. 255-283, zusammenfassend S. 282 f.
[11] Philippe BUC, Ritual and interpretation. The early medieval case, in: EME 9 (2000), S. 183-210, S. 183-186; DERS., Martyre et ritualité dans l'Antiquité Tardive. Horizons de l'écriture médiévale des rituels, in: Annales HSS 52 (1997), S. 63-92, S. 63 ff.; DERS., The dangers of ritual. Between early medieval texts and social scientific theory, Princeton/Oxford 2001.
[12] BUC, Political Ritual (wie Anm. 8), S. 272.
[13] Die Formulierung stammt von Philippe BUC, Rez. zu Althoff, Spielregeln, in: Annales HSS 56 (2001), S. 524-526, S. 525.
[14] BUC, Martyre (wie Anm. 11), S. 65. Dass schon die Zeitgenossen ein und dasselbe Ritual unterschiedlich zu deuten vermochten, betont auch REUTER (wie Anm. 9), S. 471.
[15] Zu dieser Differenzierung vgl. Thomas ZOTZ, Zusammenfassung I., in: Gerd ALTHOFF (Hg.), Formen und Funktionen öffentlicher Kommunikation im Mittelalter (Vorträge und Forschungen 51), Stuttgart 2001, S. 455-472, S. 456.

dem zeitgenössischen Interpretationshorizont nachvollziehbar. Von den Mitlebenden wurde Amalars Deutung jedenfalls sehr ernstgenommen; sie wurde Teil einer mehrjährigen Kontroverse, die dramatische Konsequenzen für Amalar zeitigen sollte.

In den ‚großen' historiographischen Werken des früheren Mittelalters, also in jenen Texten, die von der mediävistischen Forschung zu Gesten, Ritualen, Inszenierungen bisher am gründlichsten ausgewertet worden sind,[16] finden sich nur wenige Berichte zum Spucken. Immerhin, die Chronik des sogenannten „Fredegar" aus der ersten Hälfte des 7. Jahrhunderts erzählt folgende Geschichte:[17] Die Langobarden-Königin Gundeberga sei schön gewesen und allen gegenüber gütig, dazu fromm, großzügig beim Almosenspenden, bei allen beliebt. Eines Tages habe sie in ihrer gewohnten Art auch einem gewissen Adalulf ein Kompliment für sein Äußeres gemacht. Der aber habe ihr heimlich erwidert: „Du hast mein Aussehen des Lobes für würdig gefunden, so lass mich dein Bett teilen".[18] Die Königin lehnte dieses Ansinnen laut „Fredegar" mit einer symbolischen Handlung ab: „Sie verwahrte sich ganz entschieden dagegen, und weil sie ihn verachtete, spie sie ihm ins Gesicht".[19] Die Erzählung lehrt: Wer ausspuckte oder gar jemanden anspuckte, der gab seiner Verachtung Ausdruck. Diesen Zusammenhang lassen auch andere Passagen aus der Historiographie der Zeit durchscheinen.[20]

So läge es zunächst nahe, das Spucken als ein Zeichen der Verachtung zu jenem Repertoire von Akten „symbolischer Kommunikation"[21] hinzuzufü-

---

[16] Vgl. Einleitung (wie Anm. 7).
[17] Das folgende bei Fredegar, Chronicarum libri IV, hg. von Bruno KRUSCH (MGH SSrM II), Hannover 1888, S. 1-193, lib. 4, c. 51, S. 145.
[18] Ebenda: ‚Furmam status meae laudare dignasti, stratus tui iobe subiungere'.
[19] Ebenda: *Illa fortiter denegans eumque dispiciens, in faciem expuit.*
[20] So standen beispielsweise auch für den Bischof Gregor von Tours Verachtung und Spucken miteinander im Zusammenhang: Ende des 6. Jahrhunderts berichtete er in seinen Libri decem historiarum, hg. von Bruno KRUSCH / Wilhelm LEVISON (MGH SSrM I,1), Hannover 1951, lib. 5, c. 49, S. 259, von seinen Auseinandersetzungen mit Leudast, dem *comes* von Tours, und Richulf, einem Diakon der dortigen Kirche. Beide Männer intrigierten gegen ihren Bischof, dessen Amt Richulf selbst übernehmen wollte: *Qui tertio aut eo amplius mihi sacramentum super sepulchrum sancti Martini dederat, in die sexta paschae in tantum me conviciis et sputis egit, ut vix manibus temperaret, fidus scilicet doli quem praeparaverat.* Eine Parallele bietet Gregors Bericht über den Tod des Parthenius (ebenda 3, 36, S. 132).
[21] Dazu Gerd ALTHOFF / Ludwig SIEP, Symbolische Kommunikation und gesellschaftliche Wertesysteme vom Mittelalter bis zur französischen Revolution, in: FMSt 34 (2000), S. 393-412, S. 394; vgl. auch Volker HONEMANN, Formen der symbolischen Kommunikation in deutscher Literatur des Mittelalter, in: Das Mittelalter 6 (2001), S. 19-30.

gen, das die Forschung bisher auf vergleichbare Weise aus historiographischen Quellen ermittelt hat: sei es das Küssen als Zeichen des Friedens,[22] sei es der Fußfall als Zeichen der Unterwerfung,[23] das Barfußlaufen als Zeichen der Demut[24] oder dergleichen mehr.[25] Dass dies allerdings der Vielschichtigkeit frühmittelalterlicher Interpretationsweisen keineswegs gerecht würde, lehrt eine Gruppe von Texten, die bisher in diesem Zusammenhang noch kaum herangezogen worden sind:[26] jene theologischen, exegetischen Schriften nämlich, die den Wissensfundus in dem geistlichen Milieu bildeten, dem Guntard und Amalar angehörten.

Die Bibel erwähnt das Spucken mehrfach und in verschiedenen Zusammenhängen, sowohl im Alten als auch im Neuen Testament. Wie es der Prophet Jesajas angekündigt hatte,[27] war Christus vor seiner Kreuzigung bespuckt worden, von den Hohepriestern und von den Soldaten des Pontius Pilatus.[28] Andererseits hatte Christus auch selbst gespuckt und durch seinen Speichel einen Blinden und einen Taubstummen geheilt.[29] So erklärt es sich, dass von der Spätantike bis zur Karolingerzeit in der Bibelexegese immer wieder vom Spucken die Rede ist. Ein genauerer Blick auf die Art und

---

[22] Dazu etwa: Klaus SCHREINER, „Gerechtigkeit und Frieden haben sich geküßt" (Ps. 84, 11). Friedensstiftung durch symbolisches Handeln, in: Johannes FRIED (Hg.), Träger und Instrumentarien des Friedens im hohen und späten Mittelalter (Vorträge und Forschungen 43), Sigmaringen 1996, S. 37-86; Klaus SCHREINER, „Er küsse mich mit dem Kuß seines Mundes" (Osculetur me osculo oris sui, Cant. 1,1). Metaphorik, kommunikative und herrschaftliche Funktion einer symbolischen Handlung, in: Hedda RAGOTZKY / Horst WENZEL (Hg.), Höfische Repräsentation. Das Zeremoniell und die Zeichen, Tübingen 1990, S. 89-132; außerdem der Beitrag von Klaus VAN EICKELS (Kuss und Kinngriff, Umarmung und verschränkte Hände. Zeichen personaler Bindung und ihrer Funktion in der symbolischen Kommunikation im Mittelalter).

[23] So beispielsweise bei Gerd ALTHOFF, Das Privileg der deditio. Formen gütlicher Konfliktbeendigung in der mittelalterlichen Adelsgesellschaft, in: DERS., Spielregeln der Politik im Mittelalter. Kommunikation in Frieden und Fehde, Darmstadt 1997, S. 99-125.

[24] Vgl. den breiten Überblick von Klaus SCHREINER, ‚Nudis pedibus'. Barfüßigkeit als religiöses und politisches Ritual, in: ALTHOFF (Hg.), Formen (wie Anm. 15), Stuttgart 2001, S. 53-124.

[25] Vgl. die weitere in der Einleitung des Bandes zitierte Literatur (wie Anm. 7).

[26] SCHREINER, ‚Nudis pedibus' (wie Anm. 24), S. 54-57, referiert allerdings auch einige Passagen zur Barfüßigkeit aus exegetischen Schriften.

[27] Is 50,6; vgl. außerdem aus dem Alten Testament: Num 12,14; Deut 25,5-10.

[28] Mt 26,67 und 27,30; Mc 14,65 und 15,19; Lc 18,32.

[29] Mc 7,33; Io 9,6.

Weise, in der diese Verhaltensweise dort kommentiert wurde, erlaubt es, sich dem Interpretationshorizont der Zeitgenossen anzunähern.[30]
Wie in der Historiographie galt es nun zunächst einmal auch in der Exegese als Zeichen der Schmähung und Entehrung, wenn man jemanden anspuckte. So erklärte der Mönch Christian von Stablo in einem Kommentar zum Evangelium des Matthäus dem monastischen Nachwuchs[31] die einschlägige Bibelstelle über Christi Verspottung (Mt 26,67) mit den Worten: „Auch hatten die Juden den Brauch, dass sie denjenigen, die sie für Nichts achteten, ins Gesicht spuckten". Zum Beleg verwies er auf eine Erwähnung des Spuckens im Alten Testament (Num 12,14); dort nämlich heißt es über Maria, die Schwester Aarons: „Wenn ihr Vater ihr ins Gesicht gespuckt hätte, dann hätte sie sieben Tage lang erröten müssen".[32] Ganz ähnlich interpretierte übrigens auch Amalar diese Bibelstelle: „Wem nämlich ins Gesicht gespuckt wird", so konstatierte er, „dem wird Verachtung gezeigt".[33] Und im selben Sinne zitierte Hrabanus Maurus, der Fuldaer Abt und spätere Erzbischof von Mainz, in seinem Kommentar zum Buch Numeri einen knappen Satz, den er in einer Homilie des Origines in der Übersetzung des Rufinus gefunden hatte: „In das Gesicht zu spucken ist ein Zeichen der Verachtung".[34]

---

[30] Angesichts des unzureichenden Editionsstands vieler exegetischer Texte der Karolingerzeit kann es dabei im Folgenden nicht darum gehen, sämtliche einschlägigen Aussagen der frühmittelalterlichen Bibelexegese zum Spucken zusammenzustellen; Ziel ist es lediglich, das Spektrum der Interpretationsmöglichkeiten exemplarisch aufzuzeigen.
[31] Er richtete sich nach eigenen Angaben mit seinem Werk an die Jugend des Klosters: *Nam quia perspexi juvenibus nostris post expositum bis, textum Evangelii Matthaei oblivioni habere, statui apud me ipsam expositionem eo tenore litteris mandari, quo coram vobis verbis digessi.* (Christianus Stabulensis, Expositio in Matthaeum Evangelistam, MIGNE PL 106, Sp. 1261-1504, Sp. 1261 D).
[32] Christianus, Expositio (wie Anm. 31), Sp. 1483 A: *'Tunc exspuere in faciem ejus'. Usus etiam erat Judaeis, ut quos pro nihilo ducebant, in faciem spuerent. Unde et Dominus de Maria sorore Aaron: 'Si pater illius spuisset in faciem ejus, debuisset septem diebus rubore perfundi'.*
[33] Amalar, Liber officialis (wie Anm. 1), lib. 1, c. 35, S. 173: *Informant etiam verba Domini ad Moysen dicentis de Maria: ‚Si pater eius spuisset in faciem illius, nonne debuerat saltim septem dierum rubore suffundi? Separetur septem diebus extra castra et postea revocabitur'. Cui enim spuitur in faciem, despectus adhibetur.*
[34] Hrabanus Maurus, Ennarationes in Librum numerorum, MIGNE PL 108, Sp. 587-838, lib. 2, c. 9, Sp. 666 B: *Signum repudii est in faciem conspui.* Wörtlich nach: Origenes, In Numeros homiliae, hg. von Wilhelm Adolf BAEHRENS, Homilien zum Hexateuch in Rufins Übersetzung, Bd. 2: Die Homilien zu Numeri, Josua und Judices (Origenes Werke 7. Die griechischen christlichen Schriftsteller der ersten drei Jahrhunderte 30), Leipzig 1921, Hom. 7, c. 4, S. 44.

Gerade weil nun aber das in der Bibel erwähnte Spucken als „Zeichen der Verachtung" lesbar war, kam ihm noch eine andere, gewichtigere Bedeutung zu: Das Spucken stand in engem Zusammenhang mit dem Erlösungswerk Christi. Jesus sei „von allen verachtet worden, für deren Heil er in die Welt gekommen war", schrieb der Angelsachse Alkuin in den Jahren 800/1 in seinem Kommentar zum Johannes-Evangelium, den er im Auftrag Giselas, der Schwester Karls des Großen und Äbtissin von Chelles, und Rotruds, der Tochter des Kaisers, verfasst hatte.[35] Christus sei verspottet, geschlagen, beleidigt, gekreuzigt – und angespuckt worden. „Dies alles", betonte Alkuin, „hat er ertragen, weil er den Menschen, den er geschaffen hatte, erretten wollte".[36] Dass die Hohenpriester und die römischen Soldaten Christus angespuckt (und auf diese Weise geschmäht und beleidigt) hatten, war Teil seiner Passion; erst durch sie aber hatte Christus den Menschen von der Erbsünde Adams erlöst, so dass wieder Hoffnung auf Rechtfertigung im Jüngsten Gericht bestand.

Alkuin konnte sich Anfang des 9. Jahrhunderts für seine Deutung bereits auf eine lange Tradition berufen. Schon der Kirchenvater Augustinus beispielsweise hatte in seinem in der Karolingerzeit vielgelesenen Werk[37] „De disciplina christiana" gemahnt, Christus nicht dafür zu verachten, dass er Fleisch geworden sei und sich habe schmähen lassen: „deinetwegen hat er sich unwürdig Beleidigungen angehört, deinetwegen hat er von seinem Gesicht die Bespuckungen der Menschen nicht abgewischt, deinetwegen hat er Ohrfeigen ins Gesicht empfangen, deinetwegen hat er am Kreuzesholz gehangen, deinetwegen hat er seine Seele ausgehaucht, deinetwegen ist er ins Grab gelegt worden".[38] In der ersten Hälfte des 5. Jahrhunderts betonte auch Sedulius in seinem „Paschale opus", dass Christus „alles für unser Heil" ertragen habe; durch die Bespuckungen, die er erduldet habe, seien unsere

---

[35] Der Briefwechsel zwischen Alkuin und Gisela und Rotrud ist ediert bei Ernst DÜMMLER (MGH Epp. IV), Berlin 1895, Nr. 195-196, S. 322-325 und Nr. 213-214, S. 354-358.
[36] Alkuin, Commentaria in S. Joannis Evangelium, MIGNE PL 100, Sp. 753-1008, lib. 4, c. 20, Sp. 857 C: *Nam reprobatus est ab omnibus, pro quorum salute venerat in mundum, irrisiones sustinuit, flagella, sputa, opprobria inimicorum, turpissimam mortem crucis. Haec omnia sustinuit quia voluit, ut salvaret hominem quem creaverat.*
[37] Es sind noch heute fünf Handschriften des 9. Jahrhunderts überliefert: R. Vander PLAETSE (CCSL 46), Turnhout 1969, S. 206.
[38] Augustinus, De disciplina christiana, hg. von R. Vander PLAETSE (wie Anm. 37), S. 201-224, lib. 14, c. 15, S. 223: *et ne contemnas et ipsum christum, quia propter te in carne natus est [...]; propter te contumelias indignus audiuit; propter te a facie sua sputa hominum non abegit; propter te alapas in faciem accepit; propter te in ligno pependit; propter te animam effudit; propter te in sepulcro positus est.*

Gesichter reingewaschen worden.³⁹ Und ähnlich hatte im 6. Jahrhundert der Erzbischof Caesarius von Arles gepredigt:

> „Christus hat sich für uns erniedrigt [...]; für uns, Brüder, auf dass er unsere Sünden vernichte, hat er menschliches Fleisch angenommen, ist er [...] von den Juden verschmäht, von ihnen verfolgt, ergriffen, geschlagen, mit Bespuckungen befleckt, mit Dornen gekrönt, mit Nägeln befestigt, mit einer Lanze durchbohrt, ans Kreuz gehängt worden [...]. Dies alles hat er, Ihr Liebsten, ganz zu dem Zweck ertragen, dass er uns aus dem Schlund der Hölle befreie."⁴⁰

Wenn Christus während seiner Passion bespuckt worden war und (unter anderem) durch dieses Leiden die Menschheit erlöst hatte, dann sahen die Exegeten des Frühmittelalters hierin im Übrigen eine alttestamentliche Prophezeiung erfüllt: „Siehe, wieviel diese unermessliche Frömmigkeit für unser Heil und unsere Auferstehung wirkt", heißt es beispielsweise in einer Predigtsammlung des 7. Jahrhunderts; an Christus sei erfüllt worden, was der Prophet Jesaja vorhergesehen hatte: „Meinen Körper habe ich den Schlagenden dargeboten, und meine Wangen den Raufenden; mein Gesicht habe ich nicht abgewendet von der Beschimpfung und der Beschämung durch die Bespuckungen".⁴¹ Genauso hatten es zuvor beispielsweise auch Hierony-

---

39 Sedulius presbyter, Paschale opus, hg. von Johannes HUEMER (CSEL 10), 1885, S. 175-303, lib. V, c. 7, S. 278: *denique nec caput colaphis propulsare nec faciem sputis adspergere nec palmarum ictibus uerberare plebs execrabilis conquieuit. ille tamen omnia patienter excipiens nostrae saluti se tradidit ac pro nobis sanctum corpus suppliciis deputauit. per illos enim colaphos habemus capitis sospitatem, illa sputa nostrorum uultuum sunt lauacra [...].* Vgl. ganz ähnlich auch das vielgelesene Paschale carmen des Sedulius, ebenda, lib. 5, V. 96-103, das in nicht weniger als sieben Handschriften allein des 9. Jahrhunderts überliefert ist (vgl. ebenda, S. XI-XVII) und in der Karolingerzeit unter anderem Alkuin, Theodulf von Orléans, Ermoldus Nigellus, Smaragd von St-Mihiel, Jonas von Orléans und Hrabanus Maurus nachweislich bekannt war (ebenda, S. III-IV).

40 Caesarius von Arles, Sermones, hg. von Germain MORIN (CCSL 103), Turnhout 1953, Sermo 10, S. 50-53, c. 2, S. 52: *Christus pro nobis humiliauit se [...]; pro nobis, fratres, ut peccata nostra deleret, carnem humanam adsumpsit, natus est ex virgine, positus in praesepio, pannis involutus, a Iudaeis reprobatus, ab ipsis persecutus, conprehensus, flagellatus, sputis sordidatus, spinis coronatus, clavis transfixus, lancea perforatus, cruci adpensus [...]. Ad hoc haec omnia, carissimi, totum sustinuit, ut nos de faucibus inferni liberaret.*

41 Eusebius ‚Gallicanus', Collectio homiliarum, hg. von Fr. GLORIE (CCSL 101), Turnhout 1970, Homilia 18, S. 209-218, c. 3, S. 215: *Ecce quantum agit illa immensa pietas pro salute ac reparatione nostra, [...] sicut dicit: ‚Corpus meum dedi percutientibus, et genas meas uellentibus; faciem meam non auerti ab increpatione et confusione sputorum'* (Is 50,6).

Die missglückte Messfeier 63

mus⁴² und Papst Leo der Große⁴³ gesehen. Und später, im 9. Jahrhundert, griff Haimo von Auxerre⁴⁴ diesen Gedanken ebenso wieder auf wie der Abt von Corbie, Paschasius Radbertus.⁴⁵ Hrabanus bezeichnete schon als junger Klosterlehrer in Fulda die Aussage des Propheten Jesaja ausdrücklich als eine derjenigen Stellen, die ihm bei der Suche nach alttestamentlichen Prophezeiungen über die Passion Christi „schneller in den Sinn" gekommen und „leichter" zu finden gewesen seien.⁴⁶

---

[42] Hieronymus, Commentariorum in Matheum libri IV, hg. von D. HURST / M. ADRIAEN (CCSL 77), Turnhout 1969, lib. 4, S. 261: *Tunc expuerunt in faciem eius et colaphis eum ceciderunt*. *Vt compleretur quod scriptum est: ‚Dedi maxillas meas alapis et faciem meam non auerti a confusione sputorum'*; das Werk ist in mindestens acht Handschriften der Karolingerzeit vollständig überliefert, vgl. ebenda, S. VI.

[43] Leo Magnus, Tractatus septem et nonaginta, hg. von Antoine CHAVASSE (CCSL 138 A), Turnhout 1973, Tractatus 65, S. 395-399, c. 3, S. 397: *Veras autem Domini passiones Esaias propheta ipsius uoce praenuntiat dicens: ‚Dorsum meum dedi in flagella, et maxillas meas in palmas, uultum autem meum non auerti a confusione sputorum'* (Is 50, 6).

[44] Vgl. etwa Haimo, Commentariorum in Isaiam libri tres, MIGNE PL 116, Sp. 713-1086, lib. 2, c. 50, Sp. 973 D - 974 A (zu Is 50,6): *'Faciem', id est poenitentiam meam, vel faciem corporis, 'non averti' sive non declinavi 'ab increpantibus et conspuentibus'. Haec omnia in passione illius legimus adimpleta.* Haimo, Homiliae de tempore, MIGNE PL 118, Sp. 11-746, Homilia 64 (zum Palmsonntag), Sp. 358 B - 381 A, Sp. 370 C (zu Mt 26,62): *'Tunc exspuerunt in faciem ejus, et colaphis eum ceciderunt'. Ut impleretur quod praedictum erat per prophetam: 'Faciem meam non averti ab increpantibus, et conspuentibus in me';* ähnlich: ebenda, Homilia 66, Sp. 392 C - 420 B, Sp. 408 A (zu Mc 14,65).

[45] Paschasius Radbertus, Expositio in Matheo libri XII, hg. von Beda PAULUS (CCCM 56 B), Turnhout 1984, hier zu Mt 27,30, S. 1361 f.: *'Et exspuentes in eum acceperunt arundinem et percutiebant caput eius', ut compleretur quod scriptum erat: 'Faciem meam non auerti ab increpantibus et conspuentibus in me'. O patientia benignissimi Dei. Quam equanimiter omnia fert. Nec auertit se a confusione sputorum nec mouetur cum percutitur arundine. Secundum Isaiam prophetam et arundinem quassatam non confringet sed omnia in se fert peccata nostra quae erant rubra ac si uermiculus, ut 'quasi nix per eum dealbarentur et fierent alba uestimenta' nostra, 'Qualia fullo non potest facere super terram'* (Mc 9,2).

[46] Hrabanus Maurus, In honorem sanctae crucis, hg. von M. PERRIN (CCCM 100), Turnhout 1997, Nr. 26, S. 198-207, hier der Prosakommentar, S. 201: *In hanc quippe paginam libuit testimonia quaedam de prophetarum dictis congregare, quae de passione Christi prophetata sint, et ad sanctae crucis gloriam pertingerent. Haec licet multa inueniri possint, tamen propter opusculi breuitatem a nobis hic omnia denotari non potuerunt; sed ea tantum introduximus quae dictanti ocius in mentem uenerant, et a quaerente facilius inueniri potuerant.* Ebenda, S. 202, zitiert Hraban als eine dieser Stellen dann Is 50,6.

Nicht minder bedeutungsträchtig aber erschienen die biblischen Berichte über Christi Wunderheilungen. Dass der Heiland ausgespuckt und durch seinen Speichel Blinde und Taubstumme geheilt hatte, interpretierten die Exegeten des Frühmittelalters ebenfalls als Sinnbild für die Erlösung der Menschheit. „Jener Blinde", so predigte Caesarius von Arles, „stellt das Abbild des ganzen Menschengeschlechts dar. Der Speichel ist also dem Schmutz beigemischt und der Blinde sehend gemacht worden: Das Wort ist Fleisch geworden; und die Welt erleuchtet".[47] Deutlicher noch kommentierte im 7. Jahrhundert der Bischof Isidor von Sevilla dieselbe Bibelstelle: „Der von Geburt an Blinde [...] bedeutet das menschliche Geschlecht, das von Geburt an, d.h. vom ersten Menschen an, durch die Schatten der Irrtümer verdorben ist, dessen Augen der Herr mit Speichel und Schmutz säuberte, da das Wort Fleisch geworden ist".[48] In der Karolingerzeit war diese Deutung wohlbekannt. Der Abt Smaragd von St-Mihiel etwa betonte geradeso wie Isidor, dass der Blinde des biblischen Berichts für das Menschengeschlecht stehe; die Blindheit bedeute die Ursünde Adams; das Salben der Augen mit Christi Speichel führe zur Erlösung: „Die Blindheit nämlich ist der Unglauben und die Erleuchtung der Glauben".[49]

Mit diesem ersten, heilsgeschichtlichen Deutungsmuster war nun in der Exegese der einschlägigen Bibelstellen recht eng ein zweites, christologisches verknüpft. Die Passagen dienten den katholischen Theologen des Frühmittelalters als Argument, um die Lehre von den zwei Naturen Christi zu begründen: Dass Jesus selbst gespuckt hatte und angespuckt worden war, galt als ein Beleg dafür, dass er in einer einzigen Person eine menschliche und

---

[47] Caesarius von Arles, Sermones, hg. von Germain MORIN (CCSL 104), Turnhout 1953, Sermo 172, S. 701-704, c. 3, S. 704: *Caecus ille totius generis humani imaginem praeferebat. Sputum ergo luto coniunctum est, et oculatus est caecus: Verbum incarnatum est, et inluminatus est mundus.*

[48] Isidor von Sevilla, Allegoriae quaedam sacrae Scripturae, MIGNE PL 83, Sp. 97-130, p. 240, Sp. 128 C: *Caecus a nativitate [...] significat genus humanum a nativitate, id est, a primo homine errorum tenebris vitiatum, cujus oculos Dominus de sputo et luto linivit, quia verbum caro factum est [...].*

[49] Smaragd von St-Mihiel, Collectiones in epistolas et evangelia, MIGNE PL 102, Sp. 15-552, Sp. 160 C (zu Io 9,6): *Genus humanum significat iste caecus. Haec enim caecitas contigit in primo homine per peccatum, de quo omnes originem duximus, non solum mortis, sed etiam iniquitatis. Venit Dominus, spuit in terram, de saliva sua lutum fecit, quia verbum caro factum est, et unxit oculos, et misit illum ad piscinam Siloem, qui interpretatur missus. Missus vero est Dominus Jesus Christus; nisi enim ille fuisset missus, nemo nostrum esset ab iniquitate dimissus. Lavit ergo oculos in ea piscina, baptizatus est in Christo, et illuminatus est. Caecitas enim infidelitas est, et illuminatio fides.*

eine göttliche Natur vereinte.[50] „Wie ein Mensch ist er angespuckt worden, wie ein Gott aber hat er sich dazu herabgelassen, aus seiner Spucke einen Blinden sehend zu machen", schrieb etwa ein afrikanischer Autor Mitte des 5. Jahrhunderts.[51] Andere Gelehrte interpretierten den Speichel als Göttlichkeit, den Schmutz, dem er beigemischt worden war, als das (menschliche) Fleisch Christi.[52] Diese Interpretation war zunächst in den großen christologischen Auseinandersetzungen der Spätantike erarbeitet worden. Im 9. Jahrhundert war sie allerdings durchaus bekannt – und hatte durch den Adoptianismus-Streit sogar neue Aktualität erhalten.[53] Hrabanus Maurus übernahm wörtlich Bedas Auslegung des Berichts des Matthäus-Evangeliums über die Verspottung Christi: Was damals die Soldaten des Pilatus getan hätten, so zitierte der Fuldaer Abt den großen angelsächsischen Theologen, das täten nun die „Häretiker und Heiden, schlechterdings die Soldaten des Teufels".[54] Es spuckten nämlich diejenigen in Christi Angesicht, „die die Gegenwart seiner Gnade mit verabscheuungswürdigen Worten, die sie aus der inneren

---

[50] Vgl. etwa in diesem Sinne: Fulgentius Ruspensis, Ad Trasamundum libri III, hg. von Johannes FRAIPONT (CCSL 91), Turnhout 1968, S. 95-185, lib. 3, c. 17, S. 161; Beda Venerabilis, In Marci evangelium expositio, hg. von D. HURST (CCSL 120), Turnhout 1960, S. 427-648, lib. 2, c. 7,33, S. 526: *Sputum etenim quod ex capite domini descendit diuinam eius naturam quae ex Deo est portio terrae cui idem sputum immiscuit humanam quae ex hominibus assumpta est designat.* Vgl. mit ähnlicher Deutung des Bespucktwerdens im Rahmen der Passion auch Augustinus, Ennarationes in Psalmos, hg. von Eligius DEKKERS / Johannes FRAIPONT (CCSL 39), Turnhout 1956, zu Ps. 56, c. 13, S. 703.

[51] Pseudo-Vigilius Thapsensis, Opus contra Varimadum, hg. von Benedict SCHWANK (CCSL 90), Turnhout 1961, S. 1-134, lib. 1, c. 38, S. 48: *Vt homo consputus est, ut deus autem de sputo suo caecum inluminare dignatus est, euangelista dicente: ‚Expuit in terram, et fecit lutum de sputo, et linit super oculos eius', et cetera.* Das Werk ist nicht sehr häufig überliefert, die Haupthandschrift stammt aber aus der zweiten Hälfte des 8. Jahrhunderts (Paris, Bibliothèque Nationale, Lat. 12217), vgl. ebenda S. XIV.

[52] So in wünschenswerter Deutlichkeit Beda Venerabilis, In Lucae evangelium expositio, hg. von D. HURST (CCSL 120), Turnhout 1960, S. 1-425, lib. 2, c. 4, 23, S. 105 f. (zu Io 9,6-7): *Lutum de terra caro Christi est, sputum de ore diuinitatis eius est quia ‚caput Christi Deus'* (I Cor 11,3).

[53] Dazu Helmut NAGEL, Karl der Große und die theologischen Herausforderungen seiner Zeit. Zur Wechselwirkung zwischen Theologie und Politik im Zeitalter des großen Frankenherrschers (Freiburger Beiträge zur mittelalterlichen Geschichte 12), Frankfurt am Main 1998, S. 19-138.

[54] Hrabanus Maurus, Matthäus-Kommentar, MIGNE PL 107, Sp. 727-1156, lib. 8, c. 27, Sp. 1134 D: *'Et exspuentes in eum, acceperunt arundinem, et percutiebant caput ejus'. Haec tunc fecere milites Pilati, haec usque hodie faciunt haeretici et pagani, milites utique diaboli.* Nach: Beda, In Marci evangelium expositio (wie Anm. 50), lib. 4, c. 15,19, S. 628.

Krankheit ihres blinden Geistes empfangen haben, zurückweisen (*respuunt!*) und leugnen, daß Jesus Christus im Fleisch [zu uns] gekommen sei".[55] Die spuckenden Soldaten des Pilatus, das waren auch für Hraban diejenigen Häretiker, die die Menschwerdung Christi abstritten. Haimo von Auxerre sollte diese Deutung später ebenfalls wörtlich wieder aufnehmen.[56]

Das Spucken war ein Zeichen der Verachtung; die biblischen Berichte über diese Verhaltensweise aber bargen aus Sicht der Exegeten noch andere Bedeutungen in sich. Das Spucken war Teil des Erlösungswerks Christi, erwies die Errettung der Menschheit von der Ursünde Adams, bewies, dass Jesus Christus der von den Propheten des Alten Bundes angekündigte Heiland war, und belegte zugleich die menschliche und göttliche Natur Christi. Und damit sind erst die gängigsten Interpretationen genannt: Christi Speichel konnte als seine Gnade gedeutet werden, und als „Wort des Herrn",[57] also als das Evangelium selbst (eine Deutung, die schon deshalb nahelag, weil sich – wie Isidor von Sevilla gelehrt hatte – das lateinische Wort für Mund (*os*) von dem Wort für Tor (*ostium*) herleitete, da der Mund das Tor sei, durch das Speisen in den Körper hinein, Spucke und Sprache aber aus ihm heraus gelangten).[58] Eine andere Bemerkung des Propheten Jesaja über das Spucken nahm Hrabanus Maurus zum Anlass, um mit Origenes den Speichel auf die Juden auszudeuten, die ihre einstige, im Alten Bund gewährte Ehre nach der Ankunft Christi verloren hätten.[59] Und auch im moralischen Sinn ließ sich Christi Bespuckung interpretieren: Hatte der Heiland diese Beleidigung ertragen, ohne sein Gesicht abzuwenden, so ermahnte dies alle Christen dazu, sich in Geduld zu üben.

---

[55] Hrabanus Maurus, Matthäus-Kommentar (wie Anm. 54), lib. 8, c. 27, Sp. 1135 A: *Spuunt in faciem ejus, qui ejus praesentiam gratiae verbis exsecrandis ex interna caecae mentis insania conceptis respuunt, et Jesum Christum in carne denegant venisse.* Nach: Beda, In Marci evangelium expositio (wie Anm. 50), lib. 4, c. 15,19, S. 628.

[56] Haimo, Homiliae de tempore (wie Anm. 44), hier Homilia 66, Sp. 412 A-B; vgl. auch Beda, In Marci evangelium expositio (wie Anm. 50), lib. 4, c. 14,65, S. 623: *Sed qui tunc caesus est colaphis siue alapis Iudaeorum caeditur etiam nunc blasphemiis falsorum christianorum qui tunc consputus est saliuis infidelium nunc usque uesanis nomine tenus fidelium exhonoratur atque irritatur opprobriis.*

[57] Vgl. etwa Caesarius von Arles, Sermones (wie Anm. 47), Sermo 172, c. 3, S. 704: *Item in saliua intellegitur dei verbum, in terra vero corpus humanum. Descendat ergo Christi saliua, ut terra colligatur: ueniat Christi gratia, ut lex impleatur.*

[58] Isidor von Sevilla, Etymologiarum sive Originum libri XX, hg. von W. M. LINDSAY, Bd. 2, Oxford, 7. Aufl. 1987, lib. 11, c. 1,49: *Os dictum, quod per ipsum quasi per ostium et cibos intus mittimus et sputum foris proicimus; vel quia inde ingrediuntur cibi, inde egrediuntur sermones.*

[59] Hrabanus Maurus, Ennarationes (wie Anm. 34), lib. 2, c. 9, Sp. 666 B-C (zu Is 40,15); vgl. Origenes, In Numeros homiliae (wie Anm. 34), Hom. 7, c. 4, S. 44.

Die wenigen zitierten Beispiele aus exegetischen Schriften mögen genügen, um zu zeigen: Gestützt auf zum Teil jahrhundertealte Traditionen, rechneten die Gelehrten der Karolingerzeit fest damit, dass eine Verhaltensweise verschiedene Bedeutungen hatte und deshalb mehr als nur eine einzige Botschaft vermittelte. Einen biblischen Bericht über das Spucken konnten sie mühelos in ganz unterschiedliche, weitreichende (und aus heutiger Sicht oft überraschende) Zusammenhänge einordnen und entsprechend vielschichtig interpretieren. Die sichtbare Welt verwies aus Sicht dieser Gelehrten zeichenhaft auf eine unsichtbare Welt, auf die Wahrheit Gottes; um diese zweite, wahre Welt zu erkennen, mussten die jeweiligen Eigenschaften (*proprietates*) der Dinge ergründet und ausgedeutet werden.[60] So betrachtet, barg der Bibeltext aus der Perspektive der Zeitgenossen neben dem wörtlichen, damals als „historisch" bezeichneten Sinn immer auch einen „geistlichen"; und diesen „geistlichen" Sinn wiederum galt es aufzufächern in einen „allegorischen" (auf den Glauben bezogenen), einen „moralischen" (auf das rechte Handeln bezogenen) und einen „anagogischen" (auf Fragen des Seelenheils und der letzten Dinge bezogenen).[61]

Man wird sich hüten müssen, in diesem Umgang mit dem Bibeltext nur die Gedankenspiele einiger weltfremder Theologen zu sehen – und historiographische Berichte als Texte grundsätzlich anderer Art zu betrachten, die sich im großen und ganzen wie moderne Ethnographie lesen ließen.[62] Jene Männer, die im 9. Jahrhundert die Bibel kommentierten, entstammten demselben geistlichen Milieu wie die Mehrzahl der Geschichtsschreiber ihrer Gegenwart;[63] ja, mancher Autor exegetischer Schriften hat sogar selbst histo-

---

60 Vgl. STECK, Liturgiker (wie Anm. 1), S. 29.
61 Zusammenfassend und mit weiterführenden Literaturangaben zum mittelalterlichen Schema der vier Schriftsinne: Arnold ANGENENDT, Geschichte der Religiosität im Mittelalter, Darmstadt, 2. Aufl. 2000, S. 170 f.; Johann GAMBERONI, Bibel B.I.2. Geschichte der Auslegung, in: LexMA 2 (1983), Sp. 47-62, Sp. 47 f.
62 Damit will ich, wohlgemerkt, nicht behaupten, dass die Gelehrten der Karolingerzeit nicht zwischen der Historiographie ihrer eigenen Zeit und den Heiligen Schriften unterschieden hätten; zu bedenken ist aber doch, auf welche Art und Weise diese Gelehrten Texte gleich welcher Art zu interpretieren vermochten und zu interpretieren gewohnt waren. – Zur Unterscheidung zwischen biblischem, heiligem Text und anderen, profanen Texten bei Hugo von St. Victor im 12. Jahrhundert vgl. Joachim EHLERS, Historisches Denken in der Bibelexegese des 12. Jahrhunderts, in: Hans-Werner GOETZ (Hg.), Hochmittelalterliches Geschichtsbewußtsein im Spiegel nichthistoriographischer Quellen, Berlin 1998, S. 75-84, S. 77, der aber zugleich auch den engen Zusammenhang zwischen Historiographie und Bibelexegese betont.
63 Zur Historiographie der Karolingerzeit: Heinz LÖWE, Die Geschichtsschreibung der ausgehenden Karolingerzeit, in: DA 23 (1967), S. 1-30; François Louis GANSHOF, L'historiographie dans la monarchie franque sous les Mérovingiens et les Carolingi-

riographische Werke verfasst.[64] Tatsächlich waren aus damaliger Sicht die Grenzen zwischen beidem notwendigerweise fließend: Das Geschehen, über das die Bücher der Bibel berichteten, galt wie selbstverständlich als Teil der Menschheitsgeschichte. Der Bischof Frechulf von Lisieux, ein Zeitgenosse Amalars, konnte daher in den 820er Jahren im Auftrag des Abtes Helisachar das Ziel verfolgen, die Profangeschichte und den Bericht der Bibel zu einer geschlossenen Universalgeschichte zu verbinden.[65] Möglicherweise zu diesem Zweck erbat er sich von Hrabanus Maurus brieflich einen Genesis-Kommentar, der den „historischen" und den „geistlichen" Sinn des ersten Buches der Bibel darlegen sollte.[66]

Nicht wenige der karolingerzeitlichen exegetischen Werke waren zudem Königen oder deren Verwandten gewidmet; einige dieser Kommentare wurden sogar eigens von Herrschern in Auftrag gegeben. Mayke de Jong hat gezeigt, dass es sich bei diesen Texten um hochpolitische Schriften handelte, die am Kaiserhof rezipiert und ernst genommen wurden. Am Beispiel der exegetischen Werke Hrabans konnte sie nachweisen, dass derartige Schriften nicht nur die Herrschaft der Karolinger legitimieren sollten, sondern zudem gerade in den inneren Auseinandersetzungen der 830er und 840er Jahre ein Modell des Reichs als einheitlicher *ecclesia* propagierten. Möglich war diese enge Beziehung zwischen Herrschern und Exegeten deshalb, weil die Zeitgenossen fest davon ausgingen, dass die Bibel die fundamentalen Normen jedes menschlichen Zusammenlebens bereithalte und das biblische Geschehen ein

---

ens. Monarchie franque unitaire et Francie Occidentale, in: La storiografia altomedievale, 10-16 aprile 1969 (SSCI 17), Spoleto 1970, Bd. 2, S. 631-685; Matthew INNES / Rosamond MCKITTERICK, The writing of history, in: Rosamond MCKITTERICK (Hg.), Carolingian culture: emulation and innovation, Cambridge 1994, S. 193-220.

[64] So schrieb zum Beispiel der Abt Paschasius Radbertus von Corbie neben seinem oben, Anm. 45, zitierten Matthäus-Kommentar auch Biographien seiner Amtsvorgänger Adalhard und Wala; vgl. zu diesen beiden Werken David GANZ, The Epitaphium Arsenii and Opposition to Louis the Pious, in: Peter GODMAN / Roger COLLINS (Hgg.), Charlemagne's Heir. New Perspectives on the Reign of Louis the Pious (814-840), Oxford 1990, S. 537-550; und DENS., Corbie in the Carolingian Renaissance (Beihefte der Francia 20), Sigmaringen 1990, sowie Dieter VON DER NAHMER, Die Bibel im Adalhardleben des Ratbert von Corbie, in: Studi medievali, ser. 3, 23 (1982), S. 15-83.

[65] Vgl. Frechulfs Widmungsbrief an Helisachar, hg. von Ernst DÜMMLER (MGH Epp. V), Berlin 1898/99, Nr. 13, S. 317 f.; dazu auch Nikolaus STAUBACH, Christiana tempora. Augustin und das Ende der alten Geschichte in der Weltchronik des Frechulf von Lisieux, in: FMSt 29 (1995), S. 167-206, S. 174.

[66] Frechulfs Brief an Hraban ist ediert von Ernst DÜMMLER (MGH Epp. V), Berlin 1898/99, Nr. 7, S. 391 ff.

Vorbild für die eigene Gegenwart sei.⁶⁷ Vor diesem Hintergrund nimmt es nicht wunder, dass der Trierer Chorbischof Thegan Ludwig den Frommen rühmte, er habe „in allen Schriften den geistlichen, den moralischen wie auch den anagogischen Sinn aufs beste erkannt".⁶⁸

All das zusammen genommen macht es wahrscheinlich, dass zumindest die Entscheidungsträger des Karolingerreiches Ereignisse ihrer eigenen Zeit und Texte über diese Ereignisse in ähnlich vielschichtiger Art und Weise zu interpretieren vermochten wie jenes Geschehen, über das die Bibel berichtete. Für Guntards und Amalars Messfeier liegt diese Annahme noch aus weiteren Gründen auf der Hand: Gerade die Eucharistie stand für die Geistlichen des 9. Jahrhunderts in enger memorialer und typologischer Beziehung zur Passion und zum Erlösungswerk Christi. Mit jeder Feier des Abendmahls vollzog der Priester jenes letzte Mahl nach, das Christus und seine Jünger gemeinsam eingenommen hatten; der Heiland selbst hatte diese Form des Gedenkens institutionalisiert. Zugleich aber opferte der Priester bei der Feier der Eucharistie in Form des Brots und des Weins noch einmal Christi Leib und Blut – zur Vergebung der Sünden.⁶⁹ So waren die Zeitgenossen des 9. Jahrhunderts ohne weiteres in der Lage, die Messfeier geradeso wie das biblische Geschehen allegorisch auszudeuten: Niemand anders als Amalar hat mit seinem „Liber officialis" die erste umfassende Interpretation dieser Art niedergeschrieben.⁷⁰

---

⁶⁷ Mayke DE JONG, The empire as ecclesia: Hrabanus Maurus and biblical historia for rulers, in: Matthew INNES / Yitzhak HEN (Hgg.), The uses of the past in the early middle ages, Cambridge 2000, S. 191-226.

⁶⁸ Thegan, Gesta Hludowici imperatoris, hg. von Ernst TREMP (MGH SSrG 64), Hannover 1995, S. 167-277, c. 19, S. 200: *Sensum vero in omnibus scripturis spiritalem et moralem necnon et anagogen optime noverat*. Zu dem Text: Ernst TREMP, Thegan und Astronomus, die beiden Geschichtsschreiber Ludwigs des Frommen, in: GODMAN / COLLINS (Hgg.), Charlemagne's Heir (wie Anm. 64), S. 691-700, S. 691-694.

⁶⁹ ANGENENDT (wie Anm. 61), S. 491-506.

⁷⁰ Amalar, Liber officialis (wie Anm. 1); zu Amalars Interpretationsweise vgl. ausführlich Rudolf SUNTRUP, Die Bedeutung der liturgischen Gebärden und Bewegungen in lateinischen und deutschen Auslegungen des 9. bis 13. Jahrhunderts (Münstersche Mittelalter-Schriften 37), München 1978, S. 46-66, der ebenda, S. 47 f., auch auf vergleichbare frühere Ansätze der allegorischen Messerklärung verweist; oberflächlich bleibt Ursula FISCHER, Karolingische Denkart: Allegorese und „Aufklärung", dargestellt an den Schriften Amalars von Metz und Agobards von Lyon, Diss. Phil. masch., Göttingen 1953, S. 39-65; vgl. ferner: H. A. REINHOLD, The Pyrrhic Victory of Florus of Lyons, in: Liturgy for the people. Essays in honor of Gerald Ellard, S. J. 1894-1963, Milwaukee 1963, S. 206-214, bes. S. 210; zu Amalars Liturgieverständnis außerdem: Adolf KOLPING, Amalar von Metz und Florus von Lyon. Zeugen eines Wandels im liturgischen Mysterienverständnis in der Karolingerzeit, in: Zeitschrift für ka-

Vor diesem zeitgenössischen Interpretationshorizont ist Amalars Brief an Guntard zu sehen. Wie er es aus der Patristik und von der Bibelexegese kannte[71] und wie er es bei seiner eigenen allegorischen Deutung der Messfeier getan hatte, so entfaltete der Gelehrte auch in seinem Rechtfertigungsbrief ein vielschichtiges Deutungsgeflecht. Aus Amalars Sicht ging es bei seinem Spucken während der Messfeier um nichts Geringeres als das Verhältnis von Körper und Seele, geistiger und körperlicher Reinheit, körperlicher Gesundheit und seelischem Heil.[72]

Zunächst wies er Guntard auf den grundlegenden Unterschied zwischen der Reinheit des Körpers und der Reinheit des Geistes hin. Die Pharisäer und viele andere Leute, so Amalar, bewahrten nur die körperliche Reinheit, während ihr Geist mit „Unreinem" befleckt sei. Was unter diesem Begriff zu subsumieren war, fand Amalar bei Mt 15,20 aufgelistet: üble Gedanken, Mord, Unzucht, Vergewaltigung, Diebstahl, falsches Zeugnis, Gotteslästerung – nicht aber das Spucken. Tatsächlich, so klärte der Gelehrte seinen Adressaten auf, sei Speichel nämlich „natürlich" und gehe „ohne Sünde" aus dem Menschen hervor. Mehr noch: Der Auswurf von Speichel fördere sogar die körperliche Gesundheit des Menschen,[73] die ihrerseits notwendig sei, um das Seelenheil zu erlangen. Im übrigen – das wusste auch Amalar – habe ja Christus selbst gespuckt und mit seinem Speichel Kranke geheilt; und was Christus für das Heil der Menschen getan habe, das dürfe auch der Mensch für seine eigene Gesundheit ohne jeden Tadel tun.[74] Erst jetzt, nach diesen Ausführungen über Körper, Seele, Reinheit, Gesundheit und Spucken, kam Amalar wieder auf die Feier der Eucharistie zu sprechen. Dazu wendete er die Dichotomie von „irdischer Gesundheit" und „ewigem Seelenheil" auf die Eucharistie an: Der Körper Christi – also der eucharistische Leib des Herrn – sei zum „ewigen Heil" der Menschheit geweiht; der Auswurf des Speichels dagegen diene dem „irdischen Heil".[75] Auf das sei auch schon der Apostel Paulus bedacht gewesen, meinte Amalar unter Verweis auf I Tim 5,23.

---

tholische Theologie 73 (1951), S. 424-464, S. 444-462, sowie jetzt STECK, Liturgiker (wie Anm. 1), S. 24-37.

[71] Amalar kannte nachweislich Schriften von Orosius, Ambrosius, Augustinus, Hieronymus, Leo I., Gregor I., Isidor und Beda Venerabilis, außerdem das ‚Paschale opus' des Sedulius: Vgl. SAHRE (wie Anm. 1), S. L.

[72] Das folgende nach: Amalar, Epistola (wie Anm. 1), S. 393-399.

[73] Ebenda, c. 4, S. 394: *Sputum naturale est nobis, sine peccato procedit ex nobis, sanitati nostrae proficit eius processio.*

[74] Ebenda: *sine vituperatione religiosorum hominum agimus quod Christus egit pro salute nostra* (unter Verweis auf Io 9,6 und Mc 7,33).

[75] Ebenda, c. 5, S. 394: *Corpus Domini saluti hominum consecratum est in aeternum. Eiectio sputi salutem praestat temporalem.*

Die wahren Hintergründe für Guntards Kritik vermutete Amalar allerdings in der Befürchtung, beim Spucken unmittelbar nach Empfang der Eucharistie könne auch ein Teil des Körpers des Herrn mit ausgespuckt worden sein.[76] Gegen dieses Hauptbedenken seines Kritikers brachte Amalar zwei Argumente vor: Zum einen rief er Guntard die medizinische Tatsache ins Gedächtnis, dass ein Phlegmatiker häufig sein Phlegma ausspucken müsse, wenn er gesund bleiben wolle. Phlegmatiker seien nun aber durchaus nicht von der Priesterwürde ausgeschlossen.[77] Aufgrund seiner humoralpathologischen Eigenschaft als Phlegmatiker, so argumentierte Amalar mithin, könne er sich nun einmal nicht ohne Schäden für seine Gesundheit solange des Spuckens enthalten, wie es Guntards Bekannte wünschten.

Nachdem er so zunächst die medizinische Notwendigkeit seines Spuckens begründet hatte, versuchte der Gelehrte dann in einem zweiten Schritt seinen Kritiker davon zu überzeugen, dass das Spucken selbst dann nicht dem Seelenheil schade, wenn ein Teil des Körpers des Herrn mit ausgespuckt werde. Entscheidend, so lautete dieses zweite Argument, sei lediglich die rechte fromme Haltung beim Empfang der Eucharistie; alles Übrige sei der Allmacht Gottes überlassen.[78] „Wenn mein Geist fromm ist", meinte Amalar, „und demütig in Seinem Angesicht, so dass Er Seinen Körper dazu veranlasst, in meine zu belebende Seele einzutreten, dann wird Er auch das, was wegen der Gesundheit des Körpers austreten muss, ohne Verlust für meine Seele herauskommen lassen".[79] Wer nicht glaube, dass Gott dazu in der Lage sei, der leugne Gottes Allmacht; und da ja – nach I Tim 2,4 – der Allmächtige alle von ihm dafür auserwählten Menschen zum Heil führen wolle, müsse man davon ausgehen, dass Gott ein derart gefahrloses Ausspucken unmittelbar nach Empfang des Herrenleibs nicht nur gewähren könne, sondern auch gewähren wolle.

Diese Argumentation aber brachte Amalar dazu, abschließend noch einmal anzusprechen, was mit dem *corpus Christi* nach dem Verzehr geschehe –

---

[76] Ebenda, c. 7, S. 394 f.: *tamen, ut reor, video quid tibi displiceat in eo sputo, hoc est, quasi sumptum corpus simul cum sputo proiciam.*

[77] Ebenda, c. 7-8, S. 395: *Flegmaticus homo si studuerit sanitati suae, sepius curabit flegma eicere. Non est prohibitus flegmaticus a promotione sacrorum ordinum. Non enim ignoravit Paulus humores nocivos et nimium abundantes sepius fore necesse exire ab homine; tamen, quando abnegavit episcopum superbum, iracundum, vinolentum, percussorem, turpis lucri cupidum, non abnegavit flegmaticum* (vgl. Tit 1,7).

[78] Ebenda, c. 12, S. 396: *sola mala voluntas facit vas suum pollutum ad suscipiendum Dominum.*

[79] Ebenda, c. 9, S. 395: *tamen confido in Domino, si mens mea pia fuerit et humilis in conspectu eius, ut faciat intrare corpus suum ad animam meam vivificandam, et, quod exeundum est propter sanitatem corporis, faciat exire sine dispendio animae.*

ob also und gegebenenfalls auf welche Weise der Körper des Herrn den Körper des Menschen wieder verlasse. Es sei gar nicht zu erörtern, so formulierte der Gelehrte wörtlich, ob der Leib Christi „unsichtbar in den Himmel aufgenommen oder in unserem Körper bis zum Tag unserer Beerdigung aufbewahrt oder in die Lüfte ausgeatmet wird oder aus dem Körper zusammen mit dem Blut austritt oder durch die Poren ausgestoßen wird" – oder ob der Herrenleib gar auf dem Weg aller irdischen Nahrung wieder ausgeschieden werde.[80] Nur dies sei eben zu vermeiden: „dass ich [den Leib] mit dem Herzen des Judas zu mir nehme und daß er nicht verachtet, sondern auf allerheilsamste Weise von den gemeinen Speisen unterschieden werde".[81]

Amalar deutete sein eigenes Verhalten selbst explizit und detailliert. In der frühmittelalterlichen Historiographie, die bisher für Fragen nach Gesten, Ritualen und Inszenierungen die Hauptquelle darstellt, dürfte sich Vergleichbares kaum finden lassen. Amalar kam dabei offenbar gar nicht erst in den Sinn, dass Guntard sein Spucken eindimensional, etwa lediglich als ein Zeichen der Verachtung oder gar nur als schlechtes Benehmen aufgefasst haben könnte. Aus seiner Sicht ging es im Kern um die Frage, ob nicht ein Teil des Körpers Christi mitausgespuckt und dadurch die Heilswirkung der gesamten Messfeier zunichte gemacht worden war. Um diese Frage zu diskutieren, ordnete Amalar das Spucken wie selbstverständlich in ebenso vielschichtige Bedeutungsbezüge ein wie die gesamte Messfeier, die biblischen Texte, die im Verlauf dieser Feier zitiert wurden, und die Passion Christi, auf die diese Feier verwies.

Ob Guntard sich von Amalars Argumentation überzeugen ließ, bleibt uns verborgen. Er hat sich selbst nicht schriftlich zu dieser Frage geäußert; schlimmer noch, seine Person ist überhaupt nur aus Amalars Schreiben bekannt.[82] Allerdings lässt schon der aggressive Grundton des Briefes erahnen, dass Amalar mit Widerstand gegen seine Deutung rechnete. Als das Schrei-

---

[80] Ebenda, c. 15, S. 397: *Ita vero sumptum corpus Domini bona intentione, non est mihi disputandum utrum invisibiliter assumatur in caelum, aut reservetur in corpore nostro usque in diem sepulturae, aut exhaletur in auras, aut exeat de corpore cum sanguine, aut per poros emittatur.* Vgl. dazu auch STECK, Liturgiker (wie Anm. 1), S. 87, der dies zu Recht für eine entscheidende Aussage des Briefes hält.

[81] Amalar, Epistola (wie Anm. 1), c. 15, S. 397: *Hoc solum cavendum est, ne Iudae corde sumam illud, et ne contemptui habeatur, sed discernatur saluberrime a communibus cibis.*

[82] STECK, Liturgiker (wie Anm. 1), S. 87 mit Anm. 411. Es wäre prinzipell sogar denkbar, daß Guntard nur ein literarisches, mithin fiktives Gegenüber war; allerdings wäre dies – zumal angesichts des Überlieferungszusammenhangs des Briefes – höchst ungewöhnlich, und ließe sich jedenfalls nicht weiter erhärten.

ben entstand, dürfte der Geistliche etwa 50 Jahre alt gewesen sein.[83] Zwischen 809 und 816 hatte er als Erzbischof von Trier amtiert; die Reputation, die er damals genoss, spiegelt sich unter anderem darin wider, dass er 812 eine Anfrage Karls des Großen zum Taufsakrament erhielt[84] und 813/14 im Auftrag des Kaisers als Gesandter nach Konstantinopel reiste.[85] Gegenüber Guntard spielte Amalar diese ‚Welterfahrenheit' aus: Er sprach ihn als „mein Sohn" an[86] und bezeichnete sich selbst als Guntards „Vater".[87] Was bedeute es schon, dass Guntard noch keinen anderen Priester nach Empfang der Eucharistie habe spucken sehen! „Du bist ja noch ein Knäblein und hast nicht viele Priester gesehen",[88] schrieb Amalar herablassend. Überdies versuchte er, diese wenigen Priester noch in schlechtes Licht zu rücken: Er verunglimpfte sie als „Pharisäer", als „Unreine" und „tierische Leute"; und er unterstellte ihnen gar, sie nähmen regelmäßig an Jagden teil. Gerade dieses weltliche, unreine Blutvergießen hatten zahlreiche Synoden und Bischofskapitularien der Karolingerzeit den Priestern untersagt;[89] und Karl der Große hatte in einem Aachener Kapitular von 802 sogar gefordert, diejenigen

---

[83] Amalars Geburtsdatum ist unbekannt. Wenn er sein Amt als Erzbischof von Trier im Jahre 809 dem kanonischen Recht entsprechend im Alter von nicht weniger als 30 Jahren angetreten hat, dann müsste er spätestens um 775/80 geboren worden sein: Vgl. DUCKETT (wie Anm. 1), S. 93; Johannes H. EMMIGHAUS, Amalarus von Metz (Symphosius), in: LexMA 1, 1980, Sp. 505; ZECHIEL-ECKES, Florus (wie Anm. 1), S. 24; HANSSENS, Amalarii opera (wie Anm. 1), Bd. 1, S. 59.

[84] Amalarius, Ep. 1-2 (wie Anm. 1), S. 242 ff.; dazu STECK, Liturgiker (wie Anm. 1), S. 58 f.; HANSSENS, Amalarii opera (wie Anm. 1), Bd. 1, S. 64.

[85] Annales regni Francorum, hg. von Friedrich KURZE (MGH SSrG), Hannover 1895, a. 813, S. 137 und a. 814, S. 140. Dazu: STECK, Liturgiker (wie Anm. 1), S. 7 f.; ZECHIEL-ECKES, Florus (wie Anm. 1), S. 25 ff.; HANSSENS, Amalarii opera (wie Anm. 1), Bd. 1, S. 65 f.

[86] Vgl. etwa Amalar, Epistola (wie Anm. 1), c. 1, S. 393; c. 2, S. 393; c. 6, S. 394, c. 9, S. 395, c. 14, S. 397.

[87] Ebenda, c. 16, S. 397: *De altero unde redarguisti patrem [...]*.

[88] Ebenda, c. 6, S. 394: *Tu, adhuc puerulus, non vidisti multos sacerdotes.*

[89] Vgl. etwa das Concilium Germanicum, hg. von Albert WERMINGHOFF (MGH Conc. II), Hannover 1906, Nr. 1, S. 1-4, c. 4, S. 3; und das Concilium Suessionense, ebenda, Nr. 4, S. 33-36, c. 3, S. 34; wenige Jahre nach Amalars Schreiben entstanden die Capitula Neustrica prima, hg. von Rudolf POKORNY (MGH Cap. Ep. III), Hannover 1995, S. 48-57, c. 5, S. 53; Capitula Frisingensia tertia, ebenda, c. 17, S. 266. STECK, Liturgiker (wie Anm. 1), S. 89 f., übersieht bei seiner Interpretation der Stelle diesen Zusammenhang.

Geistlichen, die Jagdhunde oder -falken hielten, derart streng zu strafen, „dass die anderen Angst haben, sich so etwas herauszunehmen".[90] Dass Amalar Grund hatte, seine Verteidigung so aggressiv vorzutragen, ist nun durch einen glücklichen Zufall der Überlieferung noch genauer zu erkennen. Der Diakon Florus von Lyon nämlich reagierte wenige Jahre nach der Abfassung des Briefes höchst ungehalten auf bestimmte Aussagen in Amalars Interpretation seines Spuckens – und nutzte unter anderem dessen Schreiben an Guntard, um Amalar auf einer Synode in Quierzy im September des Jahres 838 als Häretiker verurteilen zu lassen.[91] Nicht Amalars Spucken selbst, aber doch die schriftlich niedergelegte Interpretation dieses Verhaltens zog so gravierende Konsequenzen für den Gelehrten nach sich.

Klaus Zechiel-Eckes hat die gesamte Kontroverse zwischen Amalar und Florus vor kurzem quellenkritisch aufgearbeitet.[92] Der Konflikt verlief demnach wie folgt: Im Februar oder März 835 wurde der Erzbischof Agobard von Lyon auf einer Synode in Diedenhofen seines Amtes enthoben, weil er sich am Aufstand gegen Kaiser Ludwig den Frommen beteiligt hatte.[93] Mit der Verwaltung des Erzbistums betrauten der Kaiser und die Synodalen nunmehr Amalar.[94] Unmittelbar darauf begann Florus, seines Zeichens Diakon in Lyon und treuer Anhänger des abgesetzten Agobard, gegen die Entscheidung von Diedenhofen anzukämpfen. Er scheint dabei ebenso wie sein Kontrahent ein Gespür dafür gehabt zu haben, dass der Ausgang dieser Auseinandersetzung nicht zuletzt davon abhing, welche Partei ihre Auffassung geschickter durch das gesprochene und das geschriebene Wort zu verkünden wusste; jedenfalls brach nun in Lyon so etwas wie ein publizistischer Kleinkrieg aus.

---

[90] Capitulare missorum generale, hg. von Alfred BORETIUS (MGH Capit. I), Hannover 1883, Nr. 33, S. 91-99, c. 19, S. 95: *Caeteri vero tale exinde damnum patiatur, ut reliqui metum habeant talia sibi ursurpare.*

[91] Zu Amalars Verurteilung in Quierzy: ZECHIEL-ECKES, Florus (wie Anm. 1), S. 59; DUCKETT (wie Anm. 1), S. 114 ff.; dass in Quierzy im September 838 eine Synode zusammengetreten und dort Amalars Fall verhandelt worden sei, bezweifelt STECK, Liturgiker (wie Anm. 1), S. 113-116, der zugunsten seiner Zweifel allerdings lediglich ins Feld zu führen weiß, dass der Astronomus in seiner Vita Hludowici imperatoris, hg. von Ernst TREMP (MGH SSrG 66), Hannover 1995, S. 278-555, c. 54, S. 500/502, die Versammlung nicht als „Synode" bezeichne.

[92] ZECHIEL-ECKES, Florus (wie Anm. 1), S. 28-59.

[93] Darüber berichtet der Astronomus, Vita Hludowici (wie Anm. 91), c. 54, S. 500/502; vgl. dazu Egon BOSHOF, Erzbischof Agobard von Lyon. Leben und Werk (Kölner historische Abhandlungen 17), Köln/Wien 1969, S. 262 f.; ZECHIEL-ECKES, Florus (wie Anm. 1), S. 29.

[94] BOSHOF (wie Anm. 93), S. 266, S. 269 f.; ZECHIEL-ECKES, Florus (wie Anm. 1), S. 33.

Amalar, so klagte Florus, habe nicht aufgehört, die katholische Wahrheit „mit seiner Zunge und seiner Feder zu verderben und auf den Kopf zu stellen";[95] seine Bücher seien „fast überall verbreitet, fast allen bekannt".[96] Und in der Tat: Der Liturgiker hatte den Brief, den er an Guntard gerichtet hatte, in seinem gesamten Wortlaut in die überarbeitete Fassung seines „Liber officialis" von 829/31 aufgenommen.[97] Hier dürfte ihn Florus überhaupt erst entdeckt haben.[98] Offenbar hat Amalar dann von 835 an den „Liber officialis" (und in ihm auch den Brief an Guntard) in der Kirchenprovinz von Lyon systematisch vervielfältigen lassen.[99] Dem Chorbischof, so klagte Florus, habe Amalar den Auftrag gegeben, das Werk für die Geistlichen der Kirche von Lyon zu kopieren[100] – ein Auftrag, den Florus freilich nach eigener Aus-

---

[95] So in seinem Brief an die Geistlichen, die an der Diedenhofener Synode von 835 teilgenommen hatten; unter falschem Titel hg. von Albert WERMINGHOFF (MGH Conc. II), Hannover 1906, Nr. 57 B, S. 768-770, S. 769: *catholica veritate, quam praelatus aecclesiae Lugdunensis [sc. Amalar] depravare et subvertere lingua et calamo non desistit.* Zur Einordnung des Textes vgl. BOSHOF (wie Anm. 93), S. 296 ff.

[96] So in seinem Brief an den Erzbischof Drogo von Metz und andere Geistliche, hg. von Ernst DÜMMLER (MGH Epp. V), Berlin 1898/99, Nr. 13, S. 267-273, c. 3, S. 268: *Certe libri ipsi fere ubique dispersi, fere omnibus noti sunt [...].*

[97] DUCKETT (wie Anm. 1), S. 101; STECK, Liturgiker (wie Anm. 1), S. 57 und S. 90.

[98] Florus, Epistola (wie Anm. 96), S. 269: *Epistola eius est in suo officiali libro ad iuvenem nescio quem episcopum scripta, quae hoc continet.*

[99] ZECHIEL-ECKES, Florus (wie Anm. 1), S. 53, Anm. 214, hält die diesbezüglichen Angaben des Diakons für ein „Schreckbild", ein „Schreckensszenario" (ebenda S. 54) und „Panikmache" (S. 57 f., Anm. 49); tatsächlich sei aus der Zeit vor der Mitte des 9. Jahrhunderts nur eine einzige Handschrift des „Liber officialis" erhalten. Dieses Argument ist allerdings nicht wirklich stichhaltig: Es ist gut vorstellbar, dass andere Abschriften zwar existierten, aber in der Kirchenprovinz Lyon systematisch zerstört wurden, nachdem Amalars Werke als häretisch verurteilt worden waren. Florus selbst hielt es jedenfalls ausdrücklich für ratsam, Amalars Schriften zu verbrennen, damit die einfacheren Geister nicht weiterhin von seinen Gedanken getäuscht würden; vgl. Liber de tribus epistolis, MIGNE PL 121, Sp. 985-1068, c. 40, Sp. 1054 C: *omnia scripta ejus saltem post mortem ipsius debuerint igne consumi, ne simpliciores quique, qui eos multum diligere, et legendo frequentare dicuntur, eorum lectione et inaniter occuparentur, et perniciose fallerentur ac deciperentur.* Um ein „Schreckbild" zur Betreibung der Absetzung Amalars kann es sich hier nicht handeln: Amalar war, als dies geschrieben wurde, bereits tot!

[100] Florus, Epistola (wie Anm. 95), S. 770: *Quos etiam corepiscopo ecclesiae nostrae velut valde utiles omnibus iussit transcribere.* Vgl. auch seinen Brief an Drogo und andere (wie Anm. 96), S. 268: *Deinde etiam magnum quendam codicem quattuor voluminibus diffusum, a se compositum atque digestum, legendum transcribendumque tradidit, asserens eum Officialem nuncupari [...].* Florus, Liber (wie Anm. 99), c. 40, Sp. 1054 C: *qui [sc. Amalar] et verbis, et libris suis mendaciis, et erroribus, et phan-*

sage sofort konterkarierte: „Ich habe gefordert, dass dies ganz und gar nicht geschehen soll, und habe angemahnt, dass seine Bücher möglichst schnell dem Autor zurückzugeben seien".[101] Parallel dazu stellte Amalar seine allegorische Deutung der Messfeier wohl auch auf einer Diözesansynode vor und erklärte sie dem dort versammelten Klerus.[102] Noch im nachhinein tobte Florus:

> „Diese Eitelkeit seiner pestbringenden Eitelkeiten hat er mit nicht so sehr lebendiger, als vielmehr toter Stimme, aber auch durch die Zeugnisse seiner vieldeutigen Bücher schon seit langer Zeit, wo er nur konnte, wie ein nächtlicher Sämann, der dem Weizenfeld des Herrn Unkraut untermischt, weit und breit ausgesät".[103]

Im Gegenzug entfachte der Diakon nun seinerseits eine publizistische Kampagne gegen Amalar.[104] Schon bald nach der Diedenhofener Entscheidung zu Gunsten Amalars wandte er sich mit einem Brief an die dortigen Synodalen und bezichtigte seinen neuen Vorgesetzten der Häresie, freilich noch ohne konkrete Vorwürfe zu erheben und einzelne Passagen aus Amalars Schriften eingehend zu diskutieren.[105] Wohl zeitgleich trug er jene Stellen und Passagen aus den Schriften seines Gegners zusammen, die ihm anstößig und häresieverdächtig schienen.[106] Nachdem sein Traktat über die Freiheit der Bischofswahl in dieser Angelegenheit wenig Nutzen erbracht hatte,[107] wandte

---

tasticis atque haereticis disputationibus plenis omnes pene apud Franciam ecclesias, et nonnullas etiam aliarum regionum, quantum in se fuit infecit, atque corrupit.

[101] Florus, Epistola (wie Anm. 95), S. 770: *dehortatus sum, ne hoc penitus fieret, librosque suo quantotius auctori restituendos admonui.*

[102] Ebenda; vgl. auch Florus' Brief an Drogo und andere (wie Anm. 96), S. 268.

[103] So in seiner ‚Relatio' über die Absetzung Amalars, mit der sich Florus 838 an die Geistlichkeit von Lyon wandte, hg. von Albert WERMINGHOFF (MGH Conc. II), Hannover 1906, Nr. 57 C, S. 778-782, c. 3, S. 778: *Quam vanitatum suarum pestiferam vanitatem non tam viva quam mortua voce, sed et librorum multiplicium monumentis longo iam tempore, ubi poterat, velut sator nocturnus tritico agri Domini zizania interserens longe lateque disseminavit.*

[104] Das folgende nach ZECHIEL-ECKES, Florus (wie Anm. 1), S. 28-59.

[105] Florus, Epistola (wie Anm. 95).

[106] Invectio canonica Martini papae in Amalarium officiographum, hg. von Johannes Michael HANSSENS, Amalarii opera (wie Anm. 1), Bd. 1, S. 367-387. Zur Zuschreibung an Florus grundlegend: Reinhard MÖNCHEMEIER, Amalar von Metz. Sein Leben und seine Schriften. Ein Beitrag zur theologischen Literaturgeschichte und zur Geschichte der lateinischen Liturgie im Mittelalter (Kirchengeschichtliche Studien, Bd. 1, III. und IV. Heft), Münster 1893, S. 37-41.

[107] Dazu ausführlich mit neuer Edition des Textes: Klaus ZECHIEL-ECKES, Florus von Lyon, Amalarius von Metz und der Traktat über die Bischofswahl. Mit einer kritischen Edition des sog. ‚Liber de electionibus episcoporum', in: RB 106 (1996), S. 109-133; außerdem DERS., Florus (wie Anm. 1), S. 34 f.

er sich zunächst mit einem „Liber de divina psalmodia" an den Klerus von Lyon, um ihn gegen Amalar aufzuhetzen, indem er eine Reihe besonders leicht eingängiger Fehleinschätzungen seines Feindes diskutierte.[108] Außerdem stellte er aus den „Libri quatuor contra Amalarium", die der abgesetzte Agobard verfasst hatte,[109] einen knappen Auszug her und versah ihn mit einer polemischen Einleitung.[110]

Später dann, wohl im Sommer 838, warb Florus mit einem Brief an diverse einflussreiche Erzbischöfe und Bischöfe des Reiches und an den Abt Hrabanus Maurus von Fulda für die Absetzung Amalars und die Verurteilung von dessen Schriften. Für den September desselben Jahres hatte Ludwig der Fromme eine Reichsversammlung nach Quierzy einberufen, die offenbar auch mit einer Synode einherging.[111] Hier schließlich trat Florus persönlich auf, setzte die Verurteilung seines Feindes durch und ließ das Urteil schriftlich festhalten. Doch auch nach seinem dortigen Sieg über Amalar ließ es sich der Diakon nicht nehmen, in einem Schreiben an den Klerus von Lyon seinen Triumph noch einmal im einzelnen darzulegen: So denkwürdig und heilsam sei der Beschluss der Synode, frohlockte Florus, dass er „zum Nutzen und zur Erbauung der Gläubigen schriftlich niedergelegt und den Ohren aller aufs sorfältigste anvertraut" werden müsse.[112]

Obwohl Amalar in seinem „Liber officialis" lediglich versucht hatte, die „Abläufe beim Gottesdienst auf den ihnen jeweils innewohnenden Sinn zu befragen und die Riten durch Vergleiche – auch profaner Natur – transparent zu machen",[113] ließen sich manche seiner Formulierungen als Aussagen zu Grundfragen der Christologie und der Trinitätslehre (miss)verstehen. Den Hauptangriffspunkt für die spitze Feder des Florus bildete dabei die Art und Weise, in der Amalar die Dreiteilung der Hostie während der Messfeier gedeutet hatte: Sie verweise, so hatte der Liturgiker formuliert, auf den „dreige-

---

[108] Liber de divina psalmodia, MIGNE PL 104, Sp. 325-330; zur Zuschreibung an Florus von Lyon: MÖNCHEMEIER (wie Anm. 106), S. 60 ff.; HANSSENS, Amalarii opera (wie Anm. 1), Bd. 1, S. 91; zur Datierung und zum Ziel der Schrift: ZECHIEL-ECKES, Florus (wie Anm. 1), S. 46 f.
[109] Agobard, Contra libros quatuor Amalarii abbatis, hg. von L. VAN ACKER (CCCM 52), Turnhout 1981, S. 353-367. BOSHOF (wie Anm. 93), S. 281-286, hat bezweifelt, dass das Werk von Agobard stamme; vgl. dagegen aber ZECHIEL-ECKES, Florus (wie Anm. 1), S. 48 f., der die Autorschaft Agobards nachweist.
[110] Der Text ist ediert bei Johannes Michael HANSSENS, Un document „antiamalarien", in: Ephemerides Liturgicae 41 (1927), S. 237-244.
[111] Wilfried HARTMANN, Die Synoden der Karolingerzeit im Frankenreich und in Italien (Konziliengeschichte Reihe A: Darstellungen), Paderborn u.a. 1989, S. 194 f.
[112] Florus, Relatio (wie Anm. 103), c. 1, S. 778: *ut [...] ad utilitatem et aedificationem fidelium litteris mandari et cunctorum sensibus sollertissime debeat commendari.*
[113] ZECHIEL-ECKES, Florus (wie Anm. 1), S. 35.

staltigen Leib Christi", nämlich zum einen auf Christi Leib nach der Auferstehung, zum zweiten auf den Leib, in dem Christus auf Erden wandelte, und zum dritten auf den toten Leib Christi, der im Grab geruht habe.[114] Amalar hatte an dieser Stelle das *corpus Christi* auf die Gemeinschaft aller Gläubigen bezogen, nicht auf den historischen Leib des Herrn. Aber die Christologie war ein hochsensibles Feld – und Amalars Text legte den Verdacht nahe, er stelle die Einheit des Leibes Christi in Frage. Hier hatte Florus die „Achillesferse" des Liturgikers entdeckt.[115]

In seinen Schriften gegen Amalar bemühte sich Florus folglich, seinen ungeliebten Vorgesetzten als Häretiker darzustellen. Zu diesem Zweck aber griff er nun keineswegs nur Amalars Lehre des dreigestaltigen Leibes Christi an – sondern gerade auch jene Überlegungen zum Verbleib der Hostie, die Amalar in seinem Brief an Guntard vorgetragen hatte. Gleich in drei Texten verwies Florus auf diese Passage: Zum ersten Mal diskutierte er die einschlägigen Ausführungen in seiner Stellensammlung und -erklärung, verfasst unter dem Eindruck jener Diözesansynode, die Amalar unmittelbar nach seinem Amtsantritt in Lyon einberufen hatte, um sein liturgisches Reformkonzept vorzustellen.[116] Ein zweites Mal zitierte Florus die fragliche Stelle im Sommer 838 in seinem Brief an eine Reihe einflussreicher Geistlicher, namentlich an den Metzer Erzbischof und Erzkapellan Drogo, den Erzbischof Hetti von Trier, die Bischöfe Alberich von Langres und Alberich von Le Mans und an den Fuldaer Abt Hrabanus Maurus, um sie für seinen Kampf gegen Amalar

---

[114] Amalar, Liber officialis (wie Anm. 1), lib. 3, c. 35,1-2, S. 367 f.: *Triforme est corpus Christi, eorum scilicet qui gustaverunt mortem et morituri sunt. Primum videlicet sanctum et immaculatum, quod assumptum est ex Maria virgine; alterum, quod ambulat in terra; tertium, quod iacet in sepulchris. Per particulam oblatae inmissae in calicem ostenditur Christi corpus quod iam resurrexit a mortuis; per comestam a sacerdote vel a populo ambulans adhuc super terram; per relictam in altari iacens in sepulchris.* Dazu ausführlich: Marta CRISTIANI, Il „Liber officialis" di Amalario di Metz e la dottrina del „corpus triforme". Simbolismo liturgico e mediazioni culturali, in: Culto cristiano. Politica imperiale carolingia, 9-12 ottobre 1977 (Covegni del Centro di studi sulla spiritualità medievale. Università degli studi di Perugia 18), Todi 1979, S. 121-167, S. 150-165. Zur Rezeption der „corpus triforme"-Lehre in späteren Messerklärungen vgl. SUNTRUP (wie Anm. 70), S. 401-404.
[115] So ZECHIEL-ECKES, Florus (wie Anm. 1), S. 36. Vgl. außerdem Wolfgang STECK, Zur Amalar-Rezeption bei Florus von Lyon, in: Annelies Amberger u.a. (Hgg.), Per assiduum studium scientiae adipisci margaritam. Festgabe für Ursula Nilgen zum 65. Geburtstag, St. Ottilien 1997, S. 43-60, der, S. 50-58, zeigt, dass Florus bewusst Amalars Aussagen über das „corpus triforme" zugespitzt und verfälscht habe, um seinen Gegner als Häretiker darzustellen.
[116] Florus, Invectio canonica (wie Anm. 106), c. 74 f., S. 383 f.; zur Zuschreibung an Florus und Datierung ins Jahr 835: ZECHIEL-ECKES, Florus (wie Anm. 1), S. 38-42.

zu gewinnen.[117] Und zum dritten Mal schließlich kam Florus auf die Erörterungen über das Spucken zurück, als er sein Ziel bereits erreicht hatte und Amalar abgesetzt worden war: In seinem Bericht über die Beschlüsse der Synode von Quierzy von 838 tat Florus noch einmal dem gesamten Klerus seiner Kirche kund, dass Amalars Auffassungen auch in diesem Punkt gegen die Lehren der katholischen Kirche verstießen.[118]

Im Kern warf Florus seinem Vorgesetzten in allen drei Texten vor, die äußere Form mit dem geistigen Gehalt des Sakraments der Eucharistie verwechselt zu haben.[119] Wenn Amalar annehme, dass der bei der Eucharistie empfangene Leib des Herrn mit dem Blut wieder austreten könne – warum dann nicht auch gleich mit dem Nasenschleim?[120] Tatsächlich, so eiferte sich Florus in seinem Schreiben an Drogo und andere Geistliche, sei doch das Brot der Eucharistie „nicht durch seine Materie oder seine sichtbare Gestalt Christi Leib, sondern durch seine geistige Kraft und Macht".[121] Der Leib des Herrn wachse nicht auf dem Acker, sein Blut gedeihe nicht im Weinberg; erst durch die Weihe gelange beides in Brot und Wein hinein.[122] „Er ist nämlich nicht eine Speise des Magens, sondern des Geistes, anzustreben aus dem Glauben heraus, nicht aus Gefräßigkeit".[123]

Der Kraft des Sakraments der Eucharistie werde daher derjenige teilhaftig, „der im Herzen isst, nicht wer mit dem Zahn zermahlt",[124] verkündete Florus dem Lyoner Klerus. Christi Leib zu essen, das heiße, an Christus zu glauben: „Wer glaubt, der isst".[125] Denn das Charakteristikum eines Sakraments, so erinnerte Florus, sei ja nun einmal, dass es noch einen anderen Sinn habe als den, den man unmittelbar wahrnehmen könne: „sie heißen deshalb Sakramente, weil das eine in ihnen gesehen und das andere darunter verstan-

---

[117] Florus, Epistola (wie Anm. 96); dazu: HARTMANN (wie Anm. 111), S. 194; ZECHIEL-ECKES, Florus (wie Anm. 1), S. 51 ff. (zur Datierung).
[118] Florus, Relatio (wie Anm. 103), c. 7, S. 781; zur Einordnung und Datierung des Stücks: ZECHIEL-ECKES, Florus (wie Anm. 1), S. 57 ff.
[119] STECK, Amalar-Rezeption (wie Anm. 115), S. 46-49, wirft Florus vor, Amalars Aussage entstellt und verfälscht zu haben; anders KOLPING (wie Anm. 70), S. 452.
[120] Florus, Epistola (wie Anm. 96), c. 9, S. 271.
[121] Ebenda: *Prorsus panis ille sacrosanctae oblationis corpus est Christi, non materie vel specie visibili, sed virtute et potentia spiritali.*
[122] Ebenda: *Neque enim in agro nobis corpus Christi gignitur aut in vinea sanguis eius exoritur [...].*
[123] Florus, Invectio canonica (wie Anm. 106), c. 44, S. 384: *Non enim est cibus ventris sed mentis, fide appetendus, non gula.*
[124] Florus, Relatio (wie Anm. 103), c. 7, S. 781: *qui manducat in corde, non qui premit dente.*
[125] Ebenda: *qui credit manducat.*

den wird".[126] Erlöst aber werde der Mensch nicht durch das verderbliche, irdische Brot, sondern durch die in ihm wirksame göttliche Kraft:

> „Und wenn [der Mensch] als Staub zu seiner Erde zurückkehrt, von der er war, so kehrt doch sein Geist – gestärkt durch die Tröstung dieser Gabe, geschützt durch den Beistand dieser Gnade – zu Gott zurück [...]; aber [der Mensch] gibt nicht bei der Beisetzung seines verderblichen Körpers die unverderbliche Gnade des Körpers Christi auf."[127]

Im übrigen beschränkte sich Florus nicht auf eine derartige inhaltliche Auseinandersetzung mit Amalars Thesen, sondern kritisierte gleich auch pauschal dessen Methode: Amalars allegorische Erklärungen der Messfeier entbehrten jeder Stütze durch bekannte Autoritäten und beruhten einzig und allein auf Amalars eigenen Ideen; folglich seien sie als häretisch einzustufen und abzulehnen.[128]

Für die weitere historische Erforschung der sinnstiftenden Funktion mittelalterlicher Verhaltensweisen hält der Fall Amalar gleich mehrere Anregungen bereit. Zunächst einmal: Neben den bisher meist herangezogenen historiographischen Texten harren noch andere Quellengruppen der Auswertung. Neue Erkenntnisse versprechen nicht zuletzt theologische, exegetische Schriften. Denn aus ihnen lässt sich herauspräparieren, in welcher Art und Weise und mit welchen Methoden die mittelalterlichen Zeitgenossen selbst menschliches Handeln und Verhalten zu interpretieren pflegten. Diesen zeitgenössischen Interpretationshorizont zu kennen dürfte auch für die Auswertung der Geschichtsschreibung auf Rituale, Inszenierungen und Performanzen hin unverzichtbar sein – sind doch die historiographischen Texte in demselben geistlichen Milieu entstanden und auch ihrerseits zumindest implizit stets schon Interpretationen jener Verhaltensweisen, über die sie berichten.

Dass sich diese Interpretationen von unseren heutigen stark unterscheiden konnten, sollte deutlich geworden sein. Ein Pfarrer wird zwar auch heute noch einiges Befremden in seiner Gemeinde auslösen, wenn er unmittelbar nach Empfang der Eucharistie ausspuckt. Amalar und Florus aber diskutierten nicht über gutes Benehmen, sondern stritten über tiefergreifende Fragen: Nichts Geringeres als die körperliche Gesundheit, das ewige Seelenheil und die Christologie standen aus der Sicht dieser beiden Geistlichen auf dem Spiel – geradeso wie auch die auf die Bibel bezogene Exegese dieser Ver-

---

[126] Ebenda: *ideo autem dicuntur sacramenta, quia in eis aliud videtur, aliud intelligitur.*
[127] Ebenda: *Cumque pulvis revertitur in terram suam, unde erat, spiritus tamen, huius muneris solatio fretus, huius gratiae praesidio munitus, redit ad Deum, qui dedit illum, nec in depositione corruptibilis corporis sui amittens incorruptibilem gratiam corporis Christi.*
[128] Florus, Relatio (wie Anm. 103), c. 6, S. 780.

haltensweise um das körperliche Heil (des Blinden und des Taubstummen, aber auch Christi während der Passion), um das ewige Seelenheil der Menschheit und um die Christologie kreiste. Die Gruppe derjenigen, die Handlungen derart vielschichtig zu interpretieren gewohnt war, mag im Reich der Karolinger zahlenmäßig klein gewesen sein; aber ihr gehörten mächtige Entscheidungsträger wie auch der Herrscher selbst an.

Gesten, Rituale und Inszenierungen sind zumindest in der deutschen Mediävistik bisher überwiegend als friedens- und ordnungsstiftende Instrumente analysiert worden; die Kontroverse zwischen Amalar und Florus macht dagegen schlaglichtartig deutlich, dass bestimmte Verhaltensweisen auch Widerstand und Streit auslösen konnten, weil ihre Interpretation schon bei den Zeitgenossen umstritten war. Das aber heißt zugleich: Visuell-körperliche Kommunikation darf nicht einfach als ein Ersatz für schriftliche und mündliche Formen der Kommunikation betrachtet werden, sondern gab wohl, gerade weil sie Unverständnis und Befremden zu wecken vermochte, nicht selten erst den Anlass für weitere Diskussionen in mündlicher und schriftlicher Form. Auch historiographische Berichte über Rituale, Inszenierungen und Performanzen sollten vor diesem Hintergrund betrachtet werden: Sie sind zu lesen als Stellungnahmen in einer Debatte um die richtige Interpretation menschlichen Verhaltens.

Darüber hinaus führ Amalars Fall vor Augen, dass einer Handlung durchaus nicht zu einem bestimmten Zeitpunkt eine fortan konstante Bedeutung zugewiesen wurde. Im Brief an Guntard könnte Amalars Erklärung noch überzeugt haben. Aber inseriert in den „Liber officialis", wurde dieselbe Interpretation desselben Aktes in den 830er Jahren in der Erzdiözese Lyon anders wahrgenommen: Statt eine Verhaltensweise zu erklären und zu entschuldigen, verwies sie nun auf Amalars Irrglauben. Nicht allein der spezifische Kontext des Aktes selbst,[129] sondern auch der Kontext der Rezeption dieses Aktes stiftete hier also Bedeutung.

Schließlich aber wurde deutlich, welch mächtige Konsequenzen nicht allein der Akt selbst, sondern auch dessen spätere Verarbeitung im gesprochenen und geschriebenen Wort entfalten konnte. Ob neben Guntard und Amalar noch weitere Personen an der Messfeier teilhatten, muss dahingestellt bleiben. Wirkung zeitigte in diesem Falle gerade die nachträgliche, schriftliche und mündliche Interpretation des Geschehens im Rahmen des Streits zwischen Florus und Amalar – mehr als ein Jahrzehnt, nachdem Amalar vor Guntard gespuckt hatte und die Messfeier (zumindest aus Guntards Sicht)

---

[129] Vgl. dazu auch den Beitrag von FISCHER-LICHTE (wie Anm. 6): Jeder performative Akt ist einzigartig und generiert Bedeutung nur in seinem je spezifischen situativen Umfeld.

gescheitert war. Amalar kostete diese Auseinandersetzung den Ruf als Gelehrten und sein Amt in Lyon. Über sein weiteres Leben ist kaum etwas bekannt; er starb an einem 29. April zwischen 850 und 852.[130]
Florus freilich hatte einen Pyrrhus-Sieg[131] erfochten. Zwar sollte im 10. Jahrhundert noch einmal ein Mönch des Klosters Cluny jene Texte, die Florus gegen Amalar verfasst hatte, in einem Codex zusammenstellen.[132] Zeitgleich aber begann der „Liber officialis" – und in ihm auch Amalars Brief an Guntard – bereits seinen Siegeszug durch die Skriptorien Europas. Dass die Schrift im Jahre 838 auf einer Synode in Quierzy als häretisch verurteilt worden war, geriet in Vergessenheit; das Werk wurde im Laufe des hohen Mittelalters zu einem der bekanntesten seiner Art.[133] In den „Liber officialis" inseriert, setzte sich so auch Amalars Deutung seines Spuckens auf lange Sicht durch: mindestens 19 vollständige Abschriften des Briefes an Guntard sind bis heute überliefert.[134] Einen Tribut hatte die Kontroverse mit Florus allerdings doch gefordert: So berühmt Amalars Werk auch war – über Amalars Person hatten diejenigen, die seinen „Liber officialis" kopierten, allenfalls nebulöse Vorstellungen.[135]

---

[130] Die einschlägigen Belege bei STECK, Liturgiker (wie Anm. 1), S. 9.
[131] So formuliert REINHOLD (wie Anm. 70), S. 214, der die Ausbreitung der allegorischen Messerklärung seit dem 9. Jahrhundert für einen theologischen Irrweg hält.
[132] Es handelt sich um die Handschrift Paris, Bibliothèque nationale, Lat. 13371.
[133] MÖNCHEMEIER (wie Anm. 106), S. 203-229; SUNTRUP (wie Anm. 70), S. 68; DUCKETT (wie Anm. 1), S. 118 ff. Die Bibliotheken Europas bewahren bis heute von den drei verschiedenen Rezensionen und von Fragmenten des „Liber Officialis" insgesamt mehr als 80 Manuskripte, ein gutes Dutzend weiterer Handschriften existierte einst, ist heute aber verloren; vgl. die Aufstellung im: Corpus Christianorum. Continuatio Mediaevalis. Clavis des auteurs latins du Moyen Age, territoire français 735-987, Bd. 1: Abbon de Saint-Germain – Ermold le Noir, hg. von Marie-Hélène JULLIEN / Françoise PERELMAN, Turnhout 1994, S. 133 ff., und bei HANSSENS, Amalarii opera (wie Anm. 1), Bd. 1, S. 83-89. Zu jenem Exzerpt, das William of Malmesbury im 12. Jahrhundert um der leichteren Lesbarkeit willen aus Amalars „Liber officialis" anfertigte, vgl. Richard W. PFAFF, The „Abbreviatio Amalarii" of William of Malmesbury, in: Recherches de Théologie ancienne et médiévale 47 (1980), S. 77-113; allerdings verwendete William hierfür eine Handschrift des Werks, die Amalars Brief an Guntard nicht enthielt: ebenda, S. 80. – Zum Vergleich: Agobards „Contra libros quattuor Amalarii" (wie Anm. 109) ist heute noch aus gerade einmal zwei Handschriften bekannt: Clavis des auteurs (wie oben), S. 73.
[134] Vgl. Clavis des auteurs, hg. von JULLIEN / PERELMAN (wie Anm. 133), S. 124.
[135] Vgl. dazu STECK, Liturgiker (wie Anm. 1), S. 15-19.

GEOFFREY KOZIOL

A father, his son, memory, and hope

The joint diploma of Lothar and Louis V (Pentecost Monday, 979) and the limits of performativity

In a collection of essays touting the "performative turn", it is only fitting that there should be one voice pointing out the limitations of this recent (for historians) "paradigm shift". And it is better that such a warning should come from a member of the family, as it were – someone who understands the reasons historians now speak of "performance" – rather than from a hostile outsider who never saw the point at all. For in writing of the language and gestures of deference that permeated social, political, and religious interactions in the early middle ages, I myself have found it useful to write of them as performative acts, in every current sense of the term.[1] In the early middle ages, to approach a lord or an honored peer and address him or her in the language of entreaty was not just to make a request; it was to perform an act of deference and, often enough, coerce a favorable response. Acted out in public, with all steps negotiated beforehand and the entreaty announced in something close to a chant, with the petitioner kneeling or bowing and the lord sitting in majesty and responding in the language of gracious dignity, such supplications "performed" in another sense. They were choreographed spectacles (*Inszenierungen*)[2] that acted out the governance of this world as a divinely authorized order in which those who ruled on earth by the grace of God ruled in the image of God. Ritual supplications proved that this homology was true – the way the world really was – by performing it, so that God and God's rulers alike were addressed by supplicants in "prayer" and responded to them with "grace". Finally, such entreaties point to the most subtle but important aspect of performativity of all. As the language and gestures

---

[1] Geoffrey KOZIOL, Begging pardon and favor. Ritual and political order in early medieval France (Ithaca, 1992) and IDEM, Monks, feuds, and the making of peace in eleventh-century Flanders, in: The peace of God. Social violence and religious response in France around the year 1000, ed. Richard LANDES / Thomas HEAD (Ithaca, 1992), pp. 239-258.

[2] The term is favored by Gerd ALTHOFF, Spielregeln der Politik im Mittelalter. Kommunikation in Frieden und Fehde (Darmstadt, 1997).

of humble entreaty and gracious response came to be diffused throughout Carolingian culture in and after the ninth century, appearing repeatedly in different social, political, and religious contexts, they established a discourse or a *habitus* built upon themes of humility, grace, faith, forgiveness, and lordship. Wherever such themes appeared, we find "sites of power" whose actions and interactions perform – literally "realize" – the values that made this model of the world make sense to contemporaries.

In all these ways, to think of supplication or any ritual at all as performative, that is, not simply as a self-contained act but as action that enacts an encompassing discourse – a way of being and a logic of thinking – is not merely helpful; it is necessary if we are to understand how a society is put together, how people within the society come to think in a way that allows them to maintain and adapt values according to the social logic given to them. And yet, performativity is still not enough for understanding their rituals.

It is worth remembering for a moment the reasons that performative analyses became popular among social scientists in the first place. In effect, they replaced older models of social analysis that privileged function and equilibrium.[3] The ruling idea of an older ethnology and sociology was that society could best be analyzed as a homeostatic system that, like closed systems in classical physics, tended to maintain and return to equilibrium over time. Though at any given moment there might be disequilibrium, the conditions of disequilibrium would themselves bring into play forces that worked to restore balance. Thus, everything that occurred within a society "functioned" to maintain the society in a steady-state existence – maintain the status quo ante.[4] Acts of aggression against individuals or kin-groups caught other individuals and kin-groups in the middle, thereby activating pressures that worked to restore peace. The accumulation of wealth in the hands of a single generation was offset by customs that required those individuals to give up their wealth in lavish displays of feasting, potlatch, and gift-giving. The dispersal of kin – and the dispersal of lands of the kin – were offset by rules that brought kin and lands back together through rules of cross- and parallel-cousin marriage. And so forth. To every social action there was an equal and opposite reaction that returned the social organism to its normal state.

---

[3] See Philippe BUC, The dangers of ritual. Between early medieval texts and social scientific theory (Princeton, 2001) and the review by Geoffrey KOZIOL, The dangers of polemic. Is ritual still an interesting topic of historical study? in: Early Medieval Europe (forthcoming).

[4] ALTHOFF, Spielregeln (cf. n. 2), p. 29, p. 53.

The problems with such functionalist interpretations are manifold and well-known. First, it became clear that societies – including pre-modern and (at the time) underdeveloped societies – are not at all homeostatic. They do change, often dramatically, and never return to the exact status quo ante. Second, it was realized that societies and social actions are often not functional but quite dysfunctional. In particular, individuals act not to maximize social harmony but to increase their own social and political advantages; the result is usually growing social inequality and ineradicable social fission. Thus, rituals often "function" strategically to give individuals an edge in social competition, as people manipulate rituals and norms to benefit themselves and punish or marginalize competitors and inferiors. Third, and most fundamentally, it became clear that functionalism's assumption of homeostasis participated in a distinctively Western set of attitudes towards non-Western societies: the West was axiomatically the promised land of progress, history with a telos, that telos being greater power and knowledge, including scientific knowledge of non-Western peoples that brought Westerners power over them. Conversely, non-Western societies were (paradoxically) benighted Edens that had been left behind. Lacking change, history, and progress, they lacked the conditions that allowed them true understanding of their own behavior. They even lacked self-conscious understanding of their own social organization. Only Western ethnographers understood the true meaning and purpose of the actions of non-Western peoples.

Performative analyses counteracted many of these blind-spots of functionalism. They emphasized the strategic and self-aggrandizing nature of the actions of individuals in societies, the competition for power. They demonstrated the extent to which assumptions about the nature of power were completely embedded within social discourse, to the point that no arena of social life could be seen as immune from power. Performative analyses therefore permitted a complete transformation of our view of non-Western and pre-modern societies: from primitives living preconsciously in a timeless world to men and women deeply engaged in making and remaking their worlds to their own benefits and advantages.

However, a blind spot remains. We have returned a certain agency to those we study by recognizing that they are actors engaged purposively and consciously in making their lives. Yet we still observe them as if we are privileged outsiders, who by interpreting actions in another society define them as something other than the actors themselves are aware. Thus, in recent work of historians on early medieval politics, we are told that anger is not anger but a demonstrative sign that one would like to renegotiate an ongoing, dyadic relationship;[5] that expressions of community do not stem from real hopes of community but are only rhetorical positionings in an ongoing competition for power;[6] that love and hate do not exist, each being simply the term used to denote publicly recognized relationships with allies and enemies respectively;[7] that memory is not memory but a purposive, ritualized act of commemoration that accompanied the formation of alliances.[8] In other words, what the emphasis on performance has eroded is any sense for what people actually *believed* when they were performing strategically – or more precisely, what they *believed in*. If performative analyses returned agency to those we study, they have also allowed a kind of unreflective cynicism to creep into those analyses. For where everything kings and counts did was motivated by strategy, ambition, cunning, and calculation, there is no room left for belief and values, save the most self-regarding. There is no room left for *feelings* of hate or love. There is no room for hope or despair or the kinds of memories people hold in their hearts. There is, in other words, no room for any of the things that we regard as most important in life. There is only the presumption – ultimately quite condescending – that such feelings, memories, and values were unimportant to the people we study, unknowable by us, or irrelevant to our understanding of what they did.[9]

---

[5] ALTHOFF, Spielregeln (cf. n. 2), pp. 258-281, and IDEM, Der König weint. Rituelle Tränen in öffentlicher Kommunikation, in: Aufführung und Schrift in Mittelalter und Neuzeit, ed. Jan-Dirk MÜLLER (Stuttgart, 1997); also Gerd ALTHOFF, Ira Regis. Prolegomena to a history of royal anger, pp. 59-74, Richard E. BARTON, 'Zealous anger' and the renegotiation of aristocratic relationships in eleventh- and twelfth-century France, pp. 153-170, and Barbara H. ROSENWEIN, Controlling paradigms, pp. 233-247, all in: Anger's past. The social uses of an emotion in the Middle Ages, ed. Barbara H. ROSENWEIN (Ithaca, 1998).

[6] BUC (cf. n. 3).

[7] Gerd ALTHOFF, Verwandte, Freunde und Getreue. Zum politischen Stellenwert im frühen Mittelalter (Darmstadt, 1990); Régine LE JAN, Femmes, pouvoir et société dans le haut Moyen Age (Paris, 2001), chap. 7.

[8] Gerd ALTHOFF, Adels- und Königsfamilien im Spiegel ihrer Memorialüberlieferung. Studien zum Totengedenken der Billunger und Ottonen (Münstersche Mittelalter-Schriften 47), (Munich, 1984); Memoria. Der geschichtliche Zeugniswert des liturgischen Gedenkens im Mittelalter, ed. Karl SCHMID / Joachim WOLLASCH (Munich, 1984); Patrick GEARY, Phantoms of remembrance. Memory and oblivion at the end of the first millenium (Princeton, 1994); LE JAN, loc. cit.

[9] Though related, these are somewhat different issues than those being discussed in the current spate of literature on emotions. Where most social scientists, including early medieval historians, are concerned with whether and how we can talk about emotions and individuality, the question that concerns me is whether we believe people in the early middle ages believed anything or stood for anything. For the cynical view, see BUC (cf. n. 3); contra, KOZIOL, The dangers of polemic (cf. n. 3). For recent discussi-

On June 8, Pentecost Sunday, of 979, in the palace church of Saint-Corneille of Compiègne, Lothar, king of the Franks, had his thirteen-year old son Louis anointed king by Archbishop Adalbero of Reims.[10] What was this event about? From the standpoint of old-fashioned institutional history, the most interesting thing about this anointing is that it was the first time in the kingdom of the West Franks that an heir was associated in the throne by his living and still ruling royal father. In other words, this anointing gave rise to the custom of "anticipatory association" practiced by French kings until the reign of Philip Augustus.[11] But there are other ways to understand the event that highlight the geo-political stakes surrounding it and the value of the ceremony as performance. First, the association was part of Lothar's growing rivalry with and independence from the Ottonian emperors who ruled east of the Rhine, since in 961 Otto I had associated his own son in the throne.[12] Performatively, the anointing stated that what a Saxon could do, a Frankish Carolingian could do just as well. Second, the ceremony was a celebration, because in 979 Lothar had just inflicted two military humiliations on Otto II. First Lothar had blitzed his way across Lotharingia straight to Aachen, where he and his troops spent three days ransacking the palace that the Ottonians

---

ons of the question of emotions, see the articles in Anger's Past, ed. ROSENWEIN (cf. n. 5), and those in The history of the emotions. A debate, in: Early Medieval Europe 10, 2 (2001), pp. 225-256, especially Mary GARRISON's The study of emotions in early medieval history. Starting points, pp. 243-250, whose values are very close to mine; also The anthropology of friendship, ed. Sandra BELL / Simon COLEMAN (Oxford, 1999) and The anthropology of love and anger. The aesthetics of conviviality in Native Amazonia, ed. Joanna OVERING / Alan PASSES (London, 2000).

[10] Richer von Saint-Remi, Historiae, ed. Hartmut HOFFMANN (MGH SS 38) (Hannover, 2000), III.91, p. 220; alternate edition with French translation by Robert LATOUCHE, Histoire de France, 2 vols. (Paris, 1930), vol. 2, pp. 114-117; Ferdinand LOT, Les derniers Carolingiens: Lothaire, Louis V, Charles de Lorraine (954-991) (Paris, 1891), pp. 107-109.

[11] Andrew W. LEWIS, Anticipatory association of the heir in early Capetian France, in: American Historical Review 83 (1978), pp. 906-927; IDEM, Royal succession in Capetian France. Studies on familial order and the state (Cambridge, MA, 1981), pp. 13-14; Klaus LOHRMANN, Die Titel der Kapetinger bis zum Tod Ludwigs VII., in: Intitulatio III. Lateinische Herrschertitel und Herrschertitulaturen vom 7. bis zum 13. Jahrhundert, ed. Herwig WOLFRAM / Anton SCHARER (Mitteilungen des Instituts für österreichische Geschichtsforschung), Ergänzungsband 29 (Vienna, 1988), pp. 201-256, at pp. 250-251.

[12] Hermann JAKOBS, Zum Thronfolgerecht der Ottonen, in: Königswahl und Thronfolge in ottonisch-frühdeutscher Zeit, ed. Eduard HLAWITSCHKA (Darmstadt, 1971), pp. 509-528, at pp. 512-513; Gerd ALTHOFF / Hagen KELLER, Heinrich I. und Otto der Grosse. Neubeginn auf karolingischem Erbe (Göttingen, 1985), pp. 180-181.

had taken from Lothar's Carolingian ancestors. Then, when Otto retaliated by invading France, Lothar counterattacked, driving the German army out of the kingdom and decimating its rear guard as it tried to cover Otto's crossing at the Aisne. The emperor's shamefaced retreat surprised everyone, probably Lothar included. He could afford a moment of gloating by holding a plenary assembly of all those who had contributed to the triumph. And it was a good moment to regulate the succession in favor of his son, since he was riding high.[13] A third reason for the ceremony was probably the most pressing of all. As Otto II was crossing Lotharingia on his way to Paris, he captured Laon and had Lothar's estranged brother Charles crowned king by the bishop of Metz. Lothar had to respond. He could not let that challenge go unmet, otherwise it would look as if he was tolerating, even accepting, Charles' anointing. That would make Charles a clear rival to him, a tempting rallying point for any disaffected magnates. Even worse, it would make Charles an obvious choice to succeed Lothar as king when Lothar died, and cause problems for his own son, Louis.[14]

Hence the anointing in 979. What mattered was the performance and the strategy.

Still, something's missing. Memory, for one. Memory not only as a technique of mnemonics or a mode of ritual commemoration. Memory as, . . well. . . memory. We know it existed in the later middle ages. The memory of an aged man for the beloved king he had served. The memory of a cloistered monk for the mother who had abandoned him. A son's memory of the father who had disrespected him.[15] Are we to believe that until the twelfth century

---

[13] On the events of 978 and their background: Richer, Historiae, ed. HOFFMANN (cf. n. 10), III.67-77, pp. 206-212; ed. LATOUCHE (cf. n. 10), vol. 2, pp. 82-97; LOT, Derniers Carolingiens (cf. n. 10), pp. 78-109; LOHRMANN, Titel der Kapetinger (cf. n. 11), pp. 201-202; Joachim EHLERS, Die Historia Francorum Senonensis und der Aufstieg des Hauses Capet, in: Journal of Medieval History 4 (1978), pp. 1-26, at p. 10; IDEM, Carolingiens, Robertiens, Ottoniens. Politique familiale ou relations franco-allemandes, in: Le Roi de France et son royaume de l'an Mil, Paris-Senlis, 22-25 juin 1987, ed. Michel PARISSE / Xavier BARRAL I ALTET (Paris, 1992), pp. 39-45, at pp. 42-45; IDEM, L'image de la monarchie française dans l'historiographie de l'Empire (X^e et XIe siècles), in: L'historiographie médiévale en Europe, ed. Jean-Philippe GENET (Paris, 1991), pp. 119-127, at pp. 123-124.

[14] LEWIS, Anticipatory association (cf. n. 11), p. 911; Michel BUR, La formation du comté de Champagne, v. 950-v. 1150 (Nancy, 1977), p. 117.

[15] Jean de JOINVILLE, The life of Saint Louis, trans. M. R. B. Shaw, Chronicles of the Crusades (Harmondsworth, U.K., 1963), p. 271; John F. BENTON, Self and society in Medieval France. The memoirs of Abbot Guibert of Nogent (New York, 1970), p. 74 (I.14); Gesta regis Henrici secundi and Gerald of Wales, De principis instructione, in:

"discovered the individual" people had no memories?[16] That makes no sense. There must have been memories. Memories not just collectively constructed by society (as if a "society" reified into a coherent, integral remembering agent has any objective existence) but interior memories directly constructive of an individual's character, drives, and motivations. Memories of love and companionship. Of exclusion and abandonment. Of public successes and honors. And in this time when public honor was paramount, memories of insults and affronts to oneself and one's family that an individual could turn over and over in his heart, protecting and polishing them like an heirloom. But where there is memory of the past there is hope, too, for oneself and one's family in the future. And the more I study Lothar, the more I think of his most salient character trait as the kind of patient cunning that could only come from his having cultivated the memory of insults and outrages to his ancestors' honor, and out of those memories built hope for his sons and grandsons. His grandfather was Charles the Simple. As a boy of eight Charles' legitimate dynastic claims to the throne had been passed over in favor of Odo, count of Paris and margrave of Neustria. After Odo's death in 898, Charles was finally accepted as king and ruled for some twenty years but with mounting dissension, until he had been deposed by Odo's brother, Robert of Neustria, an insurrection that saw Robert elected king in Charles' place. True, in less than a year Robert himself had been killed in the battle Charles fought to regain his throne. But if Robert lost his life, Charles lost the battle, so that the kingdom immediately went to Robert's son-in-law Raoul. As for Charles, soon after his defeat one of Robert's allies, Count Herbert of Vermandois, lured him to a meeting on the pretext of helping him recover his throne. Instead Herbert seized him and kept him in prison, dragging him out only when it suited Herbert's interests against Raoul. Then, when he had gotten his way, Herbert would simply return Charles to prison in his castle at Péronne. Charles died there, in 929, seven years after his deposition. It was probably the greatest humiliation of a Carolingian king since the deposition of Louis the Pious in 833.[17]

English Historical Documents, vol. 2, 1042-1189, ed. D. C. DOUGLAS / George W. GREENAWAY (Oxford, 1968), p. 379, p. 385.

[16] Colin MORRIS, The discovery of the individual, 1050-1200 (New York, 1972); Caroline BYNUM, Did the twelfth century discover the individual? Jesus as Mother. Studies in the spirituality of the High Middle Ages (Berkeley, 1982), pp. 82-109; Giles CONSTABLE, The Reformation of the twelfth century (Cambridge, 1996), chaps. 7-8, especially pp. 293-295.

[17] Among older, comprehensive, but dated narratives: Auguste ECKEL, Charles le Simple (Paris, 1899); Edouard FAVRE, Eudes, comte de Paris et roi de France (882-898) (Paris, 1893); Philippe LAUER, Robert Ier et Raoul de Bourgogne, rois de France (923-

Then there was Charles' son (and Lothar's father), Louis IV d'Outremer. He had been made king after the death of Raoul in 936. The agent behind the restoration was none other than Robert of Neustria's son, Hugh the Great. But then, Hugh remained the agent behind everything in Louis' reign, or tried to. The price for Hugh's support of Louis' restoration in 936 was that Louis accompany him on a campaign into Burgundy and give him the spoils of the conquest, make him not only duke of the Franks but also duke of Burgundy and duke of Aquitaine. Louis tried to get out from under Hugh's thumb by taking over Normandy during a crisis there, but the plan backfired. Louis was ambushed by a group of Normans, who handed him over to Hugh. And though Hugh never actually deposed Louis, it wasn't for lack of trying. He simply didn't have enough support to get away with it. Still, he also kept Louis prisoner for a year, restoring him only when forced to by the refusal of Otto I, Edmund of Wessex, and the West Frankish magnates to countenance another deposition. It was probably the second greatest humiliation of a Carolingian king since the deposition of Louis the Pious.[18]

Could Lothar ever have forgotten this? Would he have wanted to? Could he have looked at the duke of the Franks and seen anything other than the son of the man who had imprisoned his father, the grandson of the man who had deposed his grandfather, the great-nephew of the man who had displaced his grandfather? There were memories at work in 979 – there must have been.

Not only memories of people. Memories of places. Compiègne and Saint-Corneille, for instance, where the ceremony of association took place. It was an odd choice for anointing a Carolingian. That was usually done at Reims. There must have been something special about Compiègne – and there was. It has to do with Charles the Bald, the grandfather of Charles the Simple.

---

936) (Paris, 1910); Robert PARISOT, Le royaume de Lorraine sous les Carolingiens (843-923) (Paris, 1899). Among more recent studies: K. F. WERNER, Les origines (avant l'an mil), Histoire de France, t. 1 (Paris, 1984), pp. 436-458; Helmut SCHWAGER, Graf Heribert II. von Soissons, Omois, Meaux, Madrie sowie Vermandois (900/06-943) und die Francia (Nord-Frankreich) in der 1. Hälfte des 10. Jahrhunderts (Münchener Historische Studien, Abteilung Mittelalterliche Geschichte 6) (Kallmünz, 1994); Yves SASSIER, Hugues Capet (Paris, 1987); Eduard HLAWITSCHKA, Lotharingien und das Reich an der Schwelle der deutschen Geschichte (Schriften der MGH 21) (Stuttgart, 1968); and the pertinent articles in The New Cambridge Medieval History, vol. 3, c. 900 - c. 1024, ed. Timothy REUTER (Cambridge, 1999). For the political values of the period, see Geoffrey KOZIOL, Political culture, in: France in the Central Middle Ages, 900-1200, ed. Marcus BULL, pp. 43-76 (The Short Oxford History of France, gen. ed. William DOYLE) (Oxford, 2002).

[18] Philippe LAUER, Le règne de Louis IV d'Outre-Mer (Paris, 1900), chaps. 1-3; WERNER (cf. n. 17), pp. 463-468; SASSIER, (cf. n. 17), pp. 89-132; SCHWAGER (cf. n. 17).

Charles the Bald was the great emblematic king of the West Frankish kingdom, if only (but hardly only) because he was the first and last West Frankish king to be crowned emperor (this in 875). But a Carolingian emperor, especially one who thought himself the namesake of Charlemagne, needed an Aachen and a palace chapel dedicated to Mary, just like his grandfather's chapel at Aachen, and Charles the Bald created both at Saint Mary's of Compiègne. Saint Mary's later became known as Saint-Corneille, but the importance of the town, the palace, the church, and its altars for the heirs of Charles the Bald was undoubted.[19] Charles the Simple rebuilt it twice after fires and issued probably more diplomas for it than for any other church in his kingdom, often pointedly recalling its association with his grandfather. It was there that he made donations and established masses and commemorative meals for the soul and memory of his wife Frederuna.[20] When Charles the Simple's son, Louis IV, first tried to throw off the shackles of Hugh the Great and assert his independence, he did so by holding a plenary Christmas assembly at Compiègne, in the palace church of Saint-Corneille, where he issued a diploma for the church that confirmed his father's most lavish grant to the church in verbatim terms – absolutely verbatim, word-for-word – as his father's grant had itself recalled the deeds of Charles the Bald. The young Louis, taking control of the palace of his great-grandfather, the great Charles the Bald, speaking his own father's words, restoring his father's honor, taking claim of his birthright.[21]

So a ceremony at Compiègne meant something to Lothar, son of Louis d'Outremer, grandson of Charles the Simple, great-great-grandson of Charles the Bald. Saint-Remi may have been where Carolingians were anointed. Laon may have been their strongest fortification. But Compiègne was where they held their triumphs; and that's what the association of 979 was – a triumph. Over Otto II. Over Charles of Lotharingia. Over Hugh Capet and Hugh the Great and Robert of Neustria and Odo of Paris – Robertians all of them, traitors to the rightful line of kings, every one.

Still, something else is missing from the story. An important part of the ceremony.

---

[19] May VIEILLARD-TROÏEKOUROFF, La chapelle du palais de Charles le Chauve à Compiègne, in: Cahiers archéologiques 21 (1971), pp. 89-108.

[20] VIEILLARD-TROÏEKOUROFF (cf. n. 19), pp. 98-100, pp. 107-8; Recueil des actes de Charles III le Simple, roi de France (893-923), ed. Ferdinand LOT / Philippe LAUER, 2 vols. (Paris, 1940/49), vol. 1, nos. 75, 80, 90, 91, 93, 95, 96, 109, 122.

[21] Recueil des actes de Louis IV, roi de France (936-954), ed. Philippe LAUER (Paris, 1954), no. 4 (Dec. 25, 936); LAUER, Règne de Louis IV (cf. n. 18), pp. 17-19; SASSIER (cf. n. 17), pp. 103-104; Recueil des actes de Charles III le Simple, ed. LOT / LAUER (cf. n. 20) no. 90, pp. 202-206.

One of the most important sources we have from the Carolingian and post-Carolingian centuries are royal diplomas – the oversized, single-sheet parchments through which kings recorded their grants and confirmations of gifts and privileges to favored subjects. Although historians usually treat such acts as mere administrative documents, in fact they were much more than that.[22] To take just one kind of example, it happens that a significant number of diplomas were issued at the time of a king's entry into his office – on the day of his anointing or the day or days immediately after. Although no one has ever pointed it out, we shouldn't be surprised. There was perhaps no better circumstance for demonstrating kingship – for *performing* kingship. Issuing a diploma that gave lands, granted immunities, and confirmed rights was the quintessential act of royal authority – often enough even called a "royal custom".[23] It showed a king taking possession of the trappings that passed for royal administration – really palace or household administration: the notary who subscribed the charter, the archchancellor in whose name the notary subscribed, sometimes the wife at whose request the king acted. Most important, issuing a diploma required a complex ritual of rulership and subordination – the supplications mentioned above – as the petitioner came before the king and knelt or prostrated himself, adopting the prayer gestures one would adopt in praying to God for grace, because the king was, after all, a king who ruled by the grace of God, in the image of the King of kings. And so, the petitioner adopted not only the posture of prayer but also its language – "entreating", "beseeching", "begging", "praying" that the king in his "clemency", "highness", and "majesty" grant a favor to his "humble", "devoted", "faithful" supplicant. And the king replied speaking God's language of grace and mercy, deigning to show beneficent lordship to the faithful who

---

[22] For example, Georges TESSIER, Diplomatique royale française (Paris, 1962); R.-H. BAUTIER, Chartes, sceaux et chancelleries. Etudes de diplomatique et de sigillographie médiévales, 2 vols. (Paris, 1990); Léopold GENICOT, Les actes publics, Typologie des sources du moyen âge occidental 3 (Turnhout, 1972); Harry BRESSLAU, Handbuch der Urkundenlehre für Deutschland und Italien, 2 ed., 2 vols. (Leipzig, 1912). For a guide to further literature, issues, and specialized studies, see Olivier GUYOTJEANNIN / Olivier Jacques PYCKE / Benoît-Michel TOCK, Diplomatique médiévale (Turnhout, 1993). More recent interpretative tactics of "administrative" writing in the period, though not specifically diplomas, are suggested in: Pratiques de l'écrit documentaire au XIe siècle, ed. Olivier GUYOTJEANNIN / Laurent MORELLE / Michel PARISSE, Bibliothèque de l'Ecole des Chartes 155 (1997); Peter RÜCK, Die Urkunde als Kunstwerk, in: Kaiserin Theophanu. Begegnung des Ostens und Westens um die Wende des ersten Jahrtausends, ed. Anton von EUW / Peter ANTON, 2 vols. (Cologne, 1991), vol. 2, pp. 311-333; and especially Graphische Symbole in mittelalterlichen Urkunden, ed. Peter RÜCK (Sigmaringen, 1994).

[23] KOZIOL, Begging pardon (cf. n. 1), p. 27.

showed their humility to him. This is why granting diplomas was such a perfect act with which to begin a reign. It required the greatest magnates in a kingdom to come before a new king and prostrate themselves before him, beg him, show that they recognized his kingship. It allowed the new king to display himself as lord over over those same magnates, allowed him to display the very attributes his epithets claimed he was – the "most glorious", "highest", "most serene", "magnanimous", "most beneficent" king "by the grace of God". This is what the diplomas awarded by kings said, and did.[24]

So one of the things that is missing from most narratives of the association of 979 are the diplomas. In fact, it looks like four known diplomas were issued at the time of Louis' association – probably the day after the actual anointing on Pentecost Sunday. One was issued by Lothar alone for the Flemish monastery of Sint Pieter's at Ghent.[25] A second was issued by both Lothar and Louis for the cathedral chapter of Orléans, at the request of Bishop Arnulf of Orléans.[26] A third was issued by Louis alone for the monastery of Saint-Benoît of Fleury at the request of its abbot, Amalbert.[27] And a fourth, also in Louis' name alone, was issued for the cathedral chapter of Paris, at the request of Bishop Elisiard of Paris, who was himself presented to the king to request the diploma by Lothar's wife Emma, Duke Hugh Capet, Archbishop Adalbero of Reims, and Bishop Gibuin of Châlons.[28]

It is an interesting set of recipients and petitioners. With more space one could show that they were neatly balanced between Lothar's allies, Lothar's enemies, and crucial mediators between them.[29] For the moment, the impor-

---

[24] For all the foregoing, see KOZIOL, Begging pardon (cf. n. 1).
[25] Recueil des actes de Lothaire et de Louis V, rois de France (954-987), ed. Louis HALPHEN (Paris, 1908), no. 43 (lost).
[26] Ibidem, no. 69.
[27] Ibidem, no. 70.
[28] Ibidem, no. 56.
[29] Ibidem, no. 43, issued by Lothar alone for Sint Pieters, Ghent, confirming donations made by Count Arnulf II of Flanders, one of Lothar's most important allies. (Though the diploma is lost, known only through a mention in Sint Pieters' Liber Traditionum, it was given in 979 at Compiègne, circumstances that fit only this ceremony.) - Ibidem, no. 56, issued jointly by Lothar and Louis V confirming the donation of Bishop Elisiard of Paris to his cathedral chapter, with the intervention of Queen Emma, Hugh Capet, Archbishop Adalbero of Reims, and Bishop Gibuin of Châlons – all but Hugh steadfast supporters of Lothar. (The diploma exists in the original, though lacking a dating clause it is datable only to the period of Louis V's reign [June 8, 979 – March 2, 986]; again, however, circumstances only fit the anointing ceremony, especially as the fact that no other joint diplomas are extant for Lothar and Louis suggests that such a diploma was tied to a special occasion.) - Ibidem, no. 70, issued by Louis V alone for Fleury at the request of Abbot Amalbert, Fleury being a royal monastery, all the

tant thing to recognize is the central place Hugh Capet played in these diplomas. In the one for Elisiard of Paris, Hugh himself presented the bishop to the king, alongside Lothar's wife, his archchancellor, and one of his most loyal bishops.[30] As to the diploma for Sainte-Croix of Orléans petitioned by Bishop Arnulf, Orléans was the closest thing Hugh had to a capital city, Arnulf Hugh's closest ecclesiastical counsellor, Sainte-Croix that bishop's cathedral church.[31] What this means is that the diplomas are "performing" another act besides the entreaty and granting of favors: they are enacting the recognition of Louis as Lothar's inevitable heir by Hugh and his faction. Charles of Lotharingia would never be king. But neither would Hugh Capet. The days of insults to Lothar's family by Hugh's family were over.

And something else: the four diplomas look like a well-tuned sequence. One diploma by Lothar, acting as sole king, showing his son how to be king. A second diploma by Lothar and Louis together, acting as joint kings. Finally, two diplomas by Louis alone, now acting fully as king – performing as one – once for Fleury, the royal monastery whose friendship is passed onto Lothar's son; once for Hugh Capet and his cronies at Orléans, so that Hugh's troubled allegiance to Lothar is passed on to his son.

A diploma by the father, a diploma by the father and the son, two diplomas by the son alone. A father teaching his son how to be king. A son, hav-

---

more important to the kings given its location in the center of the Robertians' domains. (Datable only to the period of Louis' reign, but likely attributable to the anointing ceremony by virtue of its having been issued at Compiègne.) - Ibidem, no. 69, issued by Louis V alone for the cathedral chapter of Sainte-Croix of Orléans at the request of Bishop Arnulf of Orléans, with special mention of property given by Counts Odo of Blois and Geoffrey of Anjou with the consent of their lord Hugh Capet. (Dated June 9, 979, at Compiègne.) - As noted below, the four diplomas also suggest a sequence (a diploma by Lothar, a diploma by Lothar and Louis, two diplomas by Louis) as well as a balance of recipients and interveners between Carolingian and Robertian allies.

[30] On Hugh's control over Paris and Elisiard's support of Hugh, LOT, Derniers Carolingiens (cf n. 10), pp. 171-172.

[31] On Arnulf's loyalty to Hugh and the centrality of Orléans to Hugh's power, LOT, Derniers Carolingiens (cf. n. 10), pp. 38-39, p. 116, pp. 122-124, p. 189; KOZIOL, Begging pardon (cf. n. 1), pp. 1-4, p. 124; Olivier GUYOTJEANNIN, Le roi de France et ses fidèles. Diplômes de Hugues Capet pour l'abbaye de Fleury, Paris, 993, in: Autour de Gerbert d'Aurillac. Le pape de l'an mil, ed. Olivier GUYOTJEANNIN / Emmanuel POULLE (Paris, 1996), 110-8, dossier no. 17, with references; Sharon FARMER / Thomas HEAD / Barbara ROSENWEIN, Monks and their enemies. A comparative approach, in: Speculum 66 (1991), pp. 764-786, pp. 779-781, with references. Note also that Hugh's son Robert was anointed at Sainte-Croix.

ing learned how to show himself as king, behaving as one. This is another meaning of Pentecost 979 to Lothar and Louis. Still, something is missing.

What's missing from all this analysis is communicated by the only one of the four diplomas to survive in its original form. It is the second diploma awarded, the joint diploma issued by both Lothar and Louis for Notre-Dame of Paris.[32] But if we could have just one of them survive, this would be the one we would want – the first associational diploma, with the monogram of both kings at the bottom, Lothar's monogram on the left, the monogram of a mature king who had been reigning and issuing diplomas for a quarter-century; Louis' monogram on the right, his first, the monogram of a thirteen-year old boy who suddenly finds himself a king. (Fig.)

It's not the first West Frankish royal diploma with joint monograms. It is, however, the first in 100 years. If one thinks for a moment, thinks back on the memory of the West Frankish Carolingians, it's easy to guess who awarded that earlier diploma, and where it was issued, and for what institution. It is a diploma of Charles the Bald. Issued at Compiègne. Announcing the foundation of Charles' version of Aachen – the church of Saint Mary's at Compiègne.[33] It's a spectacular diploma, written on creamy, perfect parchment over 75 centimeters high and almost 60 centimeters wide, a true imperial "bull" because sealed not with wax or even papal lead but with a dangling gold *bulla*, the imperial monogram in red cinnabar ink, and across the bottom in tall, broad, very neat lettering, also in red cinnabar ink, the word *Legimus*, a form of chancery approval of no pragmatic purpose whatsoever but only there to augment the imperial splendor of the diploma, since the *Legimus* was a borrowing from the Byzantine imperial chancery. And though this resplendent bull was issued in Charles' name alone, and only his name and seal were announced, alongside his red monogram is set the black monogram of his son Louis, "glorious king". (Fig.)

We cannot be absolutely certain that the two monograms and subscriptions were made at the same time. Most historians believe they were, explaining Louis' royal title by the fact that his father had established him as

---

[32] Paris, AN K 17, no. 5.
[33] Recueil des actes de Charles II le Chauve, roi de France, 3 vols., ed. Georges TESSIER (Paris, 1943-55), vol. 2, no. 425 (May 5, 877), with additional commentary by Bautier in: Recueil des actes de Louis II le Bègue, Louis III et Carloman II, rois de France (877-884), ed. R.-H. BAUTIER / Félix GRAT (Paris, 1978), p. xxii, and no. 1 (May 876). On the Legimus and bulls see TESSIER, op. cit., vol. 3, pp. 140-145, pp. 182-183; IDEM, Diplomatique royale (cf. n. 22), pp. 76-77, pp. 80-82, p. 93; Mark MERSIOWSKY, Graphische Symbole in den Urkunden Ludwigs des Frommen, in: Graphische Symbole, ed. RÜCK (cf. n. 22), pp. 335-383, at pp. 374-377 (also p. 339, p. 350, on Carolingian joint monograms).

subking of Aquitaine ten years earlier. However, there are equally good reasons for believing that Louis only subscribed the bull after his father's death, as part of the drawn out ceremonies negotiated for own succession – negotations that occurred in and around Compiègne, where he was finally crowned.[34] Whatever the truth, we, like contemporaries, are left with a sheet of parchment footed with two royal subscriptions and monograms. Like most historians today, they arguably saw those validations as having been made at the same time.[35] But whether or not they were made simultaneously at the time of the foundation of Saint Mary's, unarguably the parchment as it stood and stands speaks of an entirely different relationship between royal fathers and sons than the parchment of Lothar and Louis V a century later.

One could easily write an entire article on the paired monograms of Charles and Louis, teasing out what they say about Carolingian fathers and sons in the middle third of the ninth century. They would not say anything very nice. The decades after the death of Louis the Pious may have been a regime of brotherhood.[36] Fatherhood was a different matter. In these forty-odd years, nearly every single royal son rebelled against his father, just as the

---

[34] See in particular Bautier's comments in: Recueil des actes de Louis II le Bègue, ed. BAUTIER / GRAT (cf. n. 33), no. 1, pp. 3-4. Briefly, the reasons to reject Bautier's arguments are: 1) not only is Bautier wrong that successors did not subscribe the diplomas of their immediate predecessors, but East Frankish and Aquitainian examples demonstrate that in fact such subscriptions were important elements in claiming legitimate succession; 2) the ascenders of Louis' subscription enter the last lines of the text, flawing an otherwise perfectly spaced layout; 3) the statement in Charles the Simple's diploma for Saint-Crépin of Soissons is more reasonably read as saying the opposite of what Bautier claims (see the following note), and in any case Charles would have had no more certain knowledge of when the subscriptions and monograms were made than we have; 4) all the negotiations for Louis' succession and all the ceremonies attendant upon it occurred in or near Compiègne, so that a subscription at Compiègne by Louis of his father's bull for Saint-Mary's of Compiègne is perfectly understandable.

[35] Recueil des actes de Louis II le Bègue, ed. BAUTIER / GRAT (cf. n. 33), no. 2, p. 4.

[36] Hans Hubert ANTON, Zum politischen Konzept karolingischer Synoden und zur karolingischen Brüdergemeinschaft, in: Historisches Jahrbuch 99 (1979), pp. 55-132; Reinhard SCHNEIDER, Brüdergemeine und Schwurfreundschaft. Die Auflösungsprozess des Karlingerreiches im Spiegel der caritas-Terminologie der karlingischen Teilkönige des 9. Jahrhunderts, Historische Studien 388 (Lübeck, 1964). Also Peter CLASSEN, Die Verträge von Verdun und Coulaines, 843, als politische Grundlagen des westfränkischen Reiches, in: Historische Zeitschrift 196 (1963), pp. 1-35; Ursula PENNDORF, Das Probleme der "Reicheinheitsidee" nach der Teilung von Verdun (Munich, 1975); Egon BOSHOF, Einheitsidee und Teilungsprinzip in der Regierungszeit Ludwigs des Frommen, in: Charlemagne's heir. New perspectives on the reign of Louis the Pious (814-840), ed. Peter GODMAN / Roger COLLINS (Oxford, 1990), pp. 161-190.

fathers had rebelled against theirs.[37] It doesn't take very much imagination or psychological insight to sense the hatreds. Take the sons of Louis the German, for example. Angry that for nearly sixteen years he had given them nothing but promises and crumbs of power, angry that after sixteen years of their patient waiting he now seemed to be going back on earlier understandings and favoring their older brother, Louis the Young and Charles make a kind of pact against him. Not quite open war between father and sons, but almost open war, and when a reconciliation comes it is no more than a mistrustful, temporary truce. In this state of tension, the two brothers come to a plenary assembly at Frankfurt when suddenly the young Charles simply loses it, goes crazy. He thrashes on the ground so violently that six strong adult men can't hold him down. He's forcibly brought to the church where he simpers and screams and tries to bite the men who were restraining him. And what does Louis the father do? He turns to his other son, his very own namesake, and tells him that this was proof that he and his brother had given themselves over to the devil, that they can't hide anything from God or him, that they should immediately prostrate themselves and do penance. And he'll forgive them. He, the magnanimous father, will forgive them, as God has forgiven his wayward children.[38] I don't care how we analyze this kind of cultural discourse, it reads as self-righteous in any language. No wonder Charles screamed.

And Charles the Bald – Charles the Bald was even worse. He had one of his sons blinded for treason. Actually blinded – his eyes gouged out. A son. That was Carloman.[39] And then there was, Louis, Carloman's brother, known as the Stammerer – the "glorious king" of the Saint-Corneille diploma. Charles is known to have mistrusted his son. Louis is known to have disliked his father. Each had good reason. In 856, when Louis was 10, Charles had

---

[37] Rudolf SCHIEFFER, Väter und Söhne im Karolingerhause, in: Beiträge zur Geschichte des Regnum Francorum, ed. Rudolf SCHIEFFER (Sigmaringen, 1990), pp. 149-164; Janet NELSON, A tale of two princes. Politics, text and ideology in a Carolingian Annal, in: Studies in Medieval and Renaissance History, series 2, vol. 10 (1988), pp. 105-141.

[38] Annales Fuldenses, ed. Georg Heinrich PERTZ / Friedrich KURZE (MGH SRG 5) (Hanover, 1891), s.a. 873, pp. 77-78; Annales de Saint-Bertin, ed. Félix GRAT, et al. (Paris, 1964), s. a. 873, pp. 190-192; NELSON, A tale of two princes (cf. n. 37).

[39] NELSON, A tale of two princes (cf. n. 37); also on this and the Carolingians' use of blinding, Geneviève BÜHRER-THIERRY, 'Just Anger' or 'Vengeful Anger', in: Anger's Past, ed. ROSENWEIN (cf. n. 5), pp. 75-91, who, in line with the historians discussed above, interprets blinding as a reasoned, thought out punishment, which, though true, ignores the authoritarian violence such reasoning legitimates. ALTHOFF, Spielregeln (cf. n. 2), p. 37, notes with greater nuance the difference between the violence of Carolingian punishments and the negotiatory compromises of Ottonian.

sent him into Neustria[40] to develop some of the military and political skills he would need to rule. But the situation proved too unstable: within months of Louis' arrival the Bretons were at war and the Neustrian magnates were feuding with each other. After two years, Charles' own magnates expelled Louis and forced him to return to his father.[41] A couple of years later, in 860, when Louis was 15, his father returned him to Neustria, this time under close supervision. This opportunity Louis botched all by himself. Resentful of his lack of any real power, he began to intrigue on his own account but let himself to be manipulated by local magnates until he had completely undone the delicate political balance his father had created. A brief rebellion by him failed miserably: Louis was forced to come to Charles and publicly beg forgiveness from his father and his father's bishops.[42] And though Charles did forgive his son, he also never really gave him another chance. Not completely. Five years after the Neustrian fiasco, in 867, when Louis was 21, his father made him king in Aquitaine but allowed him no power there at all, even appointing his household officers himself.[43] Ten years after this we come to May 877, when Charles issued the "golden bull" for Compiègne, the one that Louis may have subscribed as "glorious king". Yet just a month later, when Charles was preparing an expedition to Italy and set up the government to rule in his absence, Louis' status (and Charles' lack of respect for him) was revealed for what it was. Louis would rule the realm, but in name only. He had no control over appointments to offices, no control over the distribution of benefices. Charles named the men who would advise his son; it is clear that they were the ones who would actually be making decisions, in consultation with Louis' father. Charles also appointed three bishops to report to him in Italy so that he could stay in touch and know what was happening. Louis didn't even get to enjoy hunting rights in Charles' favorite forests – even that was restricted by his father. For all practical purposes,

---

[40] At this time, the territory fronting the Bretons and the Northmen of the Loire.
[41] Janet NELSON, Charles the Bald (London, 1992), p. 173, pp. 182-6; Recueil des actes de Louis II le Bègue, ed. BAUTIER / GRAT (cf. n. 33), pp. xviii-xix; Annales de Saint-Bertin, ed. GRAT (cf. n. 38), s. a. 858, p. 77.
[42] NELSON, Charles the Bald (cf. n. 41), p. 196, pp. 203-204, pp. 208-209; Recueil des actes de Louis II le Bègue, ed. BAUTIER / GRAT (cf. n. 33), pp. xviii-xix; Annales de Saint-Bertin, ed. GRAT (cf. n. 38), s. a. 862, p. 92.
[43] Recueil des actes de Louis II le Bègue, ed. BAUTIER / GRAT (cf. n. 33), pp. xix-xx; NELSON, Charles the Bald (cf. n. 41), pp. 210-211.

Louis was a non-entity. He counted for nothing. His father had given him no real power at all.[44]

The golden bull of 877 for Saint Mary's of Compiègne may have been subscribed by Charles and his son simultaneously; it may have been subscribed by Louis after his father's death. It does not deeply matter, because the two alternative stories come to the same end. Though Louis subscribed as king, the diploma was obviously Charles' – issued in his name alone, sealed with his seal alone – and ultimately manifested only his power. And looking at the two monograms, you can still see it, you can still tell. On the left, Charles' cinnebar monogram, bright red against the black ink and white parchment. On the right, Louis' monogram, smaller and diminished in ordinary black ink. The father proud in his own power, the son only a weak echo. The titles of father and son make the same point. The legend of Charles that surrounds his bright red monogram reads *gloriosissimus imperator augustus*, the legend of Louis surrounding his little black one *gloriosus rex*. True, Charles' title was nothing unusual for him; the superlative *gloriosissimus* was his normal imperial epithet in subscriptions.[45] And if Louis did subscribe at the same time as his father, then the use of the adjective's common form (*gloriosus*) might conceivably be seen as an appropriate way to express his subordinate status as king under Charles' imperial rule. Even so, the differentiation still speaks loudly of Louis' inferiority. In this period royal epithets in subscriptions were almost always in the superlative: *piissimus, invictissimus, serenissimus*.[46] Nor would it have been unthinkable for Charles

---

[44] NELSON, Charles the Bald (cf. n. 41), pp. 248-249; Recueil des actes de Louis II le Bègue, ed. BAUTIER / GRAT (cf. n. 33), pp. xx-xxi; Janet NELSON, La mort de Charles le Chauve, in: Médiévales 31 (1996), pp. 53-66, at p. 59.

[45] Recueil des actes de Charles II le Chauve, ed. TESSIER (cf. n. 33), vol. 3 (introduction), p. 181.

[46] TESSIER, op. cit.; Die Urkunden Ludwigs des Deutschen, Karlmanns und Ludwigs des Jüngeren, ed. Paul KEHR, Die Urkunden der deutschen Karolinger, Bd. 1 (MGH Diplomata Regum Germaniae ex Stirpe Karolinorum) (Berlin, 1934). On the other hand, at least Louis the Stammerer received a royal title; in diplomas subscribed with their father, Louis the German's sons received neither title nor epithet: ibidem, nos. 73, 83, 105, 110, 116, 119, 145, 161, 163-5; also Timothy REUTER, Germany in the Early Middle Ages (London, 1991), pp. 72-73. Note, however, that Lothar II's subscription epithets as king were usually in the common form (gloriosus), though also occasionally in the superlative (nos. 16, 25, 31). (The common form seems to have become distinctively Lotharingian: Herwig WOLFRAM, Lateinische Herrschertitel im neunten und zehnten Jahrhundert, in: Intitulatio II. Lateinische Herrscher- und Fürstentitel im neunten und zehnten Jahrhundert, ed. Herwig WOLFRAM (Mitteilungen des Instituts für österreichische Geschichtsforschung, Ergänzungsband 24) (Vienna, 1973), pp. 19-178, at p. 120.

to have granted Louis a more dignified epithet: his own brother Lothar, in issuing as emperor a diploma jointly subscribed by his son Louis as king of Italy, still took care to give Louis his full due as king: Lothar was *serenissimus,* Louis *gloriosissimus.*[47] In fact, *gloriosissimus* had been the superlative epithet for the subscriptions of Charles' half-brother and nephew (Pippin I and II) when they had been kings of Aquitaine – Louis' titular kingdom in 877.[48] For Louis to be styled merely *gloriosus* gave him no royal epithet at all. In fact, *gloriosus* was an epithet appropriate to simple counts.[49] Given these contemporary usages, if Louis subscribed the bull alongside his father, his title was insulting. If he subscribed it after his father's death as part of his own succession, it is a shocking confession of his inadequacy. No wonder Louis stammered.

In the 10th century, things were very different. Carolingian kings were weaker, more threatened, knew humiliation. There was no room for self-righteousness. Fathers needed their sons. Sons needed their fathers. There were traditions to uphold, memories to instill, wrongs to right. If they did not stand together as a family, they would be annihilated, and that is what made a family bond – traditions, memories, need.[50] So the diplomas of the tenth-century Carolingians are different in ways small but essential and telling. Certainly the settings in which they were issued were less grandiose in ceremonial, less crowded in audience, more intimate in both – more *en famille,* in a sense. But *en famille* literally as well, for the actors the ceremony brings together – Lothar and his supporters, Hugh and his, those who hold the balance between them like the monks of Fleury, the counts of Anjou and Flanders – now form a very restricted group, linked by ties of blood and marriage, ties of spiritual kinship and patronage, bound for better and worse, by memories of betrayals, battles, and depositions. Returned to *this* context of human drama and its memory, the joint diploma of 979 is not about diplomatic form or institutional innovation. It's about defeat and victory, hatred and love, mistrust and hope. This too one can see in the parchment itself, if we allow ourselves to imagine; and imagine we must, for only imagination can reveal what the moment really meant to Lothar.

---

[47] Die Urkunden Lothars I. und Lothars II., ed. Theodor SCHIEFFER (MGH Diplomata Karolinorum 3) (Munich, 1979), no. 115 (851, at Gondreville).

[48] Recueil des actes de Pépin I et Pépin II, rois d'Aquitaine (814-848), ed. Léon LEVILLAIN (Paris, 1926), pp. cxxviii-cxxix.

[49] Karl BRUNNER, Der fränkischen Fürstentitel im neunten und zehnten Jahrhundert, in: Intitulatio II, ed. WOLFRAM (cf. n. 46), pp. 179-340, at pp. 198-199.

[50] This, I believe, is the emotional resonance of the changes in familial organization noted by LEWIS, Royal succession (cf. n. 11).

So 100 years after the foundation diploma for Saint-Mary's, in the palace of Charles the Bald at Compiègne that seems to have been reserved for the dynasty's great triumphs, another Carolingian diploma was issued with joint monograms. Actually, kings did not draw the entire monogram. Often they had nothing to do with making any part of the monogram, which was drawn by the royal scribe who wrote the diploma, or perhaps by the notary who oversaw its redaction, or even by the beneficiary, since in the tenth century beneficiaries not only received diplomas, they usually wrote them as well. At most, the only thing the king did was to make what is normally and infelicitously called the *Vollziehungstrich* – the little chevron inside the losange inside the monogram.[51] How this was done isn't certain. Most likely the intercessor (or maybe the archchancellor) brought the nearly finished diploma to the king as he sat on his throne, and the king made his mark while resting the diploma on his knee. That is what iconographic and textual evidence suggests – though that evidence is quite late, from a time when the ceremonial of issuing diplomas was changing or had changed considerably.[52]

But here is the point: we have a diploma. That diploma has Lothar's chevron, and next to it his son's. The difference is unmistakable. Lothar's chevron is very nicely done. (Fig.) Assured, contained, finely drawn, it's expert – the trace of a king who knew how to wield a quill, who had done so many times before. Louis' chevron – quite simply, it's a mess, a running smudge. (Fig.) He tried to make it the same way his father had – first stroke the left line of the "Y", second stroke the right line of the "Y", third stroke the tail of the "Y". But he'd clearly never done this before – at least not under such pressure – so he made the first downward stroke too vertical to align correctly with the axis of the losange. To meet that first wrong stroke, he had to take the second stroke too far over to the left. Now the chevron was off-center. (You can actually see where he stopped and thought about what to do next!) So he tried to correct his mistake with his third stroke by bringing the tail of the "Y" over to the right, back to the center of the losange, but that just

---

[51] TESSIER, Diplomatique royale (cf. n. 22), pp. 91-93, pp. 111-112, and Graphische Symbole, ed. RÜCK (cf. n. 22), in particular RÜCK, Beiträge zur diplomatischen Semiotik, pp. 13-47, at p. 28; Ruth SCHMIDT-WIEGAND, Die rechtshistorische Funktion graphischer Zeichen und Symbole in Urkunden, pp. 67-79, at pp. 67-70, p. 73; Olivier GUYOTJEANNIN, Le monogramme dans l'acte royal français (Xe-début du XIVe siècle), pp. 293-317; Mark MERSIOWSKY, Graphische Symbole in den Urkunden Ludwigs des Frommen, pp. 335-383, at pp. 350-354, pp. 367-368. On Lothar's and Louis V's monograms and the Vollziehungsstrich, see the comments by Halphen in: Recueil des actes de Lothaire, ed. HALPHEN (cf. n. 25), p. xxxiii.

[52] KOZIOL, Begging pardon (cf. n. 1), pp. 68-70; Recueil des actes de Philippe Ier, roi de France (1059-1108), ed. Maurice PROU (Paris, 1908), no. 164, pp. 407-408 (1106).

made the entire chevron lopsided. And to make all these slow, deliberate corrections, he'd had to hold the pen down too long on the parchment, so that the ink ran where his lines came together. Thick, ugly, smudgy – the whole thing's a giant blot. But it was Louis' giant blot, and though I can't prove that his father was proud, I have a father's absolute conviction that he was.[53]

I can't be sure what was in Lothar's mind as he watched his son smudge his first monogram. Conceivably, he groaned inwardly at his son's little failure, but I don't think so. The weight of a century's worth of memories converging in one moment to bring about *these* three strokes of *this* smudgy "Y" won't allow it. On a day of triumphal celebration that righted 100 years of affronts and defeats, Lothar must have been, for the first time in his life, proud and content. What he must have seen was the final victory of his family. His son would reign after him. There would be no more depositions of Carolingians at the hands of duplicitous, perfidious Robertians. And just as royal diplomas can extend the *antecessores* backwards in time all the way to Charlemagne, I can imagine Lothar extending the rule of his *successores* forward in time, his sons and grandsons and great-grandsons ruling after him to the vanishing point of his imagination. He might not have thought his dynasty would rule forever. But I'm sure he believed it would rule quite long enough, and that he had done what he needed to ensure its victory. A victory sweeter because final and calculated not just over Hugh Capet but over Hugh's father, grandfather, and great-uncle – a victory, therefore, but something much more satisfying than victory. A cool revenge for his father and grandfather through his son and grandsons.

Of course, the end of the story is all too well know to historians. When Lothar died in 986, Louis did succeed him without incident. But just a little over a year later, Louis himself died after falling from a horse while hunting. He was buried at Compiègne. The scene of his family's greatest triumphs, now the scene of its final, unrequitable demise. For Hugh Capet was elected king in Louis' place and immediately associated his own son Robert on the throne by having him anointed – at Compiègne, of all places (Take that Lothar! Take that Louis!).[54] And it was the descendants of Hugh and *his* son who reigned in France, all the way to 1789. Louis V was so completely forgotten that some chroniclers forget he even lived and reigned; in plotting the change of dynasty, they skip him entirely, just jumping from Lothar to Hugh.

---

[53] My thanks to Grant Koziol, who on a slide projected against the wall of my apartment helped trace the sequence of Louis' hand.

[54] Richer, Historiae, ed. HOFFMANN (cf. n. 10), IV.13, pp. 240-241; ed. LATOUCHE (cf. n. 10), vol. 2, pp. 162-167.

But this ending is not in our story. Our story ends on Monday, June 9, 979, when only an utterly different future could have been imaginable for those present in the church of Saint-Corneille – a Carolingian future. Imagining *this* moment, the moment when the thirteen-year old son of a king smudged a piece of parchment in front of his father and his kingdom's magnates, we realize how much is lost by analyzing the event as performance. The essential truth about the moment – not to put too fine a point on it, but its *soul* – lies in the very emotions that performativity ignores by redefining events as performances, emotions as demonstrative signs, memory as a collective social construct. The ceremony was performance, demonstration, *Inszenierung*, but beyond this, beneath it, churning through it, enlivening it, tapping into its deep roots, were emotions wrought from memories that issued from and returned to an individual's deepest formative core. If we have not understood this, we have not understood what the day *meant*.

GERD ALTHOFF

Inszenierung verpflichtet

Zum Verständnis ritueller Akte bei Papst-Kaiser-Begegnungen im 12. Jahrhundert*

Die Berliner Theaterwissenschaftlerin Erika Fischer-Lichte hat 1999 in einem Artikel in der „Frankfurter Rundschau" einen Paradigmawechsel in den Kulturwissenschaften diagnostiziert. Sie nannte ihn „performative turn" und verlängerte damit noch einmal die schon beachtliche Reihe der *turns* oder Wenden, die diese Kulturwissenschaften in den letzten Jahrzehnten vollzogen haben oder vollzogen haben sollen.[1]

Dennoch hat sie ganz zweifelsohne einen Trend auf den Punkt gebracht, der in verschiedenen Disziplinen der Kulturwissenschaften mit sich verstärkender Tendenz zu beobachten ist: Man interessiert sich intensiv für Kommunikationsvorgänge, beachtet vor allem deren performativen Charakter, spricht von Aufführungen und Inszenierungen, entdeckt die Bedeutung des Körpers und seiner – gut neuhochdeutsch – body-language.[2] Diese For-

---

* Eine um lateinische Belegstellen und ausführlichere Literaturangaben erweiterte Fassung findet sich in: FMSt 35 (2001), S. 61-84.
[1] Vgl. „Notwendige Ergänzung des Text-Modells", in: Frankfurter Rundschau (23. 11. 1999), S. 20. Der Artikel steht im Zusammenhang mit dem Berliner Sonderforschungsbereich „Kulturen des Performativen", dessen Sprecherin Frau Fischer-Lichte ist.
[2] Vgl. für die Mediävistik grundlegend Klaus SCHREINER / Norbert SCHNITZLER (Hgg.), Gepeinigt, begehrt, vergessen. Symbolik und Sozialbezug des Körpers im späten Mittelalter und in der frühen Neuzeit, München 1992; sowie die Beiträge und die Diskussionen des DFG-Symposions 1994 in Jan-Dirk MÜLLER (Hg.), „Aufführung" und Schrift in Mittelalter und früher Neuzeit, Stuttgart/Weimar 1996, das diesen Forschungstrend vor allem aus literaturwissenschaftlicher Sicht repräsentiert. Andere Disziplinen wie Soziologie und Theaterwissenschaft bezog die Berliner Eröffnungstagung des genannten Sonderforschungsbereichs (s. Anm. 1) ein, s. Paragrana 7 (1998) hg. von Erika FISCHER-LICHTE / Doris KOLESCH; die historische Dimension dieser Forschungsperspektive bietet Gerd ALTHOFF (Hg.), Formen und Funktionen öffentlicher Kommunikation im Mittelalter (Vorträge und Forschungen 51), Sigmaringen 2001, hier sind die Beiträge zweier Reichenau-Tagungen des Konstanzer Arbeitskreises für mittelalterliche Geschichte enthalten. Allgemein s. auch die Beobachtungen zur For-

schungsperspektive ist für viele Disziplinen interessant, und sie ist für viele Epochen der menschlichen Geschichte fruchtbar. Mit dem Thema eines neuen Münsteraner Sonderforschungsbereichs „Symbolische Kommunikation und gesellschaftliche Wertesysteme vom Mittelalter bis zur französischen Revolution" könnten wir ebenfalls als Indiz für die Dynamik des *performative turn* fungieren, auch wenn wir bei unseren Beratungen über dieses Thema gewiss nicht wussten, dass solch ein *turn* kurz bevorstand.[3]

In jedem Fall aber haben Disziplinen, die sich mit den Zeiten der Vormoderne beschäftigen, Wichtiges zu dem Thema der Performance beizutragen, denn symbolische Kommunikation mit ihren performativen Zügen nahm in diesen Zeiten gewiss keinen geringeren Stellenwert ein, als sie dies heute immer noch tut. Um das Erkenntnispotenzial dieses Paradigmas auszuschöpfen, ist aber Grundlagenforschung nötig, denn das Verständnis symbolischer Kommunikation der Vormoderne erschließt sich dem modernen Betrachter nicht von selbst.

So herrscht denn bis heute kaum zureichende Kenntnis darüber, welche Leistungen öffentliche Kommunikation mit ihren vielfältigen Aufführungen eigentlich erbrachte: Diese Leistungen erstreckten sich gewiss auf verschiedenartige Felder und waren höchst unterschiedlich. Mir scheint es aber für das Verständnis symbolischer Kommunikation von fundamentaler Bedeutung, sich zu vergegenwärtigen, dass das in solchen Aufführungen öffentlich gezeigte Verhalten für die Zukunft verpflichtete.[4] Ich möchte mich darauf konzentrieren, diese Behauptung plausibel zu machen und zugleich Wege aufzuzeigen, mit denen man sie plausibel machen kann.

Die öffentlichen Rituale – das markiert eine ihrer wichtigsten Leistungen – gruben die Verpflichtung, die durch Tun und Verhalten, aber auch durch verbale Akte übernommen wurde, tief in die Erinnerung der Teilnehmer wie

---

schungsentwicklung auf den angesprochenen Feldern bei Hans-Werner GOETZ, Moderne Mediävistik. Stand und Perspektiven der Mittelalterforschung, Darmstadt 1999, bes. S. 212 ff., S. 324 f., S. 330 ff., S. 360 ff.

[3] Zu Themenstellung und Leitfragen dieses Sonderforschungsbereichs jetzt Gerd ALTHOFF / Ludwig SIEP, Symbolische Kommunikation und gesellschaftliche Wertesysteme vom Mittelalter bis zur französischen Revolution. Der neue Münsterer Sonderforschungsbereich 496, in: FMSt 34 (2000), S. 393-412.

[4] Vgl. dazu bereits Gerd ALTHOFF, Zur Bedeutung symbolischer Kommunikation für das Verständnis des Mittelalters, in: FMSt 31 (1997), S. 370-389, bes. S. 373 ff., auch in anderen jüngeren Arbeiten habe ich diesen Aspekt herauszuarbeiten versucht, vgl. DERS., Rituale und ihre Spielregeln im Mittelalter, in: Horst WENZEL (Hg.), Audiovisualität vor und nach Gutenberg, Wien 2000, S. 51-62; DERS., Die Veränderbarkeit von Ritualen im Mittelalter, in: DERS. (Hg.), Formen und Funktionen (wie Anm. 2), S. 157-176.

der Zuschauer ein, die so zu Garanten dieser Verpflichtungen wurden. Aus dieser Funktion erklären sich nicht zuletzt auch die Expressivität und Theatralik, die rituellen Handlungen im Mittelalter häufig eigen waren: die jubelnde Freude wie der Tumult, die barfüßige Selbstaufgabe mit Tränenströmen wie der prunkvolle Adventus mit Pauken und Trompeten.[5] Die Eindringlichkeit der Gesten und Handlungen erhöhte ihren verbindlichen Charakter und verhinderte das Vergessen. Rituelles Tun entfaltete seine Wirkung somit vor allem in der Zukunft, weil das im Ritual Versprochene angemahnt werden konnte und eingelöst werden musste. Diese grundsätzliche Einschätzung schließt durchaus nicht aus, dass rituelle Aussagen, wie verbale auch, mehr- und vieldeutig angelegt sein konnten und man sich so auf subtile Art Verpflichtungen zu entziehen versuchte.[6] Dies ändert jedoch nichts an der Tatsache, dass die Akteure rituelle Handlungen im Bewusstsein eines bestimmten Sinns durchführten und die Zuschauer eben diesen Sinn zu erfassen suchten. Folglich rang man schon bei der Planung um Einzelheiten der Inszenierung, weil Abweichungen von den Grundmustern Sinnveränderungen anzeigten und ihre Bedeutung verstanden und registriert wurde. Überdies löste es einen weiterwirkenden Diskurs aus, wenn ein Ritual mehrere Deutungsmöglichkeiten zuließ. Dann propagierte man die eigene Deutung und diskutierte die strittigen Handlungen des Rituals, veränderte sie oder ersetzte es ganz. Genau dies möchte ich Ihnen an möglichst konkreten Beispielen einsichtig machen.

Ich weiß natürlich, dass ich mich mit solchen Einschätzungen von dem gängigen Verständnis entferne, das in den Religionswissenschaften, in Ethnologie und Soziologie bezüglich der Eigenart von ritueller Kommunikation vorherrscht.[7] Dort geht man einmal von einer magisch-geheimnisvollen We-

---

[5] Zur Bedeutung gerade der Emotionen als Zeichen im Rahmen ritueller Kommunikation s. Gerd ALTHOFF, Empörung, Tränen, Zerknirschung. Emotionen in der öffentlichen Kommunikation des Mittelalters, in: FMSt 30 (1996), S. 60-79, auch in: DERS., Spielregeln der Politik im Mittelalter. Politik in Frieden und Fehde, Darmstadt 1997, S. 258-281.

[6] Dennoch teile ich nicht die Auffassung, dass Rituale grundsätzlich mehrdeutig angelegt seien, wie sie durch die Autorität Victor W. Turners (vgl. DERS., The forest of symbols. Aspects of Ndembu ritual, Ithaca, NY 1970, S. 50 ff.; sowie DERS. (Hg.), Celebration. Studies in festivity and ritual, Washington 1982, Introduction S. 18 ff.) in die Mediävistik Eingang gefunden hat.

[7] Vgl. dazu allgemein Gunter GEBAUER / Christoph WULF, Spiel – Ritual – Geste. Mimetisches Handeln in der sozialen Welt, Reinbek 1998, bes. S. 128 ff.; zur religionswissenschaftlichen Einschätzung Jan ASSMANN, Das kulturelle Gedächtnis. Schrift, Erinnerung und politische Identität in früheren Hochkulturen, München 1992, bes. S. 87 ff.; zur facettenreichen ethnologischen Ritualforschung s. den neueren Überblick von Ivo STRECKER, Auf dem Weg zu einer rhetorischen Ritualtheorie, in: Alfred

sensart der Rituale aus, die ihre Wirkung begründe; zum anderen betont man die Rigidität der Verhaltensvorgaben und Durchführungszwänge, die keinen Raum für Gestaltung ließen. Für Rituale in der öffentlichen Kommunikation des Mittelalters verfehlen solche Einschätzungen Wesentliches, das sich gerade nicht im Geheimnisvollen und Irreflexiven, sondern im reflektierten Ge- oder auch Missbrauch ritueller Verhaltensmuster manifestiert – was zu zeigen sein wird.

Ich nehme meine folgenden Beispiele aus der öffentlichen Interaktion von Mächtigen, bei denen politisch einigermaßen brisante Entscheidungen durch abgesprochene rituelle Handlungen, also durch Aufführungen oder Inszenierungen, veröffentlicht und so verbindlich gemacht wurden. Dabei baue ich auf Ergebnissen und Erfahrungen auf, die die moderne Mediävistik in zunehmender Dichte erarbeitet hat – meine eigenen Arbeiten eingeschlossen.[8] Das letzte – und wie ich finde – eindrucksvolle Beispiel ist die 1999 erschienene Dissertation von Achim Hack über das Empfangszeremoniell bei mittelalterlichen Papst-Kaiser-Treffen, ein Thema, das gleich im Mittelpunkt stehen wird.[9] Der auf diesem Felde inzwischen erreichte Stand sei mit einigen einführenden Bemerkungen skizziert, ehe ich die entwickelten Untersuchungsverfahren an einem neuen und einigermaßen komplizierten Fallbeispiel anwende.

Öffentliche Begegnungen von ranghohen Personen waren im Mittelalter regelmäßig von einiger Delikatesse, weil bei diesen Begegnungen Qualität und Zustand ihrer Beziehung zeichenhaft zum Ausdruck kamen und kommen mussten. Buchstäblich jeder Schritt und jede Geste bekam symbolische Bedeutung und konnte deshalb auch Gegenstand vorheriger Verhandlungen werden. Nicht selten musste sogar verhandelt werden, weil solche „Aufführungen" ohne „Drehbücher" und „Regisseure" gar nicht gelingen konnten, die „Rollen" der Akteure zu komplex waren, um sie unabgestimmt spielen zu können.[10]

SCHÄFER / Michael WIMMER (Hgg.), Rituale und Ritualisierungen, Opladen 1998, S. 61–93, aber auch schon DERS., The social practise of symbolization. An anthropological analysis, London u.a. 1988, bes. S. 43 ff.; zur soziologischen Ritualforschung vgl. Hans-Georg SOEFFNER, Die Ordnung der Rituale, Frankfurt am Main 1992.

[8] Vgl. den Überblick über einschlägige neuere Forschungen auf diesem Feld bei GOETZ (wie Anm. 2), S. 212 ff. und 360 ff.

[9] Achim Thomas HACK, Das Empfangszeremoniell bei mittelalterlichen Papst-Kaiser-Treffen (Beihefte zu Johann Friedrich Böhmer, Regesta Imperii 18), Köln/ Weimar/ Wien 1999.

[10] Die Anleihe bei der Begrifflichkeit der Theatersprache hat hier lediglich die Funktion, einsichtiger zu machen, wie man sich den Vorgang der Planung von Ritualen vorzustellen hat, indem eine bekannte Begrifflichkeit metaphorisch verwendet wird.

Wir hören von solchen Absprachen vor allem dann, wenn es Streit über die Vereinbarungen gab und man sich beschuldigte, sie gebrochen zu haben. Erst seit dem 13. Jahrhundert mehren sich die schriftlich fixierten vertraglichen Abmachungen, die auch die Gestaltung der Rituale festlegten, wie Claudia Garnier gezeigt hat.[11] Insgesamt ist inzwischen so viel über die Vorbereitung der Durchführung von Ritualen bekannt, dass man von einer elaborierten Inszenierungstechnik sprechen darf, die zumindest den Führungsschichten zur Verfügung stand. Ich will nur eine der ausführlichsten Stellen in Erinnerung rufen, die Auskunft darüber gibt, was alles Gegenstand vorheriger Verhandlungen werden konnte. Sie bietet zudem den selten möglichen Nachweis, dass auch Zuschauer in die vorbereitenden Planungen einbezogen waren. Als man im 12. Jahrhundert über die Unterwerfung eines Kärntner Herzogs vor dem Salzburger Erzbischof verhandelte, machte der Herzog zunächst das Angebot, er werde die *deditio* nur durchführen, wenn die Vasallen des Erzbischofs zu dem Akt waffenlos erschienen. Dies wurde von der Gegenseite als unzumutbar abgelehnt. Danach modifizierte der Herzog seine Bedingung und verlangte, während der Durchführung solle das Banner des Erzbischofs gesenkt werden. Auch dies hielt die Gegenseite für nicht akzeptabel. Erst auf den dritten Vorschlag des Herzogs ging man ein: Alle Vasallen der Gegenseite sollten während des Vorgangs auf jedes Triumphgeschrei verzichten.[12] Hierdurch erfahren wir, wie man sich den Vorgang normalerweise zu denken hat, wichtiger ist aber, dass hier von der Planung und Absprache jeden Details die Rede ist.

Dies lässt auch ermessen, wie die vielen unterschiedlichen Durchführungen zu Stande kamen, die von diesem wie von anderen Ritualen überliefert sind. Man hat gefordert, das Unterwerfungs-Ritual mit Schuhen an den Füßen durchführen zu dürfen, was abgelehnt wurde.[13] Manchmal musste der Fußfall mehrfach wiederholt werden.[14] Es ist sogar bezeugt, dass die Zuschauer darauf achteten, wie lange jemand auf dem Boden liegen bleiben

---

[11] Vgl. Claudia GARNIER, Zeichen und Schrift. Symbolische Handlungen und literale Fixierung am Beispiel von Friedensschlüssen des 13. Jahrhunderts, in: FMSt 32 (1998), S. 263-287.

[12] Vgl. die Geschichte in der Vita Chunradi archiepiscopi Salisburgensis, hg. von Wilhelm WATTENBACH (MGH SS 11), Hannover 1854, S. 62-77, cap. 15, S. 72. Vgl. dazu bereits ALTHOFF, Zur Bedeutung (wie Anm. 4), S. 384 f.

[13] Vgl. das Angebot der Mailänder an Friedrich Barbarossa 1158, von dem Vincenz von Prag in seinen Annalen berichtet; Vincentii Pragensis Annales, hg. von Wilhelm WATTENBACH (MGH SS 17), Hannover 1861, S. 658-683, S. 675.

[14] So etwa von dem Pfalzgrafen Hugo von Tübingen in der Tübinger Fehde oder von den Mailändern bei ihrer Unterwerfung im Jahre 1162; vgl. die Belege bei ALTHOFF, Spielregeln (wie Anm. 5), S. 70 f., S. 104.

musste, weil auch dies aussagekräftig war.[15] Manchmal wurden die sich Unterwerfenden nach dem Fußfall in Ketten abgeführt, manchmal ersparte man ihnen den Fußfall jedoch auch und begnügte sich mit anderen Gesten des Einlenkens.[16] All dies war in der Regel Ergebnis von Absprachen, durch die es im Einzelfall möglich wurde, der Öffentlichkeit subtile Aussagen über den vorherigen Konflikt und das Verhältnis der Parteien zukommen zu lassen. Dies geschah in theatralischen und expressiven Ausdrucksformen, die jedoch nicht irritieren dürfen, da durch die theatralische Übersteigerung des Gezeigten die Ernsthaftigkeit des Tuns unterstrichen wurde.[17] Die Theatralik und Expressivität erhöhten so den Grad der Verbindlichkeit, der dem Tun innewohnte. Diese Erkenntnisse möchte ich bei der gleich folgenden Argumentation nutzen, deshalb waren sie noch einmal in Erinnerung zu rufen. Noch eine zweite Einsicht sei vorweg angesprochen, da sie gleichfalls für das Folgende von Bedeutung sein wird.

Es markiert nur die Wichtigkeit der zur Durchführung solcher Rituale notwendigen Verhandlungen, dass über sie nicht selten in anekdotischer Zuspitzung berichtet wird.[18] Diese ist besonders ausgeprägt in einer Geschichte, die von einer Lehnsnahme erzählt, der man Züge eines Unterwerfungsaktes geben wollte. Die Anekdote bietet Dudo, der Geschichtsschreiber der Normannen, als er von diesbezüglichen Verhandlungen des Normannenführers Rollo mit dem westfränkischen König Karl dem Einfältigen berichtet.[19] Zum geforderten Handgang, dem rituellen Kernakt einer Lehnsnahme, bei der der Lehnsmann in kniender Haltung seine Hände in die Hände des

---

[15] S. dazu Chronicon Montis Sereni, hg. von Ernst EHRENFEUCHTER (MGH SS 23), Hannover 1874, S. 130-226, bes. S. 156. S. dazu auch: Chronik vom Petersberg nebst der Genealogie der Wettiner, übersetzt von Wolfgang KIRSCH, Halle 1996, S. 53 f.; s. dazu Knut GÖRICH, Die Ehre Friedrich Barbarossas. Kommunikation, Konflikt und politisches Handeln im 12. Jahrhundert, Darmstadt 2001, S. 92 f.
[16] Diese Variante wurde anscheinend gewählt, als sich Heinrich der Zänker 986 mit Otto III. in Frankfurt versöhnte; vgl. ALTHOFF, Spielregeln (wie Anm. 5), S. 109 f.
[17] Mit expressiven Ausdrucksformen unterstrich man neben der Ernsthaftigkeit auch die Freiwilligkeit der symbolischen Handlungen. Selbst im Falle der Unterwerfung hören wir häufiger davon, dass es sich um eine *spontanea deditio* gehandelt habe. Eine in feierlich-dramatischer Form und freiwillig durchgeführte symbolische Handlung band naturgemäß denjenigen, der sie ausgeführt hatte, auf das stärkste.
[18] Allgemein zur Bedeutung der Anekdote in mittelalterlicher Historiographie vgl. Hans Henning KORTÜM, Zur Typologie der Herrscheranekdote in der mittelalterlichen Geschichtsschreibung, in: Mitteilungen des Instituts für österreichische Geschichtsforschung 105 (1997), S. 1-29.
[19] Vgl. Dudonis Sancti Quintini De moribus et actis primorum Normanniae ducum, hg. von Jules LAIR (Mémoires de la Société des Antiquaires de Normandie 3), Caen 1865, II, 28/29, S. 168 f.

Lehnsherrn schob, erklärte sich Rollo in den Verhandlungen nur zögernd bereit, weil dies „weder sein Vater noch sein Großvater, noch irgendeiner seiner Vorfahren je gegenüber irgend jemandem getan habe". Er wusste also ganz genau, welche Aussage er mit dieser Geste machte. Der Frankenkönig milderte die vom Normannen als Unterwerfungsakt und damit als ehrmindernd aufgefasste Geste dadurch, dass er Rollo seine Tochter Gisela als Gattin versprach und ihm überdies das Land nicht als Lehen, sondern als Eigentum übertragen wollte. Dies akzeptierte der Normanne als adäquate Gegenleistung. Danach aber konfrontierte man Rollo mit der Forderung, er müsse zudem den Fuß des Königs küssen. Dies war zuviel, und er lehnte es kategorisch ab, was die Verhandlungen dennoch nicht zum Scheitern brachte. Die Franken erlaubten daraufhin nämlich, dass sich Rollo bei diesem Akt von einem seiner Krieger vertreten ließ. Dieser Krieger führte die Aufgabe – immer nach der Anekdote – dann allerdings so aus, dass er sich nicht zum Fuß des Königs beugte, sondern diesen Fuß zu seinem Mund hochriss, um ihn küssen zu können, ohne den Nacken zu beugen. Dabei sei der König von seinem Thron gefallen und großes Gelächter im Volk entstanden. Unabhängig von der Faktizität der Geschichte zeugt sie von dem Wissen, wie intensiv über die Gestaltung von Ritualen vorweg verhandelt und gerungen wurde.[20]

Zumeist aber werden wir über die Tatsache und die Einzelheiten solcher Verhandlungen nicht informiert. Die öffentliche Aufführung wird vielmehr dargestellt, als handele es sich um ein Geschehen und Tun, das in keiner Weise vorbereitet wurde. Ich möchte Ihnen die Interpretationsprobleme, die dieser Sachverhalt mit sich bringt, nun an einer Kette von Beispielen erläutern, die zeitlich und inhaltlich zusammengehören. Letzteres ist zunächst eine Behauptung! Mit dieser Beispielreihe soll deutlich werden, dass zumindest in wichtigen und strittigen Situationen die Durchführung der Rituale von einem Diskurs über ihren Sinn und ihre Aussagen begleitet wurde, in dem man mit beträchtlicher Energie um eine verbindliche Deutung der Akte rang. Dieser Diskurs prägte sowohl die vorbereitenden Verhandlungen als auch die nachbereitende Interpretation des Sinns der Aufführung, bei der durchaus unterschiedliche Akzente gesetzt werden konnten. Die für einen solchen Nachweis nötige dichte Beschreibung einer dichten Anzahl von Fällen bieten die rituellen Interaktionen zwischen Kaisern und Päpsten im 12. Jahrhundert. Der Zeitraum, den ich vorstellen will, wird durch die spektakulären Ereignisse

---

[20] Die anekdotische Verformung der Lehnsnahme veränderte zwar entscheidende Details, indem sie aus dem von den Normannen als ehrmindernd empfundenen Akt einen großen Sieg normannischer List und Unbeugsamkeit machte, doch setzte sie beim Publikum das Wissen um die zähen Verhandlungen auch der einzelnen symbolischen Akte voraus, ohne das sie jede Wirkung verlöre.

von Canossa 1077 und Venedig 1177 markiert. Akte symbolischer Kommunikation zwischen Kaiser und Papst waren nicht nur, aber vor allem in dieser Zeit von höchster Delikatesse, weil mit ihnen Aussagen über das Verhältnis des höchsten weltlichen und höchsten geistlichen Amtsträgers gemacht wurden – und über dieses Verhältnis gab es durchaus unterschiedliche Auffassungen. Folgerichtig musste man sich jeden Schritt und jede Geste gegenüber dem anderen genau überlegen.

Nehmen wir als Ausgangspunkt der Überlegungen die Vorgänge in Canossa und ihre Wirkung.[21] Dass die rituellen Handlungen Heinrichs IV. in Canossa – seien sie nun als Bußleistungen oder als Akte einer *deditio* zu verstehen, wie zur Zeit intensiv diskutiert wird[22] – vor allem jenes dreitägige barfüßige Stehen im Innenhof der Burg, in der Umgebung der Salier traumatisch in Erinnerung geblieben waren, zeigen spätestens die Verhandlungen 1119 in Mouzon, als es darum ging, in welchen Formen der nächste Kaiser, Heinrich V., von Papst Calixt II. vom Bann gelöst werden sollte.[23] Die Unterhändler Heinrichs bestanden darauf, dass die Lösung nicht öffentlich ge-

---

[21] Vgl. dazu Harald ZIMMERMANN, Der Canossagang von 1077. Wirkung und Wirklichkeit, Mainz 1975; zuletzt HACK (wie Anm. 9), S. 493 f.

[22] Vgl. Timothy REUTER, Unruhestiftung, Fehde, Rebellion, Widerstand. Gewalt und Frieden in der Salierzeit, in: Stefan WEINFURTER (Hg.), Die Salier und das Reich, 3 Bde., Bd. 3, Sigmaringen 1991, S. 297-325, S. 323, der darauf hingewiesen hat, dass das Geschehen in Canossa nicht als Kirchenbuße, sondern als *deditio* aufzufassen sei. Dieser Einschätzung habe ich mich in: Gerd ALTHOFF, Demonstration und Inszenierung. Spielregeln der Kommunikation in mittelalterlicher Öffentlichkeit, in: FMSt 27 (1993), S. 27-50, S. 37 f.; wieder in: DERS., Spielregeln (wie Anm. 5), S. 240 ff., deshalb angeschlossen, weil vor allem Lampert von Hersfeld deutlich in den Vordergrund stellt, dass die Vorgänge von Canossa durch die Tätigkeit von Vermittlern, unter ihnen mehrere Frauen, in die Wege geleitet wurden, was bei Unterwerfungen, nicht jedoch bei der Kirchenbuße üblich war. Dagegen sind von HACK (wie Anm. 9), S. 493 ff. und Werner GOEZ, Canossa als deditio?, in: Matthias THUMSER u.a. (Hgg.), Studien zur Geschichte des Mittelalters. Festschrift für Jürgen Petersohn, Stuttgart 2000, S. 92-99, bedenkenswerte Einwände vorgebracht worden. In der Tat ist die strikte Alternative Kirchenbuße oder *deditio* der Sache wohl nicht angemessen, da in das Ritual der *deditio* eine Reihe von Elementen aufgenommen wurde, die zuvor bei der Kirchenbuße praktiziert worden waren.

[23] Vgl. dazu bereits Gerold MEYER VON KNONAU, Jahrbücher des Deutschen Reiches unter Heinrich IV. und Heinrich V., Bd. 7, Berlin 1909, S. 119 ff., S. 130 f.; Monika MINNINGER, Von Clermont zum Wormser Konkordat. Die Auseinandersetzungen um den Lehnsnexus zwischen König und Episkopat, Köln/Wien 1978, S. 176 ff.; zuletzt Beate SCHILLING, Guido von Vienne – Papst Calixt II. (MGH Schriften 45), Hannover 1998, S. 418 ff.

schehen und Heinrich bei dem Akt die Schuhe anbehalten müsse.[24] Damit sollte gewiss jede Erinnerung an Canossa vermieden werden. Ob die Verhandlungen an dieser Forderung scheiterten, ist ungewiss, sie scheiterten jedenfalls. Heinrich V. wurde erst 1122 beim Abschluss des Wormser Konkordats durch einen Legaten des Papstes wieder in die Kirche aufgenommen: dies interessanterweise ohne jeden Buß- oder Unterwerfungsakt.[25] Canossa war nicht stilbildend geworden.

In einer anderen Hinsicht blieben die Vorgänge von Canossa jedoch nicht ohne Konsequenzen, denn im Jahre 1111, bei der ersten Begegnung Heinrichs V. mit Papst Paschalis II. – noch vor seiner Bannung – hören wir erstmals von einem neuen Akt im Begrüßungszeremoniell: Heinrich warf sich vor dem Papst zu Boden und küsste ihm den Fuß, bevor er zum *osculum pacis* erhoben wurde.[26]

---

[24] Vgl. dazu die detaillierte, wenn auch deutlich tendenziöse Beschreibung der Verhandlungen in der Hessonis Scolastici Relatio de concilio Remensi, hg. von Wilhelm WATTENBACH (MGH Libelli de lite imperatorum et pontificum 3), Hannover 1897, S. 22-28, S. 26. Zur Tendenz der Darstellung Hessos s. MINNINGER (wie Anm. 23), S. 178 f.

[25] Vgl. MEYER VON KNONAU (wie Anm. 23), S. 214. Unterrichtet werden wir über den Vorgang von Ekkehard von Aura, Die Chronik Ekkehards von Aura, in: Frutolfs und Ekkehards Chroniken und die Anonyme Kaiserchronik, hg. und übers. von Franz-Josef SCHMALE / Irene SCHMALE-OTT (Ausgewählte Quellen zur deutschen Geschichte des Mittelalters. Freiherr vom Stein-Gedächtnisausgabe 15), Darmstadt 1972, S. 267-377, S. 360 ff. Die in den folgenden Ausführungen benutzte Wendung *humiliatus pro Christo coram multitudine maxima* bezieht sich auf die Tatsache, dass Heinrich auf die von den Vorgängern und ihm selbst lange ausgeübte Investitur verzichtete.

[26] Vgl. dazu jetzt HACK (wie Anm. 9), S. 361 ff., der ausführlich die komplizierte Überlieferungssituation diskutiert, da das Kronzeugnis „ein anonymer Einzugsbericht in den sog. Annales Romani (ist), der in seiner knappen und sachlich-nüchternen Art beinahe an den Stil liturgischer Ordines erinnert". Das Zeugnis wurde an verschiedenen Stellen und unter verschiedenen Bezeichnungen ediert; vgl. Le Liber Pontificalis, Bd. 2, hg. von Louis DUCHESNE, Paris 1892, S. 329-351; ferner als Annales Romani, hg. von Georg Heinrich PERTZ (MGH SS 5), Hannover 1894, S. 468-480, bes. S. 474; sowie als Relatio registri Paschalis II, hg. von Ludwig WEILAND (MGH Constitutiones et Acta publica imperatorum et regum 1), Hannover 1893, Nr. 99, S. 147-150. Es handelt sich in jedem Fall um ein Produkt aus der Umgebung des Papstes, dessen Brisanz man bisher nicht gesehen hat. Der Fußkuss, den Heinrich V. Papst Paschalis II. leistete, ist nämlich eine Neuerung, die man doch wohl als gravierend einschätzen darf. Dies wird bis in die neueste Literatur übersehen, vgl. zuletzt Johannes LAUDAGE, Rom und das Papsttum im 12. Jahrhundert, in: Klaus HERBERS (Hg.), Europa an der Wende vom 11. zum 12. Jahrhundert. Beiträge zu Ehren von Werner Goez, Stuttgart 2001, S. 23-53, S. 35, mit weiteren Hinweisen. Den Fußkuss erwähnt die ‚Relatio' beiläufig (S. 147): *Cum vero ad superiora graduum ascendisset, illic domnus papa cum episcopis pluribus, cum cardinalibus presbiteris et diaconibus, cum subdiaconibus et ceteris*

Mit diesem Fußkuss, der im „Dictatus papae" Gregors VII. bereits als Vorrecht des Papstes gegenüber Fürsten reklamiert worden war,[27] hatte man in die Kaiser-Papst-Begegnung einen Akt platziert, der die höhere Dignität des geistlichen Amtes wohl unmissverständlich zum Ausdruck brachte, auch wenn Interpreten abschwächend wieder beteuerten, der Fußkuss gelte nicht dem Papst als Person, sondern geschehe in *reverentia Salvatoris* bzw. *beati Petri*.[28] Man kann diese Neuerung gewiss nur als umwälzend bezeichnen und dürfte nicht fehl in der Annahme gehen, dass die demonstrative Anerkennung der päpstlichen Binde- und Lösegewalt, wie sie Heinrich IV. in Canossa vorgenommen hatte, die Voraussetzung für die Etablierung dieses Aktes war. Leider hören wir keine Andeutung darüber, mit welchen Argumenten die päpstlichen Unterhändler den Kaiser dazu veranlassten, diesen im Westen ansonsten ungebräuchlichen Akt äußerster Devotion und Verehrung zu vollziehen.[29] Sie waren aber so erfolgreich, dass auch nachfolgende Kaiser ihn

---

scole cantorum ministris affuit. Ad cuius vestigia cum rex corruisset, post pedum oscula ad oris oscula elevatus est. Ter se invicem complexi, ter se invicem osculati sunt. Dies ist auch angesichts eines einzelnen Belegs aus der Mitte des 9. Jahrhunderts aufrechtzuerhalten, der den Fußkuss bereits als *mos antiquus* bezeichnet; vgl. Klaus HERBERS, Leo IV. und das Papsttum in der Mitte des 9. Jahrhunderts. Möglichkeiten und Grenzen päpstlicher Herrschaft in der späten Karolingerzeit, Stuttgart 1996, S. 113, S. 261.

[27] Vgl. Das Register Gregors VII., hg. von Erich CASPAR (MGH Epistolae Selectae 2, 1), Berlin, 2. Aufl. 1955, S. 202-208, S. 204: *VIIII. Quos solius papę pedes omnes principes deosculentur*. Vgl. dazu Karl-August WIRTH, Imperator pedes papae deosculatur, in: Hans Martin FREIHERR VON ERFFA / Elisabeth HERGET (Hgg.), Festschrift für Harald Keller, Darmstadt 1963, S. 175-221; vgl. auch Klaus SCHREINER, Eintrag: „Fußkuß", in: Lexikon des Mittelalters 4, München/Zürich 1987, Sp. 1063-1066; DERS., „Er küsse mich mit dem Kuß seines Mundes" (Osculetur me osculo oris sui, Cant. 1,1). Metaphorik, kommunikative und herrschaftliche Funktion einer symbolischen Handlung, in: Hedda RAGOTZKY / Horst WENZEL (Hgg.), Höfische Repräsentation. Das Zeremoniell und die Zeichen, Tübingen 1990, S. 89–132, bes. S. 119 ff.

[28] Vgl. etwa die Formulierung im Constitutum Constantini, hg. von Horst FUHRMANN (MGH Fontes iuris Germanici antiqui in us. schol. 10), Hannover 1968, S. 92 oder in den Krönungsordines, s. Die Ordines für die Weihe und Krönung des Kaisers und der Kaiserin, hg. von Reinhard ELZE (MGH Fontes iuris Germanici antiqui in us. schol. 9), Hannover 1960, S. 167. Diese Interpretation des Fußkusses begegnet auch in historiographischen Quellen häufiger und nimmt dem Akt zweifelsohne etwas von seiner Brisanz, da eine Demütigung vor Christus oder auch vor den Apostelfürsten selbstverständlich war.

[29] Während 1119 in Mouzon (vgl. Anm. 24) Heinrichs Unterhändler peinlich darauf bedacht waren, eine ehrmindernde Handlung des Kaisers bei der Rekonziliation zu vermeiden, und deshalb darauf bestanden, dass er nicht barfüßig auftreten werde, scheinen 1111 Fußfall und Fußkuss keine Bedenken erregt zu haben. Gerade ange-

auf sich nahmen. Canossa, so kann man folgern, warf lange Schatten auf das Zeremoniell der Kaiser-Papst-Begegnung, weil sich die Vorstellungen vom Rang der beiden Gewalten verändert hatten, und dies so deutlich, dass Fußfall und Fußkuss als adäquate Ausdrucksmittel dieser Veränderung beidseitig akzeptiert wurden.[30]

1125 bestieg dann mit Lothar von Supplinburg ein langjähriger Gegner der Salier den Thron, was im päpstlichen Interesse lag und deshalb von päpstlichen Legaten gefördert worden war.[31] Nun konnte man mit einem „treuen Sohn der Kirche" die Zusammenarbeit zwischen Papst und Kaiser gestalten, dessen Vater im Kampf gegen Heinrich IV. gefallen war und der Anlass zu der Hoffnung bot, er werde die Belange der Kirche fördern.[32] Es ist

---

sichts der Tatsache, dass die Könige und Kaiser den Fußkuss für sich nicht forderten, dürfte es um so schwerer wiegen, wenn sie selbst ihn leisteten; vgl. die wenigen, teilweise anekdotischen, teilweise literarischen Belege für Fuß- oder Knieküsse bei SCHREINER, Metaphorik (wie Anm. 27), S. 118 f. Zu unterscheiden vom Fußkuss ist die Proskynese, die Karolinger mehrfach bei der Begrüßung von Päpsten im Frankenreich praktizierten, s. dazu HACK (wie Anm. 9), S. 424 ff.

[30] Es sei nicht verhohlen, dass vor allem die Bereitschaft Heinrichs V. zu dieser Handlung überrascht, der sich 1111 zweifelsohne in der politisch stärkeren Position befand. Vgl. dazu MINNINGER (wie Anm. 23), S. 159 ff.; Stefan WEINFURTER, Reformidee und Königtum im spätsalischen Reich, in: DERS. (Hg.), Reformidee und Reformpolitik im spätsalisch-frühstaufischen Reich, Mainz 1992, S. 1-45, bes. S. 34 ff. Doch erlaubt die Überlieferung keinen Einblick in etwaige Hinter- und Beweggründe für die Entscheidung, den Fußkuss zu leisten. Zur Stellung Papst Paschalis' II. in dieser Zeit s. Carlo SERVATIUS, Paschalis II. (1044-1118). Studien zu seiner Person und Politik, Stuttgart 1979, S. 214 ff., zur Szene des Fußkusses S. 235 f.

[31] Allgemein zur Wahl Lothars Hagen KELLER, Schwäbische Herzöge als Thronbewerber: Hermann II. (1002), Rudolf von Rheinfelden (1077), Friedrich von Staufen (1125). Zur Entwicklung von Reichsidee und Fürstenverantwortung, Wahlverständnis und Wahlverfahren im 11. und 12. Jahrhundert, in: Zeitschrift für die Geschichte des Oberrheins 131 (1983), S. 123-162, bes. S. 151 ff.; Ulrich SCHMIDT, Königswahl und Thronfolge im 12. Jahrhundert, Köln/Wien 1987, S. 34 ff.

[32] Die „kirchenfreundliche" Grundeinstellung Lothars ist in der Forschung immer wieder diskutiert worden; vgl. Franz-Josef SCHMALE, Lothar III. und Friedrich I. als Könige und Kaiser, in: Probleme des 12. Jahrhunderts, hg. vom Konstanzer Arbeitskreis für mittelalterliche Geschichte (Vorträge und Forschungen 12), Sigmaringen 1968, S. 33-52, S. 33 ff.; Lothar SPEER, Kaiser Lothar III. und Erzbischof Adalbert von Mainz. Eine Untersuchung zur Geschichte des deutschen Reiches im frühen 12. Jahrhundert, Köln/Wien 1983, S. 5 ff.; Wolfgang PETKE, Kanzlei, Kapelle und königliche Kurie unter Lothar III. (1125-1137), Köln/Wien 1985, S. 426 ff. Man hat darauf hingewiesen, dass diese Einschätzung überzogen sei und Lothar durchaus die Rechte des Königtums und des Reiches verteidigt habe. Das ist gewiss richtig, ändert jedoch nichts an der Tatsache, dass man von Seiten der Papstkirche diesbezüglich Hoffnungen auf Lothar setzte; vgl. etwa die Bewertung Lothars in der Vita des Salzburger Erzbischofs

interessant, welche Konsequenz diese neue Lage auf die Ausgestaltung der Rituale hatte. Unglücklicherweise entstand jedoch in dieser Zeit in Rom ein Schisma, das nicht in Zusammenhang mit der Wahl Lothars stand. In der Krise reiste einer der beiden Päpste, Innocenz II., dessen Anhänger sich in Rom und Italien in der Minderheit befanden, zunächst nach Frankreich, wo sich eine Synode dafür entschieden hatte, ihn als rechtmäßigen Papst anzuerkennen.[33] Der französische König aber brachte seine Anerkennung dadurch zum Ausdruck, dass er bei einem Zusammentreffen in Fleury dem Papst in der Öffentlichkeit zu Füßen fiel. Sein Biograph Suger von St. Denis führt zu der Szene erklärend aus, so habe er dem Papst seine Unterstützung und seinen Dienst versprochen, „seinen Nacken gleichsam zum Grabe Petri beugend".[34] Der Fußfall stand für ihn also als Symbol für Anerkennung und Dienstbereitschaft, seine Konnotation als extreme Unterordnung aber wurde für die Seite des Königs durch die Interpretation akzeptabler gemacht, dass er dem Grabe Petri und nicht der Person des Papstes gegolten habe. Jedenfalls hielt man die Theatralik eines Fußfalls für ein geeignetes Ausdrucksmittel, die Anerkennung des Papstes zu symbolisieren. Auch hier verlieren die Quellen kein Wort darüber, dass und wie man sich zuvor auf diese Inszenierung verständigt hatte.

Von Fleury zog Innocenz dann weiter nach Chartres, wo ihm der englische König Heinrich in gleicher Weise mit einem Fußfall seine Unterstützung versprach.[35] Überdies brachte man hier die Anerkennung zeichenhaft auch dadurch zum Ausdruck, dass Heinrich den Papst und seine Begleitung mit reichen Geschenken ehrte und man drei Tage in einem Hause fröhlich beisammenblieb. Im Unterschied zum königlichen Fußfall waren das tradi-

---

Konrad (wie Anm. 12), cap. 12 oder beim Annalista Saxo, hg. von Georg WAITZ (MGH SS 6), Hannover 1844, S. 542-777, a. 1125. Auch die Narratio de electione Lotharii in regem Romanorum, hg. von Wilhelm WATTENBACH (MGH SS 12), Hannover 1856, S. 509-512, drückt in cap. 6 die kirchlichen Hoffnungen sehr eindringlich aus.

[33] Zu den Einzelheiten vgl. Wilhelm BERNHARDI, Lothar von Supplinburg (Jahrbücher der deutschen Geschichte), Berlin 1879, S. 351 f.; Franz-Josef SCHMALE, Studien zum Schisma des Jahres 1130, Köln 1961, bes. S. 220 ff.; Timothy REUTER, Zur Anerkennung Papst Innocenz' II., in: Deutsches Archiv für Erforschung des Mittelalters 39 (1983), S. 395-416; zuletzt Peter DINZELBACHER, Bernhard von Clairvaux. Leben und Werk des berühmten Zisterziensers, Darmstadt 1998, S. 132 ff.

[34] Vgl. Suger von St. Denis, Vita Ludovici grossi regis, hg. von Henri WAQUET, Paris ²1964, S. 260.

[35] Vgl. ebenda: Der Einfluss Bernhards von Clairvaux, der in dieser Zeit den Papst ständig begleitete, auf die Entscheidung der Könige scheint groß gewesen zu sein; vgl. DINZELBACHER (wie Anm. 33), S. 138.

tionelle rituelle Ausdrucksmittel, mit denen man eine friedlich-freundschaftliche Beziehung inszenierte.[36]

Noch wichtiger war für den Papst in der skizzierten Situation aber die Unterstützung des römisch-deutschen Königs und zukünftigen Kaisers Lothar von Supplinburg. Zu diesem Zwecke reiste Innocenz von Frankreich weiter ins Reichsgebiet und traf sich mit Lothar in Lüttich. Hier benutzte man nicht den Fußfall, geschweige denn den Fußkuss, sondern ein anderes Zeichen, um Lothars Entscheidung für Innocenz offenkundig zu machen. Wieder werden wir mit keiner Silbe darüber informiert, wie es zu dieser Lösung kam.

Beim feierlichen Einritt des Papstes in Lüttich erwartete ihn der König jedenfalls mit einem großen Gefolge von Bischöfen und Fürsten vor der Kathedrale, eilte ihm bei der Ankunft ein Stück weit entgegen, ergriff die Zügel des weißen Pferdes mit einer Hand und führte es die letzte Wegstrecke bis zur Unterkunft des Papstes. Zum Verständnis der Szene sagt der Gewährsmann Suger von St. Denis: *tanquam dominum deducebat*. In der anderen Hand hielt der König einen Stab, um dem Papst einen Weg bahnen und gegebenenfalls die Menge zur Seite drängen und abwehren zu können. Auch beim Absteigen half der König dem Papst, indem er den Steigbügel hielt. So habe er den Wissenden wie den Unwissenden die Höhe des päpstlichen Ranges klargemacht, fügt Suger noch einmal kommentierend an.[37] Die Zuschauer wussten nämlich sofort, was Lothar dort tat und was es bedeutete.

Der König hatte nichts anderes als den Strator- und Marschall-Dienst geleistet, zu dem ein Lehnsmann gegenüber seinem Lehnsherrn durch die Gewohnheiten verpflichtet war.[38] Auf diese Weise hatte er sowohl den päpstli-

---

[36] Vgl. dazu Gerd ALTHOFF, Der frieden-, bündnis- und gemeinschaftsstiftende Charakter des Mahles im früheren Mittelalter, in: Irmgard BITSCH u.a. (Hgg.), Essen und Trinken in Mittelalter und Neuzeit, Sigmaringen 1987, S. 13-25.
[37] Vgl. dazu Suger von St. Denis, Vita Ludovici (wie Anm. 34), der die ausführlichste Darstellung der Geschehnisse bietet, S. 260 f.; s. dazu Regesta Imperii IV,1: Die Regesten des Kaiserreiches unter Lothar III. und Konrad III., 1. Teil: Lothar III. 1125 (1075)–1137, neubearb. von Wolfgang PETKE, Köln/Weimar/Wien 1994, Nr. 266, S. 163 ff.
[38] Vgl. zu diesem Dienst die ältere Kontroverse zwischen Robert HOLTZMANN, Der Kaiser als Marschall des Papstes. Eine Untersuchung zur Geschichte der Beziehungen zwischen Kaiser und Papst im Mittelalter, Berlin/Leipzig 1928, und Eduard EICHMANN, Das Offizium Stratoris et Strepae, in: Historische Zeitschrift 142 (1930), S. 16-40; mit der Erwiderung HOLTZMANNs ebenda 145 (1932), S. 301-350. Vgl. auch die ausführliche Würdigung des Problems bei HACK (wie Anm. 9), S. 504-516. Es ist interessant, dass Suger (wie Anm. 34), S. 264 von dem Strator-Dienst der Vasallen der Kirche von St. Denis berichtet, den diese kurze Zeit später Papst Innocenz II. in Paris leisteten. Es werden fast die gleichen Formulierungen benutzt wie bei der Beschreibung von Lothars Tätigkeit (vgl. Anm. 37). Den wenigen Belegen für eine lehnsrechtliche Bedeutung des Steigbügelhaltens, die in dieser Diskussion eine große Rolle

chen Rang wie auch seine Bereitschaft, diesem Papst in allen Angelegenheiten zu helfen, gleich zu Beginn des Treffens verbindlich zum Ausdruck gebracht. Aber er hatte ein rituelles Ausdrucksmittel benutzt, das seine Vorgänger nicht praktiziert hatten. Dass das Ritual von päpstlicher Seite als adäquater Ausdruck des Verhältnisses von König und Papst gesehen und eingeführt wurde, beweist folgende Beobachtung: Als 1095 der junge Sohn und Mitkönig Heinrichs IV., Konrad, mit dem Vater brach und sich der päpstlichen Seite – in diesem Falle Urban II. – anschloss, inszenierte man die erste Begegnung zwischen jungem Herrscher und Papst in Cremona genau mit diesem Strator-Dienst.[39] Aus päpstlicher Sicht stellte der Strator-Dienst das wechselseitige Verhältnis wohl adäquat dar.[40] Aus kaiserlicher Sicht aber war es ein problematisches Ritual, denn es beantwortete die umkämpfte Frage nach dem Verhältnis von höchster geistlicher und höchster weltlicher Gewalt sehr eindeutig: Konrad wie Lothar hatten sich dienstbereit gezeigt, wie es ein Lehnsmann zu tun pflegte. Mit der Übernahme eines Dienstes, wie ihn auch ein Lehnsmann leistete, wollte zumindest Lothar wohl nicht zum Ausdruck bringen, dass er ein Lehnsmann des Papstes sei. Es war aber nicht einfach, sich gegen eine solche Interpretation und Ausdeutung des Gezeigten zu schützen, wie der Diskurs zeigt, der sich über das richtige Verständnis dieses Dienstes entwickelte.

---

spielen, ist hinzuzufügen eine Geschichte bei Richer von St.-Remi, Historiae, hg. von Hartmut HOFFMANN (MGH SS 38), Hannover 2000, IV, 11, S. 238 f., in der es für Hugo Capet als unzumutbar erklärt wird, einer Königin zu dienen, *cuius pares et etiam maiores sibi genua flectunt, pedibusque manus supponunt*; letzteres spielt offensichtlich auf die Hilfe beim Besteigen des Pferdes an; s. dazu FICHTENAU (wie Anm. 29), S. 40. Allgemein zu den Diensten der Lehnsleute vgl. François L. GANSHOF, Was ist das Lehnswesen?, Darmstadt 1967, der Strator- und Marschall-Dienst jedoch nicht thematisiert.

[39] Vgl. zu dem Vorgang den kurialen Bericht Urbani II. et Conradi regis conventus, hg. von Ludwig WEILAND (MGH Constitutiones et Acta publica imperatorum et regum 1), Hannover 1893, S. 564. Vgl. dazu HOLTZMANN, Der Kaiser (wie Anm. 38), S. 8; Alfons BECKER, Papst Urban II. (1088–1099) (MGH Schriften 19, 1), Stuttgart 1964, S. 133 f.; Elke GOEZ, Der Thronfolger als Rivale: König Konrad, Kaiser Heinrichs IV. ältester Sohn, in: Historisches Jahrbuch 116 (1996), S. 1-49, bes. S. 32; zuletzt HACK (wie Anm. 9), S. 510 f.

[40] Da zwischen den karolingerzeitlichen Belegen für den Strator-Dienst und dem Fall von 1095 mehr als zwei Jahrhunderte liegen, wurde in Cremona wohl kaum eine Tradition fortgeführt, sondern ein bewusster Neuanfang gesetzt, selbst wenn man auf päpstlicher Seite Kenntnisse der karolingischen Praxis besessen und sie als Vorbild argumentativ eingesetzt haben sollte, worüber wir nichts wissen. Vgl. unten Anm. 57 und 60.

Historiker tun sich mit der zitierten Szene in Lüttich übrigens bis heute sehr schwer. Noch 1998 urteilte Peter Dinzelbacher, nur eine seit langem bestehende Einschätzung wiederholend: „... (es) empfing der König den Papst vor dem Lütticher Bischofsdom und erwies ihm sogleich mehr Reverenz, als dieser hatte erwarten können".[41] Dinzelbacher geht damit wie viele vor ihm davon aus, bei einem solchen Empfang habe man alles dem Zufall überlassen; der Papst sei deshalb überrascht und natürlich erfreut gewesen, dass der König zu solch demonstrativen Gesten bereit war. Erwartet oder gewusst habe er dies aber nicht. Solche Einschätzungen verkennen die Tatsache, dass derartige öffentliche Auftritte vorbereitet und dann inszeniert wurden. Alles spricht dafür, dass dies im vorliegenden Fall nicht anders war.

Dass Strator- und Marschall-Dienst aber keine akzeptable Lösung für die Darstellung des Verhältnisses von Kaiser und Papst boten, und dies wahrscheinlich deshalb, weil die Tätigkeit zu deutlich auf ein Lehnsverhältnis wies, zeigte sich schnell. So schon einige Jahre später in Rom, als zwischen Kaiser und Papst die seit langem ungeklärte Frage der mathildischen Güter, des Erbes der Markgräfin Mathilde von Tuszien, anstand.[42] Ansprüche auf den Besitz dieser Güter erhoben sowohl der Papst wie auch der Kaiser. Nach Verhandlungen wurde folgender Kompromiss gefunden und in rituellen Akten öffentlich zum Ausdruck gebracht: Lothar erkannte das Eigentumsrecht der römischen Kirche an, erhielt aber die Nutzungsrechte gegen eine jährliche Zinszahlung. Er bekam die Güter also wie ein Lehen. Logisch wäre bei dieser Konstruktion eigentlich eine Belehnung durch den Papst gewesen, gewöhnlich durchzuführen mit Handgang und Lehnseid. Dazu war Lothar aber offensichtlich nicht bereit. An ihre Stelle setzte man daher eine kompliziertere Konstruktion, ausgedrückt wieder in rituellen Akten: Der Papst investierte Lothar öffentlich *per anulum* in den Besitz.[43] Dieser Vorgang steht in der rituellen Kommunikation zwischen Kaiser und Papst zwar nicht gänzlich isoliert dar, bietet jedoch erhebliche Probleme der Interpretation – die Anleihe bei der königlichen Investitur der Bischöfe durch Ring und Stab, wie

---

[41] Vgl. DINZELBACHER (wie Anm. 33), S. 142. So aber auch schon BERNHARDI (wie Anm. 33), S. 357: „Einer solchen Demut hatte sich Innocenz schwerlich versehen."

[42] Vgl. dazu zuletzt Thomas GROSS, Lothar III. und die Mathildischen Güter, Frankfurt am Main 1990, bes. S. 107 ff.; sowie in kritischer Auseinandersetzung mit dessen Ergebnissen PETKE, Die Regesten des Kaiserreiches unter Lothar III. (wie Anm. 37), Nr. 353, S. 219 ff.

[43] Zum Vorgang vgl. schon BERNHARDI (wie Anm. 33), S. 481 ff. und die Literatur in Anm. 42. Quellenbasis ist ein Privileg Innocenz' II., in dem der ganze Vorgang ausführlich dargestellt wird; vgl. Innocentii II. privilegium de terra Mathildis, hg. von Ludwig WEILAND (MGH Constitutiones et Acta publica imperatorum et regum 1), Hannover 1893, S. 169 f.

sie das Wormser Konkordat ja gerade abgeschafft hatte, könnte bewusst gemacht worden sein.⁴⁴ Warum man diese rituelle Form wählte, vermag ich nicht zu sagen. Ich weiß nicht einmal, was diese Investitur mit dem Ring genau symbolisieren sollte. Natürlich ist der Ring ein Treuesymbol, doch scheint es mir nicht sicher, ob sich in diesem Fall seine Bedeutung hierin erschöpfte. Die Übergabe des Ringes stand jedenfalls an Stelle des Handgangs. Dass sich beide Seiten nämlich sehr bewusst waren, hier den Vorgang einer Lehnsnahme rituell auszugestalten, beweist wohl die Tatsache, dass nach der Übergabe des Ringes ein Handgang und ein Lehnseid geleistet wurden. Nur leistete ihn nicht Lothar, sondern sein Schwiegersohn Heinrich der Stolze, an den der Besitz weitergegeben wurde.⁴⁵ So versuchte man bei der Szene offensichtlich, die Darstellung eines Lehnsverhältnisses zwischen Kaiser und Papst zu vermeiden, wodurch nicht zuletzt deutlich wird, dass Lothar in Lüttich eine ziemlich problematische rituelle Äußerung getan hatte. Wer einen Dienst wie ein Lehnsmann ausführte oder Güter wie ein Lehnsmann annahm, durfte sich kaum wundern, wenn er wie ein solcher einge-

---

⁴⁴ Belege der symbolischen Bedeutung des Ringes für den Kaiser bietet Eduard EICHMANN, Die Kaiserkrönung im Abendland, 2 Bde., Bd. 2, Würzburg 1942, S. 94-99, dessen Einschätzung (S. 98), „der kaiserliche Ring hat mit dem Wormser Konkordat seine Rolle ausgespielt", so wohl nicht haltbar ist, wie die hier diskutierte Szene zeigt. Die Übergabe eines Ringes begegnet im übrigen auch bei der Kaiserkrönung Heinrichs VI., s. dazu Peter CSENDES, Heinrich VI., Darmstadt 1993, S. 96. Vgl. ferner die Bestimmungen zur Übergabe des Ringes an den Kaiser im sog. ‚Ordo Cencius II' bei ELZE (wie Anm. 28), S. 43. Allgemein zur symbolischen Bedeutung des Ringes vgl. Verena LABHART, Zur Rechtssymbolik des Bischofsrings, Köln/Graz 1963; Odilo ENGELS, Der Pontifikatsantritt und seine Zeichen, in: Segni e riti nella chiesa altomedievale occidentale (Settimane di studio del Centro Italiano di Studi sull'Alto Medioevo 33), 2 Bde., Bd. 2, Spoleto 1987, S. 707-766, bes. S. 754 ff.; Hagen KELLER, Die Investitur. Ein Beitrag zum Problem der „Staatssymbolik" im Hochmittelalter, in: FMSt 27 (1993), S. 51-86, bes. S. 61 ff.
⁴⁵ Vgl. dazu die Ausführungen in der päpstlichen Urkunde (wie Anm. 43), S. 170. Diese Belehnung des Schwiegersohnes hat verschiedentlich zu der Annahme geführt, der Text sei später um diese Angaben ergänzt worden (vgl. zuletzt GROSS (wie Anm. 42), S. 113 ff.), die jedoch mit PETKE, Die Regesten der Kaiserreiches unter Lothar III. (wie Anm. 37) zurückzuweisen ist; vgl. ebenda Nr. 353, S. 220. Zu den dort als Motive Lothars für diese Lösung diskutierten Gründen – er habe erbrechtliche Ansprüche der Staufer so unterlaufen wollen – wird man das Argument bedenken müssen, dass Lothar so lehnsrechtlich zu deutende Handlungen gegenüber Innocenz vermied. Dies scheint auch Wolfgang Petke anzudeuten, wenn er formuliert: „Wenn auch nicht vollständig der Form nach, so wurde er (sc. Lothar) doch faktisch für das Gut Lehnsmann des Papstes." Genau dies versuchte man zu verschleiern. Allgemein zur Rolle Heinrichs des Stolzen in dieser Zeit s. jetzt Bernd SCHNEIDMÜLLER, Die Welfen. Herrschaft und Erinnerung, Stuttgart 2000, S. 162 ff.

schätzt wurde. Deshalb wohl praktizierte man in Rom andere rituelle Akte als zuvor in Lüttich. Dass man sich aber in beiden Fällen zuvor über sie verständigen musste, dürfte auf der Hand liegen.

Wie wichtig jedenfalls Papst Innocenz solche Fragen nahm, kann man daran ersehen, dass er im Lateran ein Wandbild anbringen ließ, das die Vorgänge der Kaiserkrönung Lothars darbot, die bei diesem Rombesuch ebenfalls stattfand.[46] Der Papst selbst wurde auf dem Thron sitzend dargestellt, vor ihm gebeugt und mit gefalteten Händen Lothar, der die Kaiserkrone erhielt. Eine Umschrift beschrieb die Szene so: „Vor dem Tore beschwört der König die Rechte der Römer, wird dann des Papstes Vasall, von ihm empfängt er die Krone."[47] Es ist durchaus fraglich, ob Lothar sich wirklich zur Durchführung der hierzu nötigen rituellen Akte bereit gefunden hat, denn wir besitzen keinerlei sonstige Hinweise auf einen derartigen Vorgang.[48] In jedem Fall zeigt aber das Gemälde, welche Vorstellungen der Papst von der Durchführung der Szene hatte. Friedrich Barbarossa soll das Bild später gesehen und als so anstößig empfunden haben, dass er von Papst Hadrian seine Entfernung verlangte. Erfolgreich dürfte er mit diesem Wunsch jedoch nicht gewesen sein, denn es existiert noch eine Nachzeichnung des 16. Jahrhunderts.[49] Mit all diesen Nachrichten fassen wir jedoch die Intensität des Diskurses, mit der die Neugestaltung der rituellen Begegnungen zwischen Papst und Kaiser begleitete. Die päpstliche Seite drängte dabei ganz deutlich in die Richtung, Verehrung, Unterordnung und Dienstbereitschaft des Kaisers ritu-

---

[46] Vgl. dazu Gerhart LADNER, Die Papstbildnisse des Altertums und des Mittelalters, Bd. 2, Città del Vaticano 1970, S. 17 ff. mit Tafel III; Percy E. SCHRAMM, Die deutschen Könige und Kaiser in Bildern ihrer Zeit. 751–1190, Neuauflage hg. von Florentine MÜTHERICH, München 1983, S. 253 mit Tafel 198a, dort die Diskussion der Quellenhinweise und der Forschung. In der Forschung ist man unentschieden, was das Bild nun genau zeigt, man erwägt unter anderem eine Kommendation, aber auch einen Friedenskuss.

[47] Den Text bietet Rahewin; vgl. Ottonis episcopi Frisingensis et Rahewini Gesta Frederici seu rectius cronica. Bischof Otto von Freising und Rahewin, Die Taten Friedrichs oder richtiger Cronica, hg. von Franz-Josef SCHMALE (Ausgewählte Quellen zur deutschen Geschichte des Mittelalters. Freiherr vom Stein-Gedächtnisausgabe 17), Darmstadt 1965, III,12, S. 416. Es scheint nicht unwichtig, darauf hinzuweisen, dass Rahewin diese Umschrift im Kontext der Ereignisse von Besançon 1157 erwähnt, als ein von Rainald von Dassel übersetzter Brief Hadrians IV. große Aufregung verursachte, weil Rainald den Begriff *beneficia* mit „Lehen" übersetzt hatte. Vgl. ebenda S. 414 f.

[48] Vgl. PETKE, Die Regesten des Kaiserreiches unter Lothar III. (wie Anm. 37), Nr. 345, S. 214 ff., mit den Hinweisen auf alle Quellen, die über das Ereignis berichten.

[49] Vgl. die Angaben in Anm. 46. Zu Barbarossas Missfallen an diesem Bild vgl. Rahewin (wie Anm. 47), S. 416.

ell zum Ausdruck zu bringen. Hierfür boten übliche Interaktionen zwischen Lehnsherrn und Lehnsmann offensichtlich das adäquate Modell.

Einige Jahre nach der Kaiserkrönung machte die rituelle Ausgestaltung einer Szene, an der Lothar und Innocenz beteiligt waren, erneut Schwierigkeiten, und wiederum fand man in Verhandlungen eine ungewöhnliche Lösung, die in unserem Zusammenhang von Interesse ist: Es ging um die Belehnung des Herzogs von Apulien, auf deren Durchführung Papst wie Kaiser Anspruch erhoben, ohne im Feldlager in Süditalien jedoch in der Lage zu sein, die Berechtigung der Ansprüche mittels schriftlicher Beweise zu erhärten.[50] Daraufhin einigte man sich auf eine Abwandlung des Belehnungsrituals, das der ungeklärten Situation Rechnung trug: Papst und Kaiser nahmen nämlich die Belehnung gemeinsam vor, indem der Papst die Belehnungsfahne an der Spitze fasste und Lothar die Fahnenstange in der Hand hielt.[51] Auch diese Schilderung ist ein Beleg dafür, wie flexibel sich die rituellen Verhaltensmuster verändern, die Inszenierungen sich auf konkrete Anforderungen hin zuschneiden ließen.

Dass Lothar andererseits die Erfahrungen, die er in den Verhandlungen mit dem Papst über die Ausgestaltung ihrer Begegnungen machte, nutzbringend auf verwandten Feldern anzuwenden verstand, zeigen zwei Beispiele aus dem unmittelbaren zeitlichen Umfeld von Lüttich und Rom. 1134 und 1135 erreichte er es, dass der dänische König und der polnische Herzog nach Konflikten die Anerkennung ihrer Lehnsabhängigkeit vom Supplinburger dadurch zum Ausdruck brachten, dass sie ihm beim Kirchgang in Halberstadt bzw. Merseburg öffentlich als Schwertträger dienten.[52] Für den polnischen Herzog war dieser rituelle Akt offensichtlich eine so bittere Pille, dass Lothar sie versüßte. Er setzte nämlich bei den Magdeburgern durch, dass diese dem Polen anschließend einen Empfang bereiteten wie einem König. Empört

---

[50] Vgl. PETKE, Die Regesten des Kaiserreiches unter Lothar III. (wie Anm. 37), Nr. 615, S. 386 f., mit den zahlreichen Quellen, die von diesem Ereignis berichten. Zu den Papst-Kaiser-Begegnungen während des Süditalienzuges vgl. auch Wilfried TRESELER, Lothar III. und die Privilegien des Klosters Monte Cassino. Symbolische Kommunikation während des Konfliktes zwischen Kaiser und Papst im Jahr 1137, in: FMSt 35 (2001), S. 313-328.

[51] Die ausführlichste und präziseste Darstellung bietet Romuald von Salerno, Chronicon, hg. von Carlo Alberto GARUFI (Rerum Italicarum Scriptores. Nuova edizione 7,1), Città di Castello 1935, S. 223 f. Zum historischen Hintergrund dieses Streits s. Josef DEÉR, Papsttum und Normannen. Untersuchungen zu ihren lehnsrechtlichen und kirchenpolitischen Beziehungen, Köln 1972, S. 28, 37 f. und 43 f.

[52] Vgl. PETKE, Die Regesten des Kaiserreiches unter Lothar III. (wie Anm. 37), Nr. 392, S. 247 f., und Nr. 453, S. 287 ff., jeweils mit vielen Hinweisen auf den politischen Kontext der Szenen.

berichten die Magdeburger Annalen, dass man dies seit dem Empfang Herzog Hermann Billungs – also seit mehr als 160 Jahren – nicht mehr praktiziert habe, und dieser Herzog sei doch eine viel respektablere Person gewesen als dieser „Slawe und Fremde".[53]

Die Probleme um die rituelle Ausgestaltung der Begegnungen von Kaiser und Papst endeten mit dem Tode Lothars keineswegs, Friedrich Barbarossa wurde vielmehr gleich bei seinem ersten Italienzug 1154/55 von den rituellen Vorgaben, die sein Vorgänger Lothar ihm hinterlassen hatte, eingeholt. Zwei päpstliche Autoren überliefern die Einzelheiten der ersten Begegnung von Friedrich und Papst Hadrian, die trotz gut bezeugter intensiver Vorbereitung zu einem Eklat führte.[54] Nachdem Kleriker und Laien aus dem Heere Friedrichs den Papst feierlich zum Zelt Barbarossas geleitet hatten, weigerte sich Friedrich, dem Papst den Strator-Dienst zu leisten und ihm beim Absteigen den Steigbügel zu halten. Der Papst zahlte mit gleicher Münze heim: Nachdem Friedrich dem sitzenden Papst den Fußkuss geleistet hatte, weigerte sich Hadrian, ihm den Friedenskuss zu geben.[55] Einen Tag lang verhandelten Vertreter beider Seiten, die über die Handlungsweise der jeweils anderen bestürzt und empört waren, über eine Lösung des Problems. Den Durchbruch brachte der Hinweis älterer Fürsten auf das Beispiel Lothars in Lüttich, das als Präzedenzfall fungierte.[56] Auch mittels schriftlicher Zeugnisse hatten Vertreter des Papstes Barbarossa zu überzeugen versucht, dass er diesen Dienst zu leisten habe. Sie wiesen vielleicht auf das Beispiel Konstantins hin, der diesen Dienst Papst Silvester geleistet habe.[57] Es ist möglich, dass man mit diesem Hinweis bereits in Lüttich erfolgreich gewesen war.

Nach dieser Einigung wiederholte man interessanterweise das Ritual an einem anderen Ort, indem Friedrich den Papst noch einmal empfing und nun

---

[53] Ebenda Nr. 454, S. 290; s. insbes. Annales Magdeburgenses, hg. von Georg Heinrich PERTZ (MGH SS 16), Hannover 1859, a. 1135, S. 185.

[54] Es handelt sich um die Vita Hadriani des Kardinals Boso, hg. von Louis DUCHESNE, Le Liber Pontificalis (wie Anm. 26), S. 388-397, bes. S. 391 f., und um die Gesta pauperis scolaris Albini des Kardinals Albinus, die in den Liber censuum Romanae ecclesiae übernommen wurden, vgl. Paul FABRE / Louis DUCHESNE (Hgg.), Le Liber censuum 1, Paris 1910, S. 414 f., Nr. 142, hierzu bereits der Exkurs über die Begegnung bei Sutri 1155 bei HOLTZMANN, Der Kaiser (wie Anm. 38), S. 44 ff.

[55] Vgl. den Bericht in Bosos Vita Hadriani (wie Anm. 54), S. 391.

[56] Vgl. ebenda S. 391 f.

[57] Vgl. die diesbezüglichen Hinweise in der „Konstantinischen Schenkung", s. FUHRMANN (wie Anm. 28), S. 92: ... *et tenentes frenum equi ipsius pro reverentia beati Petri stratoris officium illi exhibuimus.* Diese Stelle benutzte auch Gerhoh von Reichersberg, vgl. unten Anm. 60, vgl. dazu HACK (wie Anm. 9), S. 521, der auf eine der kanonistischen Sammlungen verweist, die an der Kurie in Gebrauch waren und auf den Strator-Dienst hingewiesen haben dürften.

cum iocunditate seinen Dienst verrichtete und anschließend auch den Friedenskuss erhielt. So überliefern es zumindest die päpstlichen Quellen.[58] Es ist hochinteressant, dass der Biograph Friedrichs – Otto von Freising – nichts von diesen Vorgängen weiß oder besser nichts wissen will.[59] Wie intensiv nämlich in diesen Jahrzehnten die mit dem Strator-Dienst aufgeworfenen Probleme auch in der Umgebung Barbarossas diskutiert wurden, beweisen einmal die Werke Gerhohs von Reichersberg, in denen das Problem mehrfach thematisiert und auf folgende Weise gelöst wird: Nicht der Dienst als solcher sei abzulehnen, argumentiert Gerhoh. Schließlich habe ihn Kaiser Konstantin Papst Silvester geleistet. Silvester aber habe die Demutsgeste demütig entgegengenommen „und den ihn Ehrenden nicht entehrt". Dies aber täten die heutigen Päpste, die den Dienst als Pflicht des Kaisers forderten.[60] Hier wird ziemlich subtil einem neuen Verständnis dieses Dienstes das Wort geredet: Die Geste ist eine Ehrung, die demütig ausgeführt und demütig entgegengenommen werden muss. Man darf sie nicht fordern, sie muss freiwillig verrichtet werden – und dann sagt sie auch nichts aus hinsichtlich der Frage von Über- und Unterordnung der Personen, die sich so ehren, lautet die implizit aufgedrängte Schlussfolgerung.

Helmold von Bosau, ein anderer zeitgenössischer Gewährsmann, hat aus unbekannten Kanälen eine Version der Geschichte vom Strator-Dienst erfahren, die der Argumentation Gerhohs durchaus geistesverwandt ist, obgleich sie deutlich anekdotische Züge aufweist.[61] Nach Helmold soll Barbarossa diesen Dienst bei der Ankunft des Papstes ohne Widerspruch geleistet haben, und der Bischof von Bamberg hätte in seiner Begrüßungsrede an den Papst diese Tatsache sogar dahingehend ausgewertet, dass Friedrich damit die zur

---

[58] Vgl. Bosos Vita Hadriani (wie Anm. 54), S. 392. Ähnlich Albinus (wie Anm. 54), S. 415; s. auch HACK (wie Anm. 9), S. 520.

[59] Weder im Brief Friedrichs am Beginn des Werkes noch in Ottos Schilderung findet der Vorgang Erwähnung.

[60] Vgl. Gerhohi praepositi Reichersbergensis libelli selecti, hg. von Ernst SACKUR (MGH Libelli de lite imperatorum et pontificum 3), Hannover 1897, S. 131-525, bes. S. 393. S. auch S. 511 f., wo die Haltung Silvesters ebenfalls mit der der Päpste des 12. Jahrhunderts verglichen wird. Hier ist der Bezug auf die oben Anm. 46 diskutierte Lateran-Darstellung unmittelbar evident; vgl. dazu bereits HACK (wie Anm. 9), S. 527 ff.

[61] Vgl. Helmoldi presbyteri Bozoviensis Chronica Slavorum, hg. von Bernhard SCHMEIDLER (MGH SSrG), Hannover 1937, I,81, S. 152 ff. Helmolds Gewährsmann für die Geschichte dürfte der Oldenburger Bischof Gerold, Helmolds Lehrer, gewesen sein, der von Herzog Heinrich dem Löwen nach Italien beordert worden war und die Geschehnisse miterlebt haben dürfte. Dieser Gewährsmann erklärt allerdings nicht, wie es zu der den päpstlichen Quellen diametral entgegengesetzten Version kommen konnte. HACK (wie Anm. 9), S. 526 rechnet mit einer „Vorlage", also mit einem schriftlichen Zeugnis, das Helmold „stark weiterverarbeitet" habe.

Kaiserwürde nötige *humilitas* bewiesen habe.[62] Dann aber sei es zum Eklat gekommen, denn der Papst hatte eine ganz andere Einschätzung der Szene parat und konterte: „Was du da sagst, Bruder, sind (leere) Worte ... der heilige Petrus ist wohl eher mißachtet worden, denn obschon der König den rechten Bügel halten mußte, hat er den linken ergriffen."[63]

Die Reaktion Barbarossas auf diesen Vorwurf war zunächst einigermaßen arrogant, obgleich der Berichterstatter ihm Bescheidenheit attestiert: „Erklärt ihm, das sei nicht Mißachtung gewesen, sondern Unkenntnis. Mit dem Halten von Steigbügeln habe ich mich nämlich noch kaum befaßt, vielmehr ist er meines Wissens der erste, dem ich einen solchen Dienst geleistet habe."[64] Das aber ließ der Papst nicht gelten und replizierte, wer schon bei einfachen Dingen unwissend sei, dürfte mit schwierigeren kaum fertig werden. Dies aber brachte Barbarossa seinerseits auf, und er offenbarte nun sein Verständnis vom Sinn des Strator-Dienstes, was die Geschichte für unsere Zusammenhänge besonders interessant macht: „'Ich möchte doch näher erfahren, ob sich diese Sitte auf Wohlwollen (*benevolentia*) oder auf Verpflichtung (*debitum*) zurückführt. Ist es Wohlwollen, so hat der Papst nichts zu bemängeln, wenn ein Dienst, der auf freiem Willen und nicht auf rechtlicher Bindung beruht, etwas abgewandelt worden ist. Wenn ihr aber sagt, diese Ehrerbietung gebühre dem Apostelfürsten pflichtgemäß aus der ersten Einsetzung, was unterscheidet dann den rechten Steigbügel vom linken, sofern Demut gewahrt wird?' Lange und heftig wurde noch gestritten; schließlich schieden sie ohne Friedenskuss", fügt Helmold an diese Passage noch an.[65]

Die Nähe dieser Argumentation zu den Ausführungen Gerhohs ist überdeutlich. Beide Gewährsleute geben Zeugnis von der Intensität des Diskurses, durch den eine für den Kaiser akzeptable Interpretation des Vorgangs geleistet wurde.

Friedrich Barbarossa hat mit den ihm unterlegten Ausführungen erkennbar gemacht, wie genau das 12. Jahrhundert den Sinn ritueller Handlungen zu sezieren verstand. Die Verteidigung basierte ja auf zwei unterschiedlichen Argumentationsstrategien: 1. Man muss zum Verständnis wissen, ob ein bestimmter Akt aus Verpflichtung oder als freiwillige Geste geschehen ist. Es war mit der Möglichkeit zu rechnen, dass jemand aus freiem Ermessen einen

---

[62] Vgl. aus der Rede des Bamberger Bischofs Eberhard in Helmolds Slawenchronik (wie Anm. 61), S. 152 f. Mit der Formulierung *sanctissimis vestigiis tuis fecit ea quae iusta sunt* ist zweifelsohne auf das Steigbügel-Halten hingewiesen, wie die päpstliche Antwort sichert.
[63] Vgl. ebenda.
[64] Vgl. ebenda.
[65] Vgl. ebenda.

symbolischen Akt benutzte, für diesen Fall galten andere Urteilskriterien als dann, wenn jemand durch die Gewohnheit zur Leistung verpflichtet war.

Friedrichs zweite Verteidigungsstrategie setzt dagegen anders an: Für den Fall, der römische König sei wirklich zum Strator-Dienst verpflichtet, will er wissen, welchen Unterschied dann das Halten des linken und des rechten Steigbügels bedeute. Man muss schon genau über die päpstliche Art des Aufsitzens informiert sein, um den Sinn, vielleicht sogar die Komik dieser Frage zu verstehen.[66] In jedem Fall zeigt das kontroverse Sezieren dieses rituellen Aktes, welch konkreten Sinn man den einzelnen Handlungen unterlegte und auch wie unduldsam man auf Abweichungen reagierte, deren Sinn man nicht sofort verstand.

Gut 20 Jahre nach den schlechten Erfahrungen von Sutri und nach verschiedenen Versuchen, seine Päpste gegen Alexander III. durchzusetzen, musste Friedrich in Venedig mit dem bekämpften Papst Frieden schließen und öffentlich dessen Anerkennung vornehmen.[67] Hierfür nahm man sich mehrere Wochen Zeit, und die öffentlichen wie die nicht-öffentlichen Rituale lassen an Eindeutigkeit ihrer Aussagen nichts zu wünschen übrig. Hochrangige Vermittler beider Seiten hatten dieses Treffen in langen Verhandlungen vorbereitet, und man kann sicher sein, dass auch oder gerade die rituellen Handlungen Gegenstand dieser Verhandlungen gewesen waren, obgleich wir konkret darüber wieder nicht informiert werden.[68]

---

[66] Je nachdem wie der Papst ein Pferd zu besteigen bzw. abzusteigen pflegte, konnte das Halten des falschen Steigbügels schon eine prekäre Situation herbeiführen. Allgemein vgl. Jörg TRAEGER, Der reitende Papst. Ein Beitrag zur Ikonographie des Papsttums, München/Zürich 1970, bes. S. 62.

[67] Aus der überaus reichhaltigen Literatur s. nur Klaus SCHREINER, Vom geschichtlichen Ereignis zum historischen Exempel. Eine denkwürdige Begegnung zwischen Kaiser Friedrich Barbarossa und Papst Alexander III. in Venedig 1177 und ihre Folgen in Geschichtsschreibung, Literatur und Kunst, in: Peter WAPNEWSKI (Hg.), Mittelalter-Rezeption. Ein Symposion, Stuttgart 1986, S. 145-176; Ferdinand OPLL, Friedrich Barbarossa, Darmstadt 1990, S. 120 ff.; Gerd ALTHOFF, Friedrich Barbarossa als Schauspieler?, in: Trude EHLERT (Hg.), Chevaliers errants, demoiselles et l'Autre: höfische und nachhöfische Literatur im europäischen Mittelalter. Festschrift für Xenja von Ertzdorff zum 65. Geburtstag, Göppingen 1998, S. 3-20; Knut GÖRICH (wie Anm. 15), S. 167-171.

[68] Vgl. dazu jetzt Hermann KAMP, Friedensstifter und Vermittler im Mittelalter, Darmstadt 2001. Man hat in der bisherigen Forschung die Unabhängigkeit, mit der solche Vermittler nach Lösungen suchten, wenig bedacht und ist davon ausgegangen, dass Friedrich Barbarossa sozusagen Herr des Verfahrens war, s. dazu jedoch ALTHOFF, Friedrich Barbarossa (wie Anm. 67), S. 6 f. mit den Hinweisen in den Quellen, dass Friedrich sich an die Entscheidungen der von beiden Seiten bestallten Vermittler halten werde; vgl. auch GÖRICH (wie Anm. 15), S. 163-167.

Es begegnen alle rituellen Akte der Interaktion zwischen Kaiser und Papst, die wir bisher behandelt haben, wieder – teilweise mehrfach. Es begegnen zudem weitere, die die beabsichtigten Botschaften verstärken. Mehrfach küsste Friedrich Alexander die Füße, ehe er jeweils zum Friedenskuss erhoben wurde; zudem leistete er den Strator-Dienst.[69] Ausdrücklich wird gesagt, dass Friedrich mit dem Strator-Dienst die Demut, die sein Herz ergriffen hatte, zeigen wollte. Wie Lothar in Lüttich benutzte auch Friedrich eine *virga*, trieb damit die Laien aus dem Chor und bereitete dem Papst einen ungehinderten Einzug in die Kirche.[70] Während der Predigt des Papstes trat der Kaiser überdies dicht vor die Kanzel und machte so deutlich, wie aufmerksam er auf die Worte des Papstes hören wollte – jetzt und in der Zukunft. Der Papst ließ daraufhin seine wohl lateinische Predigt in Friedrichs Muttersprache übersetzen.[71] Die Szene ist ein ebenso schönes Zeichen des beiderseitigen Willens zur Zusammenarbeit wie Friedrichs Besuch in den Gemächern des Papstes am nächsten Tag, als man in vertrauter Runde zusammensaß und maßvoll scherzte, so die gewonnene Eintracht und *familiaritas* unter Beweis stellend und festigend.[72] Dass nicht Canossa, sondern die späteren Rituale der Kaiser-Papst-Begegnungen in Venedig stilbildend waren, zeigt aber auch die Tatsache, dass die Lösung Friedrichs vom Bann, die

---

[69] Der Fußkuss ist in Venedig bei der ersten Begegnung Friedrichs mit Alexander III. vor dem Markus-Dom gut bezeugt; ein weiterer bei der sich anschließenden Messfeier, als Friedrich sich bei der Opferung dem zelebrierenden Papst mit Gaben nahte; ein dritter bei der Abschiedsszene. Den Strator-Dienst leistete Friedrich nach der erwähnten Messfeier, als der Papst zu Pferde in seine Herberge zurückkehrte. Die Kronzeugen für diese Geschehnisse, Romuald und Boso, unterscheiden sich hier sehr charakteristisch, weil Boso ausführt, der Papst habe Barbarossa den Strator-Dienst erlassen, indem er das Angebot gnädig ausschlug: Er nahm den Willen für die Tat. Vgl. dazu Bosos Vita Alexandri III, in: Le Liber Pontificalis (wie Anm. 26), S. 397-446, hier S. 440. S. die Belege zu den einzelnen rituellen Akten bei ALTHOFF, Friedrich Barbarossa (wie Anm. 67), S. 8 ff.; GÖRICH (wie Anm. 15), S. 167-171. Es sei nur knapp darauf hingewiesen, dass das Erlassen eines angebotenen rituellen Dienstes gleichfalls eine rituelle Geste darstellt, deren Sinn dahingehend beschrieben werden kann: Wenn du deinen Pflichten nachzukommen bereit bist, bin ich ein Partner, der großzügig auf ihre Erfüllung verzichten kann.
[70] Vgl. Romuald von Salerno (wie Anm. 51), S. 285.
[71] Vgl. ebenda, S. 285. Auch diese Interaktion zwischen Kaiser und Papst folgt dem gleichen Muster wie die in Anm. 69 behandelte: Vorleistungen Barbarossas, die *devotio* zum Ausdruck brachten, lösten päpstliche Gegenleistungen aus, die den guten Willen Alexanders dokumentierten.
[72] Vgl. Bosos Vita Alexandri (wie Anm. 69), S. 440.

am Beginn des Treffens stand, von einer Delegation alexandrinischer Kardinäle nicht-öffentlich vorgenommen wurde.[73]

Wir fassen heute gewiss nur noch Splitter von dem ein Jahrhundert währenden Diskurs über die Frage, mit welchen rituellen Akten das Verhältnis zwischen Kaiser und Papst nach ihrem fundamentalen Streit zum Ausdruck zu bringen sei und wie man einzelne Akte zu verstehen habe. Dennoch sind es genügend Splitter, um begründet davon auszugehen, dass dieser Diskurs breitere Kreise erreichte und dass auch im Verständnis einzelner Akte Klärungen erzielt wurden, wobei kontroverse Auffassungen mehrfach aufeinander trafen. Eine solche artikuliert auch die Chronik des Klosters Petersberg bei Halle, die den Landgrafen von Thüringen während des Fußfalls Friedrichs Barbarossa vor Alexander III. in Venedig protestierend eingreifen lässt. Der Papst lasse den Kaiser zu lange auf dem Boden liegen, habe der Landgraf während des Vorgangs laut geäußert, das sei mit Barbarossas Ehre unvereinbar. Alexander sei in der Szene auf diesen Protest aufmerksam geworden und habe sich übersetzen lassen, was der Deutsche gesagt habe. So habe der Landgraf erreicht, dass Alexander Barbarossa schneller zum Friedenskuss erhoben habe, als er ursprünglich beabsichtigte.[74] Auch diese Stimme gibt Zeugnis vom Echo des Diskurses und beweist zugleich, wie subtil man bei der Bewertung der Gesten zu Werke ging. Selbst die Dauer des Auf-dem-Boden-Liegens bot Ansätze zur Interpretation.

Ein anderes Echo des Diskurses ist bekannter. Schon auf dem Hoftag von Besançon 1157 kam es zum Eklat, als Rainald von Dassel ein päpstliches Schreiben übersetzte und hierbei das Wort *beneficium* mit „Lehen" wiedergab.[75] Die sofortige erregte Reaktion der Seite Barbarossas und die nicht minder überzogene Frage des päpstlichen Legaten „Von wem hat denn der Kaiser sein Kaisertum, wenn nicht vom Papst?" werden erst eigentlich verständlich, wenn man sie vor dem Hintergrund des vorherigen Ringens um die richtigen rituellen Ausdrucksformen dieses Verhältnisses sieht, die ja gerade den Eindruck eines Lehnsverhältnisses zu vermeiden versucht hatten.[76] Mit dem Begriff *beneficium* rührte man an Probleme der letzten Jahrzehnte, die trotz aller Bemühungen nicht einvernehmlich hatten gelöst werden können.

---

[73] Vgl. ebenda, S. 439 und Romuald von Salerno (wie Anm. 51), S. 284.
[74] EHRENFEUCHTER (wie Anm. 15), S. 130-226, bes. S. 156. S. dazu auch: KIRSCH (wie Anm. 15), S. 53 f.; s. dazu GÖRICH (wie Anm. 15), S. 92 f., dessen Arbeit ich die Kenntnis dieser wichtigen Stelle verdanke.
[75] Vgl. Gesta Frederici (wie Anm. 47), III,11, S. 410 ff.
[76] Vgl. ebenda, III,12, S. 416. S. dazu Ulrich SCHMIDT, A quo ergo habet si a domno papa non habet imperium? Zu den Anfängen der staufischen Kaiserwahlen, in: Sönke LORENZ / Ulrich SCHMIDT (Hgg.), Von Schwaben bis Jerusalem. Facetten staufischer Geschichte, Sigmaringen 1995, S. 61-88.

Scheinbar und vielleicht auch wirklich völlig unabhängig von diesem Diskurs begegnet zudem aber im „Nibelungenlied" – und zwar in den Versionen B und C – die in der älteren Germanistik vieldiskutierte Geschichte vom Strator-Dienst, den Siegfried Gunther bei der Ankunft der Burgunder am Hofe Brunhilds leistet.[77] Er führt diesen Dienst durch, um sich den Zuschauenden so als Vasall, als Mann Gunthers unmissverständlich zu präsentieren, obgleich er dies gar nicht war.[78] Irgendwie gelingt dies aber nicht, denn Brunhild begrüßt dennoch ihn als ersten, so dass Siegfried verbal nachlegen und zur sogenannten „Standeslüge" greifen muss.[79] Mir scheint zumindest die Frage erlaubt, wie vielen Hörern oder Lesern dieser Geschichte der kontroverse Diskurs in den Sinn kam, der im 12. Jahrhundert um die Bedeutung dieser rituellen Handlung geführt worden war. Die Zeichen, die Siegfried hier in täuschender Absicht aussendet, waren nach diesem Diskurs ja gar nicht mehr so eindeutig, wie sie es vorher vielleicht gewesen waren. Brunhild erweist sich sozusagen, indem sie sich nicht täuschen lässt, auf dem neuesten Stand der Diskussion. Sie scheint zu wissen, dass man eine solche Geste aus Verpflichtung, aber auch aus *benevolentia* durchführen kann.[80] Angesichts der Seltenheit, mit der dieser Strator-Dienst ansonsten bezeugt ist, schiene es mir ein bisschen viel Zufall, wenn der Nibelungen-Dichter ohne Kenntnisse der geschilderten Probleme des 12. Jahrhunderts auf die Einfügung gerade dieses Dienstes verfallen wäre. Ich verstehe diesen Hinweis aber lediglich als Angebot zum interdisziplinären Gespräch.

---

[77] Vgl. dazu Das Nibelungenlied, hg. von Helmut DE BOOR u.a. (Deutsche Klassiker des Mittelalters), Wiesbaden [22]1996, S. 72 f.: *Ir wæren niwan viere, die kômen in daz lant. / Sîfrit der küene ein ros zôch ûf den sant; / daz sâhen durch diu venster diu wæltlîchen wîp. / des dûhte sich getiuret des künec Guntheres lîp. / Er habt' im dâ bî zoume daz zierlîche marc, / guot unde schœne, vil michel unde starc, / unz der künic Gunther in den sâtel gesáz. / alsô diente im Sîfrit, des er doch sît vil gar vergaz. / Dô zôh er ouch daz sîne von dem schiffe dan. / er hete solhen dienest vil selten ê getân, / daz er bî stegereife gestüende helde mêr. / daz sâhen durch diu venster die vrouwen schœn' unde hêr.*

[78] Zur Diskussion um die Interpretation dieser Stelle vgl. Horst WENZEL, Szene und Gebärde. Zur visuellen Imagination im Nibelungenlied, in: Zeitschrift für deutsche Philologie 111 (1992), S. 321-343, bes. S. 337 ff.; Jan-Dirk MÜLLER, Spielregeln für den Untergang. Die Welt des Nibelungenliedes, Tübingen 1998, S. 80 ff., S. 171 f.

[79] Vgl. dazu Ursula SCHULZE, *Gunther sî mîn herre, und ich sî sîn man*. Bedeutung und Deutung der Standeslüge und die Interpretierbarkeit des „Nibelungenliedes", in: Zeitschrift für deutsches Altertum 126 (1997), S. 32-52.

[80] Auf Zusammenhänge der Szene des „Nibelungenliedes" mit den umstrittenen Diensten Friedrichs Barbarossa wies bereits Friedrich PANZER, Studien zum Nibelungenlied, Frankfurt am Main 1945, S. 100 ff., hin, der jedoch die Eindeutigkeit des Aktes als Dienstleistung bzw. Lehnsdienst akzentuiert.

Mit diesen an zeitlich und inhaltlich zusammenhängenden Beispielen konkretisierten Überlegungen sollte deutlich gemacht werden, welcher Sinn den öffentlichen Aufführungen des Mittelalters eigen war, für die sich die Mächtigen viel Zeit nahmen. Ihr Gewicht bekamen die Aufführungen vor allem dadurch, dass die Handlungen Aussagen verbindlichen Charakters darstellten. Durch Zeichen aller Art, Gesten, Gebärden und rituelle Handlungen brachte man zum Ausdruck, welches Verhältnis man zum Gegenüber hatte und dass man den Verpflichtungen, die aus diesem Verhältnis erwuchsen, auch in der Zukunft entsprechen wollte. Wenn der Kaiser dem Papst also mit einer *virga* den Weg bahnte, hat er ihm mit diesem symbolischen Akt seine Hilfe und Unterstützung fest versprochen. Dies war aber einer der harmloseren rituellen Akte, zu denen sich die Kaiser nach Verhandlungen bereit erklären mussten: Fußfall mit Fußkuss und Strator-Dienst waren gewiss schwerer mit ihrem Selbstverständnis und ihrer Ehre zu vereinbaren; dennoch wurden sie nach Canossa ritueller Bestandteil der Begegnungen. Die interpretatorischen Kunstgriffe der kaiserlichen Seite geben wohl nachhaltig Zeugnis davon, wie schwer man an dieser Sache trug. So ist Canossa zwar insofern nicht stilbildend geworden, als keiner der späteren Kaiser sich noch einmal zur Barfüßigkeit erniedrigte – zu einer Geste, die sie selbst von ihren Gegnern immer wieder forderten.[81] Dennoch ist die Nachwirkung Canossas gewaltig, denn die geschilderten Fälle zeigen die Kaiser in Aktionen, die so deutlich Devotion, Unterordnung und Dienstbereitschaft zum Ausdruck brachten, wie sie vor Canossa kein Kaiser rituell unter Beweis gestellt hatte. Mit Höflichkeit und *benevolentia* lässt sich dies Verhalten gewiss nicht zureichend erklären. All dieses Tun prägte sich gewiss nicht zuletzt auf Grund seiner Expressivität, Feierlichkeit und Theatralik fest in die Erinnerung aller Teilnehmer wie Zuschauer ein und garantierte so ein kollektives Wissen, das ein Abweichen vom Versprochenen nicht leichtmachte. Insofern kann man mit gutem Grund von der Macht der Rituale sprechen, die deviantes Verhalten erschwerte: schon bei der Durchführung, aber auch in der Zukunft. Nichtsdestoweniger kam es natürlich vor, dass solche rituellen Versprechungen gebrochen wurden. Aber diese Art der Kommunikation erfüllte die Funktion einer ständigen Selbstvergewisserung über den Zustand der Beziehungen und wurde zum Frühwarnsystem, wenn jemand sich solchen rituellen

---

[81] „Barfuß, wie es der *honor regius* forderte", formulieren im Jahre 1041 die ‚Altaicher Annalen', vgl. dazu ALTHOFF, Das Privileg der deditio. Formen gütlicher Konfliktbeendigung in der mittelalterlichen Adelsgesellschaft, in: DERS., Spielregeln (wie Anm. 5), S. 99-125, Anm. 20, dort auch zahlreiche Fälle, in denen die Barfüßigkeit bezeugt ist. Den weiteren Horizont der rituellen Barfüßigkeit zeigt Klaus SCHREINER, Nudis pedibus. Barfüßigkeit als religiöses und politisches Ritual, in: ALTHOFF (Hg.), Formen und Funktionen (wie Anm. 2), S. 53-124.

Aussagen zu entziehen versuchte oder gar ganz andere machte, als von ihm erwartet wurden. Die wechselseitigen Erwartungen aber musste man gerade in prekären Situationen vorweg artikulieren, um ein Scheitern ritueller Kommunikation zu verhindern. Insofern erfordert solche Kommunikation zwingend Vorabinformationen, Verhandlungen, Absprachen und Planungen; sie ist nur als inszenierte durchführbar.

Über Einzelheiten dieser Inszenierungstechnik sind wir noch relativ schlecht informiert, was gewiss auch daran liegt, dass solche Planungen vertraulich stattfanden und Berichterstatter deshalb wenig Informationen besaßen.[82] Daher ist es eine interessante Frage, wer eigentlich von den Zeitgenossen den Inszenierungscharakter des Geschehens durchschaute, wer überdies den genauen Sinn der einzelnen Akte verstand, der häufig symbolisch aufgeladen war, wie die geschilderten Begegnungen zwischen Kaisern und Päpsten hoffentlich deutlich gemacht haben. Hier ist gewiss noch viel zu tun, doch würde ich warnen vor einer allzu schnellen Aufteilung in einen kleinen, exklusiven Kreis von Wissenden und die große Masse des nur gaffenden Volkes. Ich erinnere nur an das eingangs zitierte Beispiel aus Salzburg, als man das Verhalten der Vasallen vorweg regelte. Auch sie waren also in die Inszenierung einbezogen und wussten um den inszenierten Charakter des Ganzen.

Eine schwierige Aufgabe stellt – wie mehrfach zu betonen war – das genaue Verstehen solcher rituellen Akte dar. Um verbindliche Aussagen bieten zu können, muss die Bedeutung der Handlungen natürlich festgelegt und allgemein bekannt sein. Das schließt aber nicht aus, dass über den Sinn in Einzelfällen auch gestritten werden konnte, dass man sogar Kompromisslösungen fand, bei denen mehrere Deutungen möglich waren. Die Friedrich Barbarossa unterstellte Argumentation wies auf ganz zentrale Deutungsprobleme: Man kann etwas tun, weil man dazu verpflichtet ist oder einfach aus Höflichkeit, dann macht derselbe Akt durchaus unterschiedlichen Sinn.

Deutungskompetenz war also im Mittelalter und ist heute gefragt, eine Kompetenz, die wir uns erst wieder mühsam erarbeiten müssen. Da die öf-

---

[82] In öffentlicher und vertraulich privater Atmosphäre galten im Mittelalter – wie heute – deutlich unterschiedliche Spielregeln, wobei man im Mittelalter das Recht auf Heimlichkeit akzeptierte und keinen Anspruch auf Information erhob; vgl. zu diesem Problemhorizont Horst WENZEL, Öffentlichkeit und Heimlichkeit in Gottfrieds „Tristan", in: Zeitschrift für deutsche Philologie 107 (1988), S. 335-361; Rüdiger BRANDT, Enklaven – Exklaven. Zur literarischen Darstellung von Öffentlichkeit und Nichtöffentlichkeit im Mittelalter. Interpretationen, Motiv- und Terminologiestudien (Forschungen zur Geschichte der älteren deutschen Literatur 15), Essen 1990; aus historischer Perspektive s. Gerd ALTHOFF, Colloquium familiare – colloquium secretum – colloquium publicum. Beratung im politischen Leben des früheren Mittelalters, in: FMSt 24 (1990), S. 145-167, jetzt auch in: DERS., Spielregeln (wie Anm. 5), S. 157-184.

fentliche Kommunikation des Mittelalters aber von rituellen Akten beherrscht wird, die zumeist unter Inszenierungsverdacht stehen, dürften Anstrengungen auch lohnend sein, denn durch sie gewinnen wir Zugang zu einer bisher eher unterbelichteten Seite des Mittelalters: Wir entdecken die Fähigkeit dieser Zeit zur rationalen Planung komplexer Verfahren, die wesentlich zum Funktionieren der Ordnungen beitrugen.

KLAUS VAN EICKELS

Kuss und Kinngriff, Umarmung und verschränkte Hände

Zeichen personaler Bindung und ihre Funktion in der symbolischen Kommunikation des Mittelalters

„Wenn aber die Ehe nichts anderes ist als eine Gemeinschaft, in der sich zwei Menschen ganz einander hingeben und sich verpflichten, die unauflösliche Einheit und Treue ihres Bundes zu bewahren und sich ihr nicht zu entziehen, dabei jedoch in beiderseitigem Einvernehmen den fleischlichen Verkehr miteinander ausschließen können – wenn also die Ehe nichts anderes ist als eine solche Gemeinschaft: Warum kann dann nicht auch unter Personen des gleichen Geschlechts höchst richtig und heilig eine Ehe eingegangen und ein unauflöslicher Bund lobenswerter Liebe geschlossen werden? Warum sollte denn nicht ein Mann einen Mann oder eine Frau eine Frau durch Vereinbarung eines solchen Bundes und die Gemeinschaft einer solchen Liebe an sich binden?"[1]

Diese Sätze stehen an zentraler Stelle in einem Traktat über die Jungfräulichkeit Mariens, den einer der bedeutendsten Theologen der Frühscholastik, Hugo von St. Viktor, in der ersten Hälfte des 12. Jahrhunderts verfasste.[2]

---

[1] Hugo de Sancto Victore, De virginitate beatae Mariae (MIGNE PL 176), Sp. 857-876, Sp. 873D: *Si, inquiunt, aliud non est conjugium, nisi talis societas, in qua excepto quoque carnis commercio ex pari consensu, uterque semetipsum debet alteri debito conservandi et non negandi se ad eam, quae in communi est societate, inseparabilem unionem ac fidem: cur etiam in eodem sexu conjugium rectissime ac sanctissime celebrari non possit et individua societas laudabili charitate sanciri? Quid enim impedit ut vir virum, et femina feminam tali sibi pactionis foedere et societatis amore non astringat?*

[2] Zu Hugo von St. Viktor († 1141) vgl. LexMA 5, Sp. 177 f.; TRE 15, S. 629-635; Verf.-Lex.² 4, Sp. 282-291; ausführlich: Joachim EHLERS, Hugo von St. Viktor. Studien zum Geschichtsdenken und zur Geschichtsschreibung des 12. Jahrhunderts (Frankfurter historische Abhandlungen 7), Wiesbaden 1973; zur Überlieferung seiner Werke, ihrer zeitlichen Abfolge und zu den Mängeln der Migne-Edition außerdem: Rudolf GOY, Die Überlieferung der Werke Hugos von St. Viktor. Ein Beitrag zur Kommunikationsgeschichte des Mittelalters (Monographien zur Geschichte des Mittelalters 14), Stuttgart 1976; Damien VAN DEN EYNDE, Essai sur la succession et la date des écrits de Hugues de Saint-Victor (Spicilegium Pontificii Athenaei Antoniani 13), Rom 1960.

Nicht die körperliche Vereinigung der Ehegatten, sondern allein ihr Konsens konstituiere die Ehe: Mit dieser These hatte Hugo einen entscheidenden Durchbruch in der Ehetheologie erzielt. Es war ihm gelungen aufzuzeigen, wie Maria wahre Jungfrau und wahre Ehefrau zugleich hatte sein können.[3]
Nun aber ein solcher Einwand. Wie sollte Hugo sich verhalten? Sollte er einräumen, dass auch zwei Männer oder zwei Frauen eine Ehe schließen könnten? Dies erschien ihm unmöglich (*plane absurdum*). Er verzichtete aber auch darauf, gegen gleichgeschlechtliche Liebe überhaupt zu polemisieren.[4] Stattdessen gründet Hugo seine Argumentation auf die Ungleichheit der Geschlechter: Die eheliche Liebe bilde zeichenhaft die Liebe zwischen Gott und der Seele eines jeden Menschen ab. Gott und Mensch aber seien nicht gleichrangig; daher könne auch die eheliche Liebe nur zwischen Partnern bestehen, die ihrer Natur nach nicht auf gleicher Stufe stehen. Da Gott die Frau aus dem Manne geschaffen habe, stehe sie tiefer als dieser, – und es bedürfe keiner langen Beweise, um zu zeigen, dass im Sakrament der Ehe der Mann das Abbild Gottes sei, die Frau dagegen das Abbild der menschlichen Seele. Er sei ihr an geistiger Auffassungsgabe (*vivacitas rationis*) und körperlicher

---

[3] Nach der älteren Ehelehre war die *copula carnalis* für die Ehe konstitutiv, da die Hervorbringung von Nachkommen und die Vermeidung von Unzucht die beiden Hauptgründe für die Einsetzung der Ehe waren. Hugo von St. Viktor dagegen verstand die sichtbare Welt als „ein Zeichensystem, das auf die jenseitige Welt verweist und methodisch entziffert werden kann"; Joachim Ehlers, in: LexMA 5, Sp. 177. In seinem Hauptwerk „De sacramentis Christianae fidei" (PL 176, Sp. 173-618, insb. Sp. 479-520: „De sacramento coniugii") deutete er daher die Ehe als Sakrament, das zeichenhaft die Liebe Gottes zu den Menschen widerspiegelt; Hans ZEIMENTZ, Ehe nach der Lehre der Frühscholastik. Eine moralgeschichtliche Untersuchung zur Anthropologie und Theologie der Ehe in der Schule Anselms von Laon und Wilhelms von Champeaux, bei Hugo von St. Viktor, Walter von Mortagne und Petrus Lombardus (Moraltheologische Studien. Historische Abteilung 1), Düsseldorf 1973; Henri A. ALLARD, Die eheliche Lebens- und Liebesgemeinschaft nach Hugo von St. Victor, Rom 1962, S. 40-64. Zur Josefsehe im Mittelalter vgl. jetzt ausführlich Dyan ELLIOTT, Spiritual marriage. Sexual abstinence in medieval wedlock, Princeton 1993.

[4] Die für eine solche Polemik erforderliche Argumentation bietet etwa das bekannte „Streitgespräch zwischen Ganymed und Helena", ein im letzten Drittel des 12. Jahrhunderts entstandenes Gedicht über die Vorzüge und Nachteile gleichgeschlechtlicher und gegengeschlechtlicher Liebe: 'Altercatio Ganimedis et Helene'. Kritische Edition mit Kommentar von Rolf LENZEN, in: Mittellateinisches Jahrbuch 7 (1972), S. 161-186; vgl. Thomas STEHLING, Medieval latin poems of male love and friendship (Garland Library of Medieval Literature 7), New York 1984; zur Form außerdem Peter STOTZ, Beobachtungen zu lateinischen Streitgedichten des Mittelalters. Themen – Strukturen – Funktionen (http://www.unizh.ch/mls/onlinepub/ o-pub_streit.html). Auch hier jedoch wird die gleichgeschlechtliche Liebe nicht a priori und in jeder Hinsicht als verwerflich dargestellt, sondern nur der gleichgeschlechtliche Liebesakt.

Stärke (*viribus corporis*) überlegen. Daher entspringe ihre Liebe zu ihm natürlicher Notwendigkeit und Schutzbedürftigkeit (*naturali necessitate compellitur, ut patrocinium requirat*). Seine Liebe zu ihr dagegen erwachse aus frommem Mitleid mit ihrer Schwäche (*pietate vincitur, ne infirmitatem deserat*).[5] Erstaunlicherweise hat Hugo von St. Viktor dennoch als Erfinder der partnerschaftlichen Ehe Eingang in die Handbücher gefunden – und zwar nicht zu Unrecht, wie zu zeigen sein wird.[6]

Gleichsam selbstverständlich setzt Hugo von St. Viktor voraus, daß sich die Liebe zwischen Mann und Frau nicht qualitativ von der Zuneigung zwischen Partnern des gleichen Geschlechts unterscheidet.[7] Er bezeichnet sie sogar als „gleichermaßen lobenswert", selbstverständlich unter der Voraussetzung, dass fleischlicher Verkehr ausgeschlossen bleibt.

Liebe und Freundschaft sind für Hugo von St. Viktor also keineswegs inkomensurable Kategorien. Zwar ist in der Ehe fleischlicher Verkehr unter bestimmten Voraussetzungen erlaubt, zwischen Freunden des gleichen Geschlechts dagegen nie. Dies konstituiert jedoch in seinen Augen keine fundamentale Differenz, denn er versteht die Ehe nicht als sublimierte Form sexueller Attraktion, sondern als Liebesgemeinschaft (*amor, dilectio, caritas*), Bündnis (*foedus*) und Partnerschaft (*societas*).

Der Begriff *foedus*, das Bündnis, ist unmittelbar der männlich dominierten politischen Sphäre entlehnt. Ebenso ist *societas* zunächst ein Begriff männlicher Freundschaft, denn er leitet sich her von *socius*, dem ritterlichen Gefährten. Aber auch *amor, dilectio* und *caritas* waren im 12. Jahrhundert fester Bestandteil der Sprache, in der die Adligen und Herrscher Europas ihre Beziehungen zueinander regelten. Die übliche Formel, mit der das lehenrechtliche Verhältnis zwischen Herr und Mann in der sozialen Praxis um-

---

[5] Hugo de Sancto Victore (wie Anm. 1), Sp. 874D-875B; vgl. ALLARD (wie Anm. 3), S. 35-38.

[6] An anderer Stelle betont Hugo von St. Viktor in der Tat, dass die Frau dem Manne grundsätzlich gleichwertig sei (wie Anm. 1), Sp. 284 und 485; vgl. ALLARD (wie Anm. 3), S. 34 f.

[7] Die abweichende Meinung von Andreas Capellanus ist singulär: *Hoc autem est praecipue in amore notandum, quod amor nisi inter diversorum sexuum personas esse non potest. [...] duae namque sexus eiusdem personae nullatenus aptae videntur ad mutuas sibi vices reddendas amoris vel eius naturales actus exercendos*; Andreae Capellani Regii Francorum de amore libri tres, hg. v. Emil TROJEL, Hanau 1892, I.2. Grundlage seiner apodiktischen Feststellung ist die in ihrer Engführung dem allgemeinen Sprachgebrauch seiner Zeit nicht entsprechende Definition des Begriffes *amor*, die Andreas Capellanus seiner Schrift zugrunde legt. Er begreift die Liebe ihrem Wesen nach als eine aus dem körperlichen Begehren erwachsende Leidenschaft (*passio*); ebenda I.1; vgl. Don A. MONSON, Andreas Capellanus's scholastic definition of love, in: Viator 25 (1994), S. 197-214.

schrieben wurde, lautete „Liebe und Treue" (*par amur et par feid*).⁸ Als sich Heinrich II. von England und Philipp II. von Frankreich 1180 eben diese „Freundschaft in der Lehenstreue" vertraglich zusicherten, pries der englische Chronist Gervasius von Canterbury ihr Abkommen als „Band", „Bekenntnis" und „Unterpfand der Liebe".⁹

Ohne erkennbare Bedenken wurde das gesamte Spektrum der Liebesterminologie auf mann-männliche Bindungen angewendet. In Verhandlungen, Verträgen und der Historiographie diente es dazu, rechtliche und soziale Beziehungen aller Art begrifflich als reziproke personale Bindungen zu fassen.¹⁰ Gesten der Liebe und Freundschaft spielten eine entsprechend zentrale Rolle in der symbolischen Kommunikation. Moderne Darstellungen lassen dies bis heute allerdings kaum erkennen.

Quellen, in denen Gesten physischer Intimität und räumlich-körperlicher Nähe zwischen Männern eine Rolle spielen, wurden in den letzten hundert Jahren systematisch aus dem Blickfeld der Forschung ausgeblendet. Die Wende setzte ein, als sich im späten 19. und frühen 20. Jahrhundert das psychologische Konstrukt „Homosexualität" als Wahrnehmungs- und Deutungsmuster für gleichgeschlechtliche Attraktion durchsetzte und die bis dahin dominante Taxonomie der Mäßigung („Selbstbeherrschung" versus „Zügellosigkeit") durch die nach der Triebrichtung fragende Dichotomie

---

[8] William T. COTTON, Par amur et par feid. Keeping faith and the varieties of feudalism in 'La Chanson de Roland', in: Liam O. PURDON / Cindy L. VITTO (Hgg.), The rusted hauberk. Feudal ideals of order and their decline, Gainesville 1994, S. 163-199.

[9] Gervasius Cantuariensis, Chronica maior. The historical works of Gervase of Canterbury 1, hg. v. William STUBBS (RS 73.1), London 1879, S. 84-594, S. 271: *Sed quoniam praedicti reges saepe ad invicem fuerant irati, saepe concordati, sed nullo caritatis vinculo confirmati, in unam convenerunt dilectionis sententiam, tandemque scriptum subscriptum quasi pignus amoris concuderunt.* Rogerus de Hoveden, Chronica, hg. v. William STUBBS (RS 51), London 1868-1871, S. 143, nennt den Vertrag *amicitia et finalis concordia.* Auch Roger von Howden bedient sich jedoch an anderer Stelle nicht nur der Freundschafts-, sondern auch der Liebesterminologie, um das Verhältnis zwischen Herrschern zu beschreiben, so etwa wenn er darstellt, wie Richard Löwenherz im Juni 1187 von Philipp II. in Paris empfangen wurde, oder wenn er schildert, wie sich beide Könige auf dem dritten Kreuzzug in Messina wechselseitig besuchten; Rogerus de Hoveden, Gesta Henrici Secundi, hg. v. William STUBBS (RS 49), London 1867, Bd. 2, S. 7 (1187 Juni, Paris: *et tantum se mutuo diligebant, quod propter vehementem dilectionem, quae inter illos erat, dominus rex Angliae nimio stupore arreptus admirabatur, quid hoc esset*) und S. 126 (1190 Sep. 25, Messina: *... et videbatur, quod tantus amor esset inter illos mutuae dilectionis affectus, quod numquam dissolvi posset aut violari amor eorum*).

[10] Klaus VAN EICKELS, Vom inszenierten Konsens zum systematisierten Konflikt. Die englisch-französischen Beziehungen und ihre Wahrnehmung an der Wende vom Hoch- zum Spätmittelalter (Mittelalter-Forschungen 10), Stuttgart 2002, S. 23.

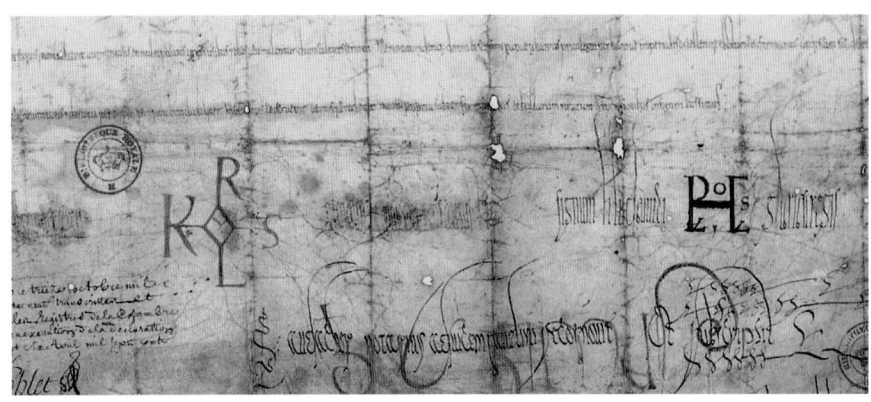

Abb. 1 Monogramme Karls des Kahlen (links) und seines Sohnes Ludwig (rechts); Bulle für die Marienkapelle der Pfalz in Compiègne (5. Mai 877); Paris, BN

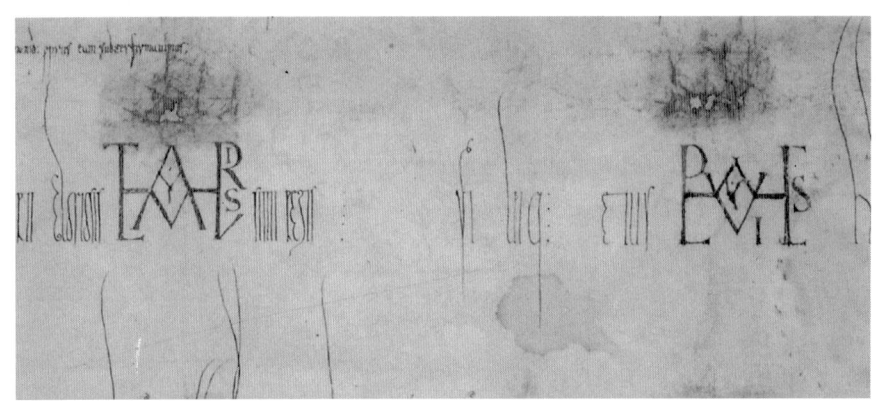

Abb. 2 Monogramme Lothars (links) und seines Sohnes Ludwig V. (rechts); Diplom für Notre Dame, Paris (vermutl. 9. Juni 979); Paris, AN

Abb. 3 Detail: Monogramm Lothars; Diplom für Notre Dame, Paris; Paris, AN

Abb. 4 Detail: Monogramm Ludwigs V.; Diplom für Notre Dame, Paris; Paris, AN

Abb. 5 Einfahrt Königin Victorias in Versailles, 21. Aug. 1855, aus der »Illustrated London News« vom 8. Sept. 1855

Abb. 6 Königin Victoria empfängt im Kaiserlichen Salon der Pariser Weltausstellung, 22. oder 24. Aug. 1855, aus der »Illustrated London News« vom 8. Sept. 1855

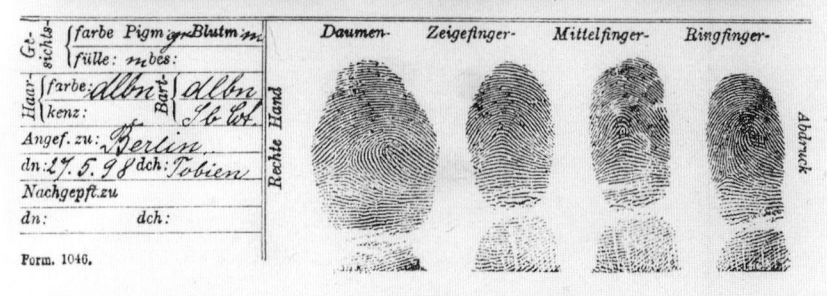

Abb. 7 Anthropometrische Signalementskarte der königlichen Polizei-Behörde in Berlin (Cliché Aug. Scherl – Berlin), 1898, aus Friedrich Paul, Handbuch der criminalistischen Photographie, 1900
Erläuterungen: Alle Maßangaben sind metrisch. Die verwendeten Abkürzungen waren vorgeschrieben.
Augen: Klasse 5 = Kastanienbraune Iris kreisförmig pigmentiert; Zone 1 [innere Zone der Iris] stf 5 dl = stern- oder strahlenförmig, kastanienbraun, dunkel; Zone 2 [äußere Zone der Iris] nbn gn m = nussbraun, grünlich-gelb mittel; Besonderheiten: 3 sz Pt lk A = Drei schwarze Punkte, linkes Auge
Gesicht: Farbe: Pgm gr = Pigmentfarbe gering; Blutm. m = Blutfarbe mittel; Fülle: m = mittel
Haarfarbe: dlbn = dunkelbraun
Bartfarbe: dlbn = dunkelbraun
Bart: Sb Ct = Schnurrbart, Koteletten

Abb. 8
Stills aus einem Film von 1901, der die elektrische Hinrichtung Leon Czolgoszs nachstellt – oben: Test der Leistungsstärke des elektrischen Stuhls mit Glühbirnen; Mitte: Strom durchfließt den Körper des Verurteilten; unten: Feststellung des Todes mit einem Stethoskop

Abb. 9 Nachahmung antiker Statuen in der deutschen Nacktkultur: »Speerwurf«, aus Fritz Winther, Körperbildung als Kunst und Pflicht, 1919

Abb. 10 Nachahmung antiker Statuen in der deutschen Nacktkultur: »Einführung in die antike Plastik«, aus Fritz Winther, Körperbildung als Kunst und Pflicht, 1919

"Homosexualität" versus "Heterosexualität" verdrängt wurde. Körperliche Nähe und affektive Bindungen unter Männern schienen nun auf eine Neigung zu unerlaubten sexuellen Handlungen zu verweisen. Sie verschwanden deshalb aus dem Licht der Öffentlichkeit.[11]

Auch die Erforschung zentraler Ereignisse der Reichsgeschichte fiel dieser Entwicklung zum Opfer. Sogar das singuläre Doppelkönigtum Ludwigs des Bayern und Friedrichs des Schönen zog nach vielversprechenden Dissertationen aus den 1880er Jahren kein Interesse mehr auf sich. Dies ist nicht ganz unverständlich, denn zwei wichtige Quellen stellten Historiker, die mit den neuen medizinisch-psychologischen Kategorien vertraut waren, vor erhebliche Interpretationsprobleme. Mit eindeutigen Worten erklären sie, beide Kontrahenten hätten vor der Doppelwahl von 1314 einmal und nach 1325 regelmäßig miteinander in einem Bett geschlafen.[12] Auch in anderen Ländern verschlossen Historiker die Augen, wenn sie bei ihrer Arbeit auf vergleichbare Belege stießen. Niemandem fiel daher auf, dass vom 6. bis zum 17. Jahrhundert weit über ein Dutzend Friedensschlüsse belegt sind, die auf diese Weise bekräftigt wurden.[13]

Dass auch Küsse, Umarmungen und das Halten der Hände im Mittelalter einen Platz in der Formensprache öffentlicher Inszenierung hatten, wurde in der Forschung nicht völlig verdrängt, zumeist aber doch eher hingenommen, als systematisch untersucht. Das Spektrum der Freundschaftsgesten ist daher nur in Ansätzen bekannt, noch weniger ihre Funktion in der symbolischen Kommunikation des Mittelalters.[14]

---

[11] VAN EICKELS (wie Anm. 10), S. 353-363.
[12] Johannes von Viktring, Liber certarum historiarum, hg. v. Fedor SCHNEIDER (MGH SRG 36), Hannover 1909-1910, S. 59 (zu 1314): Ludwig der Bayer und Friedrich der Schöne von Österreich verständigten sich in Salzburg über die Königswahl *dum cubarent simul in uno lecto*. Peter von Zittau, Chronicon Aulae Regiae, hg. v. Johann LOSERTH (Fontes rerum Austriacarum. Scriptores 8), Wien 1875, S. 433 (ca. 1328): *comedunt, bibunt et simul dormiunt et in verbis pacificis unum sunt*; vgl. VAN EICKELS (wie Anm. 10), S. 372 f.; Bernd-Ulrich HERGEMÖLLER, Sodom und Gomorrha. Zur Alltagswirklichkeit und Verfolgung Homosexueller im Mittelalter, Hamburg, 2. Auflage 2000, S. 90 f. und 205; DERS., Ludwig der Bayer, Friedrich der Schöne, Friedrich von Tirol – Verwirrungen und Verwechslungen, in: Capri 11 (1991), S. 31-41; zur ereignisgeschichtlichen Einordnung jetzt umfassend Marie-Luise HECKMANN, Das Doppelkönigtum Friedrichs des Schönen und Ludwigs des Bayern (1325-1327), in: MIÖG 109 (2001), S. 53-81.
[13] Zu diesen Belegen jetzt ausführlich VAN EICKELS (wie Anm. 10), S. 368-393.
[14] Erst in den letzten Jahren hat sich die mediaevistische Forschung für die Frage geöffnet, welche Bedeutung Gesten physischer Intimität unter Männern und der korrespondierende Diskurs von Liebe und Freundschaft im Mittelalter hatten, allerdings zumeist mehr in Abgrenzung von als in Auseinandersetzung mit den gleichzeitigen Fort-

Drei Fragen sind daher zu stellen:
a) Welche Freundschaftsgesten sind in den Quellen erkennbar, und zwar sowohl in Texten als auch in bildlichen Darstellungen?
b) Welche Funktion kommt ihnen in den dargestellten rituellen Gesamtinszenierungen situativ zu? Und:
c) Welche Funktion hat ihre Schilderung in der narrativen Struktur der Quellen, die sie überliefern?

Gehen wir aus von einem Beispiel: 1217 schloß Heinrich III. von England Frieden mit dem französischen Thronfolger Ludwig VIII. Seinen Bericht über diese Aussöhnung versah Matthaeus Paris in der Mitte des 13. Jahrhunderts mit einer Randzeichnung, die dem Leser den Vertragsinhalt als innige personale Bindung beider Herrscher vor Augen führt: Die Könige umarmen sich, berühren sich an der Wange und küssen sich auf den Mund.[15]

---

schritten der *gay/queer studies*; C. Stephen JAEGER, Ennobling love. In search of a lost sensibility, Philadelphia 1999; DERS., L'amour des rois. Structure sociale d'une forme de sensibilité aristocratique, in: Annales ESC 46 (1991), S. 547-571; DERS., Mark and Tristan. The love of medieval kings and their courts, in: Winder MCCONNELL (Hg.), 'In hôhem prîse'. A Festschrift in honor of Ernst S. Dick presented on the occasion of his sixtieth birthday, April 7, 1989 (Göppinger Arbeiten zur Germanistik 480), Göppingen 1989, S. 183-197; Yannick CARRÉ, Le baiser sur la bouche au Moyen Âge. Rites, symboles, mentalités XIe-XVe siècles, Paris 1992; zum frühen Mittelalter vgl. Verena EPP, Amicitia. Zur Geschichte personaler, sozialer, politischer und geistlicher Beziehungen im frühen Mittelalter (Monographien zur Geschichte des Mittelalters 44), Stuttgart 1999; DIES., Männerfreundschaft und Frauendienst bei Venantius Fortunatus, in: Thomas KORNBICHLER / Wolfgang MAAZ (Hgg.), Variationen der Liebe. Historische Psychologie der Geschlechterbeziehung (Forum Psychohistorie 4), Tübingen 1995, S. 9-26; zur monastischen Freundschaft Brian Patrick MCGUIRE, Friendship and community. The monastic experience, 350-1250 (Cistercian Studies 95), Kalamazoo 1988. Mehrere Dissertationen, die wichtige neue Perspektiven eröffnen, sind (noch) ungedruckt: John MEDDINGS, Family, followers and friends. The socio-political dynamics of the anglo-norman aristocracy, Leeds 1998; Damien BOUQUET, L'ordre de l'affect au Moyen Âge. Autour de la notion d'affectus-affectio dans l'anthropologie cistercienne au XIIe siècle, Paris 2002; Klaus OSCHEMA, Freundschaft und Nähe als Institution. Studien zum Symbolcharakter von Gesten räumlich-körperlicher Nähe im spätmittelalterlichen politischen Diskurs, Dresden/Paris 2003.

[15] Matthaeus Paris, Chronica Maiora, Corpus Christi College Cambridge, MS 16, f. 52v; vgl. VAN EICKELS (wie Anm. 10), S. 140 f. Der von Matthaeus Paris referierte Vertragsinhalt weicht von den erhaltenen Ausfertigungen in wesentlichen Punkten ab. Insbesondere enthält der Vertragstext nicht die von Matthaeus Paris an die zweite Stelle gesetzte und damit herausgehobene Klausel über die Rückgabe des 1202 aberkannten Festlandsbesitzes; vgl. J. Beverley SMITH, The treaty of Lambeth, 1217, in: EHR 94 (1979), S. 562-579.

Zeichen personaler Bindung 139

Heinrich III. und Ludwig (VIII.) schließen Frieden (vgl. Anm. 15)

Pilatus und Herodes werden Freunde (vgl. Anm. 40)

Auch Liebende gaben in dieser Weise ihrer Zuneigung Ausdruck, so etwa in der Darstellung eines Elfenbeinreliefs auf einem um 1320 in Paris entstandenen Spiegelkästchen. Eindeutig ist hier die sinnliche Liebe gemeint, denn in einer zweiten Szene schießt Amor seinen Pfeil in das Auge der Frau.[16]

Umarmung, Kuss auf den Mund und die zärtliche Berührung der Wangen bewegten sich jedoch keineswegs grundsätzlich an den Grenzen des Unziemlichen oder gar des Unerlaubten.[17] Die selben Gesten konnten ebenso auf vollkommen keusche Zuneigung verweisen: Giotto etwa verwendet die gleichen ikonographischen Elemente, um Joachims Rückkehr aus der Verbannung darzustellen. Der Kuss, mit dem ihn Anna am Goldenen Tor begrüßt, ist sicherlich kein Ausdruck sinnlicher Lust. Dargestellt ist nämlich die Zeugung Mariens, die auf diese Weise von der Erbsünde bewahrt blieb.[18]

---

[16] Spiegelkapsel (Paris, um 1320), Musée du Moyen Âge Paris; Abb.: Michael CAMILLE, Die Kunst der Liebe im Mittelalter, Köln 2000, S. 40, Abb. 29.
[17] VAN EICKELS (wie Anm. 10), S. 346 f. und 391; vgl. dagegen JAEGER, Mark and Tristan (wie Anm. 14), S. 192 f.: „Non-libidinous love was an exalting and ennobling mode of feeling, a private privilege of the select few ..., a badge of aristocratic refinement ... . Male friendship, courtly love and gallantry all operate on the border of the illicit ... . What made all these modes of behavior sublime was precisely that the illicit was near at hand, but either shunned or ignored."
[18] Die Begegnung an der Goldenen Pforte galt seit dem 10./11. Jahrhundert als Sinnbild für die unbefleckte Empfängnis Mariens. Ihre klassische Ausprägung findet die Szene 1304-1306 im Joachimzyklus der Fresken Giottos in der Arenakapelle (Capella Scrovegni) bei Padua; Abb: Giuseppe BASILE (Hg.), Giotto. The frescoes of the Scrovegni Chapel in Padua, Mailand 2002, S. 101 und 103. Der hier ausgebildete Begegnungstypus hält sich in der Folge mit wenigen Varianten, die dem typologischen Pendant der Szene, der Heimsuchung Mariens, nachgebildet werden; auch hier wird

Auch den liturgischen Friedenskuss während der Messe gaben sich zumindest die Kleriker bis in die frühe Neuzeit hinein als Kuss auf den Mund.[19] Darstellungen in den „Grandes Chroniques de France" zeigen auch den Begrüßungskuss bei Herrschertreffen als Kuss auf den Mund, so etwa beim Besuch Kaiser Karls IV. in Paris 1378.[20] Erklärungsbedürftig scheint die eigenartige Handhaltung, die auch in der Begrüßung der Königin auffällt. Sie deutet offenbar eine abwehrende Geste an, mit der die angebotene Kniebeuge höflich zurückgewiesen wird. Bemerkenswert ist zudem, dass der Kaiser hier zur Begrüßung die Königin auf den Mund küsst, denn Küsse zwischen Mann und Frau verschwinden seit dem 13. Jahrhundert aus der Liturgie.[21] Sogar die französischen Krönungsordines legten seit 1270 fest, der Friedenskuss sei nur dem König unmittelbar zu geben, der Königin dagegen mit Rücksicht auf Sitte und Anstand indirekt durch das Evangeliar.[22]

---

die – im Falle Marias und Elisabeths verwandtschaftlich begründete – Zuneigung zwischen zwei Personen des gleichen Geschlechts parallel gesetzt zur ehelichen Liebe. In manchen Darstellungen der Begegnung Joachims und Annas am Goldenen Tor tritt ein Engel hinzu, der die Häupter der Ehegatten vereint und so die übernatürliche Empfängnis durch den Kuss verdeutlicht (zuerst am Nordportal von Notre Dame in Paris; Lexikon der christlichen Ikonographie, Bd. 5, Sp. 176 f., mit weiteren Beispielen).

[19] CARRÉ (wie Anm. 14), S. 221-252.
[20] BN Paris, MS 2813, f. 471v (Kaiser und König) und 477 (Kaiser und Königin); vgl. CARRÉ (wie Anm. 14), S. 105 und Abb. 33/34.
[21] CARRÉ (wie Anm. 14), S. 221-252, insb. S. 243 f.; Klaus SCHREINER, 'Er küsse mich mit dem Kuß seines Mundes' ('Osculetur me osculo oris sui', Cant 1,1). Metaphorik, kommunikative und herrschaftliche Funktionen einer symbolischen Handlung, in: Hedda RAGOTZKY / Horst WENZEL (Hgg.), Höfische Repräsentation. Das Zeremoniell und die Zeichen, Tübingen 1990, S. 89-132, S. 97-102; vgl. John BOSSY, Essai de sociographie de la messe, 1200-1700, in: Annales ESC 36 (1981), S. 44-70.
[22] CARRÉ (wie Anm. 14), S. 286. – Diese Entwicklung ergriff auch den weltlichen Bereich: Vgl. das Beispiel bei Jacques LE GOFF, Le rituel symbolique de la vassalité, in: DERS. (Hg.), Pour un autre Moyen Âge. Temps, travail et culture en Occident. 18 essais (Bibliothèque des histoires), Paris 1977, S. 349-420, S. 357 und S. 381: *remisso eiusdem dominae tutricis osculo propter honestatem*. CARRÉ (wie Anm. 14), S. 203-205, weist jedoch zurecht darauf hin, dass die bekannten Fälle stets Geistliche als Lehensherren betreffen. Es ist also nicht klar, ob tatsächlich die *honestas* der Frau im Vordergrund stand. Möglicherweise ging es in erster Linie um die Ehre des zu zölibatärer Enthaltsamkeit verpflichteten Geistlichen, die dieser demonstrativ gewahrt wissen wollte. Ausgeschlossen war eine Zulassung von Frauen zum Lehenskuss keineswegs; es sind sogar Fälle von Bischöfen belegt, die Frauen den Lehenskuss gewährten.

Zeichen personaler Bindung   141

Karl IV. begrüßt König und Königin von   Eduard I. huldigt Philipp IV.
Frankreich (vgl. Anm. 20)   (vgl. Anm. 23)

Als inniger Kuss auf den Mund wurde auch der Kuss dargestellt, durch den
Vasall und Herr im Anschluss an Handgang und Treueid ihre reziproke Bindung besiegelten.[23] Herrschaftliche Unterordnung und wechselseitige Bindung gleichermaßen zeigte der Kuss, durch den die *pairs de France*, die wichtigsten geistlichen und weltlichen Großen Frankreichs, den neugekrönten König als ihren Herrscher annahmen.[24] Handgang und Kuss erscheinen gelegentlich auch zu einer Geste verschmolzen, etwa in der Darstellung der Anerkennung Balduins V. durch die Barone des Königreichs Jerusalem in einer französischen Handschrift des 14. Jahrhunderts[25] oder auch in allegorisierenden Darstellungen wie der Lehenshuldigung an den Gott der Liebe im „Roman de la rose".[26] Nicht emotionale Nähe, sondern reziproke Ver-

---

[23] CARRÉ (wie Anm. 14), S. 197-202. Nur ein Beispiel unter vielen ist die Darstellung der Mannschaftsleistung Eduards I. von England an Philipp IV. von Frankreich für das Herzogtum Aquitanien 1286 in den Grandes Chroniques de France, Bibliothèque Sainte-Geneviève Paris MS 783, f. 312v (ca. 1400); vgl. VAN EICKELS (wie Anm. 10), S. 333; CARRÉ (wie Anm. 14), S. 212 und Abb. 52.

[24] Krönungsordo (um 1250), BN Paris, MS lat. 1246, f. 26; Livre du sacre (1365), BL London, MS Cott. Tiberius B VIII, f. 64; vgl. CARRÉ (wie Anm. 14), S. 282-284 und Abb. 51 (1365) und 53 (um 1250).

[25] Französische Übertragung der „Historia rerum in partibus transmarinis gestarum" Wilhelms von Tyrus (RHC I.2, lib. XXII, cap. 29, S. 1127 f.), BN Paris, MS fr. 2825, f. 260v (14. Jh.); vgl. CARRE (wie Anm. 14), S. 210.

[26] Guillaume de Lorris, Roman de la rose, Bibliothèque Sainte Geneviève Paris, MS 1126, fol. 13 (ca. 1360-1370); vgl. CARRE (wie Anm. 14), S. 205 und Abb. 47.

bindlichkeit und wechselseitige Anerkennung ist der gemeinsame Nenner dieser unterschiedlichen Darstellungen.

Wie weit ausgedrückte Bindung und emotionale Befindlichkeit auseinanderliegen konnten, zeigt eine bei Gerald von Wales überlieferte Anekdote: Kurz vor seinem Tod söhnte sich Heinrich II. von England mit seinem Sohn Richard Löwenherz aus, der sich gegen ihn aufgelehnt hatte. Ein aufgezwungener Vertrag verpflichtete ihn, „jeglichen Zorn und Unwillen" gegen Richard „aus ganzem Herzen aufzugeben" und ihn zu küssen.[27] Heinrich verweigerte den Kuss nicht. Richard jedoch berichtete später am französischen Hof, beim Verlassen des Raumes habe er seinen Vater mit gesenkter, doch hörbarer Stimme sagen gehört: „Gott lasse mich nicht sterben, bevor ich nicht Rache genommen habe für das, was du mir angetan hast!"[28]

Die Gewährung von Freundschaftsgesten war auch sonst nicht in das Belieben des Herrschers gestellt. Die Begrüßung mit einem Kuss konnte von jedem eingefordert werden, der die Treue gewahrt hatte; die Verweigerung des Kusses dagegen implizierte den Vorwurf des Treuebruchs.

Diese Unterstellung blieb auch Bischof Hugo von Lincoln nicht erspart, als er 1198 seinen König in der Normandie aufsuchte. Fast ein Jahr zuvor hatte Hugo den Zorn des Königs auf sich gezogen, als er ihm Heeresfolge für Unternehmungen außerhalb Englands verweigerte. Hugo traf Richard in der Burgkapelle von Les Andelys, während er gerade die Messe hörte. Als er die Kapelle betrat, schaute ihn Richard nur kurz mit finsterer Miene an, ohne etwas zu sagen. Den weiteren Verlauf gestaltet Adam von Eynsham, Hugos Kaplan, in seiner Vita des Heiligen dramatisch aus. „Gib mir einen Kuss, Herr König" habe Hugo verlangt, dann aber – als Richard sich abwandte – das Gewand des Königs an der Brust zusammengerafft und heftig geschüttelt.

Der nun folgende Wortwechsel kreiste, symbolisch eingekleidet, um die Frage, ob Hugo die Richard geschuldete Treue gebrochen hatte:

---

[27] Die Gewährung des Kusses ist also ein Zeichen nicht nur zukünftiger Friedensbereitschaft, sondern auch der Vergebung vergangener Vergehen und Versäumnisse. Der gewährte Kuss setzte – wie andere Gesten reziproker Bindung – gleichsam einen Nullpunkt des rechtlichen Gedächtnisses, hinter den bei zukünftigen Streitigkeiten nicht mehr zurückgegangen werden konnte.

[28] *Ad haec etiam comprehensum fuerat in concordia, quod filium suum comitem Pictavensem in osculo recipere et ei iram omnem et indignationem ex corde remittere debuisset. Quo facto, ficto magis quam facto et osculo dato, hoc comes in discessu verbum a patre, quanquam demissa voce prolatum, audivit: „Numquam me Dominus mori permittat, donec dignam mihi de te vindictam accepero!" Et sic a castro comes exiens modumque concordiae inter ipsum et patrem referens ac verba sequentia, grandem Francorum regi et curiae toti risum pariter et admirationem excitavit;* Giraldus Cambrensis, De principis instructione, hg. v. George F. WARNER (RS 21.8), London 1891, S. 296 (dist. III, cap. 26).

Hugo: „Du schuldest mir einen Kuss, weil ich von weither zu Dir gekommen bin!"
Richard: „Du hast es nicht verdient, dass ich dich küsse."
Hugo: „Fürwahr habe ich es verdient! Küsse mich!"

Dass der im Ruf der Heiligkeit stehende Bischof seinen König bei diesen Worten noch heftiger am Mantel packte und durchschüttelte, nahm Richard als Zeichen seiner Aufrichtigkeit: „Erstaunt über die Standhaftigkeit Hugos lächelte der König ein wenig und küßte ihn".[29]

Nicht innige Freundschaft, sondern rechtliche Verbindlichkeit veranschaulicht auch die Randzeichnung, durch die Matthaeus Paris seine Leser auf den Frieden von 1217 hinwies. Der Inhalt des Vertrages ist alles andere als freundschaftlich: Gegenstand des Friedens war Ludwigs gescheiterter Versuch, Heinrichs Vater Johann Ohneland aus der Herrschaft zu verdrängen. Die Bedingungen demütigten Ludwig in vielfacher Weise: Im Büßergewand musste er vor den Kardinallegaten und die Bischöfe Heinrichs III. treten und sich vom Kirchenbann lossprechen lassen. Er musste versprechen, seine sämtlichen englischen Stellungen Heinrich zu übergeben, England unverzüglich zu verlassen und nie wieder in böser Absicht (*malo animo*) zurückzukehren. Schließlich wurde er zu seiner ewigen Schande (*cum omni opprobrio sempiterno*) eiligst zur Küste geleitet, von wo er nach Frankreich übersetzte.[30]

Der Kuss auf den Mund galt als die übliche Form der Begrüßung unter Freunden; er war jedoch deshalb keine sinnentleerte Geste. Er unterstrich die redliche Absicht, die Grundlagen der gemeinsamen Beziehung nicht zu verletzen und, sofern sie auf Zusagen beruhte, diese einzuhalten. Auch und gerade der „Verrat des Judas" ist daher in Darstellungen der Passion Christi in dieser Form ausgeführt.[31]

Verrat steht im übrigen auch bei Matthaeus Paris im Hintergrund: „Als schließlich alle mit dem Friedenskuss übereinander herfielen, versteckten die

---

[29] Adamus de Einesham, Magna vita Sancti Hugonis, hg. v. Decima L. DOUIE (Oxford Medieval Texts), Bd. 2, S. 101, lib. 5, cap. 5: *Cum ergo salutasset regem episcopus, ipse non respondit ei verbum, set cum illum parumper torvis fuisset oculis intuitus faciem ab eo avertit. Cui episcopus ait ‚Da michi osculum, domine rex'. Qui magis avertit aspectum ab eo, vultum et caput in partem aliud declinavit. Tunc episcopus, circa pectus vestem illius fortiter constringens, hanc vehementius concussit, iterum dicens ‚Osculum michi debes' inquit ‚quia de longinquo ad te venio'. Rex ad hec, ‚non' ait ‚meruisti ut osculer te'. Qui fortius concutiens eum per capam, quam stricta tenebat manu, confidenter ait ‚Immo' inquiens ‚merui' et adiecit ‚Osculare me!' Tunc ille, admiratus fiduciam constantie eius, paululumque subridens, osculatus est eum.*

[30] VAN EICKELS (wie Anm. 10), S. 140.

[31] Vgl. z.B. Giotto, Kuss des Judas (1304-1306), Fresko Arena-Kapelle (Capella Scrovegni) Padua; Abb.: BASILE (wie Anm. 18), S. 301 und 303.

meisten ihre traurige Freude unter dem Vorwand des Betruges" (*Ac deinde singuli ruentes in pacis osculum tristem laetitiam sub fraudis praetextu plurimi palliabant*), schreibt er. Für seine Leser war offensichtlich, auf welchen Betrug er anspielte: Als Ludwig VIII. sieben Jahre später selbst König wurde, verweigerte er der englischen Regentschaft eine Verlängerung des Waffenstillstandes und eroberte einen wesentlichen Teil der Besitzungen, die Johann Ohneland nach dem Verlust der Normandie verblieben waren. Dies aber verstieß in eklatanter Weise gegen die Vereinbarungen von 1217, wie sie Matthaeus Paris referiert.

Seinem Bericht zufolge hatte sich Ludwig verpflichtet, bei seinem Vater für eine vollständige Rückgabe des englischen Festlandsbesitzes einzutreten oder dies später selbst nachzuholen.[32] Genau diesen Vertragsbruch betont Matthaeus Paris durch seine Randzeichnung: Sie ist einerseits realistisch, da sie den erst zehnjährigen Heinrich III. ebenso wie den französischen Thronfolger als bartlose Jünglinge darstellt und sogar durch die Wellen andeutet, dass das Treffen beider auf einer Insel in der Themse stattfand; die Krone Ludwigs dagegen verweist auf sein zukünftiges französisches Königtum (und damit auf die Verpflichtungen, die er übernommen hatte).

Die Aussage des Kusses wurde unterstrichen und verstärkt durch die Umarmung. Auch in dieser Hinsicht ist die Randzeichnung zum Frieden von 1217 keineswegs singulär. In der Mitte des 13. Jahrhunderts entstand in England eine in französischen Versen abgefasste Vita Eduards des Bekenners, des 1066 gestorbenen letzten angelsächsischen Königs.[33] Die reich ausgestattete Cambridger Bildhandschrift dieser Vita greift weit aus in die Kindheit des heiligen Herrschers. Eine vollständige, dreiteilige Bildseite ist der Eroberung Englands durch Knut den Großen von Dänemark 1016 gewidmet. Das erste Bild zeigt Knut und seinen angelsächsischen Gegenspieler Edmund Ironside im Kampf gegeneinander, die Mittelszene dagegen den Frieden, auf den sich beide Könige schließlich einigen.[34] Die vereinbarte Teilung Englands entlang der Themse war eine Niederlage Edmunds. Überhöht als gelobte und beeidete Freundschaft, ja sogar als „geschworene Bru-

---

[32] Bei Matthaeus Paris, Chronica maiora, hg. v. Henry Richard LUARD (RS 57), London 1872-1883, Bd. 3, S. 31, an zweiter Stelle: ... *et quod pro posse suo patrem suum Philippum induceret, ut Henrico Anglorum regi redderet omnia iura sua in partibus transmarinis* (dazu am Rand, nicht in C: *et cum rex foret, ipse in pace dimitteret*).

[33] Matthaeus Paris, Estoire de Seint Aedward le Rei, hg. v. Kathryn Young WALLACE (Anglo-Norman Texts 41), London 1983; mit engl. Übersetzung hg. v. Henry Richards LUARD (RS 3), London 1858, S. 1-311. Die Bilder der Handschrift sind in guter Qualität digitalisiert verfügbar: http://www.lib.cam.ac.uk/cgi-bin/Ee.3.59/bytext; außerdem existiert ein 1920 von M. R. JAMES besorgter Faksimiledruck.

[34] Cambridge University Library MS. Ee.3.59, f. 5r.

derschaft" beider Könige, wurde sie jedoch zu einem Kompromiss, der es dem unterlegenen Angelsachsen ermöglichte, das Gesicht zu wahren.[35]

Knut der Große und Edmund Ironside (vgl. Anm. 34)

„Die Seele Knuts verband sich mit der Seele Edmunds; von diesem Tag an wurden sie enge Freunde" (*conglutinata anima Cnutonis cum anima Aedmundi ex hoc tempore et facti sunt amicissimi*), so erläutert die Beischrift die Bildaussage. Der erste Teil der Wendung verweist auf die Freundschaft zwischen David und Jonathan im Alten Testament: „Die Seele Jonathans verband sich mit der Seele Davids" heißt es im 1. Buch Samuel über Jonathans Zuneigung, die David nach dem Tod des Freundes mit den Worten beweint: „Es ist mir leid um dich, mein Bruder Jonathan, ich habe große Freude und Wonne an dir gehabt; deine Liebe ist mir wunderbarer gewesen als Frauenliebe".[36] Die Schlußworte *facti sunt amicissimi* und die

---

[35] Laurence M. LARSON, Canute the Great, 995 (circ.) – 1035, and the rise of Danish imperialism during the Viking Age (Heroes of the Nations), New York 1912, S. 97-99; Frank BARLOW, Edward the Confessor, Berkeley 1970, S. 35 f. Zu diesem Frieden als „compact of brotherhood" vgl. Pierre CHAPLAIS, Piers Gaveston. Edward II's adoptive brother, Oxford/New York 1994, S. 15-17. Das Anglo-Saxon Chronicle betont in seinen unterschiedlichen Rezensionen, dass es sich um einen eidlich bekräftigten Freundschaftsbund handelte; eine Fassung nennt Knut und Edmund sogar *wed broðra* (Schwurbrüder). Chronicon Saxonicum. Two of the Saxon Chronicles Parallel (787-1001 A.D.), hg. v. Charles PLUMMER / John EARLE, Oxford 1892-1899, S. 152 f., Worcester Manuscript (D): *Coman begen þa cyningas to gædre æt Olan ige wið Deor hyrste & wurdon feolagan & wed broðra ge fæstnadan ægðer mid wedde & eac mid aðan*; Laud Manuscript (E) / Canterbury Manuscript (F): *þa cyningas comon to gædere æt Olan ige & heora freondscipe þær ge fæstnodan ge mid wedde ge mid aðe*.

[36] 1 Sam 18,1: *anima Ionathan conligata est animae David et dilexit eum Ionathan quasi animam suam.* 2 Sam 1,26: *doleo super te, frater mi Ionathan, decore nimis et amabilis super amorem mulierum.*

ikonographische Gestaltung dagegen verweisen auf das neutestamentliche Vorbild der Aussöhnung und Freundschaft zwischen Pilatus und Herodes.[37]

Ähnlich wie Matthaeus Paris zu 1217, verwendet auch der Maler der ‚Vita Eduardi' den ostentativen Freundschaftsbeweis, um nachfolgenden Verrat und Untreue um so deutlicher hervortreten zu lassen. Nur wenige Monate nach dem Frieden von 1016 starb Edmund Ironside. Da Knut nun die ungeteilte Herrschaft über England zufiel (und er somit den größten Nutzen aus dem frühen Tod des angelsächsischen Königs zog), vermuteten spätere Chronisten er habe Edmund ermorden lassen. Der Verfasser der Vita Eduardi macht sich diese Auffassung zu eigen. Die Bildleiste schließt mit der Darstellung des sterbenden Edmund, der auf dem Abort sitzend den Tod fand, als ihn ein unten in der Grube versteckter Mörder mit einem Spieß durchbohrte.[38] Das demonstrativ in den Mittelpunkt gestellte Freundschaftsbündnis zerbricht am Verrat Knuts. Dass nicht Knuts Nachkommen über England herrschen werden, sondern mit Eduard noch einmal das von Knut besiegte angelsächsische Königshaus an die Herrschaft zurückkehren sollte, wird hier bereits im Vorgriff begründet.

In der Tat bestimmt der Gegensatz von bindender Freundschaftsgeste und nachfolgendem Verrat das Bildprogramm dieses Teils der ‚Vita Eduardi': Eduards Bruder Alured wird, als er nach England kommt, um den Thron zu beanspruchen, von Earl Godwin zunächst als Nachfolger Knuts empfangen, dann aber an Knuts Sohn Harald Harefoot ausgeliefert, der ihn durch Blendung tötet.[39]

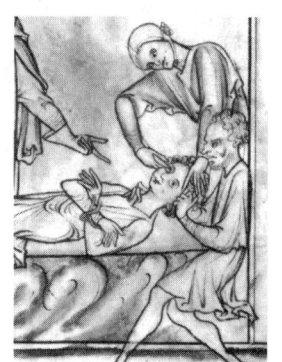

Alured, der Bruder Eduards des Bekenners, kommt nach England (vgl. Anm. 39)

---

[37] Luk 23,12: *et facti sunt amici Herodes et Pilatus in ipsa die nam antea inimici erant ad invicem.*
[38] Cambridge University Library MS. Ee.3.59, f. 5r.
[39] Cambridge University Library MS. Ee.3.59, f. 5v/6r; zum tatsächlichen Verlauf der Ereignisse BARLOW, Edward the Confessor (wie Anm. 35), S. 45 f.; vgl. auch Frank BARLOW, The Godwins. The rise and fall of a noble dynasty, Harlow 2002.

Zeichen personaler Bindung 147

In der Darstellung des Friedens von 1217 bei Matthaeus Paris fällt neben Kuss und Umarmung die Handhaltung der beiden Könige auf, die auf den ersten Blick aggressiv erscheint. Es handelt sich jedoch um eine Geste liebevoller Zuwendung, die ganz ähnlich in der Darstellung der Freundschaft zwischen Pilatus und Herodes in einem um 1200 entstandenen thüringischen Evangeliar erscheint: die Berührung von Kinn oder Wange des Partners mit der Hand.[40] Seinen Ursprung hat die Verbindung von Kuss und Kinngriff im Hohenlied der Liebe, wo es heißt „Seine Linke liegt unter meinem Kopf und seine Rechte umfasst mich".[41] Regelmäßig begegnet die Geste daher in den O-Initialen des Hohenliedes. Die Initiative liegt dabei meist beim Mann, zuweilen aber auch bei der Frau.[42] Als Zeichen liebevoller Zuneigung findet sich der Kinngriff auch in der Illustration anderer biblischer Szenen. Dabei kann die Konnotation positiv sein, wie in der Darstellung der Hochzeit Davids mit Michol,[43] aber auch negativ, etwa in der Darstellung des Herodes, der sich die Liebe Salomes mit dem Kopf Johannes des Täufers erkauft.[44] Auch ohne Andeutung eines Kusses begegnet sie als Zeichen erotischer Zuwendung in weltlichen Liebesszenen.[45]

---

[40] Schönbornsche Schloßbibliothek Pommersfelden, cod 2869 [249], f. 121r; Abb.: Die Zeit der Staufer, Stuttgart 1977, Bd. 2, Abb. 556 (Kat. Nr. 761).
[41] Cant. 2,6: *Leva eius sub capite meo et dextera illius amplexabitur me.*
[42] Cant 1,1: *Osculetur me osculo oris sui* („Er küsse mich mit dem Kuss seines Mundes"). Beispiele: British Library London, MS Royal 1.B.XII (Bible of William of Hales: Salisbury, 1254), f. 208; Abb.: Nigel J. MORGAN, Early gothic manuscripts. 2: 1250-1285 (A survey of manuscripts illuminated in the British Isles 4), London/Oxford/New York 1988, Abb. 25 – BN Paris, Ms. lat. 17645, f. 112v (Christus und die Kirche als Bräutigam und Braut; um 1200); Abb.: Leo STEINBERG, The sexuality of Christ in Renaissance art and in modern oblivion, Chicago, 2. Auflage 1996, S. 116, Abb. 131 – Halberstadt, Domschatz Ms. 1 (Bibel aus Hamersleben, um 1180); Abb.: Jochen LUCKHARDT / Franz NIEHOFF (Hgg.), Heinrich der Löwe und seine Zeit. Herrschaft und Repräsentation der Welfen 1125-1235. Katalog der Ausstellung Braunschweig 1995, München 1995, Bd. 1, Nr. G 47, S. 536 (hier fasst die Frau an das bärtige Kinn ihres Geliebten).
[43] Psalmenkommentar des Petrus Lombardus (Bamberg, um 1180), SB Bamberg, Msc. Bibl. 59, f. 2v; Abb.: LUCKHARDT / NIEHOFF (wie Anm. 42), Bd. 1, Nr. D 69, S. 259.
[44] Kapitell aus dem Kreuzgang St-Étienne in Toulouse (Gilabertus zugeschrieben), 1120-1140, 32 x 55,5 x 39 cm, Musée des Augustins de Toulouse; Abb.: Bernhard RUPPRECHT / Max HIRMER / Albert HIRMER, Romanische Skulptur in Frankreich, München, 2. Auflage 1984, Nr. 28 und S. 81; Große Frauen der Bibel in Bild und Text, Freiburg 1993, S. 253 (Farbtafel).
[45] Vgl. z.B. CAMILLE, Kunst der Liebe (wie Anm. 16), S. 101, Abb. 86: Liebespaar beim Aufbruch zur Jagd, Spiegelkapsel aus Elfenbein, Paris (um 1320), Victoria and Albert Museum London.

Der Kinngriff 1: David und Michol, Braut und Bräutigam, Herodes und Salomo
(vgl. Anm. 43, 42 Ende, 44)

Trotz dieses Hintergrundes ist der Kinngriff kein Zeichen, das exklusiv auf die Liebe zwischen Mann und Frau verweist. In mehreren englischen Apokalypsen des 13. Jahrhunderts wendet sich der Engel dem Verfasser tröstend und ermutigend auf diese Weise zu.[46] Die Mönche von Chertsey trugen keine Bedenken, auf einer Bodenkachel Tristan und König Marke bei entsprechender Begrüßung zu zeigen.[47] Im frühen 16. Jahrhundert begegnet dieselbe Geste in mehreren Bildern Joos van Cleves, die Christus und Johannes den Täufer als einander innig umarmende und küssende Knaben vorstellen.[48] Es ist daher nicht erstaunlich, dass die Berührung der Wange auch bei Darstellung politischer Freundschaft zur Anwendung kam, um die Aussage von Kuss und Umarmung zu unterstreichen.

---

[46] Tanner Apocalypse, Bodleian Library Oxford, MS Tanner 184, f. 26v; Abb.: MORGAN (wie Anm. 42), Abb. 51 (und S. 211, Nr. 129/130); ähnlich: Morgan Apocalypse, Pierpont Morgan Library New York, MS 524, f. 21r (England, ca. 1250); Abb: Michael CAMILLE, Gothic art. Glorious visions (perspectives), New York 1996, S. 15; zur Handschrift vgl. MORGAN (wie Anm. 42), Nr. 122, S. 92-94 (und S. 213, Nr. 150). Ein Vergleich der übrigen in Morgans tabellarischer Übersicht erfassten Handschriften wäre lohnend.

[47] Medieval tiles from Chertsey Abbey (Surrey) (1250-1270), Dauerleihgabe des Chertsey Museum im British Museum London, Department of Medieval and Modern Europe; Abb.: CAMILLE, Kunst der Liebe (wie Anm. 16), S. 134, Abb. 120.

[48] Ilse HECHT, The infants Christ and Saint John embracing. Note on a composition by Joos van Cleve, in: Apollo. A magazine of the arts (London) 113 (1981), S. 222-229, mit Abb. der vier erhaltenen Ausführungen Joos van Cleves (ca. 1485-1540/41) und seiner Werkstatt: The Art Institute of Chicago 1975, S. 136; Brüssel, Musées Royaux des Arts; Den Haag, Mauritshuis; Weimar, Kunstsammlungen Schlossmuseum (dort u.d.T. „Allegorie der Menschenliebe"); vgl. auch die gleichfalls bei Hecht abgebildeten ähnlichen Darstellungen aus der Werkstatt Leonardos da Vinci (1452-1519) und von Quentin Massys (1465-1530; ca. 1515).

Die ikonographische Brücke wurde durch das biblische Vorbild Jesu geschlagen, der beim letzten Abendmahl den Jünger Johannes an seiner Brust ruhen ließ. Im Johannesevangelium bezeichnet sich der Evangelist selbst als diesen Jünger, „den Jesus liebte".[49] Verschiedene Beispiele belegen, dass man es in der Buchmalerei des 12. und 13. Jahrhunderts für passend hielt, die besondere Zuneigung Jesu darzustellen, indem man ihn liebevoll mit der Hand das Kinn seines Lieblingsjüngers berühren ließ.[50]

Der Kinngriff 2: Engel und Johannes, Marke und Tristan, Jesus und Johannes (vgl. Anm. 46 Anf., 47, 50 Ende)

Umarmung und Kuss konnten statt durch den Kinngriff auch dadurch verstärkt werden, dass beide Partner als in ein einziges Gewand gehüllt erscheinen. In dieser Funktion begegnet das gemeinsame Gewand etwa in der Darstellung eines Liebespaares in einer um 1300 entstandenen Handschrift „Li ars d'amour".[51] Es konnte jedoch ebenso gut freundschaftliche Eintracht symbolisieren, so etwa auf einem der Medaillons des Deutzer Heribertschreines (1165/70): Über Jahre hinweg hatten fortgesetzte Streitigkeiten Kaiser Heinrich II. und Erzbischof Heribert von Köln entzweit. Dies stellte Verfasser ihrer Viten vor ein erhebliches Problem: Da sowohl Heinrich als auch Heribert als Heilige verehrt wurden (und die Adressaten der Texte dies

---

[49] Joh. 13,23: *Erat ergo recumbens unus ex discipulis eius in sinu Iesu, quem diligebat Iesus.*

[50] Justin LANG, Herzensanliegen. Die Mystik mittelalterlicher Christus-Johannes-Gruppen, Ostfildern 1994; vgl. dort v.a. die Miniatur „Jesus und Johannes beim letzten Abendmahl" (Initiale zum 3. Johannesbrief), Kantonsbibliothek Aargau, MS Wett F 2 (Zisterzienserkloster Wettingen 1288), f. 176r (S. 80, Abb. 18). Besonders interessant ist die Darstellung „Johannes verlässt seine Braut und ruht an der Brust Jesu", in der um 1160 entstandenen Handschrift der „Meditationes et Orationes" Anselms von Canterbury; Stiftsbibliothek Admont, MS lat. 289, f. 56r (S. 20, Abb. 9), da hier die Liebe zwischen Christus und Johannes nicht nur durch den Kinngriff mit der Liebe zwischen Mann und Frau parallel gesetzt wird, sondern auch durch die kontrastierend als Entscheidungssituation gefasste Darstellung der Konkurrenz zwischen beiden Bindungen; vgl. David R. CARTLIDGE, An illustration in the Admont 'Anselm' and its relevance to a reconstruction of the acts of John, in: Semeia 80 (1997), S. 277-290 (mit Abb.).

[51] Bibliothèque Royale Albert Ier Brüssel, MS 9543, f. 22v; Abb.: CAMILLE, Kunst der Liebe (wie Anm. 16), S. 145, Abb. 132.

wussten), musste der Konflikt in offenkundiger Weise beigelegt werden, denn sonst hätte sich die Frage gestellt, welcher von beiden Heiligen Schuld an dem Zerwürfnis trug.[52] Lantbert von Deutz fügte daher seiner ‚Vita Heriberti' eine eindrucksvolle Versöhnungsszene ein, die nach Umarmung und dreimaligem Kuss damit endet, dass Heribert neben Heinrich auf dessen Thron sitzen darf.[53] Die bildliche Darstellung auf dem Heribertschrein stellt

---

[52] Bereits Lantbert von Deutz betont am Ende der Lectio 10 (unter Verweis auf Apg. 15,1-41) wie erstaunlich es sei, dass auch Heilige zuweilen unterschiedlicher Meinung seien. Eigentlich sei dies nur zwischen Gerechten und Ungerechten zu erwarten, doch seien die Urteile Gottes unverständlich und seine Wege unerforschlich; Lambertus Leodiensis (seu Tuitiensis), Vita Heriberti, hg. v. Bernhard VOGEL (MGH SRG 73), Hannover 2001, S. 135-201, S. 183. – Wie genau die Mönche der Abtei Deutz beobachteten, was in Bamberg zu Ehren des kaiserlichen Gegenspielers ihres Gründers unternommen wurde, zeigt auch die weitere Entwicklung der Heribertverehrung. Kaum ein Jahr, nachdem Heinrich II. am 12. März 1146 durch Papst Eugen III. heiliggesprochen worden war (und nur sechs Wochen nach seiner feierlichen Erhebung zur Ehre der Altäre am 13. Juli 1147 in Bamberg), öffnete Erzbischof Arnold I. von Köln am 30. August 1147 das Grab seines Vorgängers, um in gleicher Weise die Gebeine Heriberts zu erheben. Die Verehrung Heriberts konnte auf eine ältere Tradition zurückblicken als die Verehrung Heinrichs II. Bereits in der Mitte des 11. Jahrhunderts verfasste Lantbert von Deutz eine Vita Heriberti, die Rupert von Deutz (1075/80-1129/30) um 1120 überarbeitete und erweiterte; dagegen wurde die erste Vita und Mirakelsammlung für Heinrich II. erst kurz vor 1146 für das Kanonisierungsverfahren zusammengestellt. Die Erhebung der Gebeine Heinrichs durch Bischof Eberhard von Bamberg war zwar mit großer Feierlichkeit, jedoch nur in Anwesenheit des Erzbischof von Salzburg und des Bischofs von Brixen erfolgt; die benachbarten Bischöfe von Eichstätt und Würzburg und auch der Erzbischof von Mainz waren der Handlung ferngeblieben, viele andere Bischöfe befanden sich auf dem Kreuzzug. Dennoch war die Heiligkeit Heinrichs II. jetzt durch eine päpstliche Urkunde und einen feierlichen Erhebungsakt abgesichert, so dass die Heiligkeit des Bischofs, mit dem er so zahlreiche Konflikte ausgetragen hatte, zweifelhaft erscheinen konnte. Abt Gerlach von Deutz reagierte unverzüglich, indem er nicht nur die Gebeine Heriberts durch seinen Erzbischof erheben ließ, sondern auch eine päpstliche Kanonisationsbulle (gefälscht auf einen nicht näher bestimmten Papst Gregor) anfertigen ließ; zur Verehrung Heriberts vgl. Heribert MÜLLER, Heribert, Kanzler Ottos III. und Erzbischof von Köln (Veröffentlichungen des Kölnischen Geschichtsvereins e.V 33), Köln 1977, S. 276 und 314 f.; DERS., Zur Kanonisationsbulle für Erzbischof Heribert von Köln, in: Rheinische Vierteljahrsblätter 40 (1976), S. 46-71; zur Kanonisierung Heinrichs II. vgl. Klaus GUTH, Kaiser Heinrich II., der Heilige. Kult und Legende in staufischer Zeit, in: Elisabeth Roth (Hg.), Kultur als Lebensform. Aufsätze und Vorträge, St. Ottilien 1997, S. 213-232; DERS., Die Heiligen Heinrich und Kunigunde. Leben, Legende, Kult und Kunst, Bamberg 1986.

[53] Lambertus Leodiensis (seu Tuitiensis), Vita Heriberti (wie Anm. 52), S. 181 f.; vgl. Rupertus Tuitensis, Vita Heriberti, hg. v. Peter DINTER (Veröffentlichungen des Historischen Vereins für den Niederrhein 13), Bonn 1976, cap. 27, S. 72. Das gemeinsame

die wiederhergestellte Eintracht der beiden Heiligen in den Mittelpunkt: Der Kaiser küsst und umarmt den Erzbischof so, dass sein Mantel ihn einschließt.[54]

Neben Kuss, Umarmung und Kinngriff begegnen bei Matthaeus Paris als viertes Zeichen der Freundschaft immer wieder auch die verschränkten Hände. Erkennbar ist das breite Anwendungsspektrum auch dieser Geste reziproker Bindung: Sie konnten ebenso einen Waffenstillstand oder Friedensvertrag wie eine Eheschließung symbolisieren.

Allerdings ist die Vereinigung der Hände nicht etwa aus der Ehe auf Freundschafts- und Lehensbeziehungen übertragen worden. Ebenso wie andere Freundschaftsgesten, etwa Kuss und Umarmung, hatte auch die Verschränkung der Hände ihren Platz im Ritus der Eheschließung. Wenn jedoch ausdrücklich auf die Ehe verwiesen werden sollte, findet sich als spezifisches Zeichen regelmäßig der Ring, den der Bräutigam der Braut an den Finger

---

Sitzen auf einem Thron erscheint als Zeichen der Eintracht zwischen geistlicher und weltlicher Gewalt bildlich dargestellt auch im Sachsenspiegel; UB Heidelberg, Cod. Pal. germ. 164 (Heidelberger Sachsenspiegel, Ostmitteldeutschland, Anfang 14. Jh.), f. 22r (unten); Abb.: http://digi.ub.uni-heidelberg.de/cpg164; vgl. Roderich SCHMIDT, Das Verhältnis von Kaiser und Papst im Sachsenspiegel und seine bildliche Darstellung, in: Ruth SCHMIDT-WIEGAND (Hg.), Text-Bild-Interpretation. Untersuchungen zu den Bilderhandschriften des Sachsenspiegels (Münstersche Mittelalter-Schriften Bd. 55), München 1986, S. 95-115, S. 114 (mit Hinweisen zu den anderen Bildhandschriften des Sachsenspiegels).

[54] Valerie FIGGE, Das Bild des Bischofs. Bischofsviten in Bilderzählungen des 9. bis 13. Jahrhunderts (Marburger Studien zur Kunst- und Kulturgeschichte 1), Weimar 2000, S. 41 f. (11. Medaillon; Abb. auch bei SCHREINER (wie Anm. 21), S. 116, Abb. 10. Die Szene links (Heinrich II. kniend vor Heribert) zeigt allerdings nicht, wie Figge vermutet, die demütige Bitte des Kaisers um Verzeihung, sondern seine Krönung. Das Bildprogramm des Heribertschreins verkürzt das Verhältnis Heriberts zu Heinrichs damit bildlich auf die harmonischen Schlüsselszenen am Anfang und Ende der Beziehung; der Streit zwischen Herrscher und Bischof wird nur in der Umschrift erwähnt: *Corda cruenta necat venia rex, dum bene placat iram pontificis ter prebens oscula pacis.* Das Medaillon greift damit die beiden Szenen auf, die Lantbert von Deutz in der 10. Lectio seiner ‚Vita Heriberti' als Anlass und Ende des langen Konfliktes Heriberts mit Heinrich erwähnt: Heribert sei Heinrich verdächtig und verhasst gewesen, da er ihm bei seiner Wahl nur zögernd die *insignia imperii* ausgehändigt und versucht habe, anstelle Heinrichs einem anderen die Krone zu übertragen. Kurz vor seinem Tod jedoch habe sich Heinrich mit Heribert ausgesöhnt, nachdem ihn Petrus im Traum dazu ermahnt hatte: Vor den Augen seiner Verleumder sei Heinrich von seinem Thron aufgestanden, habe Heribert umarmt und geküsst und um Verzeihung gebeten. Sodann hätten beide ihre Aussöhnung durch dreifachen Kuss im Namen der heiligen Dreifaltigkeit bekräftigt und sich gemeinsam nebeneinander auf den Thron gesetzt, um über Reichsangelegenheiten zu beraten; Lambertus Leodiensis (seu Tuitiensis), Vita Heriberti (wie Anm. 52), S. 179-183.

steckt. Die 1235 geschlossene Ehe Kaiser Friedrichs II. mit Isabella, der Schwester Heinrichs III. von England, symbolisiert Matthaeus Paris in einer Handschrift seiner ‚Chronica Maiora' durch die verschränkten Hände mit daruntergesetztem Ring.[55] In einer anderen Handschrift wählte er statt der verschränkten Hände eine bildliche Darstellung der Szene, in deren Mittelpunkt der Ring steht, den der Kaiser auf die ihm entgegengestreckte Hand seiner Braut zubewegt.[56]

Verschränkte Hände: Waffenstillstand, Ehe, Friedrich II. und Isabella
(vgl. Anm. 55 Anf., 55 Ende, 56)

In der Hereforder Handschrift der Dekretalen Gregors IX. bringt der Bischof die Hände der Brautleute zusammen, jedoch nicht, um sie zusammenzulegen, sondern damit der Bräutigam den Ring anstecken kann.[57] Giotto und andere Maler des späten Mittelalters und der Renaissance zeigen die Vermählung Marias mit Joseph regelmäßig im Augenblick des Ansteckens des Ringes.[58] Selbst Darstellungen der „Hochzeit des Lammes" in den englischen Apoka-

---

[55] Suzanne LEWIS, The art of Matthew Paris in the Chronica Majora (California studies in the history of art 21), Berkeley 1987, Abb. 128 (Matthaeus Paris, Chronica Maiora, Corpus Christi College Cambridge, MS 16, f. 162r: Waffenstillstand zwischen England und Frankreich 1243; RS 57.4, S. 242) und Abb. 162 (ebenda, f. 94v: Ehe zwischen Friedrich II. und Isabella, Schwester Heinrichs III. von England 1235; RS 57.3, S. 324).
[56] BL London, MS Royal 14.C.VII, f. 123v; Abb.: LEWIS (wie Anm. 55), Abb. 163.
[57] Hereford Cathedral Library O.7.VII, f. 156; Abb.: MORGAN (wie Anm. 42), Abb. 107.
[58] Giotto, Eheschließung Marias und Josephs (1304-1306), Fresko Arena-Kapelle (Capella Scrovegni) Padua; Abb.: BASILE (wie Anm. 18); vgl. auch SCHREINER (wie Anm. 21), S. 114 (über Ring und Kuss als Zeichen der *desponsatio* in spätmittelalterlichen Notarsurkunden).

lypsen des 13. Jahrhunderts stellen meist die Übergabe des Rings durch das Lamm in den Mittelpunkt, seltener den Kuss der Brautleute.[59] Als Alternative zu Kuss und Umarmung, d.h. als ehrende Begrüßungsgeste, fand der Handschlag erst im Spätmittelalter weitere Verbreitung. Dass Karl V. von Frankreich Kaiser Karl IV. im Januar 1378 mit Handschlag begrüßte, erscheint im wenig später entstandenen Bericht der ‚Grandes Chroniques de France' noch als erklärungsbedürftige Besonderheit.[60] Dagegen fiel es 1466 dem böhmischen Adligen Leo von Rožmital und seinen Begleitern auf, dass man sich in England zur Begrüßung küsste, während man sich auf dem Kontinent üblicherweise die Hand gab.[61] Als Geste der Begrüßung, zugleich aber als Ausdruck inniger Freundschaft und Verbundenheit erscheint der Handschlag in einem Ghirlandaio zugeschriebenen Tafelbild von 1477/78 „Christus und Johannes der Täufer begegnen sich in der Wildnis".[62]

---

[59] BL London, MS Add. 35166, f. 23; Abb.: MORGAN (wie Anm. 42), Abb. 131; Dyson Perrins Apocalypse, Getty Collection Malibu, MS Ludwig III 1, f. 39 (London, 1255/60); Abb.: http://www.getty.edu/art/collections/objects/p1574-77.html und .../o3398.html; vgl. MORGAN (wie Anm. 42), Nr. 124, S. 98-100 (und Nr. 128, S. 211). – Dagegen zeigt die Pariser Apokalypse (Salisbury, 1250/55) das Lamm und seine Braut im Moment des Kusses; BN Paris, MS fr. 403, f. 35v (= p. 70); Abb.: http://clawww.lmu.edu/faculty/fjust/Restricted/Paris_Apoc_70.JPG; vgl. MORGAN (wie Anm. 42), Nr. 103, S. 63-68; ähnlich: Cambridge Trinity College, MS R.16.2, f. 22r; Abb.: MORGAN (wie Anm. 42), Abb. 64.

[60] Les grandes chroniques de France. Chronique des règnes de Jean II et de Charles V, hg. v. R. DELACHENAL, Paris 1910-1920, Bd. 2, S. 217.

[61] Šašek z Bířkova, Václav, De Leonis a Rosmital nobilis Bohemi itinere per partes Germaniae, Belgii, Britanniae, Franciae, Hispaniae, Portugalliae atque Italiae. Des böhmischen Herrn Leo's von Rožmital Ritter-, Hof- und Pilger-Reise durch die Abendlande 1465-1467 beschrieben von zweien seiner Begleiter, hg. v. Johann Andreas SCHMELLER (Bibliothek des Literarischen Vereins in Stuttgart 7.1), Stuttgart 1844, S. 42: *Apud eos namque idem est, si osculum tuleris, ac si manum dextram porrexeris, non enim manum porrigere consueverunt*; vgl. hierzu demnächst ausführlich OSCHEMA (wie Anm. 14). Klaus Oschema verdanke ich auch den folgenden Hinweis auf das Gemälde Ghirlandaios.

[62] Berlin, Staatliche Museen (Stiftung Preussischer Kulturbesitz), Gemäldegalerie, Inv. Nr. 93; Jeanne K. CADOGAN, Domenico Ghirlandaio. Artist and artisan, New Haven 2000, S. 43 (Abb. 44) und S. 246 (Kat. Nr. 23) weist das Tafelbild Ghirlandaio zu und datiert es auf 1477/78. Ronald G. KECKS, Domenico Ghirlandaio und die Malerei der Florentiner Renaissance (Italienische Forschungen 42), München 2000, S. 409, und Günter PASSAVANT, Verrocchio. Skulpturen, Gemälde und Zeichnungen. Gesamtausgabe, London 1969, S. 216, Anh. 26, schreiben es dagegen der Werkstatt Verrocchios (1435-1488) zu.

Als allgemeine Geste der Freundschaft war das Halten der Hände bereits im Hochmittelalter geeignet, ein politisches Bündnis zu verdeutlichen. So berichtet etwa die ‚Histoire de Guillaume le Maréchal', wie Richard Löwenherz 1198 Hand in Hand (*main à main*) mit Graf Rainald von Boulogne und Graf Balduin von Flandern zu Philipp II. von Frankreich kam, der ihn zu Verhandlungen erwartete. Kurz zuvor hatten beide Grafen mit Richard ein Bündnis geschlossen und ihm Mannschaft geleistet.[63] Dass sie in der Folge vorrangig Richard unterstützen würden, obwohl sie auch (und sogar zunächst) Lehensleute des französischen Königs waren, machten sie durch die Geste der verschränkten Hände deutlich.[64]

In ganz anderem Kontext begegnen die verschränkten Hände in der karolingischen Dichtung. In dem als ‚Aachener Karlsepos' bekannten Preisgedicht empfängt Karl der Große 799 Papst Leo in Paderborn mit Fußfall, dann jedoch folgen Umarmung und Friedenskuss; Hand in Hand begeben sich Papst und König, nachdem sie sich in die Augen blickend freundliche Worte gewechselt haben, gleichen Schrittes zum gemeinsamen Mahl.[65] In ganz ähnlicher Weise berichtet auch 826/828 Ermoldus Nigellus über das Treffen Ludwigs des Frommen mit Papst Stephan IV. in Reims 816: Der Kaiser fällt zunächst vier Mal vor dem Papst nieder, dann aber umarmen sie sich und küssen sich auf Augen, Lippen, Stirn, Brust und Hals. Schließlich gehen sie Hand in Hand, „die Finger mit den Fingern haltend" (*digitos digitis*

---

[63] Histoire de Guillaume le Maréchal, hg. v. Paul MEYER (SHFP 255/268/304), Paris 1891-1901, Bd. 2, S. 21, V. 10712 (*main a main*) und V. 10718-10720 (*si amena molt cointement / les deus contes en ses deus mains, / quer isi l'aveit pris en mains*); vgl. John GILLINGHAM, Richard I (The Yale English monarchs series), New Haven 1999, S. 313, Anm. 65.

[64] Konkurrierende Treuebindungen konnten die verschränkten Hände auch in bildlichen Darstellungen zum Ausdruck bringen. Im Missale Heinrichs von Chichester (Salisbury, um 1250) verrät Judas Jesus durch einen Kuss, hält dabei jedoch, statt ihn zu umarmen, die Hand eines mit dem Schwert zum Schlag ausholenden Schächers; John Rylands Library Manchester, MS lat. 24, f. 150v; Abb: MORGAN (wie Anm. 42), Abb. 30. Der Gegensatz „Verrat" und „Treue" steht im Mittelpunkt der Komposition, denn das Gegenbild (f. 150r) zeigt Heinrich von Chichester kniend vor Maria mit dem Kind; vgl. MORGAN (wie Anm. 42), Nr. 100, S. 56-59.

[65] De Karolo rege et Leone papa. Der Bericht über die Zusammenkunft Karls des Großen mit Papst Leo III. in Paderborn 799 in einem Epos für Karl den Kaiser, hg. von Wilhelm HENTZE. Beiheft: Text und Übersetzung, hg. v. Franz BRUNHÖLZL (Studien und Quellen zur westfälischen Geschichte 36), Paderborn 1999, V. 487-536; vgl. Achim Thomas HACK, Das Empfangszeremoniell bei mittelalterlichen Papst-Kaiser-Treffen (Forschungen zur Kaiser- und Papstgeschichte des Mittelalters 18), Köln 1999, S. 446-458; zur Entstehung des Textes Franz BRUNHÖLZL, Über die Verse De Karolo rege et Leone papa, in: Historisches Jahrbuch 120 (2000), S. 274-283; Verf.-Lex.² 4, Sp. 1041-1045.

tenentes) in die Kirche und anschließend zum gemeinsamen Festmahl in den Palast.[66]

Weshalb betonen beide Texte so sehr die verschränkten Hände? Hervorgehoben wird die Gleichrangigkeit von Frankenherrscher und Papst. Zunächst ist der Papst der Unterlegene, denn er kommt als Hilfesuchender. Karl und Ludwig dagegen – als Schutzgewährende eigentlich in der Position des Überlegenen – kehren das Rangverhältnis demonstrativ um, indem sie sich auf den Boden werfen. Umarmung, Kuss und schließlich die verschränkten Hände zeigen, dass durch diese Inversion Gleichrangigkeit hergestellt ist.

Freundschaft konnte jedoch auch zwischen Partnern unterschiedlichen Ranges bestehen. In einer intakten Lehensbeziehung etwa verkehrte der Herr mit seinem Mann als Freund und redete ihn auch so an. Gesten der Freundschaft drückten lediglich aus, dass der Rangunterschied nicht für unüberbrückbar gehalten wurde. Sie implizierten aber nicht automatisch Gleichrangigkeit. Vielmehr markierten sie einen Freiraum. In der Freundschaft entfiel der Zwang zur ständigen Rangdemonstration, der ansonsten den mittelalterlichen Adel als agonale Ranggesellschaft bestimmte. Im Kuss war der Rangunterschied gleichsam aufgehoben, doch hob der Kuss den Rangunterschied nicht auf.

Sollte Gleichrangigkeit deutlich gemacht werden, reichten Freundschaftsgesten deshalb allein nicht aus. Sie mussten eigens in Szene gesetzt werden. Besonders geeignet dazu waren Umarmung und Kuss zu Pferd. Ein Beispiel dafür bietet die Begrüßung Erzbischof Balduins von Trier mit seinem Neffen König Johann von Böhmen in der Bildhandschrift „Kaiser Heinrichs VII. Romfahrt". Aus heutiger Sicht erscheint es auffällig, dass die beiden Fürsten sich auf der Straße begegnen und nicht einmal absitzen, so als habe die Zeit nur für einen flüchtigen Kuss im Vorüberreiten gereicht.[67] In Wirklichkeit handelt es sich um ein Verfahren, das schon im 12. Jahrhundert Geroch von Reichersberg nach byzantinischem Vorbild für Begegnungen von Papst und Kaiser vorgeschlagen hatte, um Rangstreitigkeiten zu vermeiden.[68]

Auch bei der ersten Begegnung Karls IV. mit Karl V. in Paris war offenbar eben dieses Begegnungsritual vorgesehen, um die Gleichrangigkeit des französischen Königs mit dem Kaiser zu verdeutlichen. Ausdrücklich betonen die „Grandes Chroniques de France", der König habe die gichtkranken

---

[66] Ermoldus Nigellus, De rebus gestis Ludovici Pii. Poème sur Louis le Pieux et épitres au roi Pépin, hg. v. Edmond FARAL (CHF 14), Paris 1932, V. 868–885; vgl. LexMA 3, Sp. 2160 f.; HACK (wie Anm. 65), S. 458–464; CARRE (wie Anm. 14), S. 13.
[67] Wolfgang SCHMID, Kaiser Heinrichs Romfahrt (Mittelrheinische Hefte 21), Koblenz 2000, S. 62 und 140 f. (Abb.).
[68] MGH LdL, 3 (ed. SACKUR), S. 335 f. und 393; VAN EICKELS (wie Anm. 10), S. 337, Anm. 153; HACK (wie Anm. 65), S. 531–534.

Beine des Kaisers nicht berühren wollen und ihm daher nur die Hand gereicht.[69]

Begrüßung zu Pferd: Balduin von Trier und Johann der Blinde, Karl IV. und Karl V.
(vgl. Anm. 67, 69)

Halten wir abschließend die Ergebnisse unserer Beobachtungen fest:
1) Wie Gesten physischer Intimität und räumlich-körperlicher Nähe im Mittelalter personale Bindungen strukturierten, gehört ebenso zur Alterität wie zur Aktualität des Mittelalters. Gesten der Liebe und Freundschaft sind adäquat nur zu verstehen, wenn man berücksichtigt, dass das Mittelalter die moderne Dichotomie homosexuell / heterosexuell wie überhaupt den modernen Begriff des Sexuellen nicht kannte. Freundschaftsgesten sind in weit größerem Umfang in den Quellen belegt, als bislang wahrgenommen wurde. Ihre Ausblendung aus historischen Darstellungen seit dem Ende des 19. Jahrhunderts fällt kaum zufällig zusammen mit dem Aufkommen des Homosexualitätsbegriffs, d.h. eines Wahrnehmungs- und Deutungsmusters, das mann-männliche Liebe und Freundschaft als sublimierten Ausdruck desselben Triebes verstand, aus dem gleichgeschlechtliche sexuelle Handlungen erwachsen. Im Mittelalter dagegen und bis weit in die Neuzeit hinein standen Liebesdiskurs personaler Bindung

---

[69] Jean FOUQUET, Die Bilder der 'grandes chroniques de France' (mit der originalen Wiedergabe aller 51 Miniaturen von Manuscrit français 6465 der Bibliothèque Nationale in Paris), Graz 1987, S. 240 (Tafel 48: BN Paris, MS fr. 16465, f. 444r) und S. 257-259; Les grandes chroniques de France (wie Anm. 60), Bd. 2, S. 217; vgl. Anne Dawson HEDEMAN, The royal image. Illustrations of the 'Grandes Chroniques de France', 1274-1422 (California studies in the history of art 28), Berkeley 1991, S. 128-133.

und der Sodomiediskurs für unzüchtige Handlungen weitgehend unverbunden nebeneinander. Gesten physischer Intimität zwischen Partnern des gleichen Geschlechts erregten daher keinen Anstoß. Sie standen vielmehr uneingeschränkt zur Verfügung, um soziale, rechtliche und politische Beziehungen durch Verweis auf personale Bindungen (Verwandtschaft und Ehe, Kriegerfreundschaft und Liebe) aufzuladen und zu überhöhen. Als Ausdruck politischer Freundschaft fanden daher Kuss, Umarmung und verschränkte Hände, ja sogar die Gemeinschaft von Tisch und Bett, weite Anwendung im öffentlichen Raum.

2) Politische Freundschaft ist damit nur ein Ausschnitt aus dem umfassenden Spektrum personaler Bindungen, das in der Terminologie der Schriftquellen, in bildlichen Darstellungen und in der symbolischen Kommunikation des Mittelalters als Kontinuum erscheint.

3) Umarmung, Kuss auf den Mund und Handschlag sind als Gesten der Liebe und Freundschaft sowohl in Bildern als auch in Texten in großer Zahl belegt. In bildlichen Darstellungen kommt der Kinngriff hinzu, der als eine aus dem Hohenlied der Liebe übernommene Chiffre zu deuten ist und die liebende Zuwendung der Beteiligten unterstreicht.

4) Fast immer haben Freundschaftsgesten in den Quellen eine narrative Funktion. Vielfach werden sie nur erwähnt, um einen nachfolgenden Verrat plastisch hervortreten zu lassen.[70] Nur selten greifen wir in der Überlieferung alltägliche Gesten der Freundschaft und Intimität, etwa wenn Ekkehard von St. Gallen zum Jahr 972 beiläufig erwähnt, der damals 17jährige Otto II. habe mit seinem etwa gleichaltrigen Neffen Otto, dem späteren Herzog von Schwaben, Arm in Arm (*amplexu mutuo*) in der Nähe des Eingangs gestanden, als eine Gesandtschaft St. Galler Mönche am Hof Ottos des Großen eintraf. Ekkehard geht es in seiner Erzählung nicht um die Freundschaft beider, sondern darum, dass der Kaisersohn meinte, sie ständen nahe genug beieinander, um von anderen ungehört despektierliche Bemerkungen über einen der Mönche austauschen zu können.[71]

---

[70] Dies bedeutet auch, dass die Überlieferung vermutlich nur einen kleinen Ausschnitt aus dem Anwendungsbereich der hier untersuchten Gesten bietet. Die Chance, dass sie erwähnt werden, ist dort am größten, wo sie im Rahmen der Darstellung demonstrativen Charakter annehmen, etwa zur Verdeutlichung des späteren Treuebruchs. Dies aber setzt voraus, dass ihre Anwendung in der Wirklichkeit weitaus häufiger war und deshalb für die beschriebenen Einzelfälle des Scheiterns einen allgemein verständlichen Referenzrahmen bereitstellte.

[71] Eccardus Sangallensis IV, Casus Sancti Galli. St. Galler Klostergeschichten, hg. v. Hans F. HAEFELE (FSGA 10), Darmstadt 1980, cap. 128, S. 248; vgl. VAN EICKELS (wie Anm. 10), S. 342, Anm. 164. – Ein Pendant in der Malerei ist das Wilton

5) Freundschaft hebt einen bestehenden Rangunterschied nicht auf. Rangunterschiede sind in der Freundschaft aufgehoben, bleiben aber an sich unberührt. In einer von agonaler Rangbehauptung bestimmten Gesellschaft markieren Freundschaftsgesten daher einen Freiraum, in dem die Freunde auf die ständige Demonstration ihres Ranganspruchs verzichten können, ohne diesen dadurch zu gefährden. In hierarchischen Beziehungen wirkt der Freundschafts- und Liebesdiskurs als soziales Bindemittel. In der verbalen wie in der symbolischen Kommunikation bietet er ein stabilisierendes Gegengewicht zur erniedrigenden Unterordnung, das diese für den unterlegenen Partner erträglich macht (und so die Notwendigkeit vermeidet, sie durch ständigen Zwang durchzusetzen).

Es ist daher kein Widerspruch, dass Hugo von St. Viktor einerseits – wie einleitend gezeigt – die natürliche Unterlegenheit der Frau herausstellt, an anderer Stelle aber den wechselseitigen Respekt betont, den sich die Ehegatten schulden. Wie der Vasall Anspruch darauf hat, als Freund behandelt zu werden, solange er die übergeordnete Stellung des Lehensherrn nicht in Frage stellt, so kann auch die Frau erwarten, dass ihr Mann sie als seine *socia* respektiert.[72]

„Deskriptive Belegketten über Unterwerfungen und Kniefälle kennen wir genug, das bloße Zählen von Tränen und Seufzern, es lohnt sich nicht mehr."[73] Mit diesen Worten glaubte unlängst ein Rezensent den Stand der Forschung zur symbolischen Kommunikation im Mittelalter umreißen zu können. Diese Feststellung ist so pointiert sicher nicht haltbar, denn jede Erweiterung und Verschiebung der Fragestellung erfordert immer wieder neu den Rekurs auf die Quellen und die Sammlung von Beispielen. Additives Sammeln von Belegen kann dabei aber nur der erste Schritt sein. Die gefundenen Belege sind in dreifacher Weise zu kontextualisieren und in Beziehung zu setzen, nämlich:

Diptychon aus dem England des späten 14. Jahrhundert. Hier ist Harmonie der Engel, die Maria umgeben, durch vielfache Berührungen mit den Händen hervorgehoben; National Gallery London, Nr. 4451, Wilton Diptych (ca. 1395-1399); Dillian GORDON (Hg.), Making and meaning. The Wilton Diptychon (Ausstellungskatalog), London 1993; vgl. DERS. (Hg.), The regal image of Richard II and the Wilton Diptych, London 1997; Ulrike ILG, Das Wiltondiptychon. Stil und Ikonographie, Berlin 1996, insb. S. 81-83: Die Körpersprache der Engel.

72 Hugo de Sancto Victore (wie Anm. 1), Sp. 284 und 485; ALLARD (wie Anm. 3), S. 34 f.; vgl. auch Nicole BÉRIOU / David L. D'AVRAY, The image of the ideal husband in thirteenth-century France, in: Revue Mabillon 1 [= 62] (1990), S. 111-142.

73 Thomas ERTL, Rezension zu: Gerd ALTHOFF (Hg.), Formen und Funktionen öff. Kommunikation im Mittelalter (Vorträge und Forschungen 51), Stuttgart 2001, <http://hsozkult.geschichte.hu-berlin.de/REZENSIO/buecher/2001/ErTh1101.htm >.

a) zum Handlungsablauf
b) zur narrativen Struktur des Textes, dem sie entnommen sind, und
c) zu modernen Kategorien und Erklärungsmodellen.

Das Ergebnis solcher Analyse bietet keine Rekonstruktion mittelalterlicher Wirklichkeit, dafür aber Einsichten in die Konstruktion dieser Wirklichkeit in mittelalterlichen Texten und Bildern. Zueinander in Beziehung gesetzt als komplementäre Systeme vieldeutiger Zeichen, erschließen die Sprache der Worte und die Formen symbolischer Kommunikation gemeinsam einen Zugang zu den Wahrnehmungs- und Deutungsmustern, die das soziale Denken und Handeln der Menschen bestimmten. Der Schluss von Fakten auf Motive, von Handlungen auf Konzepte, von Einzelfällen auf Spielregeln der Politik kann jedoch nur gelingen, wenn uns bewusst bleibt, dass unsere Quellen nicht die einfache Anwendung eines Regelsystems beschreiben, sondern performative Akte, d.h. Handlungen, deren Bedeutung sich erst durch den gestaltenden Einsatz von Normen in einer spezifischen Situation konstituierte.

ACHIM LANDWEHR

Raumgestalter

Die Konstitution politischer Räume in Venedig um 1600[1]

1. Einleitung

Bruno Latour folgte im Jahr 1991 einer kleinen französisch-brasilianischen Forschergruppe an den Rand des Amazonas-Urwaldes, um als Wissenschaftsanthropologe zu beobachten, wie Botaniker, Geomorphologen und Pedologen (Bodenkundler) aus einem für Nicht-Eingeweihte kaum zu durchschauenden Gemenge von Pflanzen, Bäumen und Bodenformen ein wissenschaftlich strukturiertes und mit Bedeutung aufgeladenes Terrain formen. Die Frage, die diese kleine Gruppe von Wissenschaftlerinnen und Wissenschaftlern umtrieb, war, ob der Urwald Amazoniens sich ausbreitete oder von der Savanne langsam zurückgedrängt wurde. Latour macht bei seiner Analyse dieser Forschungsarbeit auf einen Aspekt aufmerksam, der nicht nur bei dieser Expedition, sondern auch im alltäglichen Leben eine nicht zu unterschätzende Rolle spielt, und den Latour mit dem ethnologischen Blick, mit dem er dieses Unternehmen begleitete, auf erhellende Weise aufdeckt. Eines Morgens vor der Abfahrt in Richtung Urwald treffen sich die vier Mitglieder der Expedition im Hotel, um – über eine Landkarte gebeugt – das Gelände zu studieren, das sie in Augenschein nehmen wollen. Einen Atlas des Amazonasgebiets haben sie, wegen der größeren Genauigkeit, durch eine Luftaufnahme der Region mit einem besseren Maßstab ergänzt:

> „Die Situation ist so banal, daß wir ihre Originalität ganz vergessen: Vier Forscher blicken auf zwei Karten eines Landes, in dessen Mitte sie sich aufhalten. [...] Man nehme die Karten weg, bringe die kartographischen Konventionen durcheinander, lösche die Zehntausende von Stunden aus, die in den Atlas von Radambrasil investiert wurden, störe die Radaranlagen der Flugzeuge und unsere vier Forscher wären in der Landschaft verloren. Sie wären gezwungen, die ganze Erkundungs-, Triangulations-

---

[1] Dieser Aufsatz entstand im Rahmen eines größeren Forschungsprojekts unter dem Arbeitstitel: Die Erschaffung Venedigs. Raum, Bevölkerung, Mythos 1570-1750. In den Fußnoten verwendete Abkürzungen: ASV=Archivio di Stato di Venezia; PSCC= Provveditori soprantendenti alla camera dei confini.

und Vermessungsarbeit ihrer Hunderte von Vorgängern von neuem zu beginnen. Die Wissenschaftler beherrschen zwar die Welt, aber nur so weit, wie ihnen die Welt in Form zweidimensionaler, überlagerbarer und kombinierbarer Inskriptionen entgegenkommt."[2]

Doch nicht nur das: Indem sich diese Wissenschaftlerinnen und Wissenschaftler über die Karte beugen, mit ihren Fingern auf bestimmte Punkte zeigen, Namen von Orten, Flüssen und Regionen aussprechen, Linien und Fahrtrouten in der Karte einzeichnen, Entfernungen zwischen zwei Orten bestimmen, ja sogar Fehler im Atlas durch die genauere Wiedergabe des Luftbildes korrigieren, geben sie dieser Welt eine Form. Vorgänge, wie gesagt, die uns so selbstverständlich sind, dass sie trivial erscheinen. Und doch handelt es sich hier um wesentliche Kulturtechniken, die in ihrer historischen Entwicklung betrachtet alles andere als selbstverständlich sind, und die darüber hinaus nicht nur im Medium ihre Spuren hinterlassen, sondern auch in der Art und Weise, wie die Realität des Urwaldes, in der sich die Expeditionsgruppe kurze Zeit später befinden wird, wahrgenommen wird.

Was sich hier beobachten lässt und den folgenden Ausführungen als Ausgangspunkt dienen soll, ist mithin, wie Latour es ausgedrückt hat, „die klassische Fragestellung": „Wie fassen wir die Welt in Worte?"[3] Ergänzend müsste an dieser Stelle noch hinzugefügt werden: Wie fassen wir die Welt in Worte, Bilder und Handlungen? Denn gerade anhand der Situation, in der eine Landkarte konsultiert wird, die über ein Gebiet Auskunft gibt, in dem man sich befindet, und in dem man aufgrund dieser Karte seine Schritte in eine bestimmte Richtung lenkt, wird der Übergang zwischen Zeichen, Text und Medium auf der einen Seite und Praxis auf der anderen Seite fließend. Latour nennt dies eine zirkulierende Referenz, womit er auf den Umstand hinweisen will, dass die häufig herauf beschworene Trennung zwischen Sprache und Natur unzutreffend ist. Vielmehr geht er von einer Kette von Repräsentationen aus, die in zahlreichen Schritten Dinge und Worte miteinander verbindet und eine Nachvollziehbarkeit in beide Richtungen erlaubt.[4] So gibt es beispielsweise eine Verbindung zwischen dem im All kreisenden Satelliten und einer Wandergruppe. Der gemeinsame Bezugspunkt ist die Landkarte, insofern der Satellit Aufnahmen liefert, mit denen die Karte hergestellt wird (wobei hier noch eine Vielzahl von Repräsentationen dazwischen geschaltet werden muss: Geographen, die die Karte bearbeiten, Drucker, die sie her-

---

[2] Bruno LATOUR, Die Hoffnung der Pandora. Untersuchungen zur Wirklichkeit der Wissenschaft, Frankfurt am Main 2000, S. 41.
[3] LATOUR, Pandora (wie Anm. 2), S. 36.
[4] LATOUR, Pandora (wie Anm. 2), S. 84-90; vgl. dazu auch DERS., Wir sind nie modern gewesen. Versuch einer symmetrischen Anthropologie, 2. Aufl. Frankfurt am Main 2002.

stellen, Verlage, die sie verkaufen etc.), und die Wandergruppe die Karte benutzt, um sich im Raum zu orientieren (wobei auch hier verschiedene Zwischenschritte zu berücksichtigen sind, die vor allem die Fähigkeit betreffen, die Zeichen der Karte deuten zu können).

Wenn der Eindruck, den momentan die Geschichtswissenschaft im Besonderen sowie die Sozial- und Kulturwissenschaften im Allgemeinen hinterlassen, nicht täuscht, so macht sich in den derzeitigen Diskussionen ein neues Interesse an der Kategorie ‚Raum' bemerkbar.[5] (Unvermeidlicherweise muss eine solche Aufmerksamkeit mit modischem Wortgeklingel als *spatial* oder auch *topographical turn* tituliert werden.) Dass dieses Interesse zurecht als durchaus neu wahrgenommen wird, hat zum einen mit der spätestens seit dem 19. Jahrhundert herrschenden Bevorzugung der Zeit als dem Ort der Dynamik gegenüber dem Raum als dem Ort einer vermeintlichen Statik sowie zum anderen mit allgemeinen Beschleunigungserfahrungen der Gegenwart zu tun.[6] Im spezifisch deutschen Kontext war es die nationalsozialistisch kontaminierte Geopolitik, die eine wissenschaftliche Beschäftigung mit ‚dem Raum' nach 1945 für lange Zeit zumindest schwierig, wenn nicht gar unmöglich machte.[7]

Demgegenüber macht sich, an dem Ausstoß von Publikationen ablesbar, in jüngerer Zeit eine neue Beachtung des Raums bemerkbar, die fern jeglicher geopolitischer Verdächtigungen einerseits auf die soziale Produktion von Räumen aufmerksam macht,[8] andererseits die Bedeutung von Räumen für die Konstitution von Gesellschaft hervorhebt. Demnach genügt es nicht mehr, Räume entweder als relationale Ordnungen von Dingen und Körpern oder als mit Objekten gefüllte Container zu begreifen. Raum ist nicht einfach nur Umwelt, die sich eindeutig von der Gesellschaft trennen ließe, sondern ein „konstitutives Element sozialer Beziehungen, das aus gesellschaftlicher

---

[5] Um nur einige wenige Beispiele zu nennen: Guy P. MARCHAL (Hg.), Grenzen und Raumvorstellungen (11.-20. Jh.). Frontières et conceptions de l'espace (11e-20e siècles), Zürich 1996; Jürgen OSTERHAMMEL, Die Wiederkehr des Raumes. Geopolitik, Geohistorie und historische Geographie, in: Neue Politische Literatur 43 (1998), S. 374-397; Frithjof Benjamin SCHENK, Mental Maps. Die Konstruktion von geographischen Räumen in Europa seit der Aufklärung, in: Geschichte und Gesellschaft 28 (2002), S. 493-514.
[6] Michel FOUCAULT, Andere Räume, in: DERS., Short Cuts, Frankfurt am Main 2001, S. 20-38; Karl SCHLÖGEL, Kartenlesen, Raumdenken. Von einer Erneuerung der Geschichtsschreibung, in: Merkur 56 (2002), S. 308-318.
[7] Werner KÖSTER, Die Rede über den „Raum". Zur semantischen Karriere eines deutschen Konzepts, Heidelberg 2002.
[8] So bereits in dem modernen Klassiker von Henri LEFEBVRE, La production de l'espace, Paris, 3. Aufl. 1986.

Praxis hervorgeht."⁹ Ein essentialistisches Denken, das die Kategorie ‚Raum' als eigene Realität und vor allem als Behälter betrachtet, wird demnach durch ein relationales Denken ersetzt. Der Raum ist nicht mehr nur Hintergrund sozialen Handelns, sondern ist in Handlungskontexte eingebunden – „Raum und Körperwelt sind verwoben."¹⁰ Raum ist daher immer sozialer Raum.

Die folgenden Ausführungen sollen anhand einiger Beispiele aus der Republik Venedig um 1600 der Frage nachgehen, wie in politischen Zusammenhängen Räume sozial hergestellt wurden. Zwei Aspekte werden dabei vor allem in den Vordergrund gestellt: Zum einen ist zu fragen, ob sich die These von der sozialen Konstruktion von Räumen dadurch belegen lässt, dass historisch variante Konstruktionstechniken nachgewiesen werden können. Haben, mit anderen Worten, Gesellschaften vergangener Jahrhunderte Räume in einer anderen Art und Weise gedacht und konstituiert? Zum zweiten ist darauf zu achten, welche Bedeutung performativen Akten bei diesen Raumkonstruktionen zukommt.

Dabei ist der zugrunde gelegte Performanzbegriff betont offen gehalten. Ich werde also keiner strengen theoretischen Position folgen, sondern vor allem im Anschluss an die jüngere kulturwissenschaftliche Diskussion¹¹ einige Kriterien in den Mittelpunkt stellen, die mir für einen Einsatz des Performanzkonzeptes bei historischen Fragestellungen besonders wichtig erscheinen:

1. Als Ausgangspunkt ist der Zusammenhang von Sprache und Handlung zu nennen. Dies ist einerseits im ursprünglichen Verwendungssinn des Performanzbegriffs in Austins Sprechakttheorie zu verstehen, nämlich dass durch performative Akte Handlungen vollzogen werden (Taufe, Eheschließung etc.). Dadurch soll aber nicht einer einseitigen Bevorzugung der Sprache das Wort geredet werden, weshalb es mir darauf ankommt, Sprache und Praxis gleichwertig zu behandeln. In Bezug auf meine Fragestellung bedeutet dies, dass es nicht nur um das Sprechen über den Raum, sondern auch um die Bewegung im Raum geht. In Parallele zu Judith Butlers Begriff der „Verkörperung" als „Tun der Geschlechterzu-

---

⁹ Peter NOLLER, Globalisierung, Raum und Gesellschaft. Elemente einer modernen Soziologie des Raumes, in: Berliner Journal für Soziologie 10 (2000), S. 21-48, S. 32.
¹⁰ Martina LÖW, Raumsoziologie, Frankfurt am Main 2001, S. 131.
¹¹ Art. „Performance/Performativität", in: Ansgar NÜNNING (Hg.), Metzler Lexikon Literatur- und Kulturtheorie. Ansätze – Personen – Grundbegriffe, Stuttgart/Weimar, 2. Aufl. 2001, S. 496-498.

gehörigkeit"[12] ließe sich auch von einer Verräumlichung als eines Hervorbringens von Räumen und Raumvorstellungen sprechen, die eben nicht nur durch Schrift und Rede, sondern ganz wesentlich auch durch die alltägliche Praxis vollzogen wird. Durch die Beachtung der Bewegung im Raum steht nicht nur Performanz als Sprechakt, sondern ebenso Performance als Inszenierung im Blickpunkt.[13]

2. Darüber hinaus gilt es wesentlich stärker, als dies in der Sprechakttheorie oder auch in der Diskursethik der Fall ist, die Machtsättigung des Performanzbegriffs zu betonen. Dadurch wird, was bei historischen Fragestellungen unumgänglich ist, die soziale, politische, kulturelle, wirtschaftliche usw. Einbettung sprachlicher und anderer Handlungen betont; es gilt demnach zu unterstreichen, „daß Sprechakte einer allgemeinen Agonistik angehören".[14]

3. Nimmt man die Machtsättigung performativer Handlungen ernst, kann es kaum ausbleiben, sich von Austins ursprünglicher Trennung von performativen und konstativen Äußerungen zu verabschieden. Hatte Austin damit zunächst durchaus einleuchtend darauf hinweisen wollen, dass es Äußerungen gibt, die sich nicht nach dem Kriterienpaar wahr/falsch (wie Feststellungen), sondern nur nach den Kategorien gelungen/misslungen (wie bei Handlungen) beurteilen lassen, so musste er im Verlauf der Entwicklung seiner Sprechakttheorie einräumen, dass man selbstverständlich auch mit Feststellungen handelt.[15] Gerade wenn man die soziale Konstruktion von Wissen und Wirklichkeit[16] in den Blick nimmt, kommt man nicht umhin, *insbesondere* die Rolle von Feststellungen als Handlungen

---

[12] Judith BUTLER, Performative Akte und Geschlechterkonstitution. Phänomenologie und feministische Theorie, in: Uwe WIRTH (Hg.), Performanz. Zwischen Sprachphilosophie und Kulturwissenschaften, Frankfurt am Main 2002, S. 301-320, S. 305.

[13] Zu einer ausführlichen Diskussion von Performanz als Inszenierung und Performance vgl. den Beitrag von Erika FISCHER-LICHTE in diesem Band (Performance, Inszenierung, Ritual. Zur Klärung kulturwissenschaftlicher Schlüsselbegriffe); Eckhard SCHUMACHER, Performativität und Performance, in: WIRTH (Hg.), Performanz (wie Anm. 12), S. 383-402.

[14] Jean-François LYOTARD, zitiert nach Uwe WIRTH, Der Performanzbegriff im Spannungsfeld von Illokution, Iteration und Indexikalität, in: DERS. (Hg.), Performanz (wie Anm. 12), S. 9-60, S. 17.

[15] John L. AUSTIN, Zur Theorie der Sprechakte (How to do things with words), Stuttgart, 2. Aufl. 1979, S. 25-34, 153-165.

[16] Vgl. dazu Achim LANDWEHR, Das Sichtbare sichtbar machen. Annäherungen an ‚Wissen' als Kategorie historischer Forschung, in: DERS. (Hg.), Geschichte(n) der Wirklichkeit. Beiträge zur Sozial- und Kulturgeschichte des Wissens, Augsburg 2002, S. 61-89.

zu betonen. Denn mit jeder Äußerung wie: „Frankreich ist sechseckig"[17] wird nicht nur sprachphilosophisch eine Aussage gemacht, die sich schwerlich nach den Kriterien richtig/falsch beurteilen lässt (denn sie ist weder ganz richtig, noch ganz falsch, sondern vor allem eine grobe Beschreibung), darüber hinaus werden auch Wissensbestände transportiert, beispielsweise dass es ‚Frankreich' gibt, dass es sich um eine ‚Nation' handelt oder dass Nationen ‚existieren'. Aber auch zutiefst politische Inhalte werden weiter getragen, nämlich der keineswegs einfach nur ‚festzustellende' Anspruch Frankreichs auf die ‚natürlichen Grenzen' des Hexagons.[18]

4. Betont man in dieser Weise die Bedeutung von Feststellungen für den Performanzbegriff, dann muss zugleich auf einen weiteren Aspekt hingewiesen werden, der ebenfalls in der jüngeren Diskussion eine zentrale Rolle spielt, nämlich die Wiederholung.[19] Austin hatte das Zitat und die Wiederholung explizit aus seiner Betrachtung von Sprechakten ausgeschlossen. Aber gerade dadurch, dass performative Akte immer wieder getätigt werden (können), besteht überhaupt erst die Möglichkeit, dass sie eine ihrer wichtigsten Funktionen vollziehen können, nämlich Wissen über die Wirklichkeit gewissermaßen ‚abzulagern' und zu etablieren. Diese Bedeutung der Iterabilität hat vor allem Judith Butler in ihren Studien zur Konstitution von Geschlecht immer wieder betont.[20]

5. Neben der Inhaltsseite von Performanzen gilt es abschließend die Bedeutung der Form hervorzuheben. Im Einklang mit einer jüngeren Medienwissenschaft sind Medien nicht einfach nur mehr Behälter der übermittelten Information, sondern „konstruierende und aktionale Gegenstandsbereiche".[21] Medien ermöglichen und verhindern zugleich bestimmte Ausdrucksmöglichkeiten. Deshalb sind

„Medien keine bloßen Realisierungsaspekte, die ins Blickfeld treten, sobald es um die konkrete Verwendung von Sprache geht. Vielmehr sind Medien konstitutiv für die menschliche Sprachlichkeit. [...] Medien sind an der Entstehung von Sinn und Bedeutung also auf eine Weise beteiligt, die von den Sprechenden weder intendiert, noch

---

[17] Dieses Beispiel bringt AUSTIN, Sprechakte (wie Anm. 15) selbst, S. 161.
[18] Vgl. dazu Peter SAHLINS, Natural frontiers revisited. France's boundaries since the seventeenth century, in: American Historical Review 95 (1990), S. 1423-1451; Daniel NORDMAN, Frontières de France. De l'espace au territoire, XVIe-XIXe siècle, Paris 1998.
[19] WIRTH, Der Performanzbegriff (wie Anm. 14), S. 19-21.
[20] Stellvertretend BUTLER, Geschlechterkonstitution (wie Anm. 12).
[21] Manfred FASSLER, Was ist Kommunikation?, München 1997, S. 99; vgl. auch Manfred FASSLER / Wulf R. HALBACH (Hg.), Geschichte der Medien, München 1998.

von ihnen völlig kontrollierbar ist und als eine nicht-diskursive Macht sich ‚im Rücken der Kommunizierenden' zur Geltung bringt."²²

In diesem Sinne repräsentieren Medien die Weltordnung einer bestimmten Zeit und einer bestimmten Gesellschaft und sind daher auch bei performativen Akten angemessen zu berücksichtigen.

Mir ist klar, dass damit der Performanzbegriff bei Weitem noch nicht ausgeschöpft ist, jedoch sollte er hinreichend konkretisiert sein, um als Leitfaden für die folgenden Ausführungen zu dienen.

2. Beschreibung des Raums

Lässt sich bei der von Bruno Latour begleiteten Expeditionsgruppe beobachten, wie der Raum durch das Zusammenspiel von Medien und Handlungen konstituiert wurde, stellten sich in der Frühen Neuzeit vielfach ganz andere Schwierigkeiten, die zumeist darauf hinausliefen, dass der Raum, in dem man sich bewegte, nicht auch nur ansatzweise kartographisch erfasst war. Man konnte also nicht göttergleich einen Atlas auf einem Tisch ausbreiten und mit dem Finger ohne Schwierigkeiten gigantische Distanzen überwinden. Die Vogelperspektive konnte um 1600 nur von den wenigen Personen eingenommen werden, die im Besitz von teuren Karten waren. Und selbst bei diesen Karten war aufgrund einer Mischung aus Ungenauigkeiten und einer gehörigen Portion Fantasie eine Orientierung in kleineren geographischen Räumen nur bedingt möglich. Für die Frühe Neuzeit blieb daher lange die Froschperspektive dominierend.²³ Es stellt sich also die Frage, wie unter solchen Bedingungen Räume vorgestellt beziehungsweise konstituiert wurden, um als sinnhafte und mit Bedeutung aufgeladene Räume Teil des alltäglichen Ringens um die Wirklichkeit zu werden.

Ganz akut wurde das Problem mit dem Raum und der eigenen Position in ihm bei Grenzauseinandersetzungen. Denn wie, so die immer wieder auftauchende – wenn auch in dieser Form kaum einmal explizit formulierte – Frage, ließ sich eine vermeintlich vorhandene Grenze bestimmen, wenn man

---

22 Sibylle KRÄMER, Sprache – Stimme – Schrift. Sieben Gedanken über Performativität als Medialität, in: WIRTH (Hg.), Performanz (wie Anm. 12), S. 323-346, S. 331 f.
23 Ralf-Peter FUCHS, „Ob Zeuge wisse, was das Burggraftum Nürnberg sei?" Raumkenntnisse frühneuzeitlicher Untertanen: in: LANDWEHR (Hg.), Wirklichkeit (wie Anm. 16), S. 93-114.

nur ungenaue Informationen über das betreffende Territorium hatte? Um diese Grenze ausfindig zu machen, konnten verschiedene Techniken zum Einsatz gebracht werden, von denen unter dem Gesichtspunkt der Performanz vor allem zwei von Bedeutung sind: Beschreibungen und Inaugenscheinnahmen.[24]

Eines der Gebiete in Europa, das in Bezug auf die Anzahl von Grenzstreitigkeiten sicherlich zur Spitzengruppe gehörte, war das Friaul. Verursacht durch verschiedene Kriege, Eroberungen und Gebietsabtretungen hatte sich hier zwischen der Republik Venedig auf der einen Seite und dem habsburgischen Herrschaftsgebiet auf der anderen Seite in territorialer Hinsicht eine teilweise recht undurchsichtige Situation ergeben, die regelmäßig durch kleinere Grenzverletzungen und gegenseitig formulierte Gebietsansprüche angeheizt wurde. Von Bedeutung war das Friaul jedoch vor allem als Verlängerung der Adria zu Lande. Habsburg versuchte regelmäßig – und auf Dauer auch erfolgreich – die von Venedig beanspruchte Herrschaft über die Adria und die damit verbundenen, wirtschaftlich sehr wichtigen Handelsstrecken zwischen Europa und der Levante in seine Hand zu bekommen. Bei den Auseinandersetzungen im Friaul wurde dieser Kampf auch zu Lande ausgetragen.[25]

Der Streit um das große Geld fand im Kleinen seine Fortsetzung in zahlreichen, sich bis zum Ende der Republik Venedig hinziehenden Auseinandersetzungen um die genauen territorialen Zugehörigkeiten im Friaul. Doch bevor man überhaupt zu dem Punkt kommen konnte, eine Entscheidung darüber zu treffen, ob ein Dorf, ein Stück Wald, eine Wiese oder ein bestimmter Berg in den Dolomiten nun den Venezianern oder den Habsburgern gehörte, musste man zunächst einmal genauere Kenntnisse über den Raum haben, in dem man sich befand. Bei dieser Frage begannen bereits die Schwierigkeiten, und über diese Frage gelangte man bei der Suche nach einer Lösung in vielen Fällen auch nicht hinaus.

Doch soll nicht im Einzelnen nachvollzogen werden, wie Versuche politischer Entscheidungsfindungen scheiterten, sondern wie man versuchte, sich den Raum, der zur Debatte stand, als einen sinnvollen Ausschnitt aus dem sinnlosen, nicht zu überschauenden Durcheinander topographischer Einzelheiten (Berge, Flüsse, Seen, Wälder, Wiesen, Felder, Dörfer, Städte) anzueignen. Dass eine solche Form der Aneignung nötig war, wurde von den

---

[24] Als weitere Techniken können identifiziert werden: 1. Konsultation von archivierten Dokumenten, 2. Kartographierung und 3. Befragung der lokalen Bevölkerung. Auf diese Aspekte kann im Rahmen dieses Beitrags jedoch nicht eingegangen werden.

[25] Guerrino G. CORBANESE, Il Friuli, Trieste e l'Istria nel periodo veneziano. Grande atlante storico-cronologico comparato, Udine 1987; Alberto BIN, La Repubblica di Venezia e la questione adriatica 1600-1620, Roma 1992.

Kommissionen, die mit derartigen Grenzfragen betraut waren, immer wieder betont. Ihnen fehlten schlicht Informationen über ‚den Raum'. Man führe sich die Situation vor Augen, in der solche Grenzfragen zwischen Venedig und Habsburg verhandelt wurden: Auslöser war vielfach eine (tatsächliche oder vermeintliche) Grenzverletzung, die zu entsprechenden Beschwerden führte. Das Problem der konkreten Grenzverletzung wurde in den meisten Fällen auf eine andere Bedeutungsebene transponiert, nämlich zu der Frage, wo überhaupt die Grenze verlief. Denn genau hier begannen die Schwierigkeiten, da der Grenzverlauf vielfach nur in groben Umrissen bekannt war. In entsprechenden Verträgen wurden – wenn überhaupt – nur ungefähre Orientierungspunkte für den Verlauf einer Grenzlinie benannt, sehr viel häufiger begnügte man sich jedoch mit der Benennung von Orten, die mitsamt ihrem Umland der einen oder anderen Herrschaft unterstellt wurden. Diese Benennung von Orten half jedoch nicht bei der Frage, wem dieser Wald oder jene Wiese gehörte, wenn das entsprechende Stück Land von beiden Seiten beansprucht wurde. Wenn man von den in der Frühen Neuzeit beliebten Kartenwerken im Europa- und Weltmaßstab, die teilweise auch die Grenzen zwischen den Territorien verzeichneten, extreme Vergrößerungen angefertigt hätte, auf die Ebene der Regionen und Landstriche gewechselt hätte, dann wären diese Karten kaum in der Lage gewesen, die genauen Grenzlinien zu identifizieren, sondern hätten sich nur sehr grob an einigen leicht wieder zu erkennenden Markierungspunkten orientiert. Es war mit anderen Worten im Fall der Grenze zwischen Habsburg und Venedig im späten 16. und frühen 17. Jahrhundert überhaupt nicht möglich, eine exakte Grenze anzugeben, mit der bis auf den Zentimeter genau bestimmt werden konnte, wo hüben und wo drüben war.

In einer solchen Situation wurden von beiden Seiten der Grenze Kommissionen ausgeschickt, die direkt vor Ort klären sollten, wo die Grenze verlief – diese Aufgabe in den meisten Fällen aber aufgrund mangelnder Informationen über den Raum, in dem sie sich bewegten, überhaupt nicht erfüllen konnten. Verzweifelt wurden von den Kommissaren Briefe in die politischen Zentren geschickt, mit der Bitte, ihnen nähere Angaben über die Region zukommen zu lassen, Briefe die nicht selten mit der Antwort quittiert wurden, dass man die Kommissionen eigentlich ausgeschickt habe, um genau diese Informationen zu liefern. Man befand sich also in einer Schleife des Informationsdefizits, weshalb der Ruf nach diesem kostbaren Gut immer lauter wurde. Um dieses Bedürfnis zu befriedigen, verließ man sich einerseits auf Kommissionen, die die jeweilige Region bereisten, andererseits auf Versuche, das Land zu beschreiben. Gerade diese *descrizioni* wurden von venezianischer Seite immer wieder eingefordert, um dem konstatierten Informationsdefizit zu begegnen.

Eine solche Beschreibung erstellte im Jahr 1591 Giulio Savorgnan, ein friaulischer Adliger und Amtsträger in Diensten Venedigs.[26] Damit entstand diese *descrizione* des Friaul kaum zufällig nur wenige Jahre nach dem Ende eines gescheiterten Versuchs einer umfassenden Grenzeinigung zwischen Venedig und Habsburg, die in den Jahren 1582 bis 1584 parallel bei Verhandlungen am Kaiserhof in Prag und von einer venezianisch-habsburgischen Kommission in Angriff genommen wurde. Dieser Versuch einer Klärung des Grenzverlaufs zwischen den beiden Territorien scheiterte unter anderem deswegen, weil nicht genügend Informationen über den Raum vorhanden waren, so dass die Verhandlungen regelmäßig bei der Frage stecken blieben, welches Gebiet überhaupt umstritten war und damit zum Gegenstand der Verhandlungen werden konnte.[27]

Die Beschreibung Giulio Savorgnans, die den Titel „Essatissima Discrettione del Friuli" trägt, stand fraglos in einem (wenn auch weiteren) Zusammenhang mit diesen gescheiterten Verhandlungen.[28] Mit dieser „Essatissima Discrettione" versuchte er die Kenntnisse über das Friaul nicht nur auf den neuesten Stand zu bringen, sondern zu einem nicht unwesentlichen Teil überhaupt erst zu schaffen. Doch wer war Giulio Savorgnan? Er entstammte einer alt eingesessenen Adelsfamilie des Friaul, die mehrere Grundherrschaften und Schlösser ihr Eigen nennen konnte.[29] Giulio Savorgnan wurde wahrscheinlich 1516 geboren. Er begann eine Militärlaufbahn in Diensten der Republik Venedig, die ihn bereits in seiner Jugendzeit mit einem Gegner konfrontierte, dem er im Verlauf seines weiteren Lebens vielfach begegnen sollte: den Osmanen. 1546 bekam er seinen ersten verantwortlichen Posten übertragen, den eines *governatore generale* der venezianischen Armee. Er wurde in der Folge mit unterschiedlichen Posten im venezianischen Militärwesen betraut, die ihn zunächst als Heerführer, anschließend als Militärarchitekten beanspruchten. 1552 wurde er mit militärischen Aufgaben nach Zypern entsandt, 1560 wurde er *governatore* von Korfu und 1562 *governatore generale* der Festung von Candia/Kreta, mit dem Auftrag, dort die Festungsbauten zu verbessern. Im Jahr 1568 wurde er mit dem gleichen Titel nach Dalmatien geschickt, um diese Provinz gegen die Osmanen zu verteidi-

---

[26] Zur Biographie Savorgnans: Tommaso NAPPO (Hg.), Archivio biografico italiano (Microfiche-Edition), München u.a. 1987, Fiche I 892, 235-260; Fiche II 554, 55-62.
[27] Zu diesen Verhandlungen vgl. ASV, PSCC, buste 165-168.
[28] Dies belegt vor allem die Tatsache, dass Savorgnan in der Einleitung seiner Beschreibung den „Sig.r Marc'Antonio Barbaro Procurator mio Sig.re" erwähnt – Barbaro war Leiter der venezianischen Grenzkommission im Friaul (ASV, PSCC, busta 168 (Essatissima Discrettione del Friuli, 2. Januar 1590 [=1591]), nicht foliiert).
[29] Zur Familie Savorgnan vgl. I Savorgnan e la Patria del Friuli dal XIII al XVIII secolo, Udine 1984; zu Giulio Savorgnan dort vor allem S. 135-160.

gen. Nach der Schlacht von Lepanto bestand sogar die Befürchtung, dass die Osmanen bis in die Lagune Venedigs vordringen könnten, und um sie verteidigungstechnisch für diesen möglichen Angriff zu rüsten, wurde niemand anders ausgewählt als Giulio Savorgnan. Doch bekanntermaßen kam es erst gar nicht so weit und der Vielbeschäftigte fand sich 1574 wieder auf Korfu, um einmal mehr Festungsanlagen zu verbessern. Nach Beendigung dieses Auftrags kehrte er auf sein Schloss Osoppo im Friaul zurück und konzentrierte sich dort über mehrere Jahre hinweg auf das Studium der Militärarchitektur und der Waffentechnik.[30] Dies konnte er bis 1587 tun, als er zum *sopraintendente generale delle artiglierie e fortezze* ernannt wurde. 1593 schließlich war er an Planung und Bau des wohl größten militärtechnischen Projekts seiner Laufbahn beteiligt – und nicht nur das, dieses Unternehmen sucht wohl europaweit in diesem Zeitraum seinesgleichen. Gemeint ist der ehrgeizige Bau der Festungs- und Idealstadt Palmanova, die im Friaul gegen die erwarteten Bedrohungen durch Habsburger und Osmanen errichtet wurde.[31]

Als Person zeichnete sich Giulio Savorgnan also mindestens in dreifacher Hinsicht aus, um der Beschreibung des Friaul Überzeugungskraft zu verleihen und aus seinem Text ‚die Wahrheit' sprechen zu lassen: Erstens gehörte er dem grundbesitzenden Adel an, war also sozial ausreichend ‚qualifiziert', zweitens stammte er aus der betreffenden Grenzregion (Ort und Schloss Osoppo liegen direkt am Fluss Tagliamento, in unmittelbarer Nähe des habsburgischen Herrschaftsgebiets), war also auch aufgrund seiner lokalen Verbundenheit in der Lage, in dieser Sache ‚wahr zu sprechen', und drittens stand er schließlich in verantwortungsvollen Posten im Dienst der Republik Venedig, war also auch aufgrund seines Amtes, seiner Erfahrung und seiner Expertise ausgezeichnet. Durch diese Faktoren konnte der Autor seinem Produkt Autorität verleihen und es mit Macht aufladen. Dass er selbst diesen Anspruch auch zu erfüllen versuchte, wurde nicht nur im Rahmen seines Dienstes für die Republik Venedig verlangt, das heißt er musste nicht nur die bereits angesprochenen Maximen erfüllen, die an einen Amtsträger der Serenissima gestellt wurden, sondern er versuchte genau diesen Aspekt bereits im Titel seiner Beschreibung zu verdeutlichen, die nicht nur einfach eine Beschreibung des Friaul war, sondern eine „Essatissima Discrettione", also eine

---

[30] Ein Ergebnis dieser Studien, eine in Auftrag gegebene Übersetzung von Guidobaldo del Montes „Mechanicorum liber", untersucht Mary HENNINGER-VOSS, Working machines and noble mechanics. Guidobaldo del Monte and the translation of knowledge, in: Isis 91 (2000), S. 233-259.

[31] Vgl. zum Bau von Palmanova ASV, PSCC, busta 169, sowie Pierlorenzo LA PENNA, La fortezza e la città. Buonaiuto Lorini, Giulio Savorgnan e Marcantonio Martinengo a Palma (1592-1600), Firenze 1997.

allergenaueste Beschreibung. Der verwendete Superlativ sollte erst gar keinen Gedanken daran aufkommen lassen, dass hier möglicherweise Unzulänglichkeiten oder Ungenauigkeiten ausgebreitet würden. Aus diesen Seiten spricht das Wissen in seiner reinsten, besten und genauesten Form.[32]

In diesen Anspruch fügt sich ein, dass nach einem einleitenden Vorwort, das in der Form eines gelehrten Gesprächs nebenbei auch noch einige militärisch bedeutsame Formen der Trocknung und Haltbarmachung von Getreide anführt, nicht unmittelbar der Text der Beschreibung folgt, sondern zunächst ein umfangreiches Register, das nicht weniger als 41 Seiten umfasst. Es ist alphabetisch geordnet und verzeichnet vor allem Ortsnamen, jedoch sind auch andere Informationen darüber abrufbar wie Personennamen oder Bevölkerungszahlen (unter dem Stichwort „Anime della Patria"). Doch wozu ein solches Register?[33] Zunächst suggeriert es Zugriffsmöglichkeiten und Verfügbarkeit. Ein Register, das der Beschreibung eines Raums vorangestellt ist, vermittelt einerseits den Eindruck, dass dieser Raum zur Gänze erfasst sei, zumindest soweit es die ‚relevanten' Informationen betrifft (wobei selbstverständlich zu fragen wäre, wer hier über Relevanz und damit über einen ‚Wissenswert' entscheidet). Zum zweiten gibt es dem Benutzer diesen Raum aber auch in einem durchaus doppelten Sinn ‚an die Hand': Nicht nur dass man den Raum nun verschriftlicht in seinen Händen hält, man kann auch mit einigen wenigen Suchbewegungen der Finger, die die alphabetische Ordnung durchkämmen, und der Hände, die die entsprechenden Seiten aufschlagen, sich denjenigen Ort vor Augen führen, der gerade von Interesse ist. Zentral ist diese Funktion, weil sie unabhängig von Zeit und Raum geschieht, man keine langwierigen Reisen auf sich nehmen muss, um an diesen Ort zu gelangen, und man sich auch nicht mit der Überwindung von Flüssen, Bergen und anderen landschaftlichen Hindernissen abplagen muss. Die alphabetische Aneinanderreihung von Ortsnamen hebt die räumliche Anordnung der Orte auf. Aber ein Register leistet in diesem Fall noch weit mehr, da es den Raum nicht nur verfügbar macht und den Zugriff ungemein erleichtert, sondern man auch noch einen wesentlich besseren Überblick erhält, so als ob man sich im Raum selbst befände. Durch eine mit einem Register angereicherte *descrizione* muss es daher annähernd unsinnig erscheinen, sich noch in das betreffende Gebiet selbst zu begeben – denn anstatt sich selbst zu mikroskopieren und im Raum zu verlieren, erlangt man durch Beschreibung und Register einen gottähnlichen Überblick über die gesamte Region.

---

[32] ASV, PSCC, busta 168 (Ess. Disc. del Friuli, 2. Januar 1590 [=1591]).
[33] Allgemein zur Funktion von Registern Cornelia VISSMANN, Akten. Medientechnik und Recht, Frankfurt am Main, 2. Aufl. 2001, S. 127-147.

In einer allmählichen Annäherung wird in der „Essatissima Discrettione" nach diesem Register den einzelnen Orten immer näher zu Leibe gerückt. Zunächst wird in knappen, rein auflistenden Ausführungen ein allgemeiner Rahmen vorgegeben, der vor allem rechtliche und quantitative Aspekte berücksichtigt. So werden die Summe aller Orte im Friaul aufgeführt, die rechtlichen Zuständigkeiten im Hinblick auf die Zivil- und Strafgerichtsbarkeit beschrieben und die Ständevertretung des Friaul dargestellt.[34]

Erst danach folgt eine Beschreibung der einzelnen Orte, die sich aber nicht, wie man es möglicherweise erwarten würde, auf geographische Gegebenheiten konzentriert. Auch erweist sich bei näherem Hinsehen der Anspruch, das Friaul in seiner Gesamtheit und auch noch *esattissimo* beschreiben zu wollen, als Illusion. Denn von den in der „Discrettione" gezählten 881 Orten, von denen 835 unter venezianischer und 46 unter habsburgischer Herrschaft standen, werden „nel presente libro",[35] wie es ausdrücklich heißt, nur 82 näher dargestellt. Es finden zwar alle Städte und Dörfer Erwähnung, aber dies in einer eindeutigen Hierarchisierung. Eingeteilt nach Grund- und Stadtherrschaften, beziehen sich die verfügbaren – und auch eigentlich interessierenden – Informationen zunächst auf die Zentren der jeweiligen Herrschaften, um erst in einem zweiten Schritt die Dörfer zu erwähnen, die diesen zugehörten. Über eine namentliche Nennung hinaus fanden die kleineren Ortschaften jedoch keine Berücksichtigung. Einzig für die größere regionale Einheit der Grund- und Stadtherrschaft konnte angegeben werden, wie viel Steuern üblicherweise eingenommen wurden, wie groß die Bevölkerungszahl war und wie viel davon der Gruppe arbeitsfähiger Männer („homini de fatti" im Gegensatz zu den „inutili") zugehörten. Von den Dörfern, die diesen Herrschaften unterstanden, erfährt die Leserschaft nur die Namen[36] – ein Informationsstand, mit dessen Unzulänglichkeiten die Grenzkommissionen zu kämpfen hatten, da es genau die hier fehlenden Angaben waren, die ihnen das Leben schwer und die Erfüllung ihrer Aufträge praktisch unmöglich machten.

Hier zeigt sich also die Ambivalenz des Überblicks, der durch das vorangestellte Register gewährleistet werden sollte – denn etwas zu überblicken impliziert nahezu zwangsläufig, dass man gleichzeitig etwas übersieht.[37] Sicherlich wäre die „Essatissima Discrettione" vollständiger gewesen, wenn ihr mehr Informationen über einzelne Orte zur Verfügung gestanden hätten. Doch möchte ich behaupten, dass sich selbst mit einer größeren Informati-

---

[34] ASV, PSCC, busta 168 (Ess. Disc. del Friuli, 2. Januar 1590 [=1591]), fol. 1v-4r.
[35] ASV, PSCC, busta 168 (Ess. Disc. del Friuli, 2. Januar 1590 [=1591]), fol. 1v.
[36] ASV, PSCC, busta 168 (Ess. Disc. del Friuli, 2. Januar 1590 [=1591]), fol. 4r-26v.
[37] LATOUR, Pandora (wie Anm. 2), S. 51.

onsfülle an der grundsätzlichen Erfassung des Raums nichts geändert hätte, die sich vor allem durch drei Aspekte auszeichnete: Sie war rechtlich, ökonomisch und punktuell. Dies lässt sich im Einzelnen an den beiden Herzstükken der Beschreibung belegen, dem Register und der Beschreibung der Orte. Was daran zunächst auffällt, ist die ausschließliche Konzentration auf Orte, das heißt der Raum kommt als Fläche niemals in den Blick, sondern wird einzig punktuell wahrgenommen. Der einzige Aspekt, der für die „Essatissima Discrettione" von Interesse zu sein scheint, sind die einzelnen Orte, oder genauer: die größeren Ortschaften als Verwaltungsmittelpunkte. Bedingt war diese Konzentration durch den rechtlichen Aspekt, denn der Raum wurde nicht als Fläche beherrscht, sondern in Form von Herrschaftsrechten über einzelne Orte und deren Umland. Daraus resultierte schließlich auch die Bedeutung wirtschaftlicher Fragen in der Beschreibung, insofern die Informationen zu den Orten recht rudimentär waren: Wie viel Steuern werden gezahlt und wie viel (vor allem arbeitsfähige) Menschen leben hier – das sind die Fragen, die vornehmlich von Interesse sind. Sonstige geographische Daten wie Flächenangaben, Höhenunterschiede, Entfernungen oder topographische Kennzeichen sucht man in dieser ‚allergenauesten Beschreibung' vergeblich.

Doch damit war die „Essatissima Discrettione" noch nicht an ihr Ende gekommen. Vielmehr wurde sie durch verschiedene Zusätze zu einem Konglomerat aus ökonomischen, rechtlichen und rudimentären geographischen Informationen. So finden sich Abschriften rechtlicher Dokumente aus dem 14. und 15. Jahrhundert, die die Rechtmäßigkeit der Ansprüche Venedigs auf das Friaul dokumentieren sollten (auch hier dominiert die rechtliche Fragestellung),[38] eine Auflistung der venezianischen *luogotenenti*, also Provinzgouverneure des Friaul zwischen 1420 und 1566 (es sind insgesamt 119 *luogotenenti* aufgeführt),[39] sowie eine „Descrittione Dei Passi, et Delle Fortezze Che si hanno à fare nel Friuli con le distanze de luochi".[40] Diese Abhandlung, verfasst von Jacopo Valvesone Maniago, stammt ursprünglich aus dem Jahr 1566 und wurde als Kopie der Beschreibung hinzugefügt.[41] Man könnte sie als einen weiteren Versuch bezeichnen, eine Landkarte in Worte zu fassen, den Raum also nicht mit dem Mittel der Visualisierung, sondern demjenigen der Verbalisierung in den Griff zu bekommen.

---

[38] ASV, PSCC, busta 168 (Ess. Disc. del Friuli, 2. Januar 1590 [=1591]), fol. 27v-59r.
[39] ASV, PSCC, busta 168 (Ess. Disc. del Friuli, 2. Januar 1590 [=1591]), fol. 59v-61r.
[40] ASV, PSCC, busta 168 (Ess. Disc. del Friuli, 2. Januar 1590 [=1591]), fol. 61v-87v.
[41] ASV, PSCC, busta 169 (Descrittione dei Passi, et delle Fortezze, che si hanno à fare nel Friuli con le distanze de'Luochi). Dort findet sich die Datierung dieser Schrift auf das Jahr 1566. Eine weitere Kopie dieser Beschreibung befindet sich in ASV, Secreta – Materia miste notabili, registro 5.

Doch warum wird der Raum in Worte gefasst? Warum bedient sich Maniago nicht eines kartographischen Zeichensystems, um das vor Augen zu führen, was das Friaul als Raum ausmacht? Die Antwort ist möglicherweise trivial und könnte darin bestehen, dass er nicht die Kenntnisse besaß, um eine entsprechende Karte anzufertigen, oder nicht die finanziellen Mittel hatte, um einen Kartenzeichner zu beauftragen. Doch *allein* darin den Grund für das Fehlen einer Landkarte des Friaul zu sehen wäre denn doch *zu* trivial. Mein Argument läuft demgegenüber darauf hinaus, dass Maniago für seine Repräsentation des Raumes eine Landkarte überhaupt nicht benötigte. Wurde Wissen über den Raum in den bisherigen Beispielen einerseits punktuell, andererseits ökonomisch-rechtlich organisiert, dann offenbart sich bei Maniago ein letzter wichtiger Antrieb zur spatialen Wissensproduktion, nämlich der militärische. Wie der Titel seiner „Descrittione" bereits deutlich macht, geht es ihm um Fragen des Verkehrswesens (nämlich Pässe ins Friaul sowie die Entfernungen zwischen den Orten) und der Festungen, die im Friaul gebaut werden könnten beziehungsweise sollten. Maniago geht es also vor allem um die militärische Absicherung der Grenzregion Friaul. Dazu benennt er die wichtigsten Pässe und Straßen, die den Zugang ins Friaul erlauben, und unterstreicht deren militärische Bedeutung – nicht anhand geographischer Gegebenheiten, sondern durch historisch-mythische Beispiele wie den Ostgotenkönig Theoderich, den Hunnenführer Attila oder die Osmanen, die jeweils verschiedene Pässe benutzt hatten, um Norditalien anzugreifen und zu verwüsten. Hier kommt es also vor allem auf eine durchschlagende Argumentation an, für die Maniago ebenso wenig eine Karte benötigt wie für die Entfernungsangaben, die er in einem Itinerar zusammenstellt, um der Leserschaft die Entfernungen zwischen den wichtigsten Orten vor Augen zu führen. Doch ging es auch hier weniger darum, den Raum in seinen Dimensionen erfahrbar zu machen, sondern um verkehrs- und militärtechnisch bedeutsame Informationen zur *Überwindung* dieses Raumes.[42]

3. Bewegung im Raum

Nun ließe sich behaupten, dass dieser punktuelle, rechtliche und ökonomische Blick auf den Raum ein Spezifikum entsprechender Beschreibungen ist, dem andere Formen der Raumkonstitution entgegenstanden. Und sicherlich handelt es sich dabei nicht um die einzig mögliche Wahrnehmungsform von

---

[42] ASV, PSCC, busta 168 (Ess. Disc. del Friuli), fol. 61v-87v.

Räumen in der Frühen Neuzeit.[43] Doch finden sich hierzu auffällige Parallelen, beispielsweise in einer Form der auflistenden oder itinerarischen Kartographie,[44] aber vor allem – und hierdurch verknüpft sich die Beschreibung mit der Handlung zu einem performativen Akt – in der Art und Weise, sich im Raum zu bewegen.

Um diesen Praktiken näher zu kommen, lohnt sich ein Blick auf die bereits erwähnte Kommission unter der Leitung von Marcantonio Barbaro, die in den Jahren 1583/84 im Friaul gemeinsam mit einer habsburgischen Kommission die Grenze zwischen den beiden Territorien bestimmen sollte. Dabei soll es hier nicht darum gehen, mit welchen Problemen diese Kommissionen zu kämpfen hatten und welche Entscheidungen getroffen oder auch nicht getroffen wurden. Vielmehr soll hier einzig ihre Bewegung im Raum von Interesse sein. Ähnlich wie Giulio Savorgnan war auch Marcantonio Barbaro jemand, der durch seine soziale Stellung in der Lage war, den Aussagen und Feststellungen, die er vorbringen wollte, großes Gewicht zu verleihen. Generell kann bei frühneuzeitlichen Versuchen der Konstitution und Beeinflussung von Wirklichkeit diese Bedeutung der sozialen Stellung kaum hoch genug eingeschätzt werden.[45] Marcantonio Barbaro (1518-1595) entstammte einer bedeutenden venezianischen Patrizierfamilie und schlug, im Gegensatz zu seinem Bruder, dem bekannten Humanisten Daniele Barbaro, der einer Karriere in der Kirche nachging, die diplomatisch-politische Laufbahn ein. Von seinem 17. Lebensjahr bis zu seinem Tod stand er quasi permanent in zahlreichen Ämtern im Dienst der Republik. Er war auf diplomatischen Missionen im Ausland, unter anderem als Gesandter in Istanbul als der Krieg der Heiligen Liga mit dem Osmanischen Reich ausbrach, der in der berühmten Schlacht von Lepanto 1571 gipfelte. Darüber hinaus übernahm er aber auch die verschiedensten innenpolitischen Aufgaben der Serenissima, die ihn unter

---

43 Vgl. beispielhaft Renate BLICKLE, Das Land und das Elend. Die Vier-Wälder-Formel und die Verweisung aus dem Land Bayern. Zur historischen Wahrnehmung von Raum und Grenze, in: Wolfgang SCHMALE / Reinhard STAUBER (Hg.), Menschen und Grenzen in der Frühen Neuzeit, Berlin 1998, S. 131-154.

44 Patrick GAUTIER DALCHÉ, De la liste à la carte. Limite et frontière dans la geographie et la cartographie de l'Occident médiéval, in: Jean-Michel POISSON (Hg.), Frontière et peuplement dans le monde méditerranéen au Moyen Âge, Roma/Madrid 1992, S. 19-31; besonders instruktiv hierzu Ricardo PADRÓN, Mapping plus ultra: cartography, space, and hispanic modernity, in: Representations 79 (2002), S. 28-60.

45 Dies wurde unter anderem wiederholt für den Bereich der Wissenschaftsgeschichte betont. Vgl. beispielsweise Steven SHAPIN / Simon SCHAFFER, Leviathan and the airpump. Hobbes, Boyle, and the experimental life, Princeton 1985, S. 22-79.

anderem 1583/84 zum Leiter der Grenzkommission machten.[46] Seine weit gespannten humanistischen und künstlerischen Interessen konnte er in den Bau der Familienvilla in Maser einbringen, die er gemeinsam mit seinem Bruder Daniele plante und von niemand Geringerem als Andrea Palladio ausführen ließ.[47]

Als Barbaro von der Republik Venedig den Auftrag erhielt, die Grenzregion zwischen Venedig und Habsburg im Friaul in Augenschein zu nehmen, wählte man keine Formulierung, die in irgendeiner Art und Weise dieses Gebiet als Fläche bestimmt hätte. Vielmehr hieß es in dem entsprechenden Schreiben: „Haviamo fatta elettione del dilettissimo Nob. nostro M. Antonio Barbaro Procurator, per mandar sopra li luoghi delli confini."[48] Der verehrte *nobiluomo* Marcantonio Barbaro, seines Zeichens *procuratore di San Marco*, wurde also gewählt, um in die Grenzorte entsandt zu werden. Es ist also ausdrücklich von den Orten (*luoghi*) die Rede, womit die Bewegung im Raum von vornherein festgelegt wird auf eine Konzentration auf einzelne Punkte.

Dementsprechend war auch die Arbeit Barbaros ausgerichtet, denn er versuchte nicht, die zur Debatte stehende Grenzregion möglichst genau zu vermessen, sondern die Informationen, die er im Auftrag der Serenissima sammelte, bezogen sich einzig auf die Beschaffenheit der Orte in dieser Gegend,[49] und das heißt vor allem darauf, was sie quantitativ und qualitativ zu bieten hatten. Worum es Barbaro dabei im Einzelnen ging, zeigt eine von ihm erstellte Liste mit Tätigkeiten, die für eine umfassende Erfüllung seines Auftrags nötig waren (wobei er mit dieser Liste vor allem verdeutlichen wollte, dass eine erschöpfende Datenaufnahme der Region weit über seine Möglichkeiten ging). In dieser Aufstellung ist davon die Rede, dass Äcker, Wiesen und Weiden der einzelnen Gemeinden vermessen und geschätzt werden müssten und dass man über die Gerichtsbarkeiten, die Menge der Nutztiere, die Größe der Bevölkerung und die Einnahmen der Gemeinden Informationen einholen müsste.[50] Kein Wort von Flächenmaßen oder Landschaftsformen, um den Raum beispielsweise in seiner Ausdehnung zu erfassen. Vielmehr stehen eindeutig ökonomische Aspekte im Vordergrund, gestützt vom punktuellen, auf den einzelnen Ort bezogenen Zugriff der politischen und rechtlichen Herrschaft. Die praktische Arbeit von Barbaros Kommission

---

[46] Charles YRIARTE, La vie d'un patricien de Venise, Paris 1874; Franco GAETA, Art. „Marcantonio Barbaro", in: Dizionario biografico degli italiani, Bd. 6, Roma 1964, S. 110-112.
[47] Gerda BÖDEFELD / Berthold HINZ, Die Villen im Veneto. Baukunst und Lebensform, Darmstadt 1998, S. 134-139.
[48] ASV, PSCC, busta 165 (Brief 28. Oktober 1583).
[49] ASV, PSCC, busta 167 (Brief 10. Februar 1583 [=1584]).
[50] ASV, PSCC, busta 167 (Brief 24. März 1584).

entsprach denn auch exakt den gesetzten Vorgaben. Am 5. April 1584 trafen beispielsweise die venezianischen und habsburgischen Kommissionsmitglieder in Nogaredo am Fluss Torre ein (in der Nähe der erst später erbauten Festung Palmanova gelegen), einem der umstrittenen Orte. Die Agrarflächen, die zu diesem Ort gehörten, wurden vermessen und auf ihre Qualität hin eingeschätzt, ebenso wie auch die anderen Kategorien abgefragt wurden.[51]

Im Hinblick auf die Konstitution von Räumen als Flächen ist insbesondere bei diesen Grenzauseinandersetzungen – die ja den Ausgangspunkt von Barbaros Arbeit markierten – von Bedeutung, dass hier offensichtlich nicht die Grenzlinie im Vordergrund des Interesses stand. Eine Grenzlinie, die einen Raum überhaupt erst zu einer geschlossenen Fläche macht, wurde nicht gesucht, vielmehr wurde versucht, die einzelnen Orte (oder Punkte im Raum) voneinander abzutrennen, um dann im Anschluss eine Grenze zwischen den beiden Territorien zu erhalten. Auch hier zeigt sich also eine dem modernen Verständnis so gänzlich entgegengesetzte Konstitution der Kategorie des politischen Raums, insofern dieser nicht als abgezirkelte Fläche, sondern als Addition einzelner Herrschaftszugriffe zustande kommt.

Ein weiterer Faktor war in diesem Zusammenhang fraglos die bereits angesprochene Froschperspektive. Gerade wenn die historische Forschung in jüngster Zeit verstärkt nach den *mental maps* fragt, also nach den Landkarten im Kopf,[52] darf keineswegs außer Acht gelassen werden, dass ein Großteil der frühneuzeitlichen Bevölkerung eine solche Landkarte höchstwahrscheinlich nicht oder nur in Ansätzen besaß – ja sie nicht einmal besitzen konnte. Das Medium der Landkarte war einerseits in der Entwicklung begriffen, andererseits ein teures und seltenes Gut, so dass Vorstellungen von der Ausdehnung des Raumes und der eigenen Position innerhalb dieses Raumes wohl so gut wie nicht vorhanden waren, weil es praktisch keine Möglichkeit gab, sich aufgrund eigener ‚Anschauung' davon ein eigenes ‚Bild zu machen'. Dies bedeutet aber keineswegs, dass überhaupt keine Raumvorstellungen vorhanden waren, vielmehr waren sie wesentlich anders beschaffen, und das heißt vor allem nicht flächig ausgeprägt. Dies zeigt sich vor allem bei der Frage territorialer Zugehörigkeit, wie Ralf-Peter Fuchs unterstrichen hat. Zeugenverhören des 16. Jahrhunderts konnte er entnehmen, dass Fragen nach herrschaftlicher Zugehörigkeit nicht durch Benennung des Territoriums beantwortet wurden, sondern durch die Angabe des jeweiligen Landesherrn, dem man Abgaben zu entrichten hatte. Es war also die personale, wiederum auf einen Punkt bezogene Bindung, weniger die territoriale, flächenmäßige

---

[51] ASV, PSCC, busta 167 (Brief 5. April 1584).
[52] Diesem Thema widmet sich beispielsweise das Heft 3 der Zeitschrift Geschichte und Gesellschaft 28 (2002).

Zugehörigkeit, die hier eine entscheidende Rolle spielte. Demgegenüber konnten Fragen nach der Ausdehnung geschlossener Herrschaftsräume kaum beantwortet werden. Der Bauer Hans Hoffler antwortete 1561 auf die Frage, wie weit sich das Burggraftum Nürnberg – in dem er lebte – ausdehne, er wisse nicht „was das burggrafthumb Nuremberg sey, wo es sich anfahe und ende."[53] Als Ausgleich gegenüber diesen Schwierigkeiten, Flächen zu beschreiben und zu benennen, wirkte die Möglichkeit Orte aufzuzählen, die zu einem bestimmten Territorium gehörten – auch hier also wieder eine vor allem punktuell ausgerichtete Orientierung im Raum.[54]

Doch auch über den engeren Bereich des politischen Feldes hinaus lassen sich solche Formen der Wahrnehmung und Konstitution des Raumes feststellen. So ist es beispielsweise auffällig, dass in Reiseberichten der Frühen Neuzeit die Landschaft, die die Reisenden durchquerten, praktisch keiner Erwähnung wert war. Ganz im Gegensatz zu Darstellungsformen, die sich im Reisebericht um 1800 etabliert hatten und die der Landschaft und der Natur als Spiegelung persönlicher Befindlichkeiten eine zentrale Rolle zukommen ließen, kam in der Reiseberichtsliteratur vor 1750 der Raum als Fläche nicht vor. Stattdessen wird die Aufmerksamkeit nahezu ausschließlich auf die Stadt konzentriert – der Raum zwischen zwei Städten spielt nur insofern eine Rolle, als es sich um eine Distanz handelt, die notwendigerweise überwunden werden muss. Typisch hierfür sind die Itinerare, die nicht selten Reiseberichten beigefügt wurden, und bei denen es sich um Entfernungstabellen zwischen verschiedenen Städten handelt. In Form von Listen werden Städtenamen mit den Distanzen zu den jeweils nächstliegenden Städten angegeben. Die Bedeutung des Raumes schrumpft zu einer Meilenangabe zusammen, und er ist nur insoweit von Interesse, als es sich um eine Strecke handelt, die wohl oder über zurückgelegt werden muss.[55]

---

[53] FUCHS, Raumkenntnisse (wie Anm. 23), S. 106.
[54] FUCHS, Raumkenntnisse (wie Anm. 23), S. 107 f. Vgl. auch Ralf-Peter FUCHS, „Soziales Wissen" in der ländlichen Lebenswelt des 16. Jahrhunderts. Ein kaiserlich-kommissarisches Zeugenverhör, in: Westfälische Forschungen 48 (1998), S. 419-447.
[55] Achim LANDWEHR, Die Stadt auf dem Papier durchwandern. Das Medium des Reiseberichts im 17. Jahrhundert, in: Jahrbuch für Kommunikationsgeschichte 3 (2001), S. 48-70; Peter J. BRENNER, Der Reisebericht in der deutschen Literatur. Ein Forschungsüberblick als Vorstudie zu einer Gattungsgeschichte, Tübingen 1990, S. 182-184; Ernst Walter ZEEDEN, Das Erscheinungsbild der frühneuzeitlichen Stadt, vornehmlich nach Reiseberichten und Autobiographien des 16. und 17. Jahrhunderts, in: Hans Eugen SPECKER (Hg.), Stadt und Kultur, Sigmaringen 1983, S. 70-84; Dietrich DENECKE, Straßen, Reiserouten und Routenbücher (Itinerare) im späten Mittelalter und in der Frühen Neuzeit, in: Xenja v. ERTZDORFF / Dieter NEUKIRCH (Hg.), Reisen und Reiseliteratur im Mittelalter und in der Frühen Neuzeit, Amsterdam/Atlanta 1992, S. 227-253.

Beispielhaft lässt sich dies an dem 1627 erschienenen Reisebericht „Newes Itinerarium Italiae" des Ulmer Kaufmanns Joseph Furttenbach belegen. Es sind allein die größeren Städte, die in seiner für die Gattung durchaus typischen Darstellung einer Erwähnung wert sind, während kleinere Orte höchstens benannt werden und der Raum dazwischen überhaupt keine Rolle spielt. Auf dem Weg von Genua nach Florenz notiert er beispielsweise:

„*Suaggi*, .3. Meil/Dorff/
Chiaveri, .3. Meil/ Flecken/ gar Volckreich/
Lavagni, .2. Meil/Marckflecken.
Sant Leonardo, .2. Meil/ ein Dorff.
Sestri di levante, .3. Meil/ das kan wol ein Statt genannt werden/ und ist sehr Volckreich/ hier hats ein feine Anlendung der Schiffart/ sampt einer Vestung. Mit mittelmässigem Wind mag man von Genova auß/ biß daher in einem Tag fahren.
Tregosa, .3. Meil/ ein Dorff.
Moneglia, .3. Meil/ ein grosser Marckflecken/ einem Stättlein zu vergleichen/ allda wächst der gute Wein/ den man nach Genova führt.
Deva, .2. Meil/ Marck.
Framula, .3. Meil/ Dorff.
Bonasola, .2. Meil/ Dorff.
Levante, .5. Meil/ ein Stättlein."[56]

Diese Form der Repräsentation des Raumes hängt zunächst einmal mit den medialen Vorgaben der Gattung ‚Reisebericht' in der Frühen Neuzeit zusammen. Reisen war bei Weitem kein voraussetzungsloses Unterfangen, sondern wurde durch die frühneuzeitliche Apodemik zu einer ‚Reisekunst' oder ‚Reiseklugheit'. Zentraler Zweck war es demnach, eine Reise nützlich und für die Allgemeinheit gewinnbringend anzulegen, weshalb sie vor allem dazu dienen sollte, ‚relevante' Informationen zu sammeln und in entsprechenden Berichten darzustellen.[57] Doch darüber hinaus spielt hier auch die Entgegensetzung von Natur und Zivilisation eine zentrale Rolle. Die Stadt war der Hort europäischer Zivilisation schlechthin und diente als Kristallisationspunkt sozialer Ordnungsformen und ökonomischer Tätigkeit als Ge-

---

[56] Joseph FURTTENBACH, Newes Itinerarium Italiae [...], Ulm 1627 (ND Hildesheim/New York 1971), S. 63 f. Zu Furttenbach vgl. Gerd van de MOETTER, Soziologie des Reisens. Kulturgeschichte deutscher Italienreisen im 17. und 18. Jahrhundert, Diss. Paderborn 1989, S. 72-82.

[57] Die grundlegenden Studien zur Apodemik stammen von Justin STAGL, Die Apodemik oder „Reisekunst" als Methodik der Sozialforschung vom Humanismus bis zur Aufklärung, in: Mohammed RASSEM / DERS. (Hg.), Statistik und Staatsbeschreibung in der Neuzeit, vornehmlich im 16.-18. Jahrhundert, Paderborn u.a. 1980, S. 131-204; DERS., Die Methodisierung des Reisens im 16. Jahrhundert, in: Peter BRENNER (Hg.), Der Reisebericht. Die Entwicklung einer Gattung in der deutschen Literatur, Frankfurt am Main 1989, S. 140-177.

genentwurf zu der tendenziell angstbesetzten, unberechenbaren Natur.[58] Da frühneuzeitliche Reisende also der Prämisse unterlagen, der Gesellschaft nützliche Informationen über ‚die Welt dort draußen' zukommen zu lassen, die konsequenterweise nur in der Stadt zu finden waren, musste sich ihre Bewegung im Raum nahezu zwangsläufig punktuell vollziehen beziehungsweise punktuell wahrgenommen werden. Die Bewegung im Raum ist demnach immer auch eine Aufführung, eine Performance: Die Fläche (der Landschaft) wird ‚links liegen gelassen', um dem Punkt (der Stadt) zuzusteuern, auf den es eigentlich ankommt. Allein durch die Aufmerksamkeit, die den einzelnen Punkten, die den Raum zusammenhalten und konstituieren, sprachlich, medial und handelnd zugemessen wird, findet eine Aufführung dessen statt, was (wirklich und allein) Sinn macht, wenn es um den Raum geht.

4. Fazit

Mir kam es in diesen Ausführungen vor allem darauf an zu zeigen, wie es aufgrund eines (heute kaum mehr vorstellbaren) Informationsmangels über den Raum in der Frühen Neuzeit zu einer Situation kam, in der politische Räume zunächst einmal konstituiert werden mussten. Die Techniken, die hierbei im Vordergrund standen, bezogen sich deshalb nicht auf die Kartographie, weil diese sich rein quantitativ gegenüber Versuchen, den Raum in Form von Berichten ‚in Worte zu fassen', deutlich in der Minderzahl befand. Erst im Verlauf des 17. und vor allem des 18. Jahrhunderts kam der Visualisierung von Räumen durch Karten eine wachsende Bedeutung zu.[59] Wichtiger waren demgegenüber Beschreibungen und (schriftlich fixierte) Bewegungen im Raum. Diese Bevorzugung des Wortes gegenüber dem Bild korrespondiert mit einer Vorstellung vom Raum, die weniger flächig als vielmehr punktuell bestimmt war. Geprägt wurde diese Form der Raumkonstitution vor allem durch eine Dominanz rechtlich-ökonomischer Aspekte bei der Beherrschung eines Territoriums. Der Raum hatte also noch keineswegs in protonationalistischer Weise eine Bedeutung an sich erlangt, die möglicher-

---

[58] Zum Phänomen der Angst vgl. Jean DELUMEAU, Angst im Abendland. Die Geschichte kollektiver Ängste im Europa des 14. bis 18. Jahrhunderts, 2 Bde., Reinbek bei Hamburg 1985.

[59] Norman J.W. THROWER, Maps and civilization. Cartography in culture and society, Chicago/London 1996, S. 91-124.

weise dazu geführt hätte, dass ‚jeder Millimeter' des eigenen Territoriums gegen Eindringlinge verteidigt worden wäre, einfach *weil* es das eigene Territorium war. Der Boden ist noch nicht der Fetisch eines übersteigerten Nationalbewusstseins. Vielmehr war der Raum nur insofern von Interesse, als er verschiedene Qualitäten (agrarwirtschaftliche und militärische Nutzung) und Quantitäten (Größe der Bevölkerung, Steuereinnahmen) zur Verfügung stellte. Zugriff auf diesen Raum wurde durch diverse Herrschaftsrechte sicher gestellt, die sich jeweils auf einzelne Städte und Dörfer bezogen; erst in einem zweiten Schritt spielte gewissermaßen als Addendum auch die Fläche eine Rolle, die die Orte umgab.

Weiterhin spiegelt sich in einer solchen punktuellen Konstitution des Raumes auch die Entgegensetzung von Natur und Zivilisation wider. Besonders ausgeprägt dürfte dies in dem zum Friaul gehörenden Teil der Dolomiten gewesen sein, denn wie das Beispiel der Alpen zeigt, wurde das Hochgebirge mit seinen steil aufragenden Bergen und zerklüfteten Schluchten als besonders furchteinflößend wahrgenommen.[60] Noch im 18. Jahrhundert ließ Johann Gottfried Herder bei der Überquerung der Alpen die Fenster seiner Reisekutsche verhängen, um der vegetationslosen Einöde nackter Felsen nicht ansichtig werden zu müssen.[61] Der Raum wurde hier also im wahrsten Sinne des Wortes *ausgeblendet*, zumindest so lange, bis man den *Punkt* erreicht hatte, der im Raum als der einzig erstrebenswerte erschien, nämlich die Stadt mit der Sicherheit ihrer Stadtmauern und ihren zivilisatorischen Errungenschaften.

Es stellt sich jedoch die Frage, mit welchen Mitteln diese Form der Raumkonstitution bewerkstelligt wurde. Die wenigen von mir aufgeführten Beispiele sollten zumindest einen Eindruck vermitteln von dem Zusammenspiel von medial-sprachlichen sowie praktischen Vorgängen, also von der Rede über den Raum und der Bewegung im Raum, die zu diesem Ergebnis führten. Allerdings ist es wichtig darauf hinzuweisen, dass es – ganz im Sinne einer jüngeren Diskussion um den Performanzbegriff – nicht so sehr einmalig-initiierende Akte waren, die diese Auffassung vom Raum hervorbrachten, sondern der Wiederholung ein besonderer Stellenwert zugemessen werden muss. Auch bei den hier aufgeführten Beispielen handelt es sich nur um mehr oder weniger willkürlich herausgegriffene einzelne Schichten aus einem dichten Sediment ähnlicher oder identischer Aussagen und Praktiken.

---

[60] Aurel SCHMIDT, Die Alpen – schleichende Zerstörung eines Mythos, Zürich 1990, S. 89-130.
[61] Monika WAGNER, Die Alpen. Faszination unwirtlicher Gegenden, in: Petra BOPP u.a. (Hgg.), Mit dem Auge des Touristen. Zur Geschichte des Reisebildes, eine Ausstellung des Kunsthistorischen Instituts der Universität Tübingen in der Kunsthalle Tübingen vom 22. August bis 20. September 1981, Tübingen 1981, S. 67-79, S. 67.

Es ist diese fortwährende Wiederholung und Ablagerung von Aussagen und Praktiken über den Raum, die den einzelnen Vorgängen im Kontext der Raumkonstitution überhaupt erst einen sinnhaften Rahmen zuweist, die aber zugleich auch den Rahmen hervorbringt (und verändert), in dem sich diese Aussagen und Praktiken bewegen. Der Effekt der Wiederholung performativer Akte ist mit anderen Worten ebenso strukturiert-strukturierend, wie dies – in anderen Zusammenhängen, aber mit weit gehenden Parallelen – auch durch den Begriff des Habitus[62] oder im Kontext der Diskursanalyse[63] betont wurde.

Mithin bewegt sich die Frage nach dem Nutzen des Performanzbegriffs für die Geschichtswissenschaften in einem größeren Zusammenhang, nämlich im Kontext des Problems, wie die Relation von Struktur und Praxis zu konzeptualisieren ist. Performanz, Habitus oder Diskurs leisten dabei – neben anderen Ansätzen – in dem hier zugrunde gelegten Verständnis insofern einen entscheidenden Beitrag, als sie den reziproken Charakter dieses Verhältnisses hervorheben. Dies scheint – einmal diskutiert und hervorgehoben – insgesamt wenig Aufmerksamkeit heischend, ist jedoch nach meinem Dafürhalten in weiten Teilen der Geschichtswissenschaften noch nicht ausreichend zur Kenntnis genommen, geschweige denn in empirische Arbeit umgesetzt worden. Hier bleibt zu hoffen, dass eine intensivere Beschäftigung mit dem Performanzbegriff Abhilfe schafft.

---

[62] Pierre BOURDIEU, Sozialer Sinn. Kritik der theoretischen Vernunft, Frankfurt am Main 1993, S. 97-121.
[63] Achim LANDWEHR, Geschichte des Sagbaren. Einführung in die historische Diskursanalyse, Tübingen 2001.

JOHANNES PAULMANN

„Napoleon hat sich im Grabe umdrehen müssen ... "

Vergegenwärtigung von Vergangenheit und Geschlechterkonstruktion in der performativen Politik der monarchischen Nationalstaaten

Die internationale Politik des 19. Jahrhunderts gilt gemeinhin als Domäne Depeschen schreibender Machtpolitiker, die von Metternich bis Bismarck kühl kalkulierend über Krieg und Frieden in Europa entschieden. Die Geschichtswissenschaft hat an der Konstruktion dieser von manchen Diplomaten geteilten (Wunsch-)Vorstellung mitgewirkt, dabei jedoch wesentliche Dimensionen der Beziehungen zwischen den monarchischen Nationalstaaten aus dem Blick verloren. Erst neuere kulturgeschichtliche Ansätze lenken die Aufmerksamkeit wieder auf weitere zentrale Merkmale. So wichtig geschriebene Texte für die Kanzleien der auswärtigen Ämter sein mochten, die Mittel der Regierungen erschöpften sich keineswegs darin, Schriftstücke zu versenden. Insbesondere mit der öffentlichen Inszenierung von Beziehungen betrieben die Verantwortlichen europäische Politik auch außerhalb der in der Wilhelmstraße, am Quai d'Orsay und in Whitehall gelegenen Schreibstuben. Zu den bekannten Formen solcher Aufführungen zählten der Besuch von Konferenzen, die Veranstaltung von Truppenmanövern oder die Entsendung von Kanonenbooten.[1] Eine besondere Bedeutung besaßen jedoch vor allem die persönlichen Begegnungen zwischen den europäischen Staatsoberhäuptern. Sie waren eine epochenspezifische, im Laufe des 19. Jahrhunderts immer häufiger vorkommende Erscheinung, in deren Rahmen äußere und innere

---

[1] Selbst die diplomatischen Texte können an dieser Stelle aufgeführt werden, wenn ihre performative Dimension hervorgehoben wird. Die historische Forschung zur Geschichte der internationalen Politik hat den Wirkungsaspekt diplomatischer Sprechakte einseitig gegenüber dem Handlungsaspekt privilegiert. Über die historisch spezifischen konstitutiven Voraussetzungen, die für das Gelingen von Notenaustausch oder Depeschenübermittlung maßgeblich waren, wissen wir wenig. Zur Einführung in die sprachphilosophische und literaturtheoretische Begrifflichkeit der Performanz siehe Uwe WIRTH, Der Performanzbegriff im Spannungsfeld von Illokution, Iteration und Indexikalität, in: DERS. (Hg.), Performanz. Zwischen Sprachphilosophie und Kulturwissenschaften, Frankfurt am Main 2002, S. 9-60.

Machtbeziehungen einander kreuzten, so dass Staaten- *und* Herrschaftssystem zugleich präsent gemacht wurden, wenn zwei Monarchen einander besuchten.[2] Die Analyse der symbolischen Handlungen anlässlich dieser Ereignisse hilft daher, die gegenseitige Abschottung zweier Politikbereiche zu überwinden, die zumindest teilweise auf der Bevorzugung von textbasierter Rationalität durch nachfolgende Historiker beruht, weniger hingegen auf den beobachtbaren historischen Handlungsweisen.

Hinsichtlich Aufführung und Vollzug von internationalen Beziehungen kann die Erforschung der europäischen Politik des 19. und 20. Jahrhunderts von verschiedenen Seiten Anregungen gewinnen, die dazu beitragen, die weitgehend sterile Atmosphäre bisheriger Geschichtsschreibung auf diesem Feld zu ‚kontaminieren'. Wichtige Impulse gehen von Forschungen über politische Rituale im allgemeinen sowie über Rituale und symbolische Kommunikation in den Epochen des Mittelalters und der Frühen Neuzeit aus.[3] Ferner sind Verbindungen mit der kulturwissenschaftlichen Debatte über „Performanz" möglich. Die Vielgestaltigkeit und Mehrdeutigkeit des letztgenannten Begriffs ist offenbar für seine ubiquitäre Verbreitung verantwortlich. Die aktuelle Analyse der Gegenwart als „Inszenierungsgesellschaft" unterstützt diesen Trend.[4] Beteiligt sind verschiedene Disziplinen, wie Sprachphilosophie, Anthropologie, Theaterwissenschaften und Gender Studies, für die Performanz allerdings jeweils Unterschiedliches bedeutet. Die theoretischen Differenzen brauchen an dieser Stelle nicht ausgeführt zu

---

[2] Ausführlich hierzu Johannes PAULMANN, Pomp und Politik. Monarchenbegegnungen zwischen Ancien Régime und Erstem Weltkrieg, Paderborn 2000, S. 23-29.

[3] Siehe die geschichtswissenschaftlichen Überblicke von Edward MUIR, Ritual in early modern Europe, Cambridge 1997; Gerd ALTHOFF / Ludwig SIEP, Symbolische Kommunikation und gesellschaftliche Wertesysteme vom Mittelalter bis zur Französischen Revolution, in: FMSt 34 (2000), S. 393-412; und Barbara STOLLBERG-RILINGER, Zeremoniell, Ritual, Symbol. Neuere Forschungen zur symbolischen Kommunikation in Spätmittelalter und Früher Neuzeit, in: ZHF 27 (2000), S. 389-405; ferner als literaturwissenschaftlichen Beitrag Georg BRAUNGART, Die höfische Rede im zeremoniellen Ablauf: Fremdkörper oder Kern?, in: Jörg Jochen BERNS / Thomas RAHN (Hgg.), Zeremoniell als höfische Ästhetik in Spätmittelalter und Früher Neuzeit, Tübingen 1995, S. 198-208. – Aus der politischen Ritualforschung allgemein nützlich David KERTZER, Ritual, politics, and power, New Haven, CT 1988; siehe ferner Andréa BELLIGER / David J. KRIEGER (Hgg.), Ritualtheorien. Ein einführendes Handbuch, Opladen 1998.

[4] Herbert WILLEMS / Martin JURGA (Hgg.), Inszenierungsgesellschaft. Ein einführendes Handbuch, Opladen 1998; für das Verständnis der Gegenwartskultur als Herausforderung für die Kulturwissenschaften siehe auch Erika FISCHER-LICHTE, Auf dem Wege zu einer performativen Kultur, in: Paragrana 7 (1998), S. 13-29, S. 24-27.

werden.⁵ Es sollen lediglich zwei Problemstellungen erläutert werden, die auch die historischen Inszenierungen von politischen Beziehungen nach der Mitte des 19. Jahrhunderts berühren.

Zum einen setzt sich die Sprechakttheorie mit dem Verhältnis von Ereignis und Kontext, von Singularität und Wiederholung auseinander.⁶ Das Gelingen performativer Äußerungen hängt John L. Austins Theorie zufolge von den gegebenen intentionalen und institutionellen Rahmenbedingungen ab, zu denen die ‚ernsthafte' Festlegung des Sprechenden auf ein Verhalten sowie seine Autorisierung gehören. Performative Widersprüche, so Jürgen Habermas, wären demnach möglichst zu vermeiden, weil bei Regelverletzungen das kommunikative Handeln nicht mehr funktioniere. Dagegen vertritt die dekonstruktivistische Kritik die These, dass sich performative Widersprüche grundsätzlich nicht vermeiden lassen. Diese beruhen – wie Jacques Derrida meint – auf der Wiederholbarkeit von Zeichen, die als Zitat aus einem gegebenen Kontext herausgenommen und in einen neuen eingefügt werden können: Zeichen funktionierten unabhängig von Intentionen und Rahmenbedingungen, ihre Zitierbarkeit sei konstitutiv für die Kommunikation. Auf die Inszenierungen der europäischen Politik angewandt lässt sich das Problem von Ereignis und Kontext, von Singularität und Wiederholung in die Frage nach der *Vergegenwärtigung von Vergangenheit* umformulieren. Wie benutzten Monarchen bei ihren persönlichen Zusammenkünften Ereignisse aus der Geschichte? Welche Möglichkeiten historischen ‚Zitierens' bot ihnen der Ablauf einer Begegnung sowohl für die Pflege von Beziehungen wie auch für die Legitimation ihrer Herrschaft? Wie gingen die partizipierenden Personen und die Subjekte, an die sich ihre Aufführungen richteten, mit auftretenden Widersprüchen um?

Ein zweites Thema in der kulturwissenschaftlichen Debatte behandelt die Frage, wie die Materialität der Körper mit der Performativität der sozialen Geschlechtsidentität verknüpft ist. Judith Butler vertritt die These, dass wiederholte Akte der Verkörperung die Voraussetzung für die Konstitution von Geschlechteridentität seien.⁷ Dabei handele es sich nicht primär um absichts-

---

⁵ Siehe WIRTH (wie Anm. 1) und Marvin CARLSON, Performance. A critical introduction, New York 1996.

⁶ Zum folgenden siehe Eckhard SCHUMACHER, Performativität und Performance, in: WIRTH (wie Anm. 1), S. 383-402, und WIRTH (wie Anm. 1), S. 10-25.

⁷ Judith BUTLER, Performative acts and gender constitution. An essay in phenomenology and feminist theory, in: Katie CONBOY u.a. (Hgg.), Writing on the body. Female embodiment and feminist theory, New York 1997, S. 401-417, dt. in: WIRTH (wie Anm. 1); siehe auch Judith BUTLER, Körper von Gewicht. Die diskursiven Grenzen des Geschlechts, Frankfurt am Main 1997 [engl. O.u.d.T.: Bodies that matter. On the discursive limits of „sex", New York 1993].

volles Vorgehen von Subjekten, sondern um die ständige Wiederholung von Normen, welche die Möglichkeiten der Ausführenden tatsächlich einschränken und zugleich über den aktuellen Vollzug hinausgehen. Die Frage nach der *Geschlechterkonstruktion* lässt sich ebenfalls auf die Inszenierungen der politischen Beziehungen anwenden. Militärparaden und das Tragen von Uniformen führten wie selbstverständlich eine bestimmte männliche Identität vor und übten sie ein. Verschiedene Elemente soldatisch-militärischer Art spielten auch bei Monarchenbegegnungen eine Rolle. Zu erkunden bleibt, welche weiteren Programmpunkte es gab, die gegebenenfalls andere männliche Kennzeichen performativ festlegten, und ob weibliche Geschlechterkonstruktionen in diesem Rahmen ebenfalls möglich waren.

Im Folgenden soll eine Episode aus der Zeit zwischen der Revolution von 1848/49 und dem Beginn des Imperialismus vorgestellt werden, an der sich die Fragen nach der Vergegenwärtigung von Vergangenheit und nach Geschlechterkonstruktionen in den Inszenierungen politischer Beziehungen exemplarisch beantworten lassen. Auf der internationalen Ebene wurde diese Phase der europäischen Politik von realpolitischer Anarchie geprägt, als die 1815 etablierte Wiener Ordnung sich seit der Jahrhundertmitte aufzulösen begann.[8] Zugleich war innerhalb der Staaten die Legitimation monarchischer Herrschaft im konstitutionellen Nationalstaat heftig umstritten. Im Regime Napoleons III., der zwischen 1851/52 und 1870 in Frankreich herrschte, traten die inneren und äußeren Probleme jener Zeit besonders deutlich hervor. Insofern spitzt die nachfolgende Analyse, die sich auf eine Begegnung zwischen dem Kaiser der Franzosen und der englischen Königin Victoria im Jahr 1855 in Paris konzentriert, die zeitgenössischen Tendenzen zu. Doch sie verzeichnet sie nicht wesentlich, denn alle Monarchien Europas standen nach der Jahrhundertmitte unter ähnlichem Rechtfertigungsdruck. Die Unterschiede waren nur graduell, nicht prinzipiell.[9]

Königin Victoria erlebte ihren Besuch in Paris 1855 als aufregendes Ereignis, als eine Art Huldigung für sich seitens der Stadt und ihrer Bevölkerung. Noch während des Aufenthalts schilderte sie gegenüber ihrer Halbschwester die Stimmung:

---

[8] Vgl. Werner NÄF, Versuche gesamteuropäischer Organisation und Politik in den ersten Jahrzehnten des 19. Jahrhunderts, in: DERS., Staat und Staatsgedanke. Vorträge zur neueren Geschichte, Bern 1935, S. 9-27; siehe ausführlich PAULMANN (wie Anm. 2), S. 132-152.

[9] Siehe aus verfassungsgeschichtlicher Perspektive Martin KIRSCH, Monarch und Parlament im 19. Jahrhundert. Der monarchische Konstitutionalismus als europäischer Verfassungstyp – Frankreich im Vergleich, Göttingen 1999.

Performative Politik der monarchischen Nationalstaaten 189

„In the midst of the excitement & triumph of our Visit to this glorious Place I write to you a few words [...]. Paris is too beautiful, & the reception we have met with is the kindest & most enthusiastic – wh[ich] they all tell me, any body has ever met with. It is most gratifying. – Imagine that gay beautiful Town – decorated in the most tasteful and beautiful manner with endless banner, flags, [...] flowers & at night illuminations – every where Troops – 1000ds of people most kind & friendly.– Really it is most gratifying. Everything so beautifully arranged - the Court so well monté – All the arrangements, wh[ich] are multitudinous – of luncheons & dinners – so well & so quietly managed."[10]

Während die Königin von der großartigen Inszenierung, mit der Napoleon III. seine Gäste zu beeindrucken suchte, offenbar gefühlsmäßig berührt war, resümierte ihr Gatte und Ratgeber Prinz Albert den Erfolg der Visite in politischer Beziehung:

„Wir können nicht dankbar genug sein für den Success, der uns auf unsrer Reise nach Paris begleitete. [...] Alles ging zum Besten ab, was bei einem so schwierigen combinirten Unternehmen eine große Chance ist. Daß die Folgen des Besuchs politisch segensreich sein werden[,] bezweifle ich keinen Augenblick."[11]

Die Einschätzung des Prinzgemahls beruhte auf der Überzeugung, den Kaiser der Franzosen in seinem Willen bestärkt zu haben, den seit 1854 gemeinsam gegen Russland auf der Krim geführten Krieg fortzusetzen. Die britisch-französische Allianz schien fast allen diplomatischen Beobachtern gefestigt, während die Beteiligten durch den Besuch besonders das persönliche Vertrauen zwischen den Regierenden auf beiden Seiten des Kanals vermehrt sahen. Neben den erhofften Wirkungen im Rahmen der internationalen Politik meinte Prinz Albert aber auch, positive Folgen für Napoleons *Herrschaft* zu erkennen. Gegenüber seinem deutschen Mentor Baron Stockmar fasste er seine Wahrnehmung folgendermaßen zusammen:

„Eine schwere Expedition ist mit dem vollkommensten Success beendigt worden und wird bleibend gute Früchte bringen. Das Verhältnis mit dem Kaiser gestaltet sich immer vertrauensvoller und aufrichtiger, und die Allianz gibt seinem ganzen Gebäude eine gewisse Haltung, die nicht improvisirt werden kann."[12]

Dass das Herrschaftsgebäude in Frankreich durch das Kriegsbündnis gestützt werden sollte, mochte die britische Regierung hoffen. 1852 hatte sie bereits

---

[10] R[oyal] A[rchives, Windsor Castle], Add. U 171/219: Victoria an Feodore, St. Cloud, 24. Aug. 1855 (alle Hervorhebungen hier und in den folgenden Zitaten im Original).
[11] RA, G 37/18: Albert an Leopold I., 29. Aug. 1855 (Abschrift); engl. Übers. in Theodore MARTIN, The life of his Royal Highness the Prince Consort, Bd. 3, London 1878, S. 352-354.
[12] RA, G 37/17: Albert an Stockmar, 29. Aug. 1855 (Abschrift); engl. Übers. gekürzt abgedr. in MARTIN (wie Anm. 11), S. 354 f.

durch die rasche diplomatische Anerkennung das Regime politisch gestützt.[13] Mit der Visite eröffnete nun das englische Königspaar dem Kaiser der Franzosen auf andere Weise konkrete Möglichkeiten, seine innenpolitischen Absichten zu verwirklichen. An dem Besuchsprogramm von 1855 ist deutlich erkennbar, dass die Veranstaltungen gezielt bestimmte politische und gesellschaftliche Gruppen ins Visier nahmen. Dies beruhte im wesentlichen auf der Initiative Napoleons III., so sehr er die persönliche Anwesenheit der englischen Monarchin für die Umsetzung auch benötigte.

An mehreren Plätzen, welche die Monarchen im August 1855 in Paris und Umgebung aufsuchten, wurde das Bemühen anschaulich, über die Vergegenwärtigung der Vergangenheit das Regime des Kaisers zu festigen. Die verschiedenen Schauplätze lassen sich am besten als „Erinnerungsorte" begreifen, als wirkliche und geistig-imaginäre ‚Orte', an denen eine kollektive Erinnerung Gestalt angenommen hatte. Erinnerung meint hier nicht ein bestimmtes, festgeschriebenes Gedächtnis. Vielmehr bezeichnet es einen Vorgang, ein Erinnern, das als strategisches Handeln im Umgang mit Vergangenheit und Zukunft zu verstehen ist. Überlieferte Geschichte wird zur politischen und gesellschaftlichen Tradition umgebildet, indem vergangenen Phänomenen jeweils aktuell eine Bedeutung zugeschrieben wird.[14] Napoleon III. entzündete anlässlich des Besuchs der englischen Königin innerhalb weniger Tage ein wahres Feuerwerk von Erinnerungspolitik, indem er den historischen Ort Paris in den Ablauf der Visite integrierte und dabei in ein Ensemble von Erinnerungsorten verwandelte.

Zunächst führte der Kaiser seine englischen Gäste bei einer Spazierfahrt nach Neuilly. Das dortige Schloss war die bevorzugte Residenz des Bürgerkönigs Louis-Philippe aus dem Hause Orleans gewesen und 1848 geplündert und niedergebrannt worden. In unmittelbarer Nähe befand sich eine Kapelle für den Heiligen Ferdinand, die an der Stelle errichtet war, an der 1842 der Thronfolger Ferdinand Duc d'Orléans tödlich verunglückt war. Die Kapelle enthielt eine Grabskulptur des Herzogs und von Ingres entworfene Kirchenfenster mit Darstellungen von Heiligen. Deren Gesichter waren denjenigen

---

[13] Zur Stabilisierungspolitik der britischen Regierung gegenüber Napoleon III. siehe Anselm DOERING-MANTEUFFEL, Vom Wiener Kongreß zur Pariser Konferenz. England, die deutsche Frage und das Mächtesystem 1815-1856, Göttingen 1991, S. 147-160.

[14] Entscheidend für das historiographische Verständnis der *lieux de mémoire* ist die Absicht von Personen und Gruppierungen, Erinnerung herzustellen: „Que manque cette intention de mémoire, et les lieux de mémoire sont des lieux d'histoire." – Pierre NORA, Entre mémoire et histoire. La problématique des lieux, in: DERS. (Hg.), Les lieux de mémoire, Paris 1997, S. 38; auf die symbolische Dimension des Politischen, die sich in den Erinnerungsorten manifestiert, hebt Nora ab in DERS., Présentation, ebenda, S. 578 f.

von Mitgliedern der Orleans nachempfunden, so dass der König der Franzosen im Abbild auf seinen verstorbenen Sohn herabschaute – und eben auch auf die englische Besucherin im Jahre 1855. Die Besichtigung dieser Orte berührte Königin Victoria. Während der Julimonarchie hatte sie zeitweise einen herzlichen Umgang mit der französischen Königsfamilie gepflegt, und sie brach den Kontakt zu den Exilanten in England auch nach der Revolution nicht vollständig ab. 1855 schrieb sie über die zerstörten und vernachlässigten Überreste der Orleans:

„[...] das in Trümmern liegende Neuilly, auf dessen Stelle Gras wächst, und die Chapelle St. Ferdinand mit dem schönen Monument des armen Herzogs von Orléans, [machten] einen traurigen Eindruck. Beide Orte besuchten wir mit dem Kaiser, der es selbst vorschlug! Ein sonderbarer Anstand!"[15]

Napoleon III. mochte weniger die Gefühle seines Gastes für die früheren Regenten Frankreichs im Sinne gehabt haben als diejenigen ihrer französischen Anhänger. Sein Vorschlag enthielt weniger Anstand als vielmehr Absicht: Die Besichtigung von Neuilly kann als Appell an die Orleanisten im Lande verstanden werden. Geschickt nutzte der Kaiser die Verbindungen Victorias zur ehemaligen Königsfamilie, um die symbolischen Stätten zu betreten, die er ohne einen solchen Anlass wohl kaum hätte aufsuchen können. Ein eindeutiger Erfolg war ihm mit dieser Geste nicht beschieden, denn die Orleanisten nutzten die angebotene Referenz des neuen Herrschers in ihrem eigenen Sinn. Der Besuch der englischen Königin in Frankreich bereitete ihnen Verdruss, erinnerte er sie doch an deren Visiten bei Louis-Philippe im vergangenen Jahrzehnt.[16] In der Besichtigung der Erinnerungsorte wollten sie daher nicht eine vorsichtige Annäherung Napoleons III. erblicken, sondern deuteten die Handlung als Ausdruck der tatsächlichen Gefühle Victorias. Sie behaupteten, dass die Königin widerwillig nach Paris gefahren und ihr die Reise von den Ministern und der britischen Politik aufgezwungen worden sei. Der Gang zur Grabkapelle sei nun der Beweis für ihre wahre Sympathie mit den Prätendenten des Hauses Orleans. Diese Deutung ermöglichte es, trotz der partiellen Kooperation Distanz zum Regime aufrechtzuer-

---

[15] RA, Y 125/41: Victoria an Augusta von Preußen, 30. Aug. 1855 (Abschrift); für die Beziehungen zu den Orleans siehe Monica CHARLOT, Victoria. The young queen, Oxford 1991, S. 309-312.

[16] RA, R 19/2 u. 19/4: Van de Weyer an Leopold I., 8. u. 24. Aug. 1855, und ebenda, R 19/7: Notes détachées [Van de Weyer, Paris, August 1855]. Zur allgemein distanzierten Kooperation der Orleanisten mit dem Regime Napoleons III. siehe Alain PLESSIS, De la fête impériale au mur des fédérés (1852-1871), Paris 1973, S. 46 f., S. 53, S. 74-76, S. 182-184.

halten und über den Verweis auf die Königin im parlamentarischen England Forderungen nach Ausweitung der Rechte des *Corps législative* zu stellen.

Interpretierten die Orleanisten den politischen Gehalt des Ausflugs nach Neuilly mit Worten um, antworteten die Legitimisten auf die Besichtigung ihres Erinnerungsortes durch Victoria auf andere, ritualisierte Weise. Während ihres Aufenthalts brachte Napoleon III. die englische Königin zweimal nach Versailles. Einmal zeigte er seinen Gästen das Schloss und die Parkanlagen. Das andere Mal gab er ihnen zu Ehren einen großartigen Hofball mit Feuerwerk und anschließendem Festmahl. Das Königsschloss hatte seit der Revolution von 1789 einen Funktionswandel erfahren. Von Napoleon I. als Residenz weitgehend vernachlässigt und von den Bourbonen nach 1814/15 lediglich instandgehalten, hatte Louis-Philippe ein Programm zur Restauration und Umwidmung in Angriff genommen. Versailles sollte zu einem Museum werden, dessen Kunstwerke den Betrachtern die ruhmvolle Geschichte Frankreichs vor Augen führten. Die Appartements wurden nach und nach systematisch in Gemälde- und Skulpturengalerien umgewandelt, auch um jeden Eindruck zu vermeiden, der König beabsichtige dort zu wohnen: Denn Versailles war ein politisch symbolträchtiger Ort, und der Vorwurf, eine absolutistische Restauration durchzuführen, lag den Gegnern auf der Zunge. Ebenso sorgfältig wie die bauliche Wiederherstellung und museale Umwidmung erfolgte jede offizielle Benutzung von Versailles für besondere Anlässe. Ein Empfang von Staatsgästen im Schloss stellte bis zur Wende zum 20. Jahrhundert keine Selbstverständlichkeit dar.[17]

Victoria nahm Versailles vornehmlich als historischen Ort wahr. Die funktionale Verbindung zwischen Gegenwart und Vergangenheit entging ihrer Aufmerksamkeit weitgehend. An Augusta Prinzessin von Preußen schrieb sie nach ihrer Heimkehr:

> „Der sonderbaren Eindrücke, in welchen Vergangenheit und Gegenwart contrastirten, waren so viele, daß man oft staunen mußte. So soupirten wir in Versailles in dem Schauspielhause in dem die Garde du Corps ihr berühmtes Mal nahmen, und saßen selbst in der Loge, in der Marie Antoinette sich ihnen zeigte. – und ich legte meinen Mantel in ihrem Boudoir um; – der Tanzsaal war nach dem letzten Balle Louis XV decorirt &c. &c. Das Fest war das schönste, splendideste und feenhafteste was man sich denken konnte!"[18]

---

[17] Hélène HIMELFARB, Versailles. Fonctions et légendes, in: NORA (Hg.) (wie Anm. 14), S. 1283-1329, S. 1314 f.; zur Umwandlung des Schlosses unter Louis-Philippe in ein historisches Kunstmuseum siehe Thomas GAEHTGENS, Le musée historique de Versailles, in: NORA (Hg.) (wie Anm. 14), S. 49-61.
[18] RA, Y 125/41: Victoria an Augusta, 30. Aug. 1855 (Abschrift).

Bei Victoria überwog das Staunen, gemischt mit einer gewissen Melancholie über das Schicksal der ‚armen' Königin. Die von Kaiserin Eugénie veranlasste Dekoration im Stil Louis XV. war für sie hauptsächlich eine großartige Festkulisse. Die englische Königin empfand allenfalls den Eindruck eines unvereinbaren Kontrastes, während sie übersah, wie bedacht die jeweils gegenwärtigen französischen Herrscher im einzelnen mit Versailles umgingen und wie umstritten das Schloss als Erinnerungsort geblieben war.

Der Besuch Napoleons III. mit seinen Gästen an diesem Ort besaß neben der Demonstration nationaler Größe und Macht auch eine innenpolitische Dimension. Ähnlich wie die Besichtigung von Neuilly als Appell an die Orleanisten verstanden werden konnte, bedeuteten Ausflug und Galaempfang in Versailles ein Angebot an die bourbonischen Legitimisten. Napoleon III. bemühte sich, mit Versailles nicht nur die ganze französische Geschichte, sondern auch die ganze gegenwärtige politische Nation zu vereinnahmen. Bei den in Versailles ansässigen aristokratischen Legitimisten hatte er damit allerdings nur oberflächlich Erfolg, denn diese kehrten den Sinn eines Bestandteils der Besichtigung um, und zwar paradoxerweise, indem sie mit besonderem Engagement partizipierten. Victoria erfuhr, wie bei anderen Monarchenbegegnungen und in allen europäischen Ländern üblich, während der verschiedenen Ausflüge immer wieder ein festliches Willkommen, wenn sie an einem Ort eintraf. Napoleon III. hatte die lokalen Behörden gewöhnlich gut im Griff, die Vorabveröffentlichung des Programms sorgte für die Anwesenheit des Publikums.[19] Doch in der Stadt Versailles war ein herzlicher Empfang keineswegs sicher. Wie der belgische Gesandte in Paris seinem König berichtete, verbarrikadierten die Legitimisten sich seit 1830 in ihren Häusern und zollten weder Louis-Philippe noch Napoleon III. jemals den Tribut, den diese als Herrscher für sich beanspruchen durften, wenn sie nach Versailles kamen. Bei Besuch der englischen Königin aber ereignete sich dort bislang Ungesehenes:

„Pendant la visite de la Reine à Versailles, il s'est produit un assez singulier phénomène. Les légitimistes qui habitent Versailles en assez grand nombre, et qui, depuis la révolution de 1830, se sont soigneusement abstenus de prendre la part même la plus indirecte à toute démonstration en faveur de Louis-Philippe, de l'Empereur ou de l'Impératrice, ont tout-à-coup changé de système: au lieu de se renfermer chez eux et

---

19 QUEEN VICTORIA, Leaves from a journal. A record of the visit of the Emperor and Empress of the French to the Queen and of the Visit of the Queen and H. R. H. the Prince Consort to the Emperor of the French 1855, London 1961, Eintrag v. 25. Aug. 1855. Zur Rolle der Bürgermeister für den politischen Rückhalt des Zweiten Kaiserreichs in den Kommunen siehe Theodore ZELDIN, France, 1848-1945, Bd. 1, Oxford 1973, S. 527-529, und abwägend zur Rolle der Präfekten Bernard MÉNAGER, Les Napoléon du peuple, Paris 1988, S. 121-133.

de clore leurs maisons, ils en ont ouvert les portes et le fenêtres, et y ont paru avec leurs femmes, leurs enfants et un grand nombre de personnes qu'ils avaient invités, afin de rendre le changement plus sensible et plus évident. Le même phénomène a eu lieu, et a été remarqué, à l'opéra où jamais un seul légitimiste ne se rend lorsque l'Impératrice assiste à la représentation."[20]

Das zahlreiche Erscheinen und die begeisterte Teilnahme der Legitimisten durfte Napoleon III. nicht auf sein Konto verbuchen. Wir wissen nicht, ob er es nicht vielleicht doch tat, mit der Fahrt nach Versailles die Anhänger der Bourbonen vielleicht sogar zwingen wollte, ihm öffentlich Ehre zu erweisen. Die Anwesenheit des fremden Gastes eröffnete dem Kaiser zumindest die Chance, Versailles offiziell und mit Pomp zu benutzen (vgl. Abb.). Tatsächlich demonstrierten die ablehnend eingestellten Aristokraten aber für ihre eigene Sache. Sie nutzten ihrerseits die Anwesenheit einer legitimen Herrscherin, um dem Prinzip der Legitimität zu huldigen. Wie sie selbst erklärten und in ritualisierter Form durch den Bruch mit ihrem bisherigen Verhalten zeigten, besaß die englische Königin anders als der usurpatorische Kaiser ein Recht darauf, die größtmögliche Aufmerksamkeit von ihnen zu erhalten. Der belgische Gesandte in Paris Van de Weyer berichtete an Leopold I., dass die strengsten Vertreter dieser Richtung zugleich jede stabilisierende Wirkung für das bonapartistische Regime abstritten, die von ihrer Demonstration und dem Besuch ausgehen könnte: „nous pouvons, sans nous compromettre, constater par notre présence ce que nous inspire de respect: une tête couronée."[21]

Napoleon III. nutzte die Pariser Landschaft nicht nur zum Appell an die Anhänger ehemaliger Herrscherfamilien und zur Einvernahme ihrer Geschichte für seine Herrschaft. Seine eigene Dynastie hatte ihre Spuren hinterlassen. Das Zentrum der bonapartistischen Erinnerung bildete das Grab Napoleons I., zu dem der Kaiser die englische Königin während ihres Aufenthalts geleitete. Auch hier hatte Louis-Philippe mit der Rückführung der sterblichen Überreste von St. Helena im Jahr 1840 nützliche Vorarbeit geleistet. Und auch hier wurden die Schwierigkeiten mit Erinnerungsorten spürbar, denn im Invalidendom manifestierte sich ebenfalls kein eindeutiges, unumstrittenes Gedächtnis. Anders als in Neuilly und Versailles, wo jeweils die Erinnerung einer bestimmten Gruppierung der französischen Politik für Dissens sorgte, gewann die letzte Ruhestätte Napoleons I. ihre Brisanz vor allem aus nationalen bzw. zwischenstaatlichen Motiven. Sie in das Programm

---

[20] RA, R 19/4: Van de Weyer an Leopold I., 24. Aug. 1855.
[21] RA, R 19/4: Van de Weyer an Leopold I., 24. Aug. 1855; siehe auch ebenda, R 19/2: Van de Weyer an Leopold I., 8. Aug. 1855, sowie für den Hinweis der Legitimisten, der Tag des Besuchs Victorias in Versailles sei der Namenstag des Heiligen Ludwig gewesen, R 19/7: Notes détachées [Van de Weyer, Paris, Aug. 1855].

einer britisch-französischen Monarchenbegegnung einzubeziehen, verlangte aufgrund der expansionistischen Politik des ersten Kaisers einige Anstrengung von Seiten der Beteiligten. Die Besichtigung durch die englische Königin macht daher besonders gut deutlich, dass Erinnerungspolitik eine Handlung war, durch die Vergangenheit und Gegenwart jeweils für aktuelle politische Zwecke neu miteinander verknüpft wurden und die, um eine konsensstiftende Wirkung auszuüben, eine Bereitschaft voraussetzte, das Gedächtnis zugunsten der selektiven Erinnerung zurückzustellen.

Im Kontext der orientalischen Krise von 1839/40 hatte Louis-Philippe es auf Anregung seines Ministerpräsidenten Adolphe Thiers unternommen, die Leiche Napoleons I. nach Frankreich zurückholen zu lassen.[22] Die Motivation für die Heimholung rührte aus dem Bedürfnis der Julimonarchie nach Legitimation. Louis-Philippe erkannte in der symbolischen Aktion eine Möglichkeit, Schwächen seiner Herrschaft zu kompensieren. Angewiesen auf die Anerkennung der europäischen Mächte, waren der französischen Außenpolitik enge Grenzen gesetzt. Mit der Einvernahme des verstorbenen Kaisers und Generals meinte der König, das nationale Ehrgefühl befriedigen zu können, ohne selbst Krieg führen zu müssen. Der Verlauf der internationalen Krise bestätigte 1840 die Wirksamkeit der Erinnerung an Napoleon I., wenn die Regierung Thiers und das System Louis-Philippes auch nicht den erwünschten Profit daraus zogen. Die Instrumentalisierung der Vergangenheit trug unbeabsichtigt zur feindlichen Stimmung in Frankreich gegen andere europäische Mächte bei – in der Rheinkrise gegen Deutschland, in der orientalischen Krise gegen England. Die derart übersteigerten Erwartungen konnte die Politik Louis-Philippes dann allerdings nicht erfüllen. Nicht 1840, als Napoleonkult und Bonapartismus noch nicht erfolgreich miteinander verknüpft wurden, wie der gescheiterte Putschversuch Louis Bonapartes in diesem Jahr zeigte, aber nach 1848 profitierte dann der Neffe von der offiziellen Verherrlichung seines Onkels. Napoleon III. führte den unter Louis-Philippe unvollendet gebliebenen Umbau des Invalidendoms zu Ende. Das Projekt war 1853 fast abgeschlossen und wurde 1861 offiziell eingeweiht. Victoria besichtigte 1855 die Anlagen also nicht in ihrer endgültigen materiellen Form, doch die ideelle Ausgestaltung zum Erinnerungsort für die militärische Größe Frankreichs war im Wesentlichen fertig. Daraus ergaben sich Probleme auf internationaler Ebene, denn beim Besuch der englischen Königin am Pariser Grab des ersten Kaisers wurden nationale Erinnerungen aus ver-

---

[22] Das Folgende nach Jean TULARD, Le retour des Cendres, in: NORA (Hg.) (wie Anm. 14), S. 1729-1753; siehe auch Guy ANTONETTI, Louis-Philippe, Paris 1994, S. 815-819, und insbes. zur Rolle Thiers' André JARDIN / André-Jean TUDESQ, La France des notables, Bd. 1, Paris 1973, S. 152, S. 155 f.

schiedenen Zeiten wach, die möglichst verdrängt werden mussten, damit die Geste in der aktuellen Lage eine verbindende Wirkung zwischen den beiden europäischen Mächten ausüben konnte. Victoria bezeichnete den Moment als „perhaps the most important act of all" während ihres Pariser Aufenthaltes.[23] Er fand abends nach einer großen Truppenrevue auf dem Marsfeld statt. In einem Brief an Augusta Prinzessin von Preußen wurde noch spürbar, wie intensiv die englische Königin den Kontrast wahrnahm zwischen der napoleonischen Vergangenheit, als England und Frankreich gegeneinander kämpften, und der Gegenwart des Krimkrieges, den beide Länder jetzt als Verbündete führten. Der Kaiser stieg mit seinen Gästen, berichtete Victoria, „nach der großen Revue alle in Uniform mit Fackeln, (denn es war Abend geworden) hinunter zum Grabe Napoléons".[24] Über den Moment, als die Königin vor den provisorisch in einer Seitenkapelle präsentierten Sarg trat, hielt sie fest:

> „[...] there I stood, at the arm of Napoleon III his nephew, before the coffin of our bitterest foe, I, the granddaughter of that King who hated him most and who most vigorously opposed him, and this very nephew, who bears his name, being my nearest and dearest ally! The organ of the Invalides was playing ‚God save the Queen' at the time, and this solemn scene took place by torchlight [and during a thunderstorm]. Strange and wonderful indeed! It seems as if, in this tribute of respect to a departed and great foe, old enmities and rivalries were wiped out, and the seal of heaven placed upon that bond of amity which is now happily established between two great and powerful nations!"[25]

Vergangenheit und Gegenwart standen bei dieser Gelegenheit schwer versöhnlich nebeneinander, es bedurfte besonderer Kräfte, die hier metaphorisch im himmlischen Gewitter eklatant zu werden schienen, um sie miteinander zu verbinden. Konkreter gesprochen: das Aufeinandertreffen der alten Gegensätze wurde dadurch überbrückt, dass die englische Königin rituell dem ehemaligen, jetzt verstorbenen Feind ihrer Ahnen Respekt bekundete und die französische Seite dabei im Invalidendom die monarchische, in den napoleonischen Kriegen zur britischen Nationalhymne gewordene Musik erklingen ließ. Zumindest die unmittelbar an dem Ritual Partizipierenden konnten sich dem Eindruck des Erlebnisses nicht völlig entziehen. Es gab aber auch Personen, die nicht bereit waren, Vergangenes im Interesse der Gegenwart zu vergessen. Prinz Jérôme, ehemaliger König von Westphalen und jetzt Gou-

---

[23] QUEEN VICTORIA (wie Anm. 19), Eintrag v. 24. Aug. 1855. Die Idee stammte offenbar von Napoleon III. – siehe RA, Add. A 29/3: Cowley an Clarendon, 15. Juli 1855 (privat).
[24] RA, Y 125/41: Victoria an Augusta, Obsborne, 30. Aug. 1855 (Abschrift).
[25] QUEEN VICTORIA (wie Anm. 19), Eintrag v. 24. Aug. 1855; Zusatz in Klammern „during a thunderstorm" in QVJ, zit. bei MARTIN (wie Anm. 11), S. 337 f. (dort heißt es ferner „bond of unity" anstelle von „bond of amity").

verneur des Hôtel des Invalides, verließ während der Anwesenheit der englischen Königin die Stadt. Er verheimlichte nicht, dass er „Waterloo sur le coeur" trage und nicht bereit sei, das Grab seines Bruders den Nachkommen derjenigen zu zeigen, die den großen Mann auf den Felsen von St. Helena verbannt hatten.[26] Er verweigerte die Teilnahme an der rituellen Versöhnung. Hier spielte vermutlich wie bei anderen, noch lebenden Zeitgenossen des ersten Kaiserreichs die persönliche Betroffenheit eine Rolle. Der bonapartistische Erinnerungsort vereinte nicht alle Richtungen, sondern ließ wie alle mächtigen Symbole unterschiedliche Deutungen zu – so sehr, dass mancher sich nicht überwinden konnte, in einem Moment persönlich anwesend zu sein, wenn eine den eigenen Gefühlen zutiefst widersprechende Interpretation in Szene gesetzt wurde. Im Salon der Fürstin Lieven waren die verschiedenen Möglichkeiten, wie die Geste gegenüber dem ersten Kaiser interpretiert werden würde, ein interessierender Gesprächsgegenstand:

> „Napoléon a dû tressaillir dans sa tombe, au moment où des soldats Français ont joué l'air national d'Angleterre aux Invalides! – De quel œil le peuple et l'armée verront-ils cette visite? Est-ce un hommage au grand homme? Est-ce le passé qu'on veut ensevelir avec lui, l'alliance du présent qu'on veut sceller sur sa cendre? Ou bien un nouveau triomphe dont l'Anglais a voulu jouir en faisant contempler par la Reine le géant que l'Angleterre a vaincu?"[27]

Der Besuch im Invalidendom ließ, je nach gegenwärtiger Einstellung und vergangener Erfahrung, verschiedene Erinnerungen zu. Die Absicht Napoleons III. und Königin Victorias, die feindliche Vergangenheit zu begraben und auf ihren Überresten die aktuelle Allianz zu besiegeln, war eindeutig. Die Schwierigkeiten, das Erschaudern des toten Napoleons in seinem Grabe zu ignorieren, wurden von den aktuell maßgebenden Akteuren im Interesse der Krimkriegsallianz überwunden; Prinz Jérôme gehörte zu einer Minderheit. Zudem gab es noch andere Bezugspunkte für Monarchen in der Gegenwart, an denen sie sich – wenngleich auch hier nicht ohne Ambivalenzen – begegnen konnten.

Heinrich Heine bemerkte bereits 1841 in Anspielung auf die gerade erfolgte feierliche Rückholung der Leiche: „Der Kaiser ist tot. [...] Über seinem Grab erhebt sich eine industrielle Bürgerzeit, die ganz andere Heroen bewundert, etwa den tugendhaften Lafayette, oder James Watt, den Baumwollspin-

---

[26] RA, R 19/3: Van de Weyer an Leopold I., 17. Aug. 1855.
[27] RA, R 19/7: Notes détachées [Van de Weyer, Paris, Aug. 1855]; Ähnliches berichtete auch der preußische Gesandte in GStAPK, III HA 2.4.1. I, Nr. 5392 (M): Hatzfeldt an Friedrich Wilhelm IV., 30. Aug. 1855, No. 76.

ner."²⁸ Napoleon III. und die englische Monarchin wussten um die Interessen der Gegenwart. Im Besuchsprogramm nahm neben den dynastischen Erinnerungsorten daher eine Art von Veranstaltung, die seit der Mitte des 19. Jahrhunderts eine herausragende Bedeutung gewann, einen prominenten Platz ein: die Weltausstellung. Der Kaiser der Franzosen führte die englische Königin und ihren Gemahl mehrfach in die „Exposition universelle des produits de l'agriculture, de l'industrie et des beaux-arts de Paris" von 1855. Eine genaue Betrachtung der Besuche lässt erkennen, wie die Rundgänge der gekrönten Häupter als Herrschaftstechnik inszeniert waren und zugleich der Geschlechterkonstruktion dienten.

In Frankreich hatten seit 1798 *nationale* Ausstellungen von Industrie- und Manufakturprodukten stattgefunden, für die auf Dauer keine speziellen Räumlichkeiten geschaffen worden waren.²⁹ Bis 1849 waren die insgesamt elf Darbietungen im Hof oder Palast des Louvre und auf den Champs-Élysées abgehalten worden. Für 1854 plante man eine zwölfte nationale Ausstellung. Die Londoner „Great Exhibition of the Works of Industry of All Nations" von 1851 bewirkte allerdings eine zweifache Modifikation des französischen Vorhabens. Zum einen verfügte Napoleon III., angeregt vom Kristallpalast im Hyde Park im März 1852, ein permanentes Gebäude errichten zu lassen, das Palais de l'Industrie. Zum anderen erweiterte er ein Jahr später das Projekt inhaltlich über den nationalen Rahmen hinaus. Die offiziellen Verlautbarungen zur Schau von 1855 beanspruchten mit Verweis auf die nationale Ausstellungstradition, dass Frankreich der eigentliche Erfinder von Industrieausstellungen sei und, durch das Hervorheben des umfassenden Charakters – das hieß nicht nur die Zulassung fremder Produkte, sondern das gesonderte Einbeziehen der bildenden Künste –, die erste wahrhaft universale Exposition biete.³⁰ Die hier durchscheinende materielle und ideelle Konkurrenz der bei-

---

28 Heinrich HEINE, Lutezia. Berichte über Politik, Kunst und Volksleben (1854), in: DERS., Werke in vier Bänden, Bd. 3, hg. von Eberhard GALLEY, Frankfurt am Main 1994, S. 411 f. (Bericht No. 29, ursprünglich für die Augsburger „Allgemeine Zeitung" unter dem Datum 11. Jan. 1841 verfasst).
29 Bereits die erste Ausstellung von 1798 wurde wesentlich vom Krieg und der Wirtschaftskonkurrenz mit Großbritannien motiviert; siehe zur frühen Geschichte der französischen Ausstellungen Philippe BOUIN / Christian-Philippe CHANUT, Histoire française des foires et des expositions universelles, Paris 1980, S. 22-54; Patricia MAINARDI, Art and politics of the Second Empire. The universal exhibitions of 1855 and 1867, New Haven, CT 1987, S. 12-21; und Ingeborg CLEVE, Geschmack, Kunst und Konsum. Kulturpolitik als Wirtschaftspolitik in Frankreich und Württemberg (1805-1845), Göttingen 1996, S. 53-62.
30 MAINARDI (wie Anm. 29), S. 39-44; Brigitte SCHROEDER-GUDEHUS / Anne RASMUSSEN, Les fastes du progrès. Le guide des expositions universelles 1851-1992, Paris 1992, S. 9, S. 22, S. 64; zum Zusammenhang von Kunst- und Industrieausstel-

den führenden Industrienationen bildete einen wesentlichen Bestandteil der ersten Weltausstellungen: Imitation und das Bestreben, sich gegenseitig zu übertrumpfen, prägten das Verhalten. Damit waren die Leistungsschauen Ausdruck und zugleich Mittel der für das 19. Jahrhundert charakteristischen Ambivalenz von nationalstaatlicher Konkurrenz und internationaler Kooperation.[31] Dieser zwischenstaatliche Kontext bestimmte die Motivation und Ausführung der *Exposition universelle* von 1855, und in ihm bewegten sich die Monarchen, wenn sie die Ausstellung besichtigten. Hinzu kam eine innerstaatliche, herrschaftliche Komponente.

Das Herrschaftselement wirkte sich in der staatlichen Mitsprache, vor allem aber im zeremoniellen Bereich aus. Verdeutlichen lässt sich dies etwa an den Eröffnungsfeierlichkeiten, den abschließenden Preisverleihungen oder am Schlussakt. Erkennbar wurde es auch an der Art, wie die Regierenden die Ausstellungen persönlich besichtigten. 1855 liefert hierfür ein gutes Beispiel. Victoria sah in Paris alles und doch wenig. Das heißt, sie durchlief große Teile des Gebäudekomplexes und betrat die Hauptsektionen sowohl für Industrie und Landwirtschaft als auch für die schönen Künste. Gelegentlich hielt sie inne, inspizierte kurz einzelne Stücke und erwarb oder erhielt von ihrem Gastgeber geschenkt, was ihr besonders gefiel.[32] Das Kennzeichnende an dieser Art der Besichtigung war, dass nicht die präsentierten Dinge im Mittelpunkt standen, sondern die königliche Besucherin selbst präsentiert wurde (vgl. Abb.). Der Reporter der „Illustrated London News" berichtete über den Aufenthalt Victorias und Alberts im Palais des Beaux-Arts:

„Exactly at eleven o'clock the band of the mounted Chasseurs, stationed in the vestibule [...] struck up the National Anthem – announcing the arrival of the Queen and the Emperor, accompanied by Prince Albert [...] as I watched them on their way I found that they hardly paused twice in the same gallery. For instance, they were not five minutes, even in the great salon of the French school [...]. But the most striking point during the entire visit (which lasted nearly two hours) was her Majesty's ascent from the ground-floor to the gallery, in which the water-colour drawings are exhibited. This staircase crosses the end of the vestibule, giving the people on the ground-floor an excellent view of anybody who ascends. Thus, when the Chasseurs struck up the National Anthem a second time, announcing the approach of the Courts, people thronged to the vestibule, in the expectation that her Majesty was going to leave the building. [...] This unexpected view of her Majesty had an electrical effect, and the crowd sent

---

lungen als Mittel der Geschmacksbildung wie der Gewerbeförderung siehe CLEVE (wie Anm. 29).
[31] Siehe Martin H. GEYER / Johannes PAULMANN (Hgg.), The mechanics of internationalism. Culture, society, and politics from the 1840s to the First World War, Oxford 2001.
[32] „Moniteur Universel", 20. Aug. u. 22. Aug., partie non officiel; QUEEN VICTORIA (wie Anm. 19), Eintrag v. 20. Aug. u. 22. Aug.; MARTIN (wie Anm. 11), S. 329 f.

forth a tremendous cheer, to which her Majesty replied by bowing very low three or four times."[33]

Die Besichtigung befriedigte, wie der Journalist meinte, zwar das Publikum, aber nicht das von ihm unterstellte künstlerische Interesse der königlichen Hoheiten. Die Aufmerksamkeit der Königin rief nicht nur allgemeine Begeisterung hervor, sie lenkte auch den Blick vieler Besucher und den des Berichtenden auf das, was die Monarchin sich besonders anschaute. Im Saal der französischen Schule verharrte der Hof einen Augenblick länger vor einem Bild Franz Xaver Winterhalters mit dem Titel „L'Impératrice Eugénie et ses dames d'honneur". Nachdem Victoria den Raum verlassen hatte, strömten die anderen Besucher dorthin. „Winterhalter's court group – of which the Empress Eugenie is the central figure, and the most beautiful woman", berichteten die Illustrated London News über die unmittelbare Folge, „seemed to wear a new charm after the Queen had sat for a few minutes before it [...]."[34] Die neben dem großen Gemälde ausgestellten Portraits, die Winterhalter von Kaiser und Kaiserin gemalt hatte, wurden vielfach für Amtsstuben kopiert und in Drucken, auf Porzellan und Tapisserie sowie als Miniaturen und Skulpturen reproduziert. Zugespitzt ließe sich formulieren, dass Monarchie und Kaisertum im Kontext der *Exposition universelle* sich selbst betrachteten und vor allem sich selbst ausstellten und vermarkteten.

Die geschilderte Besichtigung durch die Königin kann als *repräsentativer Rundgang* bezeichnet werden. Im Kontrast dazu existierte eine andere Art, die ein zeitgenössischer Bericht über den englischen Prinzgemahl „businesslike examination" nannte:

> „The Prince arrived, without escort, at the great northern entrance, where he was received by the Prince Napoleon, M. Fould, M. Le Play, Mr. Cole, and Mr. Redgrave. On this occasion his Royal Highness made a business-like examination of the buildings; chatting here and there with the people about him [...] or with the exhibitors. He

---

[33] „The Illustrated London News", No. 759, 1. Sept. 1855, S. 258; für weitere Details siehe auch ebenda, No. 758, 25. Aug. 1855, S. 243, S. 246.

[34] „The Illustrated London News", No. 759, 1. Sept. 1855, S. 258; Abbildung der Szene ebenda, S. 253. Zu den wenig begeisterten Stimmen der professionellen Kritiker über Winterhalters Gemälde sowie für die Geschichte und Verbreitung der Bilder auf gehobenen Konsumartikeln siehe Richard ORMOND / Carol BLACKETT-ORD, Franz Xaver Winterhalter and the courts of Europe, London 1988, S. 47, S. 201-204 (Abb. 33 u. 34, sowie No. 50 u. 53); ferner zur Stellung Winterhalters unter den Künstlern des Zweiten Kaiserreichs und seiner Förderung durch den Hof MAINARDI (wie Anm. 29), S. 102, S. 111. Auch in Wien wurden bei der Weltausstellung von 1873 im zentralen Saal der Kunsthalle Portraits des heimischen Kaiserpaares, gemalt von Heinrich von Angeli, präsentiert – Jutta PEMSEL, Die Wiener Weltausstellung von 1873. Das gründerzeitliche Wien am Wendepunkt, Wien 1989, S. 68.

minutely examined the contents of the Nave, and some of the side galleries; [...] and then he ascended to the galleries, where he remained a long time. It was obvious that his Royal Highness had made up his mind to master the contents of the various buildings."[35]

Der Prinz ging in der Tat seinen Geschäften nach, doch diese waren nicht diejenigen eines Fabrikanten, Kaufmanns oder Ingenieurs. Der *inspizierende Rundgang* ließ Elemente einer kontrollierten Annäherung zwischen Publikum und Monarch erkennen, die allerdings nicht in der höfischen, sondern in der bürgerlich-industriellen Welt des Fortschritts stattfand. Prinz Albert bewegte sich bei seiner Inspektion vor ausgesuchtem Publikum. Nur Inhaber einer 20- 50 Francs teuren Dauerkarte waren an diesem Tag eingelassen worden.[36] Diese Differenzierung stellte keine Ausnahme dar. Die Eintrittspreise bei den Weltausstellungen waren nach sozialen Kriterien gestaffelt, und zwar so, dass die niedrigeren Preise nur an bestimmten Tagen galten. Die verschiedenen Schichten blieben getrennt: 1855 zahlten Interessierte montags bis donnerstags 1 Franc, freitags, am Tag der Geschäftsleute, 5 Francs, sonntags, am freien Tag der Arbeiter und Familien, 20 Centimes. Verbilligte Sonderaktionen für Arbeiter und Vorarbeiter, der freie Eintritt für Gruppen aus Lehranstalten und für Militärangehörige sowie der freie Eintritt für alle an einem Tag (17. Mai 1855), bezahlt aus der kaiserlichen Zivilliste, weisen sowohl auf das erzieherische Motiv der Ausstellung hin als auch auf das Bestreben, Loyalität und Identifikation zu stiften. Beides, Erziehungsförderung und Loyalitätssicherung, war auch das Geschäft, das sich der englische Prinzgemahl zur Lebensaufgabe gemacht hatte.[37]

Die Kommunikation während des inspizierenden Rundgangs unterlag allgemeinen Regeln, sie war institutionalisiert. Der Prinz unterhielt sich mit den Mitgliedern des ihn umgebenden kleinen Gefolges. Es handelte sich bei dieser Gelegenheit nicht um Höflinge, sondern um ein französisch-britisches Ehrengeleit, bestehend auf der einen Seite aus dem Präsidenten der Ausstellung Prinz Napoléon, ein Neffe des Kaisers, dem Staatsminister und Minister des kaiserlichen Hauses Achille Fould, der aus einer Bankiersfamilie stammte und mit seinem Ministerium letztlich politisch für die Exposition verantwortlich war, und Frédéric LePlay, dem Ingenieur und Sozialökono-

---

[35] „The Illustrated London News", No. 759, 1. Sept. 1855, S. 258.
[36] „The Illustrated London News", No. 759, 1. Sept. 1855, S. 258; zu den gestaffelten Eintrittspreisen siehe Madeleine REBÉRIOUX, Les ouvriers et les expositions universelles de Paris au XIXe siècle, in: Union central des arts décoratif (Hg.), Le livre des expositions universelles, Paris 1983, S. 195-208.
[37] Zur Erziehungsmission des Prinzen, die dieser im sachlichen wie im moralischen Sinn verstand, siehe Asa BRIGGS, Prince Albert and the arts and sciences, in: John A. PHILLIPS, Prince Albert and the Victorian Age, Cambridge 1981, S. 51-78.

men, Chef der obersten Bergbaubehörde und vom Kaiser als *commissaire général de l'Exposition* mit der Organisation der Ausstellung betraut; auf der anderen Seite begleiteten Seine Königliche Hoheit Henry Cole, später Sir Henry, der wesentlich an der Londoner Ausstellung von 1851 beteiligt gewesen war und die Verwendung des erwirtschafteten Profits im Aufbau der Institutionen in South Kensington dirigierte, und schließlich Richard Redgrave, Maler, Verwalter der königlichen Gemäldesammlung und Generalinspekteur des *Science and Art Department* sowie Kunstdirektor des South Kensington Museum.

Der Prinz erfüllte bei der Besichtigung die Normen, die für ernsthafte Besucher galten. Er studierte sorgfältig und ins Detail gehend die dargebotenen Stücke, verbrachte lange Zeit in der Maschinen- und Rohstoffabteilung. Den Ausstellern, deren Produkte ihm besonders bemerkenswert erschienen, stellte er Fragen. So sehr inhaltsbezogen sein Rundgang erschien, so deutlich legte der Prinz dabei ein angemessenes und eingeübtes Verhalten an den Tag. Öffentlich demonstrierter Eifer in der Beschäftigung mit technisch-industriellen Dingen wirkte vorbildhaft. Das Ideal persönlicher Fortbildung wurde durch den inspizierenden Rundgang praktisch vorgeführt.[38] Die königliche Hoheit zeigte sich – und Albert persönlich war es auch – interessiert an der modernen Welt.

Über die konkreten Gegenstände und die Bildung hinaus ging es aber bei dieser Inspektion der Ausstellung zugleich um noch etwas: „[he] had made up his mind to *master* the contents", formulierte der zitierte Zeitungsbericht und sprach vier Zeilen später von der „opportunity thus afforded him of *mastering* the remarkable features of the Universal Exhibition".[39] Die von mir hervorgehobene Wortwahl bestätigt den Sinn der vorgenannten Äußerlichkeiten des Verhaltens: Die durch das Gefolge markierte Stellung, das institutionelle Gewicht der Begleitung und das prüfende Verhalten, alles zusammen kennzeichnete den inspizierenden Rundgang eindeutig als herrschaftliche Geste. Zusätzlich verstärkt wurde die Loyalitätsstiftung ferner dadurch, dass der Prinzgemahl vermutlich zumindest den ihm persönlich bekannten Ausstellern die Hand gab. Das war außergewöhnlich, denn bei

---

[38] Vgl. zum Gedanken der Popularisierung durch „darstellerische Praxis" und zum gesellschaftspolitischen Impetus des hier erkennbaren Bildungsbestrebens, bezogen auf die Naturwissenschaften, Andreas DAUM, Wissenschaftspopularisierung im 19. Jahrhundert. Bürgerliche Kultur, naturwissenschaftliche Bildung und die deutsche Öffentlichkeit 1848-1914, München 1998, S. 29, S. 114-116, S. 154-160, S. 178-183, S. 461, S. 469 f.

[39] „The Illustrated London News", No. 759, 1. Sept. 1855, S. 258 (meine Hervorhebung).

öffentlichen Auftritten königlicher Hoheiten vor einem allgemeinen, anonymen Publikum geschah dies im 19. Jahrhundert sehr selten.[40] Handschlag, die Entourage aus Vertretern der beteiligten Institutionen und das Bemühen, die Ausstellung zu ‚meistern', legen den Gedanken nahe, dass es sich bei dem inspizierenden Rundgang um eine spezifisch männliche Form handelte. War der repräsentative Rundgang dagegen eine weibliche Form? Allgemein traf dies nicht zu, denn männliche Throninhaber pflegten die vornehmlich repräsentative Selbstdarstellung in gleicher Weise. Zudem enthielt die prüfende Besichtigung, wie gerade erläutert, ebenfalls eindeutig Elemente herrschaftlicher Selbstdarstellung. Lässt sich umgekehrt behaupten, dass Frauen, während sie bei der demonstrativen Zurschaustellung eine Rolle spielen durften, an prüfenden Besichtigungen nicht teilnahmen? Einer solchen These widerspricht, dass die Ehefrauen regierender Monarchen auch Inspektionen vornahmen. Allerdings besuchten sie dann weniger Industrieausstellungen oder Fabriken, sondern eher Krankenhäuser und andere Wohlfahrtseinrichtungen.[41] Im Übrigen enthielt auch der repräsentative Rundgang prüfende Bestandteile. Victoria betrachtete bei der ersten Ausstellungsbesichtigung einzelne Gegenstände und erwarb manche, die sie dadurch für nützlich, gut oder schön deklarierte. Dabei handelte es sich vorwiegend um Porzellan, Möbel und Stoffe.[42] Die geschlechtsspezifische Kennzeichnung rührte also nicht primär aus der Art des Rundgangs, sondern aus der Kombination mit dem, was besichtigt wurde.[43] Victoria partizipierte an der Aus-

---

[40] Vgl. RA, R 19/4: Van de Weyer an Leopold I., 24. Aug. 1855.
[41] Siehe z. B. den Besuch des britischen Krankenhauses in Paris durch die englische Königin – RA, GV CC 26/87: Queen Mary an Großherzogin Augusta, 26. April 1914; siehe ferner mit zahlreichen Abbildungen Frank PROCHASKA, Royal bounty. The making of a welfare monarchy, New Haven, CT 1995, S. 91-94, S. 124-126, S. 178-182, und Matthew TRUESDELL, Spectacular politics. Louis-Napoleon Bonaparte and the fête impériale, 1849-1870, New York 1997, S. 131-134.
[42] QUEEN VICTORIA (wie Anm. 19), Eintrag vom 22. Aug. 1855; und „The Illustrated London News", No. 759, 1. Sept. 1855, S. 258, wo einzelne Firmen genannt werden und es heißt, dass die Besichtigung „remarkably hurried" verlief, als die illustre Gesellschaft die Maschinen- und Rohstoff-Abteilung betrat.
[43] Vgl. die differenzierenden Beobachtungen zur Rolle von Frauen in der Popularisierung der Naturwissenschaften bei DAUM (wie Anm. 38), S. 101, S. 125, S. 151, S. 177, S. 440, S. 464, sowie im Rahmen von Weltausstellungen als Konsumentinnen bei Whitney WALTON, France at the Crystal Palace. Bourgeois taste and artisan manufacture in the nineteenth century, Berkeley, CA 1992, S. 49-69. Zur Forschungsdebatte über Geschlecht und Konsum siehe Leora AUSLANDER, The gendering of consumer practices in nineteenth-century France, in: Victoria DE GRAZIA (Hg.), The sex of things. Gender and consumption in historical perspective, Berkeley, CA 1996, S. 79-

stellung über den *Konsum* von Artikeln, nicht über deren Herstellung. Sie verhielt sich damit wie andere, bürgerliche Frauen, die sich als Konsumentinnen öffentlich an der Marktwirtschaft beteiligten. Die männliche Kodierung von Alberts Besichtigung rührte aus der Verknüpfung zwischen seinem Interesse an der *Produktion* technisch-industrieller Güter, einer bestimmten Betrachtungsweise und seiner Entourage wichtiger Männer. Die Geschlechtertrennung verlief also nicht entlang der Linie öffentlich-privat oder der Unterscheidung zwischen repräsentativem und inspizierendem Rundgang. Entscheidend war vielmehr die sichtbar bezogene Stellung im Verhältnis zu Produktion und Konsum. Das Königspaar führte 1855 an einem Ort spektakulärer Zurschaustellung seine eigene Arbeitsteilung vor, und es reflektierte und verstärkte damit gleichzeitig allgemeine gesellschaftliche Muster. Insgesamt bleibt festzuhalten, dass beide Arten des Rundgangs durch die Weltausstellung Instrumente der Herrschaftstechnik bildeten, die unter weitgehend unbewusstem Einschluss der Möglichkeit männlicher oder weiblicher Differenzierung gezielt die Verankerung der Monarchie in der bürgerlich-industriellen Welt befördern sollten.

Die Visite des englischen Königspaares von 1855 in Paris besaß insgesamt verschiedene internationale und nationale politische Aspekte, die alle eng an die Verwendung von Zeichen im Ablauf des Besuchs, an die Performanz von Beziehungen im Zeitalter der monarchischen Nationalstaaten gebunden waren. Im symbolischen Handeln wurden Bedeutungen konstituiert, welche die politischen Relationen sowohl zwischen Großbritannien und Frankreich als auch innerhalb des Regimes Napoleons III. nicht lediglich wiedergaben, sondern sie erst konstituieren sollten. Das Besuchsprogramm bildete also nicht nur einen politisch-kulturellen Text, den es zu entschlüsseln und auf den es gegebenenfalls zu antworten galt, sondern es wurde erst durch das Zusammenspiel von Akteuren und Zuschauern lebendig. Politik war hier wesentlich Aufführung: performative Politik.

Die kommunikative Praxis stiftete 1855 – wie auch bei anderen Gelegenheiten dieser Art – nicht notwendig Konsens, selbst wenn dies von manchen Beteiligten intendiert war: Sie stellte vielmehr ein Feld politischer Auseinandersetzung dar, auf dem diejenigen, an die appelliert wurde oder die unter Druck gesetzt wurden, reagieren konnten – im Falle der innenpolitischen Gegner mit ähnlichen Mitteln wie die Monarchen. Die verschiedenen Gruppen besaßen hier möglicherweise mehr Spielraum als im institutionellen Bereich, wo ein Herrscher auch im 19. Jahrhundert verfahrensmäßig im Vorteil war. Die Beispiele anlässlich des Besuchs der englischen Königin

---

112, sowie Mary Louise ROBERTS, Gender, consumption, and commodity culture, in: American Historical Review 103 (1998), S. 817-844.

veranschaulichen die verschiedenen Formen, in denen die Adressaten antworteten. Ihre Reaktionen reichten von der Bereitschaft, an rituellen Handlungen teilzunehmen, über die Umkehrung oder Anpassung der Intentionen im eigenen Sinne bis hin zur Verweigerung. Für Widerspruch bot gerade die Vergegenwärtigung der Vergangenheit günstige Voraussetzungen, weil zum Gebrauch der Erinnerungsorte wesentlich gehörte, dass Ereignisse der Geschichte aus dem historischen Kontext herausgenommen und in einen neuen, aktuellen Zusammenhang eingebunden wurden: Unter der Maßgabe von Einmaligkeit in der Geschichte war dies ein Widerspruch in sich und bot damit unmittelbar die Möglichkeit zu widersprechen. Doch musste dies nicht zwangsweise folgen, denn institutionelle Rahmenbedingungen und Intentionen glichen in der Praxis aus, was regelwidrig schien. Victoria spürte zwar möglicherweise, dass Napoleon I. sich in seinem Grab umdrehen musste, weil die englische Königin im Invalidendom mit seinem Neffen ein britisch-französisches Bündnis befestigte, doch die feierliche Ehrbezeugung und die außenpolitischen Absichten halfen ihr, das gleichzeitige Gewitter als Himmelszeichen zu erkennen und den Widerspruch aus der Vergangenheit zu überwinden. Im Fall des Rundgangs durch das Weltausstellungsgelände zeigte sich, wie Verhaltensweisen performativ vermittelt werden. Über den Verweis ihrer Verbundenheit mit dem Fortschritt und der bürgerlich-industriellen Welt hinaus produzierte das englische Königspaar Charakteristika geschlechtsspezifischer Verhaltensweisen, indem es ein bekanntes Muster vor den Augen einer interessierten Öffentlichkeit wiederholte und damit verfestigte.

Für die europäischen Inszenierungen politischer Beziehungen seit der Mitte des 19. Jahrhunderts ist die Episode von 1855 ein frühes und herausragendes Beispiel.[44] Es verdeutlicht, dass die Vorstellung, Diplomatie beschränke sich auf das Verfassen, Empfangen und Beantworten von Depeschen, zu kurz greift. Vielmehr wurde Politik zwischen und in den monarchischen Nationalstaaten auf performative Weise betrieben. Vor allem in den charakteristischen Monarchenbegegnungen wies sie bis zum Ersten Weltkrieg alle Aspekte auf, die Erika Fischer-Lichte zufolge „Theatralität" kennzeichnen: den der Inszenierung (von der inhaltlichen Programmvorbereitung über die Bekanntgabe des Ablaufs bis zur organisatorischen Leitung durch die Hofämter), den der Korporalität (einschließlich der Körper der Monarchen und der ausgestellten Maschinenkörper), den der Wahrnehmung durch

---

[44] Ausführlich zu den neuen Mustern der zweiten Jahrhunderthälfte PAULMANN (wie Anm. 2), S. 295-400.

die Zuschauer wie auch den der Aufführung.[45] Es scheint daher gerechtfertigt, vom europäischen „Welt-Theater" zu sprechen,[46] das in den inszenierten Ritualen der internationalen Politik ab der Mitte des 19. Jahrhunderts praktiziert wurde.

---

[45] Erika FISCHER-LICHTE, Grenzgänge und Tauschhandel. Auf dem Weg zu einer performativen Kultur, in: WIRTH (wie Anm. 1), S. 277-300, S. 299.

[46] Den Begriff verwandte der deutsche Botschafter in Paris 1896, als er über einen Besuch des russischen Kaisers in Paris berichtete: „Das russische Schauspiel ist vorüber. Jetzt kommt die Abrechnung, kommt die Frage, was es kostete, was es einbrachte und welche Folgen es auf dem Welt-Theater haben wird." – Politisches Archiv des Auswärtigen Amts, Berlin, R 10655: Münster an Hohenlohe-Schillingsfürst, 22. Okt. 1896, No. 196.

JENS JÄGER

Erkennungsdienstliche Behandlung

Zur Inszenierung polizeilicher Identifikationsmethoden um 1900

Ein untrügliches Zeichen moderner Verwaltung ist die Verfeinerung von Identifikationsmethoden. Wer Ansprüche gegenüber dem Staat geltend machen möchte, muss in der Lage sein, die eigene Identität nachzuweisen, und ebenso ist der Rechtsstaat verpflichtet, das Individuum genau zu benennen, gegen das er Ansprüche erheben will. Es gehört aus der Sicht der Behörden in den Kernbereich von Ordnung und Sicherheit, dass Menschen eindeutig identifizierbar sind. Das gilt ebenso für Bürger und Bürgerinnen, die sich in die herrschende Ordnung einfügen, wie für diejenigen, die sich dieser Ordnung widersetzen und ihre Regeln ständig, zeitweise oder auch nur einmalig verletzen.

Die Institution, die seit dem letzten Viertel des 19. Jahrhunderts vor allem für die Identifikation von Rechtsbrechern zuständig geworden ist, ist der Erkennungsdienst. Es handelt sich dabei zumeist um eine technische Abteilung der Polizeibehörden. Im öffentlichen Bewusstsein sind gegenwärtig Identifizierungsmethoden wie Fingerabdruck, Genanalyse und Fahndungsfoto präsent. In der Geschichtswissenschaft ist bisher vor allem die in den 1870er Jahren entwickelte anthropometrische Methode Alphonse Bertillons (1853-1914) Gegenstand analytischen Zugriffs gewesen.[1] Dabei wurden die Verbindungen zu Medizin, Biologie und Anthropologie ebenso betont wie die stigmatisierende Wirkung der Prozedur. Auch sind Verbindungen zur Konstruktion von Vorstellungen vom Verbrechertypus gezogen worden, und

---

[1] Peter BECKER, Randgruppen im Blickfeld der Polizei. Ein Versuch über die Perspektivität des "praktischen Blicks", in: Archiv für Sozialgeschichte 32 (1992), S. 283-304; DERS., Kriminelle Identitäten im 19. Jahrhundert. Neue Entwicklungen in der historischen Kriminalitätsforschung, in: Historische Anthropologie 2 (1994), S. 142-157; John TAGG, A means of surveillance. The photograph as evidence in law, in: DERS., The burden of representation. Essays on photographies and histories, Basingstoke/London 1988, S. 60-102. Allan SEKULA, The body and the archive, in: Richard Bolton (Hg.), The contest of meaning. Critical histories of photography, Cambridge, MA 1989, S. 343-388; Susanne REGENER, Fotografische Erfassung. Zur Geschichte medialer Konstruktionen des Kriminellen, München 1999.

der polizeiliche Erkennungsdienst gilt vornehmlich als Agens eines typisierenden, kategorisierenden und normierenden Diskurses. Ob die erkennungsdienstliche Praxis – vor allem die Porträtierung – dabei tatsächlich Vorschub geleistet hat, ist meines Erachtens aber zu bezweifeln. Jedenfalls stammen die meist angeführten Beispiele bezüglich der Fotografie, die Studien des italienischen Kriminologen Cesare Lombroso (1836-1909) und des britischen Naturforschers Francis Galton (1822-1911), aus den frühen 1870er Jahren. Bertillon führte sein System jedoch erst zu Beginn der 1880er Jahre an der Pariser Polizeipräfektur ein. Die von Lombroso und Galton verwendeten Fotografien basierten also auf der damals in der Identifikationsfotografie noch dominierenden fotografischen Alltagspraxis.[2] Zudem fanden unter Kriminologen und Polizeibeamten die Thesen Lombrosos und Galtons keinen sonderlichen Zuspruch. Die Sammlungen wurden auch eher selten für wissenschaftliche oder statistische Untersuchungen herangezogen, teils, weil dies die Arbeit der Erkennungsdienste behindert hätte, teils aber wohl auch, weil schon den Zeitgenossen ein wissenschaftlicher Gewinn äußerst fragwürdig erschien.[3]

Ebenso fehlt eine gründliche Analyse, ob denn die jeweils praktizierten Identifikationsmethoden tatsächlich die angestrebten und propagierten Erfolge brachten. Schließlich war der weitaus größte Anteil positiver Identifizierungen in Strafsachen um 1900 nicht der Arbeit des Erkennungsdiensts zu verdanken, sondern Beamte erkannten einen Delinquenten schlicht wieder oder andere Indizien und Beweise führten zu einem sicheren Nachweis der Identität. Außerdem verschleierten in den meisten Fällen die Verhafteten ihre Personalien nicht einmal. Wozu also wurden Erkennungsdienste – gerade in den Jahrzehnten um 1900 verstärkt – bei den Polizeibehörden eingerichtet und/oder jeweils technisch auf der Höhe der Zeit ausgestattet? Die spontane Antwort, dass im Kampf gegen die Kriminalität besonders die Identifizierung

---

[2] Vgl. Anm. 1. Auch wenn Lombroso von den Zeitgenossen als Begründer der Kriminologie gefeiert wurde, fand seine These vom geborenen Verbrecher nur wenige Anhänger, vgl. dazu eines der kriminalistischen Standardwerke der Zeit: Hans GROSS, Handbuch für Untersuchungsrichter, Polizeibeamte, Gendarmen u.s.w., Graz, 2. verm. Aufl. 1894, S. 103-107.

[3] Galton arbeitete mit Material, das er vom 1871 eingerichteten Habitual Criminals Office ab 1877 erhielt. Somit war er kaum Wegbereiter für die Idee des Gewohnheitsverbrechers. Auch waren Galtons Versuche, durch Übereinanderkopieren von Verbrecherfotografien, Verbrechertypen anschaulich machen zu wollen, wenig überzeugend und wurden weder als Möglichkeit präventiver Kriminalitätsbekämpfung noch als schlüssige Nachweise für die Existenz von Verbrechertypen angesehen. Vgl. Jens JÄGER, Photography. A means of surveillance? Judicial photography, 1850 to 1900, in: Crime, History & Societies 5 (2001), S. 27-51, S. 30.

und Erfassung von Delinquenten wichtig sei, ist sicherlich korrekt, aber sie berücksichtigt nicht die Aspekte, die im Folgenden untersucht werden sollen. Zum einen ist bisher über die konkrete Praxis der Messungen, Ablichtung und Befragung beim Erkennungsdienst wenig geforscht worden, bzw. diese stand nicht im Vordergrund der Analysen. Zum anderen fragt sich, ob das Geschehen beim Erkennungsdienst, im Polizeijargon „erkennungsdienstliche Behandlung" genannt, nicht zusätzliche Bedeutungen hatte. Dies kann mit Hilfe der Konzepte von Performanz erfasst werden, denn sie verdeutlichen die Rolle der konkreten Handlungen bei der polizeilichen Erfassung von Identitätsmerkmalen. Die bisherigen Angebote der Performanztheorie geben zwar kein Muster, das auf das hier untersuchte Phänomen direkt anwendbar wäre. Beim Erkennungsdienst sind sprachliche Akte, um die es in der Performanztheorie vornehmlich geht, eher rar. Insofern ist eine Anlehnung an Sprechakttheorien, die das Performative von kommunizierter Sprache betonen, problematisch. Wichtiger ist beim Erkennungsdienst die nonverbale Kommunikation und das Ausführen bzw. Über-sich-ergehen-lassen klar umrissener – und in Dienstvorschriften festgehaltener – Handlungen. Das Geschehen ähnelt somit einer Inszenierung, deren Funktion es ist, etwas Imaginäres sinnlich in Erscheinung treten zu lassen.[4] Die bisherige Forschung neigte dazu, den Erkennungsdienst als den Ort darzustellen, an dem performativ Menschen kriminalisiert oder zu Delinquenten „geschaffen" – also aufgrund der verwendeten Aufzeichnungstechniken in Wort und Bild sinnlich erfahrbar – werden.[5] Gleichzeitig lässt sich die erkennungsdienstliche Behandlung als ein ritualisiertes Handeln begreifen, dessen Aufgabe es ist, eine durch Rechtsbruch ausgelöste Krise der bestehenden Ordnung zu bewältigen.[6] In diesem Sinne wurde auf die Funktion der Kategorisierung, Typisierung und Kontrollierbarkeit straffällig gewordener Menschen verwiesen, die zur Wahrung von Sicherheit und Ordnung dienten. Es gibt jedoch ein reichhaltiges Arsenal an Delinquenz und nicht jeder straffällig gewordene und verurteilte Mensch wurde dadurch von den Behörden und der Öffentlichkeit zum „Kriminellen" stigmatisiert. Zudem gilt es, wie oben angesprochen, die Leistung des Erkennungsdienstes kritisch am deklarierten Anspruch zu messen.

---

[4] Vgl. zu den Begriffen den Beitrag von Erika Fischer-Lichte in diesem Band (Performance, Inszenierung, Ritual. Zur Klärung kulturwissenschaftlicher Schlüsselbegriffe).
[5] Vgl. dazu Michel FOUCAULT, Überwachen und Strafen. Die Geburt des Gefängnisses, Frankfurt am Main 1994 [1975] und den Labeling-Ansatz in der Kriminologie: z.B. Karl-Ludwig KUNZ, Kriminologie, Bern/Stuttgart/Wien 2001, S. 175-191.
[6] Vgl. dazu Victor TURNER, Dramatisches Ritual, rituelles Theater. Performative und reflexive Ethnologie, in: Uwe WIRTH (Hg.), Performanz. Zwischen Sprachphilosophie und Kulturwissenschaften, Frankfurt am Main 2002, S. 198.

Vor allem aber wurde in der Forschung bisher vernachlässigt, dass sich die erkennungsdienstliche Behandlung nicht allein auf die Delinquenten auswirkte, sondern für die Polizei und den staatlichen Apparat sowie die medial erreichbare Öffentlichkeit von Bedeutung gewesen ist. Die erkennungsdienstliche Behandlung gehörte somit auch in den Bereich symbolischer Politik. Erst in der Ausführung der erdachten Methoden zur Erfassung von Personen wurden Polizei und Staat konkret erfahrbar, und zwar für alle Beteiligten: Delinquenten und Polizeibeamte. Hier öffnet sich eine neue Perspektive auf das polizeiliche Handeln und die Ziele, die mit der Erhebung und Katalogisierung von Personendaten einhergingen. Dabei steht im Folgenden der performative Akt beim Erkennungsdienst nicht allein als ein Akt kultureller Selbstvergewisserung und -deutung der Polizei und des Rechtssystems im Vordergrund, sondern die Praxis verweist auch auf einen spezifischen Umgang mit dem „Problem Kriminalität" in dem hier untersuchten Zeitraum um 1900. Die zeitgenössische Lösung war technisch-wissenschaftlichen Ursprungs. Dies deutet darauf hin, dass Polizei – Kriminalpolizei insbesondere – sich intern wie extern als moderne, wissenschaftlich fundierte Behörde präsentieren wollte. Zudem lag den neu geschaffenen Erkennungsdiensten ebenfalls daran, sich innerhalb der Behördenstruktur zu legitimieren und als wichtigstes Organ der Kriminalpolizei zu positionieren.

1. Erkennungsdienst bis 1900

Das offensichtliche Ziel erkennungsdienstlicher Behandlung besteht darin, die Identität einer Person mit Hilfe bereits über sie existierender Daten festzustellen. Bei Ermittlungen in Strafsachen geht es vornehmlich darum, einem Regelbruch (konkret: dem Bruch einer strafrechtlichen Norm) eine oder mehrere Personen als Verantwortliche zuzuordnen. Dabei wurde die erkennungsdienstliche Behandlung jenseits ihrer offenkundig propagierten Aufgabe auch als Sanktion angesehen. Die Erhebung personeller und körperlicher Daten der Rechtsbrecher galt bereits in einschlägigen Lehrbüchern als präventive Maßnahme: Genaue Identitätsfeststellung sollte die Delinquenten von weiteren Straftaten abschrecken.[7] Diese Wirkung, so lässt sich vermuten, kam nur aufgrund der Handlungen zur Entfaltung, die mit und am Delinquenten

---

[7] Wilhelm URBAN, Kompendium der gerichtlichen Fotografie. Ein Handbuch für Beamte der Gerichts- und Sicherheitsbehörden, sowie den Unterricht an kriminalistischen Instituten und Gendarmerieschulen, Leipzig 1910, S. 5.

durchgeführt wurden, und sie war um so größer, je länger und intensiver befragt, vermessen und fotografiert wurde. Wichtig dabei war, dass amtliche Dokumente erstellt wurden, die den Vollzug der Handlungen bezeugten: die Karteikarte bzw. das Erhebungsblatt mit den dokumentierten Daten und den Porträtfotografien en face und en profil (vgl. Abb.). Diese Dokumente führten zu erneuten performativen Akten, wenn durch ihre Lektüre der ursprüngliche Konflikt einer Person mit den geltenden Gesetzen nachgewiesen wurde. Im Extremfall erwirkte die erneute Rezeption innerhalb der Polizei neben einer Identitätsfeststellung mit der Folge einer Verurteilung auch eine Strafverschärfung, da ja möglicherweise ein Rückfalltäter bzw. eine Rückfalltäterin festgestellt wurde.[8] Diese offenkundigen Eigenschaften erkennungsdienstlicher Dokumente haben sehr viel mit der Entwicklung und dem Stellenwert des Erkennungsdienstes innerhalb der Strafverfolgungsbehörden zu tun, da er als technische Abteilung innerhalb der Polizei neu war und seine praktische wie institutionelle Wirksamkeit beweisen musste.[9]

Die Erkennungsdienste entstanden im letzten Viertel des 19. Jahrhunderts und mussten ihre Verfahren erst entwickeln. Gerade die Periode um 1900 ist in diesem Zusammenhang eine besonders interessante Zeit, denn in Deutschland erfolgte die Durchsetzung der Körpermessungen und fotografischen Porträtierung „nach Bertillon", auf die sich die Polizeibehörden auf der Berliner Polizeikonferenz von 1897 geeinigt hatten.[10] Aber fast gleichzeitig setzte sich die Daktyloskopie[11] durch, und so wurden beide Verfahren parallel und in Konkurrenz zueinander praktiziert. Langsam, aber stetig wurde das

---

[8] Zusätzlich kann über die Polizei hinaus allein das Wissen um die Existenz von erkennungsdienstlich erhobenen Daten über eine Person in der Öffentlichkeit zu vielfältigen Spekulationen führen. Auf die Problematik des Begriffes „Öffentlichkeit" soll hier nur hingewiesen werden. Vor allem ist hier wichtig, dass eine umfassende Analyse der performativen Aspekte erkennungsdienstlicher Tätigkeit auch den späteren Umgang mit den Dokumenten einschließen müsste; dazu gehören sicherlich die Wirkungen für die soziale Gruppe, zu der eine Person gehört oder von der sie abhängt.

[9] Die fotografische Abteilung des Erkennungsdienstes der Préfecture de Police in Paris, die Alphonse Bertillon unterstand, sah sich 1883 mit dem Vorwurf der Budgetkommission konfrontiert, dass sie kaum von praktischem Nutzen gewesen sei. Vgl. Christian PHÉLINE, L'image accusatrice (Les Cahiers de la Photographie 17), Brax 1985, S. 35.

[10] Vgl. dazu insbes. die Akten des Preussischen Geheimen Staatsarchivs Berlin Rep. 77, Tit. 1208 Kriminalpolizei Sachen [II 6] Nr. 4 Maaßregeln behufs Feststellung der Identität von Verbrechern, Bde. 1-8 1887-1923.

[11] Offiziell wurde die Daktyloskopie in Berlin ab 1903 als generelles Identifikationsmittel eingeführt mit dem Ziel, die Körpermessungen einzustellen. S. Tit. 1208, Nr. 4 Kriminalpolizei Sachen, Maaßregeln behufs Feststellung der Identität von Verbrechern, Bd. 4, 19.01.1901 – 09.12.1904.

anthropometrische Verfahren zugunsten der alleinigen Abnahme von Fingerabdrücken zurückgedrängt. Daher sind gerade die Jahre um 1900 derjenige Zeitraum, in dem Verhaftete wie erfassendes Polizeipersonal mit dem höchsten Zeitaufwand und der größten Aufmerksamkeit Prozeduren durchliefen, die eine spätere Wiedererkennung der verhafteten Person garantieren sollten. Sie waren gewissermaßen an einer empirischen Studie beteiligt, als deren Ergebnis die Körpermessung schließlich als unpraktisch verworfen wurde.

Vor der Entstehung der Erkennungsdienste im Rahmen der Polizeibehörden waren Name und Geburtsort einer Person Dreh- und Angelpunkt der Identifizierung. Erfasst wurden neben Vorname, Name, Geburtstag und -ort auch Ausbildung, Beruf und Adresse sowie das strafrechtlich relevante Vorleben. Dies wurde in einem Dialog abgefragt.[12] Die Daten wurden auf „amtlichem Weg", das heißt über Anfragen bei Justiz- und Zivilbehörden, gegebenenfalls auch beim Militär, überprüft. Basis der Prüfung war die Übereinstimmung von Namen, Geburtsort und -tag. Waren die Daten plausibel und stimmten sie mit den persönlich gemachten Angaben der verhafteten Person überein, galt die Identität als etabliert. Gab es unvollständige oder zweifelhafte Angaben oder war ein Gesuchter bzw. eine Gesuchte unbekannt, blieb bis in die zweite Hälfte des 19. Jahrhunderts nur das Instrument des spätestens seit dem Mittelalter bekannten Steckbriefes. Der Steckbrief versammelte Informationen zu einer Person, die für die Fahndung relevant waren, darunter Angaben zur äußeren Erscheinung eines Menschen. Im Verlauf des 19. Jahrhunderts wurde die Knappheit der Angaben seitens der Polizei immer mehr kritisiert, da sie fast immer viel zu vage ausfielen. Eine Beschreibung wie „Mann, mittelalt, mittelgroß, dunkles Haar, Bart, grüner Mantel, Hut" war nicht dazu angetan, jemanden zu identifizieren. Die präzise Erfassung und schriftliche Fixierung von persönlichen Daten, äußerer Erscheinung und besonderen Kennzeichen erschien den Strafverfolgungsbehörden immer wünschenswerter. Die Forderung, der äußeren Erscheinung einer Person die gebührende Aufmerksamkeit zu schenken, insbesondere jenen Merkmalen, die als unveränderlich galten, wurde im Verlauf der zweiten Hälfte des 19. Jahrhunderts immer häufiger geäußert. Vor allem die Polizeibehörden, die sich immer stärker als alleinige Institution der Kriminalitätsbekämpfung

---

[12] Wie viele Daten aufgenommen wurden, blieb in Deutschland den Landesbehörden überlassen. Daher gab es keinen Standard, der für das gesamte Deutsche Reich verbindlich gewesen wäre. Die Polizeikonferenzen von 1897 und von 1912 sollten dies ändern. Vgl. Einführung eines einheitlichen Vordrucks und Telegrammschlüssels für die Personenbeschreibung bei den deutschen Polizeibehörden (= Referat 2, gehalten auf der Deutschen Polizeikonferenz 1912 in Berlin), Bayrisches Hauptstaatsarchiv München, Ministerium des Inneren, Nr. 71503.

profilierten, wurden zu Zentralen der Identitätsfeststellung ausgebaut. Der zumeist dort angesiedelte Erkennungsdienst ist also das Ergebnis der Verwissenschaftlichung, Professionalisierung und organisatorischen Wandlung der Polizei, insbesondere der großstädtischen Polizeibehörden im letzten Viertel des 19. Jahrhunderts. In Verbindung mit Annahmen über steigende Rückfälligkeit und dem Glauben an ein sich stetig ausdehnendes Gewohnheits- oder Berufsverbrechertum ergab sich daraus – stark verkürzt – die dauernde Verfeinerung der Identifikations- und Fahndungsmethoden.[13]

Die Erkennungsdienste waren zunächst aus den jeweiligen örtlichen Bedürfnissen heraus gebildet worden. In die Praxis waren Erkenntnisse der damaligen Medizin und Anthropologie inklusive ihrer rassistischen und sozialen Grundannahmen eingeflossen. In den 1870er Jahren kam mit der Praxis des fotografischen Porträtierens ein visuelles Element hinzu.[14] Allerdings war die polizeiliche Fotografie noch kaum reglementiert und wurde zumeist von ortsansässigen Berufsfotografen ausgeführt.[15] Das Alltagswissen, dass diese Technik die genauesten Reproduktionen von „Realität" liefere, spielte hierbei die hervorragende Rolle. Die Erhebung der als notwendig erachteten Daten einer Person konnte in der gewünschten Weise nur noch bei Inhaftierten durchgeführt werden, betraf also nur Personen, die bereits mit dem Strafrecht in Konflikt geraten waren oder gerade in Konflikt gerieten.[16] Auch der Datenaustausch wurde schwieriger. Zwar gab es über die Rezeption dessen, was andere Erkennungsdienste leisteten, eine gewisse Übereinstimmung in

---

[13] Aus der reichhaltigen Literatur zu Kriminalität und Kriminalitätsbekämpfung um 1900 vgl. z.B. Eric A. JOHNSON, Urbanization and crime. Germany 1871-1914, Cambridge/New York 1995; Clive EMSLEY / Barbara WEINBERGER (Hgg.), Policing Western Europe. Politics, professionalisation and public order, 1850-1940, New York 1991; Albrecht FUNK, Polizei und Rechtsstaat. Die Entwicklung des staatlichen Gewaltmonopols in Preußen 1848-1914, Frankfurt am Main/New York 1986; Andreas ROTH, Kriminalitätsbekämpfung in deutschen Großstädten 1850-1914. Ein Beitrag zur Geschichte des strafrechtlichen Ermittlungsverfahrens (Quellen und Forschungen zur Strafrechtsgeschichte 7), Berlin 1997.

[14] REGENER (wie Anm. 1); JÄGER (wie Anm. 3), S. 27-51.

[15] Vgl. Friedrich PAUL, Über Bedeutung und Anwendung der Photographie in Strafverfahren, Olmütz 1895, S. 5 sowie für Berlin, das bis 1900 einen kommerziellen Fotografen beschäftigte, den Vorgang der Vertragsauflösung des Polizeipräsidiums mit dem Fotografen Adler: Landesarchiv Berlin, Pr.Br. 030 [Polizeipräsidium Berlin, alte Signatur: Pr.Br.Rep. 30 Berlin C Tit. 94 Lit. A, Nr. 360 adh. A, B], 8757 und 8758 Die Überwachung der anarchistischen Bewegung nach einheitlichen Grundsätzen ... 1898-1910.

[16] Dazu kamen noch Personen, denen strafrechtlich nichts vorgeworfen wurde, die aber über ihre Identität keine Auskunft geben konnten (oder wollten), sowie unbekannte Tote.

den erhobenen Daten, standardisiert war aber nichts. Damit war nicht nur der Austausch der Erkennungsdienste untereinander problematisch, sondern die sinnvolle Ordnung der Karteien wurde angesichts anschwellender Datenmengen immer schwieriger. Die Standardisierung und Ausdifferenzierung der Identifizierungsmethoden und Ordnungskriterien ist mit dem bereits erwähnten Leiter des Erkennungsdienstes an der Pariser Polizeipräfektur, Alphonse Bertillon, verbunden. Bertillon entwickelte sein System von Messungen verschiedener Körperteile ursprünglich für die Neuordnung der Personendaten an der Pariser Polizeipräfektur, insbesondere der zahlreichen Fotografien. Es waren elf Maße, die zu einem weltweiten Standard wurden: Körpergröße, Sitzgröße, Spannweite der Arme, Länge des Unterarms, Länge des Fußes, Länge des Unterschenkels, Länge der Finger, Breite des Kopfes, Länge der Stirn, Maße der Ohren sowie der Nase. Nach Bertillons Theorie ließen diese Maße stets eine eindeutige Identifizierung zu. Erstmals sollte damit eine zeugen- und aussageunabhängige Überprüfung von Identität möglich sein. Ferner hielt der Erkennungsdienst die äußere Erscheinung einer Person in fotografischer und schriftlicher Form fest, die auch ein späteres optisches Wiedererkennen (jedenfalls für einen mittelfristigen Zeitraum) möglichst sicherstellen sollte. Allerdings konnten Personen nicht gemessen werden, die noch nicht ausgewachsen waren, also Personen bis zum 20. Lebensjahr. Die Einordnung der Daten basierte auf einem dreiteiligen Schema: klein, mittel, groß. Schon kleine Messfehler konnten dazu führen, dass eine Person in die Kategorie „mittel" statt „klein" eingeordnet wurde. Da bei jedem der zu messenden Merkmale ein solcher Fehler auftreten konnte, war das Fehlerpotenzial entsprechend hoch. Indes wurde dies in der damaligen Debatte mit dem Hinweis auf die Güte der Messwerkzeuge und die Sorgfalt des Messpersonals bagatellisiert; zu sehr entsprach die Methode den damaligen Wünschen und Vorstellungen wissenschaftlicher Identifikation und sinnvoller Kategorisierung von Daten. Die Autorität Bertillons und seiner Fürsprecher ließen das Messverfahren ab Ende der 1880er Jahre internationale Anerkennung finden. Dass jedoch der Methode kein wirklich tiefsitzendes Vertrauen entgegengebracht wurde, zeigt, wie schnell und unproblematisch sie mit Aufkommen der Daktyloskopie zwischen 1900 und 1910 fast überall in Europa wieder abgeschafft wurde.[17] Die Erkennungsdienste befanden sich also in einer Umbruchphase, und sehr viele wurden gerade um 1900 mit

---

[17] Vor allem in Frankreich blieb die Körpermessung, obwohl auch Fingerabdrücke genommen wurden, bis zum Tod Bertillons (1914) relevant. Die Folge war, dass auch andere Staaten Delinquenten, die entweder als Franzosen identifiziert wurden oder bei denen kriminelle Aktivität in Frankreich vermutet wurde, bis weit in die 1920er Jahre hinein „messen" mussten.

neuen Labors, Ateliers und Ausstattungen versehen. Dies waren Indizien institutioneller Anerkennung und gleichzeitig Signale für einen wachsenden Erfolgsdruck. In dieser Atmosphäre erfolgten die hier exemplarisch untersuchten „erkennungsdienstlichen Behandlungen" in Berlin um 1900.

2. Praxis des Berliner Erkennungsdiensts um 1900

Was geschah also beim Erkennungsdienst um 1900? Grundsätzlich erforderte die Dokumentation eines Individuums oder eine Identifizierung die folgenden Schritte: Erhebung der Personaldaten, Messen, Fotografieren, Daktyloskopieren. Als Beispiel dient hier das Geschehen im Berliner Polizeipräsidium, der für Deutschland normsetzenden und -kontrollierenden Institution. Jedenfalls wurde seit der Polizeikonferenz von 1897 in den größeren Polizeibehörden nach Berliner Vorgaben vorgegangen, was Abweichungen in anderen Ländern des Deutschen Reiches aber keinesfalls ausschloss.[18]

Das Personal des Berliner Erkennungsdienstes bestand aus dem Chef, Leopold Friedrich Meerscheidt-Hüllessem, einem Kriminalkommissar und sechs Kriminalschutzleuten, von denen einer das Fotografieren erledigte. Zunächst war es bei einer verhafteten Person nicht sicher, ob überhaupt eine Vorführung beim Erkennungsdienst anstand. Die Auswahlkriterien fanden sich in der 1899 verfassten Broschüre *Anweisung zur Vornahme von Körpermessungen und Beschreibungen nach dem System von Alphonse Bertillon*. Demnach waren zu messen und zu beschreiben: erstens gewerbsmäßige Verbrecher; zweitens alle, die möglicherweise gewerbsmäßige Verbrecher werden könnten; drittens Personen, die nach einer Bestrafung ausgewiesen wurden; viertens solche, die möglicherweise einen falschen Namen führten; fünftens alle, die wegen Vergehen gegen das Eigentum festgenommen wurden und von denen man annahm, dass sie die Sicherheitsbehörden weiterhin beschäftigen würden; sechstens bekannte Landstreicher, die gewerbsmäßig bettelten und bereits wegen Diebstahls verurteilt waren oder gegen die aufgrund des Verdachts auf Diebstahl ermittelt wurde, und siebtens alle diejenigen, bei denen „besondere Gründe" vorlagen. Für Frauen galten ohne weitere erklärende Angaben nur die Punkte Eins bis Vier.[19] Daraus ergab sich mit hoher Wahrscheinlichkeit die Überstellung einer Person zum Erkennungs-

---

[18] Vgl. Anm. 10.
[19] Anweisung zur Vornahme von Körpermessungen und Beschreibungen nach dem System von Alphonse Bertillon, Berlin 1899, S. 7.

dienst. Bei 5.644 Verhaftungen im Jahre 1900 (davon 3.279 wegen Diebstahls) lässt sich erahnen, wie viel der Erkennungsdienst täglich zu tun hatte.[20] Mit Sicherheit wurden also täglich mehrere Delinquenten nach Bertillon gemessen, fotografiert, wurde ein „Portrait parlé", d.h. eine formelhafte Beschreibung der äußeren Erscheinung einer Person[21] erstellt und zusätzlich daktyloskopiert.[22] Dazu kam noch die genaue Untersuchung des Körpers nach besonderen Merkmalen und Kennzeichen wie Narben, Tätowierungen oder besonderen Verformungen. Die Befragung und Vorlage von Identitätspapieren sowie die schriftliche Erfassung der Personendaten ist hierbei nicht einmal berücksichtigt.

Die Messung erforderte diverse Manipulationen der Körper der betroffenen Personen bis hin zum zumindest teilweisen Entkleiden. Dabei scheint zunächst das Messpersonal ausschließlich männlichen Geschlechts gewesen zu sein – in Hamburg waren für die Messung von Frauen weibliche Kräfte angestellt.[23] Die zu messende Person musste sich für die Ermittlung der Körpergröße hinstellen. Es folgte die Aufforderung zum Setzen, um die Sitzgröße zu messen. Die Spannweite der Arme erforderte ein Ausstrecken beider Arme bis zu einem 90° Winkel zum Körper. Die Länge des Unterarms konnte im Stehen wie Sitzen abgenommen werden. Zur Feststellung der Länge des Fußes war der Fuß zu entkleiden und auf einen Schemel zu stellen. Die übrigen Maße: Länge der Finger, Breite des Kopfes, Länge der Stirn, Größe der Ohren und der Nase wurden mit Spezialinstrumenten, einem überdimensionierten Zirkel bzw. einer Schublehre ähnlich, „abgenommen". Ein Beamter las die Ergebnisse an Maßstab und Messgerät ab; ein zweiter notierte dies. Die Farbe und Tönung von Augen, Haut und Haaren wurde ebenfalls nach vorgegebenen Kategorien registriert und niedergelegt; dafür gab es Mustertabellen. Für die Beamten war vor allem die eindeutige Übertragung

---

[20] Statistisches Jahrbuch der Stadt Berlin 27 (1903) für 1900-1902, S. 501 ff. Für die Jahre 1901 lauten die entsprechenden Zahlen: 6.410 Verhaftungen (davon 3.734 wegen Diebstahls); für 1902: 5.815 (3.179).

[21] „Portrait parlé" meint hier nicht die Übertragung der Gesamtheit der körperlichen Erscheinung einer Person in eine formelhafte Sprache, sondern die Chiffrierung bestimmter Merkmale, z.B. der Augen-, Haut- und Haarfarbe.

[22] Bedenkt man, dass 1899 das „Verbrecheralbum" aus mehr als 20.000 Fotografien bestand, so ist vorstellbar, dass es ein großes Interesse beim Erkennungsdienst gab, möglichst viele der schon katalogisierten Personen auch nach dem neuen System der Anthropometrie zu erfassen. Zu den Zahlen: Statistisches Jahrbuch der Stadt Berlin 26 (1902).

[23] Bericht des Hamburger Senats an das Auswärtige Amt in Berlin vom 12.12.1895, Staatsarchiv Hamburg, 132-1 I Senatskommission für die Reichs- und auswärtigen Angelegenheiten (1864-) 1894-1918 (-1933), Nr. 2957 Einführung System Bertillon 1895-1914.

des „Befundes" in die gewünschte Maßeinheit oder Bezeichnung wichtig. Gewissermaßen mussten sie während der Prozedur die zu messende Person in ihre körperlichen Einzelaspekte „zerlegen". Vorstellbar ist, dass die Beamten sich dabei – wie beim Portrait parlé vorgegeben – einer formelhaften Sprache bedienten, um den Prozess zu beschleunigen und Fehler zu vermeiden. So wurden Längenmaße im metrischen System angegeben, die Klassifizierung von Augentyp und -farbe sowie der Haar- und Hautfarbe in alphanumerischen oder reinen Buchstabenkombinationen angegeben (vgl. in der Abb. oben rechts). Gleichzeitig wurden andere besondere Kennzeichen notiert. Dass die Räumlichkeiten dabei unbequem waren, braucht nicht gesondert betont zu werden. Außerdem traten immer wieder hygienische Mängel auf. So erbat der Messdienst im Januar 1902 die tägliche Reinigung, da oft Personen gemessen würden, die mit „Ungeziefer" behaftet seien, welches mehrmals Beamte in die eigenen Wohnungen eingeschleppt hätten.[24]

Für die Porträtaufnahme ging es in Berlin nach der Messung ab 1900 in das neue Fotoatelier.[25] Vorher hatte dies in einer kleinen Hütte im Hof des Polizeipräsidiums stattgefunden. Auch bezüglich der Porträtaufnahme gab es eine eigene „Instruktion", nämlich die *Instruktion für den photographischen Dienst* vom 1. Oktober 1900. Sie legte fest, dass für das Verbrecheralbum[26] „nur solche Personen photographiert werden, die entweder bereits vorbestraft sind, oder durch die zur Zeit von ihnen begangene Straftat und deren Ausführung ihre Zugehörigkeit zum gewerbsmäßigen Verbrecherthum bekundet haben." Für den Erkennungsdienst sollten außerdem alle Personen aufge-

---

[24] Landesarchiv Berlin, Pr.Br.Rep. 030 [alt Tit. 28] 753 Der Geschäftsgang bei der Abteilung IV 1880-1902, Erkennungsdienst an Kalkulatur, 20.1.1902.
[25] Diese Reihenfolge ergibt sich für die Zeit ab Oktober 1900, vgl. dazu Landesarchiv Berlin, A.Pr.Br. Rep. Landesarchiv Berlin, Pr.Br. 030 [Polizeipräsidium Berlin, alte Signatur: Pr.Br.Rep. 30 Berlin C Tit. 94 Lit. A, Nr. 360 adh. A, B], 8758 Die Überwachung der anarchistischen Bewegung nach einheitlichen Grundsätzen ... 1898-1910. Da nicht klar ersichtlich ist, ob dies auch vorher der Fall war, wird davon ausgegangen, dass das Porträt nach der Messung produziert wurde. Jedenfalls wurde beides ohne größeren zeitlichen Abstand in direkter Abfolge durchgeführt. Vgl. dazu auch URBAN (wie Anm. 7), S. 68, der sich auf die Berliner Praxis stützte. Er schreibt, dass die Fotografie der Messkarte beigelegt werde, was einen Schluss auf die Reihenfolge Messung-Fotografie erlaubt. In Hamburg hingegen heißt es: „Die Messungen dienen als Ergänzung der fotografischen Aufnahme, welche stets gleichzeitig vorgenommen wird, und werden nach dem Bertillon'schen System mit denselben Instrumenten, wie sie in Paris üblich sind ausgeführt."
[26] Der Begriff Album suggeriert einen Band mit Porträtaufnahmen, wie er in bürgerlichen Haushalten üblich ist. Tatsächlich bestand das Verbrecheralbum aber aus umfangreichen Karteien und diversen Einsteckalben, die zumeist nach bestimmten Delikten, z.B. Taschendiebstahl, geordnet waren.

nommen werden, deren Identität unklar sei, und für Recherchen schließlich „können Personen photographiert werden, gegen die zur Zeit ein Strafverfahren anhängig ist, und deren Bilder zu Rekognitionszwecken hier gebraucht, oder nach außerhalb gesandt werden sollen".[27] Dieser Personenkreis deckte sich prinzipiell mit demjenigen, für den die Körpermessungen vorgesehen waren. Dass überhaupt zwei Vorschriften vorhanden waren, verwundert zunächst, findet seine Erklärung aber in dem Hinweis auf das „Verbrecheralbum" und die unterschiedlichen Arten von Aufnahmen, die im Polizeialltag gebraucht wurden: Nicht für jede Person wurde eine Karteikarte angelegt, und nicht jede wurde auch im Album registriert.[28] Im Prinzip wurden mehr Personen fotografiert als gemessen. Gustav Roscher, ab 1901 Hamburger Polizeipräsident (vorher Chef der Kriminalpolizei), begründete dies in seinem Standardwerk „Großstadtpolizei" mit dem angeblichen Lebenswandel von Kriminellen: „Da die Bilder vieler Verbrecher infolge ihres wüsten und unanständigen Lebens bald unähnlich werden, so ist bei ihnen häufiges Photographieren angezeigt".[29] Wer also das Pech hatte, häufig verhaftet zu werden und äußerlich in das Schema ‚unanständiger Lebenswandel' zu passen, wurde auch besonders häufig abgelichtet, was wiederum den Verdacht nährte, dass so jemand ein Gewohnheitsverbrecher sei. Die erkennungsdienstliche Behandlung, die ja eigentlich von den Gesichtszügen unabhängig sein sollte, wurde in diesen Fällen zu einem Ritual, in dem sich die Polizei gegenüber ihren Hauptzielobjekten und eigenen Angehörigen immer wieder als rationaler Staatsapparat präsentierte.

Im Atelier angelangt, wurde der Delinquent auf einen Schemel gesetzt und musste den Kopf an einen Kopfhalter anlegen (siehe Abb.). Anschließend wurde die Kamera eingestellt. Für die Profilaufnahme musste der Stuhl um 90° gedreht werden – dazu gab es auf dem Podest, auf dem der Stuhl stand, entsprechende Ausbohrungen für die Stuhlbeine.[30] Teils wurde eine

---

[27] Landesarchiv Berlin, Pr.Br. 030 [Polizeipräsidium Berlin, alte Signatur: Pr.Br.Rep. 30 Berlin C Tit. 94 Lit. A, Nr. 360 adh. A, B], 8758 Die Überwachung der anarchistischen Bewegung nach einheitlichen Grundsätzen, Bd. 3, 1900-1901.

[28] S. Statistisches Jahrbuch der Stadt Berlin 26 (1902): Das Verbrecheralbum wuchs von 1899 bis 1900 von 19.143 auf 20.714 Einträge (ein Plus von 1.571); 1901 waren es 21.895, d.h. es wurden in einem Jahr 1.181 Einträge hinzugefügt und 1902 wurden 22.316 Einträge erreicht, was einem Plus von 421 entsprach. Allerdings wurden auch von anderen Polizeibehörden eingesandte Bilder einbezogen, so dass es sich keineswegs um Zuwächse allein durch den Berliner Erkennungsdienst handelt.

[29] Gustav ROSCHER, Großstadtpolizei. Ein praktisches Handbuch der deutschen Polizei, Hamburg 1912, S. 231.

[30] Wenn eine Polizeibehörde vollends „nach Bertillon" arbeitete, schaffte sie eine Apparatur an, die es dem Operateur der Kamera erlaubte, die aufzunehmende Person auf

Tafel mit aufgenommen, die die registrierende Behörde nannte, den Namen des Delinquenten, das Datum und gegebenenfalls eine laufende Nummer. Auf den Abzügen, die auf die Karteikarte geklebt wurden, sollten diese aber nicht sichtbar sein. Je nach Bedarf wurden weitere Aufnahmen gemacht, etwa für Fahndungszwecke die Person stehend und mit Kopfbedeckung. Dazu mussten selbstverständlich entsprechende Kleidungsstücke vorliegen. Entweder waren dies die persönlichen Gegenstände der betroffenen Person oder im Atelier gab es einen Fundus, der zu diesem Zweck Jacken, Mäntel und Kopfbedeckungen enthielt. Insgesamt aber vollzog sich „die Durchführung [...] sozusagen zwangsläufig", wie Urban festhielt.[31] Dabei musste anscheinend selten Zwang ausgeübt werden, denn Berichte über Personen, die sich gegen ihre Aufnahme zur Wehr setzten oder die Gesichtszüge verzogen (und sei es ein Lächeln oder ein zorniger Blick), sind selten.

Die Abnahme der Fingerabdrücke ging wahrscheinlich am schnellsten vonstatten. Die Finger wurden eingefärbt, und die betreffende Person musste die Fingerkuppen sorgfältig auf der Karteikarte abrollen – von der linken Hand Zeigefinger und Daumen, von der rechten Hand alle Finger bis auf den kleinen Finger. Damit keine Verwechslungen oder Ungenauigkeiten geschahen, führte der zuständige Beamte selbst die Finger der betreffenden Person und drückte sie auf den Karton.

Die gesamte Prozedur, also Messung, Aufnahme, Fingerabdrucke, beanspruchte rein technisch gesehen maximal eine Stunde, eventuell weniger, es sei denn, es kam zu Verzögerungen. Abgesehen von den schwarzen Fingerkuppen behielten die erkennungsdienstlich behandelten Personen keine äußeren Spuren zurück, gewannen aber den Eindruck, gründlich gemustert, vermessen und registriert worden zu sein.

---

einen Sitz zu postieren, der für die Profilaufnahme mittels eines Hebels um 90° gedreht werden konnte, so dass die Person nicht aufzustehen brauchte und Korrekturen an der Pose weniger notwendig waren. Ein 1923 von der Vita-Film AG gedrehter Film über den ersten internationalen Polizeikongress in Wien zeigt eine Szene, bei der genau auf diese Weise gearbeitet wird. Der Film liegt im Österreichischen Filmarchiv.
31 URBAN (wie Anm. 7), S. 69.

3. Erfahrungen und Deutungen erkennungsdienstlicher Behandlung um 1900

Über die individuelle Wirkung dieser Handlungsabfolge schweigen die Quellen. Es lassen sich nur einige Reaktionsmuster vermuten. Für jemanden, der erstmals mit dem System des Erkennungsdienstes konfrontiert wurde, kann dies beeindruckend, ja einschüchternd gewesen sein. Da nur wenige Quellen von Widerstand gegen die erkennungsdienstliche Behandlung berichten, deutet dies eher auf Kooperationswilligkeit der betreffenden Personen.[32] Möglich ist, dass tatsächlich eine abschreckende Wirkung erzielt wurde, oder aber die Gesetzesbrecher und Gesetzesbrecherinnen zogen die Konsequenz, den nächsten Rechtsbruch besser, d.h. professioneller vorzubereiten. Für jemanden, der zum wiederholten Male durch die Prozeduren geschleust wurde, sind zwei Reaktionstypen denkbar: Erstens ein abnehmender Respekt für die polizeilichen Methoden der Identifizierung, vor allem dann, wenn jemand nicht erkannt wurde. Hier zeigten sich die Lücken des Systems deutlich, der wissenschaftliche Anspruch wurde zur Farce. Zweitens aber wachsende Sorge, denn mit jeder erneuten Prüfung und Feststellung der Identität stieg die Wahrscheinlichkeit einer schärferen Verurteilung – sollte es zu einer gerichtlichen Verhandlung kommen. In einem solchen Fall wäre widerständiges Verhalten von einem Dilemma begleitet gewesen: Man würde entweder Verdacht erregen oder durch Kooperation zu Messergebnissen mit den strafverschärfenden Folgen beitragen. Es ist vorstellbar, dass Personen mit wiederholten Erfahrungen beim Erkennungsdienst Strategien entwickelten, um die Wahrscheinlichkeit unpräziser Messungen zu erhöhen, sei es durch Ablenkung der Beamten, sei es durch Körperhaltung, Muskelan- oder -entspannung. Dem kam entgegen, dass für die Beamten die Routine sicherlich abstumpfend war. Ihr Arbeitsaufwand und -eifer wurde an der Menge und Präzision der Vermessungen abgelesen. Die Präzision konnte nur durch die Identifizierung einer bereits früher gemessenen Person bestätigt werden. Kam eine Person von auswärts, so waren die Erfolgschancen davon abhängig, ob diese dort schon gemessen worden war und die Erkennungsdienste Daten austauschten. Außerdem musste trotz der Doktrin vom wachsenden

---

[32] Damit ist nicht gesagt, dass dies nicht vorkam; vgl. dazu ein amerikanisches Beispiel in Sandra S. PHILLIPS / Mark HAWORTH-BOOTH / Caroline SQUIERS, Police pictures. The photograph as evidence, San Francisco 1997, Abb. Nr. 40, S. 83. Außerdem fehlt es in den Polizeiakten an Beschwerden von Beamten, die bei häufiger gewalttätiger Auseinandersetzung beim Erkennungsdienst im Zweifelsfall bessere Sicherung, mehr Personal oder Risikozulagen gefordert hätten.

Berufsverbrechertum noch immer davon ausgegangen werden, dass die Mehrzahl der zu messenden Personen bisher noch nicht in dieser Form mit der Polizei in Kontakt geraten waren.

Zwar war die betroffene Person das Objekt des standardisierten Erhebungsverfahrens, doch auch die jeweils tätigen Polizeibeamten mussten sich einem rigiden Regime unterwerfen. Die auszuführenden Handgriffe waren eintrainiert, das zu benutzende Werkzeug vorgeschrieben. Abweichungen waren schwer möglich. Eigentlich unterlagen die Beamten dem Verfahren und den Prinzipien wissenschaftlicher Polizeiarbeit intensiver und dauerhafter als die Delinquenten. Inszeniert wurde also für *alle* Beteiligten die staatliche Autorität in Form des Polizeiapparates, der per schriftlichen Verfügungen und Instruktionen das Geschehen ins Werk setzte, das aber erst in der realen Ausführung konkret und damit wirklich wurde.

Der gesamte Handlungsablauf, aus dem sich die Erfahrung „Erkennungsdienst" ergab, diente der Sicherung von Merkmalen, Details und Äußerlichkeiten. Die Delinquenten wurden in Form von Zeichen erfasst und beschrieben sowie durch die Fotografie in das bildliche Zeichen „Verbrecherbild" transformiert (Abb.). Es wurden zahlreiche Indizien gesammelt, die über die Identität einer Person Auskunft geben konnten. Mit Carlo Ginzburg gesprochen folgte die Polizei dem auf Semiotik gestützten Indizienparadigma, das sich im letzten Viertel des 19. Jahrhunderts in den Humanwissenschaften durchsetzte.[33] Die Identifikation von Personen anhand eines archivierten Bestandes von „Zeichen" wie Körpermaßen, Porträt und Fingerabdruck entsprach der Verwissenschaftlichung der Arbeit der Kriminalpolizei. Die Idee erfolgreicher Verbrechensaufklärung basierte immer stärker auf der Überzeugung, durch die Analyse von Details und Einzelheiten zum Ziel zu gelangen. Die Kripo folgte diesem Paradigma, und in vielen großen Polizeibehörden wurden in dieser Zeit die Erkennungsdienste reformiert und ausgeweitet, indem sie sich damals aktueller Erkenntnisse bedienten und sich mit technischen Geräten wie Fotokameras ausrüsteten. Damit zählten die Intuition des Kriminalbeamten und die Kenntnis der so genannten Verbrecherwelt, auf die so viele Ermittlungsbeamte stolz waren, weniger als früher. Die Beamten des Erkennungsdienstes hingegen waren zu Experten für ein Bündel von Techniken geworden. Damit diese Techniken reibungslos funktionierten, mussten die Beamten routiniert sein. Alle Handgriffe waren hundertmal eingeübt, möglicherweise auftretende Probleme bekannt. Die Interaktion zwischen zu

---

[33] Carlo GINZBURG, Spurensicherung. Der Jäger entziffert die Fährte, Sherlock Holmes nimmt die Lupe, Freud liest Morelli – Die Wissenschaft auf der Suche nach sich selbst [1979], in: DERS., Spurensicherung. Die Wissenschaft auf der Suche nach sich selbst, Berlin 1993, S. 7-44, bes. S. 15.

messender Person und Beamten konnte oder musste sogar auf ein Minimum beschränkt werden. Die Amtshandlungen erfolgten still und präzise, ohne menschliche Willkür – so jedenfalls wurde es von den Autoren der Vorschriften, Handbücher und Fachberichte beschrieben. Auf Seiten der gemessenen und fotografierten Person konnte sich das anders darstellen: als ein technischer Vorgang, der zwar schmerzlos ablief, aber vom Anspruch her jede Möglichkeit der individuellen Abweichung verhinderte, Anonymität aufhob und grenzenlose Kontrolle versprach. Zudem wurde hier auch eine klare Trennung zwischen machtausübendem Staatsdiener und unterworfener Person vorgeführt.

4. Kontexte und Lektüren erkennungsdienstlich erstellter Dokumente – das „Verbrecherbild"

Die beim Erkennungsdienst von den Delinquenten zwangsweise vollzogenen Akte und die dabei niedergelegten Ergebnisse bildeten eine Einheit. Beides voneinander trennen zu wollen wäre wenig sinnvoll. Am Beispiel der im Rahmen der erkennungsdienstlichen Behandlung aufgenommenen Porträts wird das deutlich. Die Bilder erhielten ihre zeitgenössische Bedeutung („Verbrecherbild") durch ein komplexes Zusammenspiel von formalen und kontextabhängigen Elementen. Das wird bei einer Analyse erkennungsdienstlicher Porträts von den Anfängen justizieller Fotografie bis zur Zeit um 1900 klar.

Fluchtpunkt der Fotografie bei den Strafverfolgungsbehörden war stets die alltägliche, nicht die wissenschaftliche Praxis. Ein Foto bezweckte die Dokumentation eines Individuums,[34] nicht die eines allgemeinen Typus – sonst wäre es zu Identifikationszwecken unbrauchbar gewesen. Auch wenn eine Aufnahme amtlich verordnet war und unter Aufsicht von Beamten stattfand, war bis in die 1870er Jahre nicht von vornherein am Bild ablesbar, dass die Polizei die Aufnahmen herstellen ließ (neben einem kommerziellen Fotografen kamen auch Gefängnisse und Staatsanwaltschaften in Frage). Die Bilder wurden selten in Amtsräumen aufgenommen. Das Prozedere dürfte dem bei einem kommerziellen Fotografen ähnlich gewesen sein: ein Stuhl,

---

[34] Selbst das gebräuchliche Retuschieren und die standardisierten Posen und Atelierausstattungen ändern nichts an dieser Tatsache, auch wenn es aus heutiger Sicht anders erscheint. Es ist wiederum der heutige Forschungs-Kontext, der aus Porträts des 19. Jahrhunderts Dokumente einer bürgerlichen Typologie macht.

ein neutraler Hintergrund, in einiger Entfernung eine Kamera, ein Fotograf und ein oder zwei Beamte. Ob sich der Akt des Aufnehmens im Beisein der Beamten abspielte, ist ungewiss. Es blieb den Fotografen überlassen, wie sie vorgingen, und so ähnelte die Inszenierung oft derjenigen, die im Alltagsgeschäft des Ateliers üblich war. Allein das Medium „Fotografie" schien die maximale „Ähnlichkeit" von Bild und Objekt zu garantieren. Besonders in der Frühzeit justizieller Fotografie konnte das für viele Personen sogar der erste Kontakt mit einem Fotografen gewesen sein.

Betrachtet man Beispiele früher zu erkennungsdienstlichen Zwecken angefertigter Porträts, z.b. jene, die der Berner Fotograf Carl Durheim 1852/3 im Auftrag des Staatsanwaltes Jakob Amiet von Nichtsesshaften anfertigte, so scheinen die meisten Personen bereitwillig an der Prozedur teilgenommen zu haben. Sie nahmen die Posen ein, die wahrscheinlich der Fotograf bestimmt hatte.[35] Den Aufnahmeobjekten wurde teils ein Tischchen beigestellt, das zum Aufstützen diente. Kurz: die Inszenierung hatte durchaus individuelle und repräsentative Züge. Kaum etwas unterscheidet diese Bilder von Fotografien im bürgerlichen Fotoalbum. Zudem fehlten noch die großen Datensammlungen, in die das Bild hätte eingeordnet werden können. Vor diesem Hintergrund wird die eklatante Veränderung augenfällig, die sich langsam in den späten 1870er Jahren und nach 1890 in systematisierter Form und mit eigens entworfenen Spezialgeräten durchsetzte.[36]

Vordringlich war für Bertillon, alle Ähnlichkeit zur kommerziellen Fotografie zu vermeiden. Gut ausgeleuchtete unretuschierte, scharfe Bilder waren gefordert, eines en face, das andere en profil. Die Größe der Bilder sollte exakt 1/7 der natürlichen Größe betragen. Der Kopf wurde in einen Kopfhalter eingespannt, was in der kommerziellen Porträtfotografie ungebräuchlich geworden war. Nun gab es endgültig eine unverwechselbare Form der justiziellen Fotografie, die allein dazu diente, Personen, die mit dem Strafrecht in Konflikt geraten waren, abzubilden. Dazu war die Fotografie noch in das oben beschriebene Referenzsystem der erkennungsdienstlichen Behandlung eingebunden.[37] Damit war für die Bevölkerung eine im Alltag präsente Erscheinung, Fotografie, in einer spezifischen Form ausschließlich mit Rechtsbruch und Verbrechen verbunden worden.

---

[35] Martin GASSER / T. D. MEIER / R. WOLFENSBERGER (Hgg.), Wider das Leugnen und Verstellen. Carl Durheims Fahndungsfotografien von Heimatlosen 1852/53, Zürich 1998.

[36] Alphonse BERTILLON, La photographie judiciaire, Paris 1890. Vgl. die deutsche Ausgabe: Die gerichtliche Photographie. Mit einem Anhange über die anthropometrische Classification und Identificirung, Halle 1895.

[37] Zudem war damit die weiter fortschreitende Differenzierung und Spezialisierung der fotografischen Praxis noch um das Gebiet der forensischen/justiziellen Fotografie erweitert.

Das „Verbrecheralbum", spätestens seit den 1870er Jahren auch in der Presse erwähnt, wurde zum negativen Gegenstück des (bürgerlichen) Fotoalbums, das die Verwandten, Freunde oder auch Personen des öffentlichen Lebens versammelte und ein wichtiges Element positiver Identifikation darstellte. Kannte kaum jemand aus eigener Erfahrung eine ausführliche Körpermessung oder die Abnahme von Fingerabdrücken, so waren hingegen Porträtfotografen (zumindest in der Stadt) alltäglich, und das Album war weit verbreitet. Um 1900 hat das Wissen um die Regeln, die das Produzieren eines solchen Bildes beim Erkennungsdienst der Polizei leiteten, und die Vorstellung von dem weiteren Weg des Bildes – nämlich in die „Verbrecher"-Kartei – dazu geführt, dass sich Debatten um Polizeimaßnahmen an der erkennungsdienstlichen Porträtaufnahme manifestierten und zunächst nicht an Körpermessung oder Daktyloskopie.[38] Es gelang der Opposition verschiedene Male im preußischen Abgeordnetenhauses und im Reichstag, auf diese Weise Kritik an der Polizei zu üben. Die Kritik entzündete sich bezeichnenderweise an den Auswahlkriterien, wer polizeilich fotografiert wurde, nicht an der Sache generell. So wurde beispielsweise 1906 während der Debatte um die Novelle des Urheberrechts im Reichstag von Seiten des SPD-Abgeordneten Richard Fischer darauf verwiesen, dass die Ablichtung bei politischen Verhaftungsgründen nicht angemessen sei.[39] Er betonte allerdings, dass diese Art der Behandlung für Kriminelle durchaus angebracht sei. Karl Liebknecht vom linken SPD-Flügel beschwerte sich 1910 im preußischen Abgeordnetenhaus darüber, dass die Politische Polizei Personen fotografiert habe, die nichts getan hätten: So sei der Redakteur Kurt Neumann als angeblicher Anarchist abgelichtet worden, und dies sei eben eine unwürdige und beleidigende Art des Fotografierens.[40]

Zwei Jahre später, 1912, ergriff Liebknecht erneut die Gelegenheit, den Umgang der Polizei mit Fotografien zu kritisieren und hier Kompetenzüberschreitungen und Polizeiwillkür, wie sie auch in der Presse wahrgenommen worden seien, auszumachen. Es sei ein Mann fotografiert und sein Bild in das Verbrecheralbum aufgenommen worden, der nur eines Bagatellvergehens schuldig sei, und Liebknecht merkte an, dass „nach unser aller Auffassung" nur „wirklich schwere Verbrecher" dort aufgenommen werden sollten.[41]

---

[38] Seit der Frühzeit gab es immer wieder vereinzelt Kritik an der Praxis des amtlich verfügten Porträtierens. Vgl. JÄGER (wie Anm. 3).
[39] Stenographische Berichte über die Verhandlungen des Deutschen Reichstages, 11. Legislaturperiode, II. Session 1905/1906, Vol. 5, Berlin 1906, Sp. 3840-4268, Sp. 3853.
[40] Stenographische Berichte über die Verhandlungen des Hauses der Abgeordneten, 21. Legislaturperiode, III. Session, 1910, Sp. 2333 ff. § 23 des Urheberrechts räumte übrigens der Polizei erstmals das Recht ein, Personen zwangsweise zu fotografieren.
[41] Stenographische Berichte über die Verhandlungen des Hauses der Abgeordneten, 21. Legislaturperiode, V. Session 1912, 60. Sitzung, 30.4.1912, Sp. 4908.

Grundsätzliche Kritik an der erkennungsdienstlichen Praxis ist das in keinem Fall gewesen. Seit einem Urteil des Reichsgerichts von 1899[42] oblag es zudem allein den Polizeibehörden, wen sie auf welche Weise zu Identifikationszwecken „behandelten". Anlass des Urteils war die Beschwerde eines des Taschendiebstahls Verdächtigen, der gemäß einer Anordnung dem Erkennungsdienst vorgeführt werden sollte. Der Betroffene weigerte sich aber und wehrte sich, so dass „es erst mit Hülfe von noch 4 anderen Beamten gelang, seinen Widerstand zu brechen und Messungen vorzunehmen."[43] Aufgrund dieser zwangsweise vorgenommenen Messung folgte ein Rechtsstreit bis zur obersten Instanz, die schließlich im Sinne der Polizei entschied. Dieses Urteil machte weitere Versuche überaus schwierig, rechtlich gegen Erkennungsdienste vorzugehen.

Die Beispiele aus den Parlamenten und dem Reichsgericht belegen zweierlei: Erstens war die Praxis des Fotografierens beim Erkennungsdienst soweit bekannt, dass es sich lohnte, darüber im Parlament zu sprechen. Vor allem galt offensichtlich der bürgerliche Konsens, dass Polizeifotografie nur „echten" Verbrechern angemessen sei. Auch die Polizei trug dieser Bekanntheit und Konnotation des Bildtypus insoweit Rechnung, dass sie für Fahndungen – die sich ja nicht nur auf Rechtsbrecher, sondern auch auf verwirrte oder geistig kranke Personen ohne Papiere, Vermisste und unbekannte Tote bezogen – teilweise Fotografien verwendete, die keinerlei Ähnlichkeit mit den Bildern aus der üblichen erkennungsdienstlichen Praxis hatten, um nicht den Eindruck zu erwecken, sie suche nach einem Straftäter. Zweitens zeigt die Kritik am polizeilichen Porträtieren, dass ein Konsens darüber bestand, wann dieses Porträtieren als rechtens und legitim angesehen wurde. Zudem galt es als Indiz dafür, dass die aufgenommene Person „wirklich" ein Verbrecher war. Das Reichsgericht hatte zudem die Praxis legalisiert und die Polizei zu eigenmächtigem Handeln befugt. Eine bestimmte Form der Fotografie war nunmehr eindeutig den Institutionen der Rechtspflege zugeordnet, womit auch die fotografische Praxis selbst weiter differenziert worden war und nicht mehr per se als bürgerlich oder positiv repräsentativ galt. Jedenfalls wurde um 1900 der Ritus, fotografiert zu werden, von der Bevölkerung und wohl auch von den Betroffenen als Strafe wahrgenommen.[44]

---

[42] Entscheidungen des Reichsgerichts in Strafsachen, Bd. 32, Leipzig 1900, S. 199-203.
[43] Ebenda, S. 200.
[44] PHÉLINE (wie Anm. 9), S. 109.

5. Ergebnisse

Staat und Delinquent werden auf der Bühne des Erkennungsdienstes in ein Verhältnis gestellt, das als Beweis für dieses Verhältnis einen Datensatz mit Bild hinterlässt. Die Feststellung der Identität diente zweierlei, nämlich zum einen der Reproduktion einer Ordnung, die den straffällig gewordenen und abgeurteilten Menschen in dichotomischer Trennung zum „Staat" vorführt und dokumentiert. Zum zweiten wird Identität amtlich festgeschrieben und festgestellt, und zwar in einer Form, die über jeden Zweifel erhaben zu sein hat: Es ist die richtige Person, die die gerechte Strafe erleidet, und es wird dieser Person auch die eigene Identität und damit Schuld lebhaft verdeutlicht. Gerade die Aufnahme des Porträts als aus dem Alltag bekannte Technik markiert hierbei, dass Repräsentation keinesfalls ein Privileg ist, sondern der Zusammenhang und die Verwendung entscheiden, ob sie würdigt oder stigmatisiert. Aber es ist nicht ursächlich das Bildergebnis, das stigmatisiert, sondern der Modus seiner Herstellung, und zwar im Rahmen einer bestimmten Abfolge von Handlungen mit entsprechenden Teilnehmern (d.h. gleichzeitig auch amtlichen Zeugen) an bestimmten Orten. Gerade die spezifische Art der fotografischen Abbildung und das, was mit dem Bild getan wurde, waren entscheidend. Eigentlich vergegenwärtigten die Bilder bei jedem, der sie (erneut) ansah, eine Schuldvermutung. Es schienen Nachweise dafür zu sein, dass die dargestellte Person – vorsichtig ausgedrückt – rechtliche Normen gebrochen hatte oder zumindest mit den Institutionen der Strafrechtspflege in Konflikt geraten war.

Insgesamt verweist die Parallelität mehrerer Identifikationstechniken aber auch auf eine Unsicherheit der Polizei und der Justiz bezüglich der wissenschaftlichen Methodik der Identifizierung und auf deren Nützlichkeit im Kampf gegen Kriminalität. Zuerst war nach langen Versuchen die Anthropometrie eingeführt und als verlässliches Mittel gepriesen worden. Aber gleichzeitig – und seit dem Jahr 1900 verstärkt – wuchs in der Polizei das Interesse an der Daktyloskopie. Sie gewann schon nach wenigen Jahren das Vertrauen der Polizei, da Fingerabdrücke leicht abzunehmen waren und auch gleichzeitig Tatortspuren darstellten. Die Praktikabilität und Verlässlichkeit waren die wichtigen sachlichen Begründungen bei der schnellen Durchsetzung. Doch musste die Anthropometrie beibehalten werden, denn inzwischen hatte man bereits zahlreiche Personen gemessen, aber nicht daktyloskopiert. Für den internationalen Austausch musste ebenfalls weiterhin gemessen werden, denn einige Staaten blieben zunächst bei der Anthropometrie. Die Doppelbelastung und der Zeitaufwand des Messens spielten in den Erwägungen der Polizei jedoch keine Rolle. Folge war, dass für mehrere Jahre der Erkennungsdienst sowohl maß als auch daktyloskopierte und fotografierte. Da die Anthropometrie in Frankreich noch bis 1914 wichtigstes Kriterium der Identifizierung blieb, war bei Franzosen bzw. Personen, denen eine Verurteilung in Frankreich zugetraut wurde, die Messung und Pflege der anthropometrischen Kartei bei vielen großstädtischen Erkennungsdiensten bis in die 1920er Jahre opportun.[45]

Das Experimentieren mit Identifikationsmethoden und deren parallele praktische Anwendung um 1900 zeigen, dass die Sorge wegen des Problems Kriminalität erheblich war. Ebenso zeigt diese Tatsache, dass die Erkennungsdienste als integraler Bestandteil der Polizei als wichtige Waffe im Kampf gegen die Kriminalität angesehen wurden. Um die Gefahr zu bannen, wurde an den Personen angesetzt, die Strafgesetze gebrochen hatten und in Polizeigewahrsam genommen worden waren. Dadurch, dass deren äußere Erscheinung wie alles zu ihrer späteren Identifizierung Notwendige festgehalten wurde, hofften die strafverfolgenden Behörden, das Problem eingrenzen zu können. Eine endgültige Lösung war so – das war allen Beteiligten klar – unmöglich zu erreichen, doch ließ sich das Problem auf diese Weise „wissenschaftlich" bearbeiten und angemessen verwalten. Wirksamkeit sollte das System vor allem gegen wiederholt straffällig werdende Personen zeigen, insbesondere die so genannten Gewohnheits- oder Berufsverbrecher. Eine scheinbar lückenlose Registrierung von Personenmerkmalen war die Voraussetzung für eine erneute Identifizierung, die zu schärferen Strafen führte, d.h. zu einem längeren Wegsperren der Betroffenen. Gelegenheitstäter konnten möglicherweise durch das Verfahren des Erkennungsdienstes mit seinen ritualisierten Handlungen abgeschreckt werden.

Die drei technischen Methoden Fotografie, Messung und Daktyloskopie haben jenseits ihrer praktischen Bedeutung unterschiedliche Eigenschaften, die für ihren Einsatz um 1900 eine Rolle spielten. Fotografie war eine Alltagstechnik, die schnell ausgeführt war, und das Ergebnis ließ sich für die fotografierte Person nicht unmittelbar wahrnehmen. An ihr manifestierte sich aber öffentliche Kritik über die wissenschaftliche Methodik der Polizei; in diesem Windschatten ließen sich die anderen Techniken problemlos weiter entwickeln. Die Messung wiederum erforderte eine umfangreiche Manipulation des Körpers. Die (körperliche) Interaktion zwischen Beamten und Delinquenten erreichte ein Höchstmaß. Nur bei dieser Form der Identifizierung spürten die gemessenen Personen auch beim Erkennungsdienst buchstäblich den „Arm des Gesetzes". Die Daktyloskopie hingegen hinterließ neben ei-

---

[45] Das galt für Berlin aber auch z.B. für die Wiener Bundespolizeidirektion, vgl. Jahrbuch der Polizeidirektion in Wien mit statistischen Daten aus dem Jahr 1924, Wien 1926, S. 82.

nem bescheidenerem Maß an körperlicher Interaktion jedoch eine Spur an den Fingerkuppen zurück. Wenn es beim Erkennungsdienst jemals darum gegangen ist, besonders großen Eindruck bei den dort behandelten Personen zu hinterlassen, so war gewiss die Anthropometrie die eindrücklichste Form der Behandlung. Auch hierin ist ein Grund für die vergleichsweise hohe Popularität der Messung seitens der Polizei zu sehen. Dem scheinbar wachsenden Heer von Gesetzesbrechern wurde Ende des 19. Jahrhunderts eine Technik entgegen gestellt, die jeden einzelnen und jede einzelne der gefassten Täter und Täterinnen spürbar individuell erfasste. Zusammen mit der „traditionellen" Technik des Porträtierens und der neuesten Technik, des Daktyloskopierens, die aber noch nicht dominierte, war der Erkennungsdienst um 1900 darauf angelegt, ein Höchstmaß von Delinquenz individuell zuzuweisen und vor allem dieses Dokumentieren allen Beteiligten bewusst zu machen. Dieses wirkte indirekt auch auf diejenigen, die sich über die Tätigkeit der Polizei informiert hielten – die Justiz, Regierungen und ein Teil der Bevölkerung. Die Anthropometrie wurde in dem Augenblick abgeschafft, als sie ihre suggestive Kraft als Identifikationsmittel und moderne Methode wissenschaftlicher Ermittlungstechnik verlor und damit der Ritus des Messens sein Respekt einflößendes Potenzial einbüßte.[46]

---

[46] In Frankreich hingegen wurde sie noch länger ernst genommen. Immerhin basierten die Karteien der französischen Erkennungsdienste auf anthropometrischen Daten, obwohl auch hier der Zugriff über Fingerabdrücke möglich war.

Jürgen Martschukat

„The duty of society"

Todesstrafe als Performance der Modernität in den USA um 1900

1. Einleitung: Der Vollzug einer Todesstrafe als Performance

Der folgende Beitrag versucht eine Lektüre der Todesstrafe und ihres Vollzuges im Kontext neueren kulturwissenschaftlichen Denkens, wie es im Zuge der „performativen Wende" diskutiert wird. Nun stützt sich die historische Forschung zu Strafvollstreckungen in Europa und den USA, die ich im Folgenden zunächst skizzieren werde, schon seit geraumer Zeit regelmäßig auf die Theatermetapher und entsprechende Theoriebildung, um das Phänomen öffentlicher Hinrichtungen in frühneuzeitlichen Gesellschaften zu erfassen. Meine Untersuchung wird auf diesen Studien aufbauen, aber in dem Sinne einen Schritt weitergehen, als dass ich auch den so diskret konzipierten Vollzug von Hinrichtungen in einer modernen Gesellschaft als Performance betrachten und analysieren möchte.[1] Hierbei werde ich den Blick insbesondere auf das Töten mit Elektrizität richten, das erstmals im Jahr 1890 im Staat New York erprobt wurde. Durch eine solche Analyse eines modernen Hinrichtungsverfahrens werde ich erstens zeigen können, dass auch moderne Gesellschaften ihr Selbst- und Weltverständnis in Form ritueller Handlungen herstellen und vermitteln. Eine Produktion von Gemeinschaft in spezifischen, ritualisierten Handlungsmustern ist kein Spezifikum vormoderner Kulturen, wie die neuere Performance- und Ritualtheorie verdeutlicht. Zweitens werde ich auf diesem Wege historisch-spezifische Charakteristika des Tötens mit

---

[1] Ich werde mich dabei hauptsächlich an dem Text von Erika FISCHER-LICHTE in diesem Band (Performance, Inszenierung, Ritual. Zur Klärung kulturwissenschaftlicher Schlüsselbegriffe), an Erika FISCHER-LICHTE / Jens ROSELT, Attraktion des Augenblicks – Aufführung, Performance, performativ und Performativität als theaterwissenschaftliche Begriffe, in: Paragrana 10, 1 (2001), S. 237-254, sowie an Ursula RAO / Klaus Peter KÖPPING, Die ‚performative Wende': Leben – Ritual – Theater, in: DIES. (Hgg.), Im Rausch des Rituals: Gestaltung und Transformation der Wirklichkeit in körperlicher Performanz, Münster 2000, S. 1-31, orientieren.

Strom und der entsprechenden zeitgenössischen Erwägungen genauer zu fassen bekommen. Dies gilt insbesondere für die Bemühungen des Staates New York und seiner Justiz, der semiotischen Instabilität theatraler Aufführungen entgegen zu wirken und das uneindeutige Verhältnis von Darbietung und ihrer (Be)Deutung so weit wie möglich kontrollieren zu können. Der grundsätzlich gegebenen Bedeutungsoffenheit theatraler Aufführungen sollte also entgegen gewirkt werden. Gleichwohl muss eben die Bürokratisierung, Rationalisierung und vermeintliche Enttheatralisierung der Hinrichtungen aus diesem Blickwinkel als Teil der theatralen Performance und als „performativer", also ein spezifisches kulturelles Selbstverständnis repräsentierender und generierender Akt verstanden werden. Hier greifen also verschiedene Performance-Begriffe ineinander: Die Hinrichtungs-Performance als theatrale Aufführung soll sich gerade dadurch auszeichnen, dass sie eine (im Sinne ihrer Intendanten) Nicht-Performance ist und eine irrational gedachte Theatralität vermieden wird. Dadurch wiederum ist diese Aufführung als „cultural performance" von besonderer Aussagekraft in Hinblick auf die Frage, wie eine Kultur die Vorstellung ihrer Modernität und Rationalität erzeugt. Durch diese Perspektive ergibt sich drittens, dass die Dichotomisierung von irrationaler Vormoderne und rationaler Moderne aufbricht. Der Begriff der Rationalität verliert so seine Normativität, seine Absolutheit und seine entwicklungsgeschichtliche Semantik. Vielmehr erscheint dasjenige „rational", welches sich in regional und historisch bestimmte Regeln, Verfahren, Denkformen und Artikulationsmuster einfügt – zunächst einmal unabhängig davon, ob es als bürokratischer Akt oder als aufwendige Inszenierung erscheint. Denn, wie gesagt, auch der bürokratische Akt ist eine Peformance, die vielleicht sogar aufwändiger zu inszenieren ist als andere Performances.[2]

2. Todesstrafe und Theatermetaphern in Geschichte und Geschichtsschreibung

Der auf spezifische Art und Weise ritualisierte und öffentliche Vollzug von Todesstrafen war bis zum 19. Jahrhundert dies- und jenseits des Atlantiks

---

[2] Vgl. zu relationaler und normativer „Rationalität" die Darlegungen bei Thomas LEMKE, Eine Kritik der politischen Vernunft. Foucaults Analyse der modernen Gouvernementalität, Berlin/Hamburg 1997, S. 146 f.; Michel FOUCAULT, Table ronde du 20 mai 1978, avec Michel Foucault, in: Michelle PERROT (Hg.), L'impossible prison: recherches sur le système pénitentiaire au xixe siècle – débat avec Michel Foucault, Paris 1980, S. 40-56; vgl. zur Begriffsbestimmung FISCHER-LICHTE (wie Anm. 1).

weithin üblich.³ Das Procedere war deutlich theatralisiert und wurde von den Zeitgenossen auch als solches aufgefasst und beschrieben.⁴ Auf ihrem Gang zum Schafott waren die Verurteilten häufig mit Insignien ausgestattet, die die Art ihrer Tat und das Maß ihrer Schuld zu erkennen gaben. Dabei passierten sie bisweilen, von Glockengeläut und Gesang begleitet, die Orte ihrer Verbrechen. Ein unbeschränktes, großes und teilweise von weither angereistes Publikum beobachtete, wie die Verurteilten als Verkörperung des Bösen aus der Mitte der Gesellschaft hinausgeführt wurden. Auf dem Richtplatz angekommen, vollstreckte ein Scharfrichter mit seinen Schergen das Urteil auf der Bühne des Schafotts, von moralisierenden Reden getragen und manches Mal auch mit zusätzlichen Martern versehen, die nicht auf die Beendigung des verwirkten Lebens, sondern auf ein sichtbares Abbüßen von Schuld ausgerichtet waren. Schuld und Sühne wollten die Obrigkeiten dem Publikum vorführen, ihm eine Lehre bieten und es zu einem normkonformen und gottgefälligen Leben anhalten. Ähnlich wie das tragische Schauspiel reklamierte die öffentliche Hinrichtung bis zum späten 18. und frühen 19. Jahrhundert die Funktion, unter den Zuschauenden eine Reinigung der Affekte zu bewirken und so die gesellschaftliche „Ordnung der Unterordnung"⁵ zu stabilisieren. Wie auf der Schaubühne sollte das auf dem Schafott präsentierte Geschehen, der Fall und die Bestrafung normverletzender Figuren, unter den Zuschauenden die Ausprägung von Tugendhaftigkeit fördern.⁶

---

³ In Frankreich und in manchen US-amerikanischen Staaten wurde auch noch im 20. Jahrhundert öffentlich exekutiert; grundsätzlich ist die Transformationsphase von der öffentlichen hin zur „privaten" Hinrichtung aber auf das zweite Drittel des 19. Jahrhunderts zu datieren.
⁴ Vgl. hierzu nur die Arbeiten von Jacob DÖBLER, Theatrum Poenarum suppliciorum et executionum criminalium; oder Schauplatz derer Leibes- und Lebens-Strafen, welche nicht allein vor Alters bei allerhand Nationen und Völkern in Gebrauch gewesen, sondern auch noch heut zu Tage in allen vier Weltteilen üblich sind, 2 Bde., Sondershausen/Leipzig 1693-1697; oder Georg Philipp HARSDÖRFFER, Der Große Schau-Platz jämmerlicher Mord-Geschichte [...], Hildesheim/New York 1975 [Hamburg, 3. Aufl. 1656].
⁵ Richard VAN DÜLMEN, Die Entdeckung des Individuums, 1500-1800 (Europäische Geschichte; 60122), Frankfurt am Main 1997, S. 53.
⁶ Die umfassende Debatte über „Katharsis", über die Deutung der aristotelischen „éleos" und „phóbos" (ARISTOTELES, Poetik, Stuttgart, 2. Aufl. 1994, bes. S. 19) als „Mitleid" und „Furcht" oder als „Jammer" und „Schrecken", kann und muss hier nicht wiedergegeben werden; vgl. hierzu Jürgen NIERAAD, Die Spur der Gewalt: Zur Geschichte des Schrecklichen in der Literatur und ihrer Theorie, Lüneburg 1994, bes. S. 36 ff. und die dortigen Hinweise auf die weitere Literatur; siehe außerdem die opfer- und dramentheoretische Interpretation der Todesstrafe durch René GIRARD, Das Heilige und die Gewalt, Frankfurt am Main 1992 [Paris 1972], bes. S. 420-441; zu „Ka-

Wenn die Forschung zur Geschichte der Todesstrafe bislang nach theatralen Elementen fragte, so konzentrierte sie sich weithin auf die öffentlichen Hinrichtungen in vormodernen Gesellschaften. Die spezifische Inszenierung des Tötens wie auch das Konzept der kollektiven Reinigung legen es nahe, das Theater als Vergleichsgröße wie als Metapher für eine solche Strafpraxis heranzuziehen. Dies gilt für die Geschichtsschreibung zum europäischen Kontinent, zu England, zu seinen Kolonien in Nordamerika und zu den jungen USA gleichermaßen. Dies vermögen einige Beispiele zu verdeutlichen. So nennt Michel Foucault in seiner Studie über die Transformation der Strafratio die öffentliche Hinrichtung ein „Fest der Martern", das im Ancien Régime auf der Bühne des Schafotts einem zuschauenden Publikum dargeboten wurde: Ein Schauer verbreitendes „Straf-Schauspiel" zeitgenössischer Gerechtigkeitsvorstellungen, ein „Spektakel" des Leids, eine „Kunst der unerträglichen Empfindungen", ein „Theater der Hölle" sei öffentlich zelebriert worden – ein „politisches Ritual", so Foucault, in dem sich Macht und Unterwerfung manifestierten.[7] Foucault, dies sei hier betont, hebt auch die semiotische Instabilität eines Hinrichtungsrituals hervor: „Die Hauptperson bei den Marterzeremonien ist das Volk", stellt er fest, denn „durch das Schauspiel der am Schuldigen wütenden Macht sollte eine Terrorwirkung hervorgerufen werden" – ein Effekt, der durchaus nicht immer erzeugt werden und sich sogar in das Gegenteil verkehren konnte, wie wir in „Überwachen und Strafen" erfahren.[8]

Auch Richard van Dülmen konturiert das „Schauspiel des Todes" der frühneuzeitlichen Strafpraxis als Paradebeispiel einer vormodernen, sinnlichen Kultur. Das „Theater des Schreckens" bettete sich in ein religiös-symbolisches Weltverständnis ein und sollte beim Publikum einen kathartischen Selbstreinigungsakt und so die Wiederherstellung von Recht, Ordnung und Hierarchie bewirken.[9] Mithin betrachtet auch er das theatralische Strafgericht

---

tharsis" und öffentlicher Hinrichtung vgl. Jürgen MARTSCHUKAT, Die öffentliche Hinrichtung: Ein „Theater des Schreckens"? In: Kriminologisches Journal 27,3 (1995), S. 186-208; DERS., Inszeniertes Töten: Eine Geschichte der Todesstrafe vom 17. bis zum 19. Jahrhundert, Köln/Weimar/Wien 2000, S. 45 ff.

[7] Michel FOUCAULT, Überwachen und Strafen: Die Geburt des Gefängnisses, Frankfurt am Main 1994 [Paris 1975], S. 16-19, S. 44, S. 63-66.

[8] FOUCAULT, Überwachen und Strafen (wie Anm. 7), S. 75-85; vgl. auch Michel BÉE, Le spectacle de l'exécution dans la France d'ancien régime, in: Annales ESC 38,4 (1983), S. 843-862.

[9] Richard VAN DÜLMEN, Das Schauspiel des Todes: Hinrichtungsrituale in der frühen Neuzeit, in: DERS. / Norbert SCHINDLER, Volkskultur: Zur Wiederentdeckung des vergessenen Alltags, 16.-20. Jh., Frankfurt am Main 1984, S. 203-245, Zitat auf S. 244; Richard VAN DÜLMEN, Theater des Schreckens: Gerichtspraxis und Strafrituale in der

als einen Ort, an dem Obrigkeit, Verurteilter und Publikum gemeinsam wirkten und die gesellschaftlichen Grundfesten, Bedeutungsmuster und Ordnungssysteme reproduzierten.[10] Thomas Laqueur hat für das frühneuzeitliche England nun insbesondere die Instabilität dieses theatralischen Sterbens hervorgehoben. Laqueur akzentuiert den Augenblick, in dem die symbolische Handlung des öffentlichen Tötens rezipiert wird, als den Moment, in dem Bedeutung entsteht, und zwar durch die Wahrnehmungen des Publikums. Aus dieser Perspektive kann das öffentliche Straftheater leicht von einer Inszenierung obrigkeitlicher Macht zu einer karnevalesken Veranstaltung werden, in der die Zuschauenden die Herrschaftsinsignien umdeuten und obrigkeitliche Macht mehr unterwandert denn stabilisiert wird.[11] Festzuhalten bleibt zweierlei: Erstens versteht auch die britische Geschichtsschreibung öffentliche Hinrichtungen grundsätzlich als theatral. Zweitens wird die semiotische Stabilität dieser Performances heftig diskutiert.[12]

---

frühen Neuzeit, München, 3. Aufl. 1989 [1985]; vgl. etwa aus der selben Zeit für den europäischen Kontinent die Arbeit von Pieter SPIERENBURG, The spectacle of suffering. Executions and the evolution of repression – from a preindustrial metropolis to the European experience, Cambridge, MA 1984.

[10] Vgl. auch Richard EVANS, Rituals of retribution. Capital punishment in Germany, 1600-1987, Oxford/New York 1996, S. 103-108.

[11] Thomas W. LAQUEUR, Crowds, carnival and the state in English executions, 1604-1868, in: A. L. BEIER / David CANNADINE / James M. ROSENHEIM (Hgg.), The first modern society. Essays in English history in honor of Lawrence Stone, Cambridge u.a. 1989, S. 305-355; Laqueurs Beitrag kann im Kontext der „popular culture"-Forschung gelesen werden, die die mögliche Widerständigkeit der Konsumierenden und Rezipierenden herausstellt; vgl. dazu etwa Michel DE CERTEAU, Kunst des Handelns, Berlin 1988 [Paris 1980]; John FISKE, Understanding popular culture, Boston, MA u.a. 1989; oder John B. THOMPSON, Ideology and modern culture. Critical theory in the era of mass communication, Cambridge 1990; vgl. im Sinne Laqueurs auch Barry FAULK, The public execution. Urban rhetoric and Victorian crowds, in: William B. THESING (Hg.), Executions and the British experience from the 17th to the 20th century. A collection of essays, Jefferson, NC/London, S. 77-91; die Effekte der Machtsicherung betont eher J. A. SHARPE, Last dying speeches. Religion, ideology and public execution in seventeenth-century England, in: Past & Present 107 (1985), S. 144-167; kritisch zur karnevalesken Deutung der vormodernen Hinrichtungsrituale äußert sich auch Valentin Arthur Charles GATRELL, The hanging tree. Execution and the English people 1770-1868, Oxford/New York 1994, S. 29, S. 91 ff., oder EVANS (wie Anm. 10), S. 103-108; eine ausgewogene Betrachtung streben an Peter LAKE / Michael QUESTIER, Agency, appropriation and rhetoric under the gallows. Puritans, romanists and the state in Early Modern England, in: Past & Present 153 (1996), S. 64-107.

[12] Vgl. hierzu etwa Randall MCGOWEN, The body and punishment in 18th-century England, in: The Journal of Modern History 59 (1987), S. 651-679, S. 654: „The execution was a theater where belief was made visible"; vgl. auch DERS., Civilizing punish-

Ähnliche Deutungsmuster zeigen sich auch mit Blick auf die Strafgeschichte des nordamerikanischen Kontinents. In der Betrachtung der Kolonialzeit wie der jungen Republik steht die Theatralität des Strafsystems im Zentrum der entsprechenden historiographischen Analysen. Das Symbolische und das Körperliche seien in ritualisierten Hinrichtungen vor den Augen eines großen Publikums ineinander verschmolzen, schreibt diesbezüglich zum Beispiel Michael Meranze über Philadelphia. Louis Masur stützt diese Perspektive in seiner Studie über die „Rites of Execution". Insgesamt wird betont, dass die mit großem Aufwand inszenierten Schaustücke auf dem Schafott auch immer die Möglichkeit der Unterwanderung obrigkeitlicher Macht geborgen hätten.[13]

Mithin hat eine theatertheoretische Perspektive in der historischen Forschung dies- und jenseits des Atlantiks dazu beigetragen, die vormoderne öffentliche Hinrichtung als Versuch der Herrschaftsinszenierung schärfer zu fassen. Weiterhin ist der Blick auch auf die Uneindeutigkeit der übermittelten Zeichen gerichtet worden, deren (Be)Deutung wesentlich vom Verhalten des Verurteilten und der Wahrnehmung der Zuschauenden abhing. Die historische Forschung hat somit Vorstellungen und Konzeptionen einer vormodernen Kultur geprägt, die sich mittels symbolischer Kommunikation konstituierte, die in der Kraft der Theatralik, des Rituals und der inszenierten Erinnerung gründete.[14] Aus einer solchen Betrachtungsperspektive durchlief die Geschichte der Todesstrafe einen grundlegenden Wandel, als die Strafvollstreckungen ab den 1830er Jahren den Blicken eines unbeschränkten Publikums entzogen und hinter die Gefängnismauern verlegt wurden. Rationalität und Ordnung schienen nun Einzug zu halten und an die Stelle von Unordnung, Irrationalität und Festkultur zu treten. Der Entwurf einer nüchternen Moderne, die sich aus dem frühen 19. Jahrhundert heraus entwickelte und der

---

ment. The end of the public execution in England, in: Journal of British Studies 33 (1994), S. 257-282.

[13] Michael MERANZE, Laboratories of virtue. Punishment, revolution, and authority in Philadelphia, 1760-1835, Chapel Hill, NC/London 1996, S. 19-54, S. 87-127; Louis P. MASUR, Rites of execution. Capital punishment and the transformation of American culture, 1776-1865, Oxford/New York 1991 [1989], S. 25-49; vgl. auch die Deutung bei Lawrence M. FRIEDMAN, Crime and punishment in American history, New York 1993, S. 31-58; vgl. für einen Überblick Jürgen MARTSCHUKAT, Die Geschichte der Todesstrafe in Nordamerika. Von der Kolonialzeit bis zur Gegenwart, München 2002, S. 11-27.

[14] Vgl. zu Todesstrafen und Erinnerungskultur Klaus GRAF, Das leckt die Kuh nicht ab. „Zufällige Gedanken" zu Schriftlichkeit und Erinnerungskultur der Strafgerichtsbarkeit, in: Andreas BLAUERT / Gerd SCHWERHOFF (Hgg.), Kriminalitätsgeschichte. Beiträge zur Sozial- und Kulturgeschichte der Vormoderne (Konflikte und Kultur – Historische Perspektiven 1), Konstanz 2000, S. 245-288.

Theatralik wie dem symbolischen Handeln keinen Raum bot, bahnte sich hier ihren Weg. Diese Vorstellung, so möchte ich behaupten, ist aber nicht nur von den Zeitgenossen geprägt worden, sondern nicht zuletzt auch dadurch, dass sich die Historiographie eben auf den frühneuzeitlichen Strafvollzug als theatralisch und ritualisiert konzentrierte und diesen als Ausdruck einer irrationalen Vormoderne und eben als Gegenentwurf der Moderne konstituierte. So wird in der historischen Literatur das Ende der öffentlichen Hinrichtungen durchweg als das Ende einer ganzen Kultur des Sinnlichen und des Greifbaren verstanden, und mit dem Verbergen der Todesstrafe wird auch deren Enttheatralisierung behauptet. „Here was wrung out of it any trace of the ceremonial and festive. [...] Punishment was no longer an elevated spectacle; it was a mundane institution and set of practices for removing a fearful contagion," schreibt in diesem Sinne beispielsweise Randall McGowen.[15] Doch Strafvollstreckungen – und dies ist der Punkt, auf den ich im Folgenden hinaus möchte – sind eben nicht nur in vormodernen Gesellschaften als „dramatic performances"[16] zu verstehen. Dieser Ansatz greift zu kurz, er lässt wesentliche Möglichkeiten des Erkenntnisgewinns über moderne Gesellschaften, deren Funktionsweise und Selbstkonstituierung ungenutzt, und er trägt nicht zuletzt dazu bei, ein dichotomisches Denken in den Kategorien irrationaler Vormoderne und rationaler Moderne zu verfestigen.[17] Die angeblich so „enttheatralisierte" moderne Form der Todesstrafe kann ebenso als theatrale Performance und gleichzeitig als „cultural performance" spezifischer Vorstellungen von Recht, Ordnung und kulturellen Wertsystemen gelesen werden wie das vormoderne öffentliche Drama von Vergeltung, Unterwerfung oder Widerstand.[18]

In dieser dichotomischen Deutung folgt die Geschichtsschreibung weithin noch denjenigen Denkmustern, die die zeitgenössischen Straf- und Gesellschaftstheoretiker seit dem ausgehenden 18. Jahrhundert dies- und jenseits des Atlantiks prägten. Denn während im 16., 17. und auch noch im 18. Jahrhundert die Zeitgenossen selber ihr eigenes Strafsystem über die Theatermetapher zu greifen und zu erklären versuchten, war die Theatralik von Strafen

---

[15] VAN DÜLMEN, Das Schauspiel des Todes (wie Anm. 9), S. 203; LAQUEUR (wie Anm. 11), S. 355; Randall MCGOWEN, Civilizing punishment. The end of the public execution in England, in: Journal of British Studies 33 (1994), S. 257-282, Zitat auf S. 281.
[16] Dies behaupten explizit Peter BURKE, Popular culture in Early Modern Europe, London 1978, S. 197; SHARPE (wie Anm. 11), S. 161.
[17] Insgesamt ist diese Dichotomisierung freilich weniger als eine Schwäche der Frühneuzeit-Historiographie, sondern vielmehr als ein Defizit der Geschichtsschreibung zum 19. und 20. Jahrhundert zu deuten.
[18] Dass diese Vorstellungen selbst in der Geschichte variieren, ändert nichts daran, dass sie jeweils performativ erzeugt werden.

im beginnenden Zeitalter der Vernunft zunehmend verpönt. Für die Genese einer geordneten und rationalen Gesellschaft, die nun im Zentrum allen Strebens stand, wurde ein Straf*theater* als kontraproduktiv charakterisiert. Strafe sollte unbedingt – sie *musste* sogar – einem objektiven System folgen, nüchtern, systematisch und vernünftig sein.[19] Dies galt nicht nur für die Gefängnisse, die in dieser Zeit als durchorganisierte Besserungsanstalten entworfen wurden,[20] sondern auch für den Vollzug von Todesstrafen, über deren Unzulänglichkeiten seit dem beginnenden 19. Jahrhundert immer lauter debattiert wurde. Öffentliche Hinrichtungen waren unpassend für eine Gesellschaft, die sich selbst als zivilisiert definierte, und außerdem schienen sie insbesondere durch ihre semiotische Instabilität Gefahren zu bergen: Niemand konnte vor einer solchen öffentlichen Exekution wissen, ob der Hinzurichtende nicht als Held oder Märtyrer stilisiert würde; niemand konnte vorher wissen, ob sich das Publikum wieder ungebührlich betragen und aus der Tragödie ein Lustspiel machen würde.[21] Nur die Enttheatralisierung der Veranstaltung, so meinte man schließlich auf dem europäischen Kontinent, in England und in den nordöstlichen Staaten der USA, würde dem Abhilfe schaffen können. Rational, nüchtern, bürokratisiert müsse eine solche Hinrichtung ablaufen, um auch dem Wesen der neuen Gesellschaften zu entsprechen, verborgen vor den Augen einer unbeschränkten Bevölkerung und nur zugänglich für bestimmte Menschen, die sich dadurch „qualifizierten", dass sie männlich, aus den höheren Bevölkerungskreisen und in aller Regel Amtsträger waren. Zwischen 1834 und 1845 verlegten sämtliche Staaten des US-amerikanischen Nordostens den Vollzug von Todesstrafen hinter die Gefängnismauern. Weite Teile Europas folgten nur wenige Jahre später.[22]

---

[19] Vgl. hierzu die Darlegungen bei MASUR (wie Anm. 13), S. 25-70; MARTSCHUKAT, Inszeniertes Töten (wie Anm. 6).

[20] Vgl. für eine Studie, die das Gefängnis innerhalb einer seiner Zeit eigenen Rationalität liest, neulich Thomas NUTZ, Strafanstalt als Besserungsmaschine. Reformdiskurs und Gefängniswissenschaft, 1775-1848 (Ancien régime, Aufklärung und Revolution 33), München 2001.

[21] Exemplarisch sei hier mit Blick auf die USA auf Benjamin RUSH, An enquiry into the effects of public punishments upon criminals and upon society, Philadelphia 1787 [1792 in Leipzig auf Deutsch erschienen], oder auf Edward LIVINGSTON, Remarks on the expediency of abolishing the punishment of death, Philadelphia 1831, verwiesen.

[22] Vgl. hierzu MASUR (wie Anm. 13), S. 93-116; MARTSCHUKAT, Geschichte der Todesstrafe in Nordamerika (wie Anm. 13), S. 42-65; DERS., Inszeniertes Töten (wie Anm. 6), S. 185-234; DERS., Der „Maasstab für die geistige Bildungsstufe eines Volkes und die Moralität eines Zeitalters". Die Todesstrafe in Diskurs und Praxis im 18. und 19. Jahrhundert, in: Historische Anthropologie 9, 1 (2001), S. 1-26; FAULK (wie Anm. 11); vgl. zu modernem Töten als bürokratischem Akt auch Robert JOHNSON, Death work. A study of the modern execution process, Pacific Grove, CA 1990, bes. S. 5.

Die Zeitgenossen feilten im 19. Jahrhundert an dem Entwurf einer geordneten, bürgerlichen Gesellschaft. Dieser Entwurf wirkte in der Konstruktion des historischen Blicks fort und reproduzierte sich nicht zuletzt in soziologisch-historiographischen Großdeutungen wie denen von Norbert Elias oder Jürgen Habermas.[23] Auch Michel Foucault argumentiert in „Überwachen und Strafen" zunächst, mit dem „Verschwinden der Martern" im beginnenden 19. Jahrhundert sei auch „das Ende des Schauspiels" der Strafen einher gegangen. „Im Grunde" jedoch, ergänzt Foucault, sei auch die moderne Hinrichtung ein „Schauspiel, das man eben deswegen [in einer bürokratisierten Gesellschaft] zu untersagen hat."[24] Hier deutete Foucault darauf hin, dass nicht nur die vormodernen, sondern auch die modernen Vollstreckungen von Todesstrafen „Performances" seien, in denen sich eine Kultur mit ihren historisch-spezifischen Normen, Werten und Ordnungsvorstellungen reproduziert. Besonders pikant ist dabei eben, dass diese modernen Normen zwar in theatralischen Akten hergestellt werden, sie zugleich aber eine „Theatralität" der Darbietungen zu untersagen versuchen. Festzuhalten und dann en détail auszuführen bleibt jedenfalls, dass auch moderne Hinrichtungen „Aufführungen [sind], die der Selbstdarstellung und Selbstverständigung, Stiftung bzw. Bestätigung oder auch Transformation von Gemeinschaften dienen und unter Anwendung je spezifischer Inszenierungsstrategien und -regeln geschaffen werden" – so die Definition der „cultural performance", die Erika Fischer-Lichte in diesem Band in ihrem Beitrag über „Performance, Inszenierung, Ritual" gibt.[25]

Die moderne Rechtspraxis hat als Feld der symbolischen Kommunikation und der Performativität von Handlungsweisen immer noch vergleichsweise wenig Beachtung gefunden.[26] Die folgende Analyse moderner Strafen aus

---

[23] Vgl. für einen Überblick über Straftheorien als Gesellschaftstheorien David GARLAND, Punishment and modern society. A study in social theory, Oxford/New York 1992; Konzepte von symbolischen, vormodernen und irrationalen vs. verschriftlichten, bürgerlichen und rationalen Kommunikationsformen hat wesentlich geprägt Jürgen HABERMAS, Strukturwandel der Öffentlichkeit. Untersuchungen zu einer Kategorie der bürgerlichen Gesellschaft, Frankfurt am Main, 3. Aufl. 1993 [1962]; kritisch dazu u.a. Andreas GESTRICH, Absolutismus und Öffentlichkeit. Politische Kommunikation in Deutschland zu Beginn des 18. Jahrhunderts (Kritische Studien zur Geschichtswissenschaft 103), Göttingen 1994.
[24] FOUCAULT, Überwachen und Strafen (wie Anm. 7), S. 17 f., S. 24.
[25] FISCHER-LICHTE (wie Anm. 1); zu einer solchen Perspektive auf moderne Todesstrafe vgl. MARTSCHUKAT, Inszeniertes Töten (wie Anm. 6); MASUR (wie Anm. 13), S. 49.
[26] Robert W. GORDON, Critical legal studies, in: Stanford Law Review 36 (1984), S. 57-125, S. 95. Eine der wenigen Ausnahmen stellt Austin Sarat dar. Mit Blick auf die Hinrichtungen in den USA der Gegenwart betont er gerade die Theatralität und den rituellen Charakter der Verfahren; vgl. bes. Austin SARAT, Killing me softly. Capital

dem Blickwinkel von „Performance" und „Performativität"[27] soll dazu beitragen, diese Lücke zu schließen und die irreführende Dichotomisierung irrationaler Strafen in vormodernen und rationaler Strafen in modernen Gesellschaften aufzubrechen. Zu diesem Zweck werde ich mich nun einem entscheidenden Moment vermeintlicher Rationalisierung in der US-amerikanischen Geschichte der Todesstrafe zuwenden, nämlich der Einführung des elektrischen Stuhls. Dieses Ereignis an der Wende vom 19. zum 20. Jahrhundert habe, so meint zum Beispiel mit Hugo Adam Bedau einer der renommiertesten Forscher in diesem Feld, die moderne Ära des Hinrichtens eingeleitet.[28] Ich werde nun erstens erläutern, wie der Vorgang des Tötens mit Elektrizität Strategien und Regeln unterworfen war, die eine Performance im Sinne der theaterwissenschaftlichen Theorie und der Ritualforschung kennzeichnen.[29] Zweitens werde ich ausführen, wie das Töten mit Strom als performativer Akt der zeitgenössischen Selbstvergewisserung diente und Bedeutungen reproduzierte, die das kollektive Selbstverständnis im Nordosten der damaligen USA nachhaltig trugen. Folglich wird zu sehen sein, dass auch eine Hinrichtung in der US-amerikanischen Gesellschaft um 1900 ein theatraler wie performativer Akt war, der Vorstellungen von Zivilisiertheit, Menschenfreundlichkeit und Modernität prägte. Drittens werde ich auch die Brüchigkeit und semiotische Instabilität einer solchen Performance herausstellen. Auf einer Meta-Ebene möchte ich mit meinen Darlegungen zeigen, wie die spezifische Performance des elektrischen Tötens an der Produktion einer Vorstellung von dichotomer irrationaler Vormoderne und rationaler Moderne mitwirkte. Denn durch diese Abgrenzung von einer als barbarisch gekennzeichneten Vormoderne wurde letztlich im zeitgenössischen Denken das staatlich verordnete Töten mit Elektrizität positiv konnotiert und nachhaltig legitimiert.[30] Dabei, dies sei in diesem Abschnitt abschließend erwähnt, ist

---

punishment and the technologies for taking life, in: DERS. (Hg.), Pain, death, and the law, Ann Arbor, MI 2001, S. 43-70; Austin SARAT, When the state kills. Capital punishment and the American condition, Princeton, NJ/Oxford 2001.

[27] Während der Begriff der „Peformance" hier den begrenzten theatralen Akt, die Aufführung (im Theater oder im alltäglichen Leben) umschreibt, bezeichnet „Performativität" die ständige Reproduktion von Normen im Zuge solcher „Performances" und somit deren bedeutungskonstituierende Wirkung; siehe hierzu vor allem die Ausführungen von Maren MÖHRING in diesem Band (Performanz und historische Mimesis. Die Nachahmung antiker Statuen in der deutschen Nacktkultur, 1890-1930).

[28] Hugo A. BEDAU, Death sentences in New Jersey 1907-1960, in: Rutgers Law Review 19 (1964), S. 1-54, S. 1.

[29] FISCHER-LICHTE / ROSELT (wie Anm. 1); FISCHER-LICHTE (wie Anm. 1) und RAO / KÖPPING (wie Anm. 1).

[30] Bemerkenswert aus historiographischer Perspektive ist auch, dass das vornehmlich im Süden der USA vollzogene Lynchen, das auch in der Zeit um 1900 eine Hochphase

dies eine kulturelle Strategie, die in der Geschichte der Todesstrafe seit dem Beginn der Aufklärung und der Vorstellung eigener kultureller Höherwertigkeit immer wieder aufscheint. Sei es durch die Einführung der Guillotine um 1800,[31] durch die Verlagerung der Hinrichtung aus dem Bereich des Sichtbaren heraus in der Mitte des 19. Jahrhunderts, durch die Einführung des elektrischen Stuhls um 1900, der Gaskammer in den 1920er Jahren oder der tödlichen Injektion in den 1970er Jahren – jedes Mal wurde der Augenblick dieses neu gestalteten Tötens zu einem Moment (v)erklärt, der den angeblichen Fortschritt und die vermeintliche Entwicklung einer Gesellschaft nicht nur dokumentierte, sondern sogar generierte.

3. Das Töten mit Strom als „Performance"

Am frühen Morgen des 6. August 1890 wurde William Kemmler aus Buffalo in die neue Hinrichtungskammer des Gefängnisses von Auburn im Staat New York geführt. Zahllose Menschen hatten sich vor den Toren der Anstalt versammelt, und in der Hinrichtungskammer selbst beobachteten gut 20 Zeugen, wie zum ersten Mal in der Geschichte ein Exekutionsteam einen Verurteilten auf einen Stuhl schnallte, um ihn gleich in einen Stromkreislauf einzubinden. Auf ein Zeichen des Gefängnisleiters hin stellte der Henker, der nun „state electrician" genannt wurde, den Strom an, und 1500 Volt durchflossen den Körper des Verurteilten. Obschon die Exekution wesentlich weniger reibungslos als erwartet verlief, war sie nach insgesamt acht Minuten vorüber.

---

durchlief, in der Historiographie mit Hilfe von Performanztheorie verhandelt wird, das elektrische Hinrichten allerdings nicht. Hier wird also durch die Geschichtsschreibung eine vermeintliche Dichotomie von vormodernem Süden und modernem (zivilisiert, elektrisch tötenden) Norden reproduziert. Dies ist aber freilich nicht als Defizit der Lynchinghistoriographie anzumerken, sondern als bisher ungenutzte Chance der Geschichtsschreibung zu modernen Gesellschaften. Vgl. etwa Kirk W. FUOSS, Lynching performances, theatres of violence, in: Text and Performance Quarterly 19 (1999), S. 1-37; zahlreiche weitere Literaturhinweise finden sich bei Astrid KUSSER, Bilder des lynching – Wirkungsweisen von Fotografien rassistischer Gewalt in den Vereinigten Staaten, MS, Hamburg 2002.

[31] Vgl. dazu u.a. Jürgen MARTSCHUKAT, Ein schneller Schnitt, ein sanfter Tod?! Die Guillotine als Symbol der Aufklärung, in: Susanne KRASMANN / Sebastian SCHEERER (Hgg.), Die Gewalt in der Kriminologie (KrimJ; 6. Beiheft), Weinheim 1997, S. 45-63.

William Kemmler wurde obduziert und sein Leichnam am folgenden Tag beigesetzt.[32]

Zunächst einmal ist schlichtweg festzuhalten, dass die Hinrichtung William Kemmlers eine Vorführung unter Zuhilfenahme spezifischer Requisiten vor einem Publikum an einem bestimmten Ort und zu bestimmter Zeit war. Somit genügte sie den Kriterien einer Performance. Eine solche Performance wird durch das Zusammenwirken von Darstellern, Publikum und Aufführungsbedingungen vollzogen und ist daher notwendigerweise einzigartig und nicht wiederholbar. Diese Einzigartigkeit und Flüchtigkeit von Performances schließt freilich nicht aus, dass bestimmte Inszenierungsregeln oder Strukturen für deren Gestaltung vorgegeben sind, oder dass solche Strukturen aus derartigen Aufführungen gerinnen und in bestimmten Performances, wie z.B. elektrischen Exekutionen, eine gewisse Regelhaftigkeit erlangen. Doch trotz dieser Regelhaftigkeit, und trotz aller Bemühungen um Konstanz und Verlässlichkeit, ist keine Hinrichtung wie die andere. In solchen Aufführungen stellt eine Kultur sich selbst für sich und andere aus, und diese Aufführungen verdichten dann als „cultural performances" ein bestimmtes, historisch-spezifisches kulturelles Selbstverständnis.[33]

Will man nun die Performance als heuristisches Instrument nutzen, um bestimmte historische Geschehnisse und Verfahrensweisen zu erfassen, so müssen diese auf die tragenden Elemente einer Performance hin befragt werden. Dies sind vor allem Materialität und Medialität, was ich im Weiteren

---

[32] Vgl. aus der Literatur Jürgen MARTSCHUKAT, 'The art of killing by electricity'. Das Erhabene und der Elektrische Stuhl, in: Amerikastudien/American Studies 45, 3 (2000), S. 325-347; DERS., „The death of pain". Erörterungen zur Verflechtung von Medizin und Strafrecht in den USA während der zweiten Hälfte des 19. Jahrhunderts, in: DERS. (Hg.), Geschichte schreiben mit Foucault. Frankfurt am Main/New York 2002, S. 126-148; Richard MORAN, Executioner's current. Thomas Edison, George Westinghouse, and the invention of the electric chair, New York 2002; Stuart BANNER, The death penalty. An American history, Cambridge, MA/London 2002, S. 169-207; Craig BRANDON, The electric chair. An unnatural American history, Jefferson, NC/London 1999, bes. S. 160-180; Roger NEUSTADTER, 'The deadly current'. The death penalty in the industrial age, in: Journal of American Culture 12, 3 (1989), S. 79-87; Michael MADOW, Forbidden spectacle. Executions, the public and the press in nineteenth-century New York, in: Buffalo Law Review 43, 2 (1995), S. 461-562.

[33] Mithin sind solche Performances kaum mehr von Ritualen abzugrenzen, zumal auch Rituale von der neueren Forschung aus ihrem unmittelbar sakralen Zusammenhang herausgelöst wurden. Als Ritual wird die gemeinschaftsstiftende Darstellung, Verhandlung und Transformation eines kulturellen Selbstverständnisses bezeichnet, die eben nicht in Texten und Monumenten, sondern in unterschiedlichen Arten von Aufführungen vollzogen wird; vgl. FISCHER-LICHTE (wie Anm. 1); RAO / KÖPPING (wie Anm. 1).

noch genauer ausführen möchte, wenn ich die elektrischen Hinrichtungen im ausgehenden 19. Jahrhundert auf diese beiden Elemente hin betrachte. In einem dritten Schritt werde ich dann skizzieren, wie mittels der Hinrichtungsperformances ein historisch-spezifisches kulturelles Selbstverständnis erzeugt wurde. Es wird schließlich zu überprüfen sein, ob und wie die elektrischen Hinrichtungen als performative Akte gelesen werden können und welche kulturellen Bedeutungs- und Wahrnehmungsmuster sie generierten.[34]

3.1 Materialität

Eine jede Performance ist von Körperlichkeit getragen. Bestimmte Performances finden in bestimmten Räumen statt, und die ganze Aufmerksamkeit ist auf die Körper der Performer und auf deren Verletzlichkeit gerichtet: „In diesen Räumen präsentiert der Performer seinen konkreten, individuellen Körper mit allen seinen physiologischen Eigenarten wie Falten oder Pickel oder auch seinen Körperflüssigkeiten wie Schweiß, Speichel oder gar Blut", schreiben Erika Fischer-Lichte und Jens Roselt.[35]

Schauen wir zunächst auf den Raum des elektrischen Tötens. Als man im Staat New York in den späten 1880er Jahren begann, sich für die elektrischen Hinrichtungen bereit zu machen, da genügte es nicht mehr, das Töten eines Menschen im Gefängnishof zu verbergen. In den Staatsgefängnissen von Auburn und Sing Sing mussten nun zu diesem Behufe spezielle Kammern erbaut werden, in denen die Todgeweihten auch schon vor den Hinrichtungen in Einzelzellen auf ihr Sterben warteten. Er sei noch nicht vorbereitet auf einen Todeskandidaten, sagte der Gefängnisleiter von Auburn, Charles F. Durston, dementsprechend im Mai 1889, nachdem das Todesurteil über William Kemmler gesprochen worden war, „I intend to have a building erected in the prison yard for the confinement and execution of murderers."[36] Andere Gefangene bauten diese Zellen- und Tötungskomplexe mit ihren Händen. Als „Death Row" fertig gestellt war, wartete Kemmler dort auf seinen Tod. In der Mitte eines zweiten Raumes in demselben Gebäude, 17 mal 25 Fuß messend, stand der tödliche Stuhl wie ein Thron auf einem Sockel, „a strong oaken chair",[37] „with a high back and comfortable seat",[38] wie die

---

[34] Vgl. hierzu auch Erika FISCHER-LICHTE, Grenzgänge und Tauschhandel. Auf dem Weg zu einer performativen Kultur, in: Uwe WIRTH (Hg.), Performanz. Zwischen Sprachphilosophie und Kulturwissenschaften, Frankfurt am Main 2002, S. 277-300.
[35] FISCHER-LICHTE / ROSELT (wie Anm. 1), S. 242 f.
[36] Durston ist zit. nach „To die by electricity", in: New York Times, 18. Mai 1889, S. 5.
[37] Auch die Entscheidung, einen Stuhl zu benutzen, wurde erst im Laufe des Jahres 1889 gefällt; vgl. etwa „Ready for last tests. How murderers will be put to death", in: New

New York Times betonte. Stromkabel und diverses technisches Equipment signalisierten die Funktionalität und Fortschrittlichkeit des Raumes, und gut sichtbare Borde mit Lampen sollten garantieren, dass man vor der Exekution die Kraft des Stromes würde überprüfen und erkennen können. Vier Tage vor der Hinrichtung hieß es denn auch voller Emphase, dass die Lampen strahlend erglühten, als Techniker die Apparatur testeten.[39] Zur Exekution fanden in der Hinrichtungskammer auch die Zeugen als das Publikum der Performance einen ihnen zugewiesenen Platz. Der elektrische Generator selbst stand in einem anderen Trakt im Nordflügel des Gefängnisses.[40] Es waren also spezifische Räumlichkeiten mit einer ihnen eigenen Ordnung geschaffen worden, in denen das staatlich verordnete Töten nun wie in einem geschlossenen Theater oder auch wie in einem Laboratorium vollzogen werden konnte – ausgegrenzt und doch inmitten der Gesellschaft zugleich. In diesem „anderen Raum" und in der Anordnung der Gegenstände bündelten sich virulente Diskursstränge über die Gewalt und das Töten sowie über dessen Stellung in Justiz und Gesellschaft, über Fortschritt, Körperlichkeit und Zivilisationsentwürfe.[41]

Eine Grunderwägung des elektrischen Hinrichtens in diesem eigens dafür hergerichteten Raum war vor allem, das Töten so zu inszenieren, dass ihm (fast) jedwede körperliche Materialität *fehlte*. Gerade das sichtbare Leiden der Verurteilten am Galgen, gerade die Unansehnlichkeit ihres Sterbens, das Zucken, der Schweiß, die entstellten Körper der Getöteten hatten es notwendig erscheinen lassen, dass eine sich selbst als zivilisiert erachtete Gesellschaft nach anderen Methoden suchte, die die Hinrichtungen gewissermaßen

---

York Times, 9. März 1889, S. 5; „Electrical executions", in: New York Times, 8. Mai 1889, S. 4. BANNER (wie Anm. 32), S. 181, betont, dass die Performance keine andere Lösung als einen Stuhl möglich machte – nur ein Stuhl lasse den Hingerichteten in ausreichendem Maße sichtbar werden, ohne die Zeugen dazu zu zwingen, zu nah an den Exekutionsort heranzutreten. Zugleich gewähre ein Stuhl dem Verurteilten im Augenblick des Todes ein Mindestmaß an Haltung.

[38] „Kemmler makes his will", in: New York Times, 28. April 1890, S. 8.

[39] „No longer indifferent", in: New York Times, 2. Aug. 1890, S. 2.

[40] „Tests made at Sing Sing", in: New York Times, 29. Dez. 1889, S. 12; vgl. insgesamt auch den Artikel „Kemmler's death chamber. How the electric current is to be transmitted to his body", in: New York Times, 26. April 1890, S. 2; BRANDON (wie Anm. 32), S. 166, schreibt, der Generator hätte in einem eigens durch eine Mauer abgetrennten Nebenraum gestanden – die Presseberichte verlautbaren etwas anderes.

[41] Michel FOUCAULT, Andere Räume, in: Journal für Ästhetik und Politik 7 (1990), S. 4-15; vgl. auch Susanne KRASMANN, Andere Orte der Gewalt, in: DIES. / Sebastian SCHEERER (Hgg.) (wie Anm. 31), S. 85-102; vgl. auch zu Körper, Elektrizität, und gesellschaftlichem Selbstentwurf Tim ARMSTRONG, Modernism, technology, and the body. A cultural study, Cambridge, MA/New York 1998, S. 15 ff.

entkörperlichten. „A neat and non-disfiguring homicidal method" gelte es zu entwickeln, hob der *New York Herald* im August 1884 in diesem Sinne hervor.[42] Fachleute sollten dafür Sorge tragen, und eine zu diesem Zweck eigens eingesetzte Kommission wies die Guillotine nicht zuletzt deshalb zurück, da sie zwar schnell und schmerzfrei tötete, das plötzlich und heftig spritzende Blut aus dem durchtrennten Hals aber eine substanzielle Verletzung menschlicher Gefühle darstellte: „The fatal chop, the raw neck, the spouting blood, are very shocking to the feelings, and demoralizing".[43] Die Performance von Töten, Zivilisiertheit und Modernität sollte sich ja gerade durch eine ihr eigene Unkörperlichkeit auszeichnen, Körperflüssigkeiten wie Schweiß, Speichel oder gar Blut mussten unsichtbar bleiben. Daraus allerdings zu schließen, der Körper und seine Materialität hätten für die New Yorker des ausgehenden 19. Jahrhunderts und ihre Todesjustiz keine Rolle gespielt, führte in eine falsche Richtung. Wie schon die Erwägungen und der Bericht der Kommission signalisierten, wurde der Körper des Verurteilten ganz im Gegenteil zum Objekt wahrer Obsession.[44] Durch Tötung entstellte Körper galten den Zeitgenossen als schockierende Zeichen einer unzivilisierten Gesellschaft, „the mutilated appearance of the body is often repulsive and shocking to an extreme", ließ die Todesstrafenkommission dementsprechend ihre Leserschaft und die politischen Entscheidungsträger wissen.[45] An diesem Punkt eröffnete der Strom offenbar gänzlich neue Perspektiven. Unfallopfer, also Menschen, die in den vorangegangenen Jahren mit einer der vielen neuen Elektrizitätsinstallationen im öffentlichen Raum in Berührung gekommen und gestorben waren, hatten die Zeitgenossen erkennen lassen, dass elektrischer Strom scheinbar geradezu körperlos zu töten vermochte. Elbridge Gerry, ein Mitglied der Kommission, dokumentierte dies in einem Aufsatz in der „North American Review": „Death [by electricity] was li-

---

[42] BRANDON (wie Anm. 32), S. 25-46; das Editorial des New York Herald vom 10. August 1884 ist dort auf S. 38 f. abgedruckt.

[43] Elbridge T. GERRY / Matthew HALE / Alfred P. SOUTHWICK, Report of the commission to investigate and report the most humane and practical method of carrying into effect the sentence of death in capital cases, New York 1888, S. 51 f.; vgl. zur Einschätzung der Hinrichtungen am Galgen etwa MARTSCHUKAT, „The death of pain" (wie Anm. 32), S. 140-143; BRANDON (wie Anm. 32), S. 25-46; BANNER (wie Anm. 32), S. 170-177.

[44] Vgl. hierzu auch das Argument Michel FOUCAULTS in: Sexualität und Wahrheit, Bd. 1: Der Wille zum Wissen, Frankfurt am Main 1983 [Paris 1976], bes. S. 18 ff.; vgl. zur Körperobsession in den USA um 1900 etwa Peter N. STEARNS, Fat history. Bodies and beauty in the modern West, New York 1997; John F. KASSON, Houdini, Tarzan, and the perfect man. The white male body and the challenge of modernity in America, New York 2001.

[45] GERRY / HALE / SOUTHWICK (wie Anm. 43), S. 52.

terally quicker than thought. The body was not mutilated; there were no indications of any death-struggle; none of physical pain".[46] Dementsprechend versprach das neue Todesstrafengesetz vom Juni 1888 auch das Ende derartiger „revolting scenes".[47] Die wieder und wieder bekundeten Versicherungen im Vorfeld der Kemmler-Hinrichtung, der Körper des Verurteilten werde äußerlich wie innerlich unversehrt bleiben, die Exekution unblutig und ohne schockierende Szenen ablaufen, sind zweifelsfrei eine beinahe notorische kollektive Selbstvergewisserung: Lediglich einige wenige Läsionen von Herzgefäßen hätten Obduktionen von Unfallopfern und versuchsweise getöteten Tierkörpern aufspüren können, wurde regelmäßig betont. Nach dem Ende der Elektrifizierung entspannten sich alle Körpermuskeln, manchmal mit, manchmal ohne einen leisen Seufzer.[48] Dr. Alfred Southwick, einer der Erfinder des elektrischen Tötens, versicherte kurz vor der Kemmler-Hinrichtung der Öffentlichkeit, es bestehe keinerlei Gefahr, dass der Strom so lange fließen werde, dass es zu Verbrennungen des Körpers kommen könne: „I anticipate no disfigurement at all. [...] I would like to have him talking when the current is turned on, for then the attendants could have an opportunity to see how quickly death would follow an electrical shock".[49]

Nach der Hinrichtung, am Morgen des 7. August 1890, titelte die New York Tribune: „William Kemmler dead: The electric current performs the work expected of it".[50] Gleichwohl war diese Schlagzeile nicht gänzlich frei von sarkastischer Kritik, denn die Performance war letztlich anders verlaufen, als man erhofft und erwartet hatte – die Inszenierung zivilisierten Tötens war ganz offensichtlich misslungen. Folgt man den verschiedenen Presseberichten, so versammelten sich 26 Menschen in der Hinrichtungskammer, um William Kemmlers Sterben beizuwohnen. Im Halbkreis um den Stuhl herum positioniert, beobachteten Mediziner, Techniker und Justizbedienstete, wie der Verurteilte in den Raum und auf den Sockel geführt wurde – vorbereitet,

---

[46] Elbridge T. GERRY, Capital punishment by electricity, in: North American Review (Sept. 1889), S. 321-325, S. 324.

[47] Vgl. das Editorial der New York Times, 5. Juni 1888, S. 4.

[48] „Tests made at Sing Sing", in: New York Times, 29. Dez. 1889, S. 12; „Kemmler's case", in: New York Times, 31. Dez. 1889, S. 4; „Let the law kill decently", in: New York Times, 15. Febr. 1890, S. 3.

[49] Southwick ist zitiert in: „Kemmler makes his will", in: New York Times, 29. April 1890, S. 8; da ein derart getöteter Körper von einem lebenden Körper äußerlich ohne weitere Hilfen nicht zu unterscheiden war, wurde das Ergebnis der Obduktion mit um so größerer Spannung erwartet.

[50] „William Kemmler dead. The electric current performs the work expected of it. Errors and misunderstandings made the execution painful to the witnesses", in: New York Tribune, 7. Aug. 1890, S. 1.

neu gekleidet, rasiert. Vor lauter Ehrfurcht seien sinnliche Äußerungen des Publikums gar nicht mehr möglich gewesen, und als sich Kemmler gefasst auf dem Stuhl niederließ, da habe ihn das Licht der aufgehenden Sonne durch die beiden Fenster im Raum regelrecht in Szene gesetzt: „He sat with the light from the window streaming full on his face, and immediately in front of him was the semicircle of witnesses", schrieb die *New York Times*. Worte, so versicherten die Presseartikel mehrfach, könnten nicht zum Ausdruck bringen, was dann geschah. Wider Erwarten wurde das Töten mit Strom für das Publikum zu einer sinnlichen und körperlichen Erfahrung von solcher Intensität, dass man sie physisch erlebt haben musste, um sie erfassen zu können. Tatsächlich war es ein Tropfen Blut aus einer Wunde, die sich Kemmler im Moment des scheinbaren Sterbens mit dem Fingernagel zugefügt hatte, der die Inszenierung zum Kippen brachte: Der Hinzurichtende lebte noch, sein Herz pumpte offenbar noch trotz der Elektrifizierung. Hektisch wurde der Strom wieder angestellt, die Kontrolle über den Ablauf des Schauspiels ging verloren, der Strom strömte, Blut stand auf dem Gesicht Kemmlers wie sonst nur Schweiß dies auf einem menschlichen Antlitz tun konnte, Gestank durchdrang die Todeskammer, denn das Haar und das Fleisch unter den Elektroden verschmorten – „the stench was unbearable", und das Publikum begann zu kollabieren. Die Körperlichkeit dieses Sterbens, so befürchtete man, habe die Hinrichtung in eine Schande verwandelt: „A public shame, a legal crime".[51]

Die Inszenierung von Recht und Modernität schien offenbar „misslungen", die Performance hatte eine andere Bedeutung generiert. Der Körper des Hinzurichtenden war nicht äußerlich „intakt" geblieben, die Schmerzlosigkeit und Humanität des Verfahrens hatte nicht durch die Unversehrtheit des Körpers dokumentiert werden können.[52] Eine Rückversicherung im Bereich des Sagbaren schien vonnöten, um das Sichtbare „richtig" deuten zu können. Denn wer den medizinischen und technischen Spezialisten lauschte, die unter die Körperoberfläche geschaut hatten, der konnte nach der Hinrichtung allerorten erfahren, dass das zentrale Kriterium eines zivilisierten Tötens dennoch gewahrt worden war: William Kemmler hatte angeblich schon längst keine Schmerzen mehr empfinden können, als sein Körper zerstört, geschmort, geröstet wurde. Denn Strom, so versicherten Experten und Presse vor und nach der Kemmler-Hinrichtung immer wieder, floss derart schnell durch die Nervenbahnen, dass er das Wahrnehmungszentrum Gehirn schon gelähmt hatte, bevor der Schmerz dort angekommen war. Der zerstörte Körper, sogar

---

[51] „Far worse than hanging", in: New York Times, 7. Aug. 1890, S. 1 f.
[52] Vgl. zu diesen Prämissen etwa Alan HYDE, Bodies of law, Princeton, NJ 1997, S. 187-201, S. 195.

eventuelle Grimassen der Sterbenden, signalisierten höchstens solche „Schmerzen", die nicht gefühlt werden konnten – „pain that was not felt, [and] I think that all the physicians will agree with me", wie Dr. Carlos MacDonald, einer der Experten für das Hinrichten mit Strom, in einer New Yorker Tageszeitung zum Besten gab.[53] Daher meinte man auch, die erste Hinrichtung mit Strom als prinzipiell erfolgreich bezeichnen zu können. Gleichwohl blieb das Manko, dass eine derart grausige Performance wie im Fall Kemmler eine andere Wahrheit hergestellt hatte. Daher musste an der Inszenierung des Tötens noch gefeilt werden, sollte sie die Werte von Modernität und Rationalität tatsächlich reproduzieren können.[54] Dies, so hieß es, funktionierte bei dem zweiten Versuch elektrischen Tötens im Juli 1891 schon besser. Vier Männer wurden in Sing Sing auf einen Streich exekutiert, und jeder sei blitzschnell mausetot gewesen, „stone dead as quick as lightning", bemerkte einer der Zeugen beeindruckt. Danach nahm er, dem Bericht der *New York Times* zufolge, mit gesundem Appetit ein reichhaltiges Frühstück zu sich.[55]

3.2 Medialität

Das zweite Hauptkriterium einer Performance ist ihre „Medialität". Nur im Zusammenspiel von Aufführenden und Publikum wird eine Performance vollzogen, nur in diesem Zusammenspiel kann sie gelingen und Bedeutung generieren. Für den einzelnen Zuschauenden hängt es dabei stets von seinem oder ihrem individuellen Standort im Raum ab, wie er oder sie als Teil des Publikums eine „Peformance" erlebt. Dabei betonen Fischer-Lichte und Roselt, dass eine „leibliche Ko-Präsenz [... des Publikums] das konstitutive Definiens für eine Aufführung" ist.[56] Folglich muss das Publikum der elektrischen Hinrichtungen im ausgehenden 19. Jahrhundert differenziert betrachtet werden. Denn ein wesentliches Element dieser Hinrichtungen war ja gerade die Aufteilung des Publikums in solche Menschen, die *unmittelbar zuschauen* durften und sollten, und solche Menschen, die nur *mittelbar anwesend* sein durften und vor den Toren der Haftanstalten bleiben mussten. In eine dritte Kategorie gehört schließlich der Teil des Publikums, der eben

---

[53] „Dead after two minutes", in: New York Sun, 9. Feb. 1892, S. 7, zit. n. Michael MADOW (wie Anm. 32), S. 474.
[54] MARTSCHUKAT, „The death of pain" (wie Anm. 32); vgl. auch MADOW (wie Anm. 32), S. 486 ff.
[55] „Four men die by the law", in: New York Times, 8. Juli 1891, S. 1 ff.
[56] FISCHER-LICHTE / ROSELT (wie Anm. 1), S. 243-244.

weder in der ersten noch in der zweiten Dimension an der Performance teilhaben und „nur" *in der Zeitung* von dem Geschehen erfahren konnte. Auch wenn diese Menschen gemäß der engeren Definition von Fischer-Lichte und Roselt nicht zum Publikum einer Performance zu zählen sind, so verdienen sie hier doch Aufmerksamkeit: Denn gerade als solche Menschen, die von dem sichtbaren Geschehen, seiner Sinnlichkeit und Körperlichkeit ausgeschlossen waren, konstituierten sie die Gesamtperformance zivilisierten Hinrichtens wesentlich mit. Zudem war diese ja nicht zuletzt darauf ausgerichtet, eine größere Öffentlichkeit zu beeindrucken und einzubinden, und zwar nicht nur in die Performance, sondern auf diesem Wege auch in den Selbstentwurf des modernen Staates.

Es ist zunächst abermals festzuhalten, dass diese Beschränkung und Kontrolle des Publikums ein wesentliches Element einer modernen Exekution war. Die Beschränkung ist ein Teil der Inszenierung. So sollte der semiotischen Instabilität der Performance „Hinrichtung" entgegengewirkt und die Reaktion des Publikums in gewünschte Bahnen gelenkt werden. Schon ab der Mitte des 19. Jahrhunderts wollten die staatlichen Obrigkeiten nurmehr solche Menschen als Publikum von Hinrichtungen zulassen, die scheinbar mit einer entsprechenden emotionalen Stabilität und Seriosität ausgestattet waren, um mit einem solchen Geschehen umgehen zu können und auch tatsächlich die obrigkeitlich bevorzugten Bedeutungen zu erzeugen. Der Prototyp dieses Zuschauers war ein Mann aus den gehobenen Segmenten der Gesellschaft, der zudem in aller Regel eine öffentliche Funktion innehatte.[57] Als dann die technisch aufwendigen und medizinisch aufregenden Hinrichtungen mit Strom vorbereitet wurden, war es naheliegend, ein unmittelbares Publikum zusammenzubringen, das aus Fachleuten bestand und die Tötung aus wissenschaftlichem und gesellschaftspolitischem Interesse beobachtete. Mediziner, Elektrizitätsexperten und Justizverwalter standen in dem besagten Halbkreis um Kemmler herum, um sein Sterben so genau wie nur möglich mit dem Blick des Experten zu betrachten. Schon durch seine Zusammensetzung sollte dieses unmittelbare Publikum dokumentieren, dass die Tötung eines delinquenten Menschen nicht dem kollektiven Amüsement diente, sondern eine mehr als ernste Angelegenheit war, deren Ergebnisse wiederum in den gesellschaftlichen Fortschrittsprozess einflossen.[58] Zu alledem hatten diejenigen Männer, welche hier anwesend waren, diese neue technisch-wissenschaftliche Tötungsmethode auch entwickelt, und die Öffentlichkeit schwärmte, „death will take the place of life under conditions which famous men of science have devised". Dies wurde die New Yorker Presse nicht

---

[57] MARTSCHUKAT, Geschichte der Todesstrafe in Nordamerika (wie Anm. 13), S. 51-65.
[58] Vgl. etwa das Editorial in der New York Times, 5. June 1888, S. 4.

müde zu kommentieren, denn sie hob in den Tagen vor der Hinrichtung mehrfach den illustren Zirkel der wissenschaftlich Beobachtenden hervor.[59]

Ein Publikum, das als weniger illuster galt, versammelte sich vor der Haftanstalt von Auburn, als die Hinrichtung William Kemmlers bevorstand. Die Gefängnisleitung hielt den genauen Zeitpunkt der Exekution zunächst geheim, und so strömten schon ab Anfang August immer mehr Menschen vor dem Tor zusammen, um wenigstens in der Nähe des Geschehens zu sein – Männer, Frauen und Kinder aus allen Segmenten der Gesellschaft. Am Tag vor der Hinrichtung wurde die Zahl der Menschen draußen vor dem Gefängnis auf etwa Eintausend geschätzt, während drinnen mehr „experts and doctors" weilten, als sich jemals zuvor versammelt hatten, um den Tod eines Menschen zu beobachten. Doch obschon das Gedränge vor der Anstalt am Morgen des 6. August schließlich so groß war, dass man meinte, ganz Auburn sei auf den Beinen und dort versammelt, gab sich dieses erweiterte Publikum ehrfürchtig und dem Ereignis angemessen, wie die *New York Times* bemerkte. Erst als Gerüchte aus der Anstalt nach draußen drangen, erfuhren die Menschen von dem Vollzug der Hinrichtung.[60]

Als allerdings ein knappes Jahr darauf das zweite Mal elektrisch exekutiert wurde und gleich vier Männer im Gefängnis von Sing Sing sterben sollten, wurden die Menschen vor den Toren zielgerichtet an den inneren Zirkel des Publikums angekoppelt: Zwar konnten sie des zivilisatorischen Fortschrittes immer noch nicht durch die unmittelbare Beobachtung des Hinrichtungsgeschehens gewahr werden, doch jedes Mal, wenn einer der vier Männer getötet worden war, ließ der Direktor eine Flagge in einer bestimmten, jeweils anderen Farbe auf dem Dach des Gefängnisgebäudes hissen: eine weiße für den Gattinnenmörder James Slocum, eine blaue für Harris Smiler von der Heilsarmee, eine schwarze für den afro-amerikanischen Raubmörder Joseph Wood und eine rote für den japanischen Seemann Schichiok Jugigo. Angeblich stieß das Publikum vor den Toren jedes Mal einen Seufzer der Erleichterung aus, wenn eine solche Flagge gehisst wurde und den Erfolg des zivilisierten Tötens signalisierte.[61]

Die dritte Art des Publikums konstituierte sich durch die Zeitungsleserinnen und -leser. Obschon dieses Publikum nicht das „konstitutive Definiens" der leiblichen Ko-Präsenz erfüllte, war es doch ein tragender Bestandteil der

---

[59] Vgl. etwa „Kemmler makes his will", in: New York Times, 29. April 1890, S. 8; „To die at six o'clock", in: New York Tribune, 6. Aug. 1890, S. 1.

[60] „Death is drawing nearer", in: New York Times, 5. Aug. 1890, S. 1; „Kemmler's last night", in: New York Times, 6. Aug. 1890, S. 1; „Far worse than hanging", in: New York Times, 7. Aug. 1890, S. 1.

[61] „Four men die by the law", in: New York Times, 8. Juli 1891, S. 1 ff.; BRANDON (wie Anm. 32), S. 199 ff.

Gesamtperformance, in der sich ja ein rationaler Staat herstellte. Erstens definierte sich diese Performance gerade dadurch, dass sie die Möglichkeit leiblicher Ko-Präsenz auf ausgewählte Menschen reduzierte (von denen es hieß, dass sie sich dadurch in den Dienst der Gesellschaft und ihres Fortkommens stellten), und zweitens war die Performance in der Hinrichtungskammer ausdrücklich auch auf die Weltöffentlichkeit ausgerichtet, von der man meinte, dass sie dieses Experiment mit Argusaugen beobachtete.[62] Denn hier wurde in der Hinrichtungskammer als einer Art Labor ein Fortschritt im Sinne der gesamten, als zivilisiert definierten Menschheit hergestellt, den das entsprechende Publikum auf der ganzen Welt auch erfahren können sollte.[63] Demzufolge war es für die Regisseure dieser Inszenierung äußerst wichtig, auch die Wahrnehmung dieses Publikums zu lenken und in der Tat einen zivilisatorischen Fortschritt beschrieben zu wissen, der in New York initiiert worden war. In diesem Sinne hatte schon die New Yorker Hinrichtungskommission 1888 empfohlen, die Presseberichterstattung zu steuern. Morbide und sensationsheischende Detailreportagen, wie sie in den letzten Jahren massenweise über Hinrichtungen am Strang publiziert worden waren, sollten unterbunden werden. Denn die bisherige Art der Presseberichte von Hinrichtungen konnte in ihrer detailgetreuen und sensationslüsternen Machart, so die Kritik der Kommission, die Unterschiede in der Medialität nivellieren und im Lesepublikum Empfindungen schüren, als wäre es bei der Peformance körperlich zugegen: „The execution might as well be public and the people at large have an opportunity of seeing the horrible details themselves." Restriktive Kommissionsempfehlungen fanden Eingang in das „Electrical Execution Law". Pressevertreter gehörten nicht zum Zirkel der ausdrücklich Einzuladenden, und weiter hieß es, der Vollzug der Hinrichtung sei öffentlich bekannt zu geben, aber „no account of the details of any such execution [...] shall be published in any newspaper" – Zuwiderhandlung sei als Straftat zu ahnden. Denn die Hinrichtungen auf dem elektrischen Stuhl sollten schließlich ein Wissen um die Ernsthaftigkeit, Seriosität und Rationalität von Recht und Strafe in einer modernen Gesellschaft herstellen, und daher musste man auch und insbesondere das Publikum im Auge behalten, das nicht unmittelbar bei der Exekution zugegen war.[64] Dem stimmten die meisten Presseorgane vom Prinzip her sogar zu. Gleichwohl mahnten sie kritisch, die Berichterstattung über die Schlussszenen in Dramen von natio-

---

[62] „Kemmler makes his will", in: New York Times, 29. April 1890, S. 8.
[63] Vgl. hierzu MARTSCHUKAT, „The art of killing" (wie Anm. 32).
[64] GERRY / HALE / SOUTHWICK (wie Anm. 43), S. 90, S. 94; MADOW (wie Anm. 32), S. 541, S. 554; vgl. auch Elbridge T. GERRY / Matthew HALE / Alfred P. SOUTHWICK, Additional report of the commission on capital punishment, New York 1892, S. 8.

naler Bedeutung dürfe und könne nicht reglementiert werden.[65] Tatsächlich waren zumindest bei der Kemmler-Hinrichtung zwei Journalisten von Presseagenturen zugegen, die allerdings als Bürger des Staates New York und nicht als Journalisten eingeladen worden waren. Und freilich wurde die (Selbst)Beschränkung der Presse nach der aufwühlenden Vorführung im Auburn-Gefängnis allgemein und weithin unterlaufen. Die Zeitungsberichte strotzten nur so vor Details, die ihnen die Zeugen bereitwillig geschildert hatten. In den folgenden Jahren versuchte der Staat, das Presseverbot rigider zu erzwingen. Das beschriebene Flaggensystem von Sing Sing aus dem Sommer 1891 war nicht zuletzt eine Konzession an die Journalisten, die sämtlich vor den Anstaltsmauern hatten bleiben müssen. Mittelfristig blieben die Presserestriktionen jedoch ohne Wirkung. Die Öffentlichkeit, darauf beriefen sich die Zeitungen mit Erfolg, sei ein Korrektiv, das dem Missbrauch staatlicher Macht vorbeuge. Anfang 1892 wurde die Beschränkung der Presse bei Hinrichtungen aufgehoben. Von nun an durften sechs Journalisten auch leiblich präsent sein bei Performances staatlichen Tötens und über deren Ge- oder Misslingen schreiben.[66]

4. Die Performativität elektrischer Hinrichtungen

Aus dem Zusammenwirken der spezifischen Räumlichkeit, der Körperlichkeit und der Sinnlichkeit des Geschehens konstituiert sich eine Performance als ästhetische Erfahrung für das Publikum. Nun sollte die Inszenierung des elektrischen Hinrichtens aber eben gerade dafür Sorge tragen, dass die Performance erstens keine Assoziationen von Leid, Schmerz und Qual mehr hervorrief und dass sie in ihrer Leiblichkeit unmittelbar nur noch von einem ausgewählten Zirkel männlicher Experten beobachtet werden konnte. Die Erfahrung des Publikums sollte von Nüchternheit geprägt sein, sie sollte in der Wahrnehmung eines getöteten, aber trotzdem unverletzten Körpers gründen, der stellvertretend für ein Sterben ohne Leiden stand. Dann würde die Performance mit einem positiv besetzten kulturellen Selbstverständnis ineinanderfallen, sie würde dieses Selbstverständnis bestätigen und herstellen zugleich: Nämlich getötet zu haben, ohne Leiden gemacht zu haben; getötet

---

[65] „The doctor was unanimous", in: New York Times, 15. März 1888, S. 3, und bes. „The press and executions", in: New York Times, 12. März 1890, S. 4; MADOW (wie Anm. 32), S. 542 ff.

[66] MADOW (wie Anm. 32), S. 554 f.; BRANDON (wie Anm. 32), S. 199 ff.

zu haben, und dabei trotzdem menschlich und vernünftig geblieben zu sein; menschlich und vernünftig zu sein, und trotzdem hinrichten zu können.[67]

Ein solches Selbstverständnis gründete in Performances, die die technischen und wissenschaftlichen Standards ihrer Zeit ausschöpften, wenn getötet wurde. Das „Inszenesetzen" des elektrischen Equipments, seine Präsentation und Handhabung waren wesentliche Elemente der angeblich so rationalen Tötungsperformance. Durch die Technisierung glaubte und glaubt man nicht nur, das Leid minimieren zu können, sondern diese angebliche Minimierung des Leidens auch sichtbar zu machen, indem man einen zwar toten, ansonsten aber unversehrten Leib herstellt. Dann erscheint das Töten schon fast gar nicht mehr wie ein Töten, „killing by electricity was almost the same as not killing at all", bemerkte in diesem Sinne der US-amerikanische Schriftsteller William Dean Howells voller Sarkasmus.[68] Mit der Technologie seiner Zeit Schritt zu halten, sauber zu töten, schmerzfrei, und ohne Lust daran zu zeigen, galten und gelten als zentrale Indikatoren von Zivilisiertheit und Modernität und beschreiben geradezu eine Pflicht einer entsprechenden Gesellschaft, wie schon die New Yorker Todeskommission der 1880er Jahre meinte: „It is the duty of society to utilize for its benefit the advantages and facilities which science has uncovered to its view."[69] Den Kriterien der Wissenschaftlichkeit zu gehorchen, sichtbar schmerzfrei hinzurichten, legitimiert das staatliche Töten – mehr noch: Dergestalt wird im Augenblick des staatlichen Tötens ein zivilisiert-modernes Selbstverständnis und ein „Wissen" um die eigene Fortschrittlichkeit performativ erzeugt. Um dies noch einmal zu betonen: Diese Geschichte begann nicht erst mit dem elektrischen Stuhl, und sie schrieb sich fort von den Hinrichtungen mit Elektrizität über die Gaskammer bis hin zur tödlichen Injektion, die beide den Verurteilten beinahe sanft einschlafen lassen sollten. Nach der ersten Hinrichtung in einer Gas-

---

[67] FISCHER-LICHTE / ROSELT (wie Anm. 1), S. 244 ff.; vgl. für eine knappe, treffende Differenzierung von „Performance" und „performativ" auch Christoph WULF / Michael GÖHLICH / Jörg ZIRFAS, Sprache, Macht und Handeln – Aspekte des Performativen, in: DIES. (Hgg.), Grundlagen des Performativen. Eine Einführung in die Zusammenhänge von Sprache, Macht und Handeln, Weinheim/München 2001, S. 9-24, bes. S. 9-14; Uwe WIRTH, Kultur der Inszenierung. Performanz – der unaufhaltsame Aufstieg eines kulturwissenschaftlichen Leitbegriffs, in: Frankfurter Rundschau, 27. Feb. 2001, S. 20; vgl. auch DERS., Der Performanzbegriff im Spannungsfeld von Illokution, Iteration und Indexikalität, in: DERS. (Hg.) (wie Anm. 34), S. 9-60.

[68] William Dean HOWELLS, State manslaughter, in: Harper's Weekly 48, 6. Feb. 1904, S. 196-198, abgedruckt in: Philip E. MACKEY (Hg.), Voices against death. American opposition to capital punishment, 1787-1975, New York 1976, S. 150-155, S. 151.

[69] GERRY / HALE / SOUTHWICK (wie Anm. 43), S. 75; SARAT, Killing me softly (wie Anm. 26), S. 45 ff.; HYDE (wie Anm. 52), S. 194; NEUSTADTER (wie Anm. 32).

kammer am 8. Februar 1924 gratulierte die Presse „dem großartigen Staat von Nevada", und sie betonte, es sei wohl eine große Beruhigung für den Verurteilten zu wissen, „that he will not be harmed and will look perfectly natural when laid out for burial". Der Anschein von Lebendigkeit war offenbar so überzeugend, dass der Militärarzt Delos A. Turner sogar meinte, den Hingerichteten mit einer Kampfer-Injektion wieder zum Leben erwecken zu können. Als ihm die Gefängnisleitung einen entsprechenden Versuch verweigerte, forderte er hartnäckig, von nun an alle mit Gas hingerichteten Delinquenten zusätzlich noch zu erschießen oder zu erhängen, um sich ihres Todes auch gewiss sein zu können.[70]

Technologie und Wissenschaft auf dem jeweils neuesten Stand sollten in der Performance die Gewalthaftigkeit des Tötens verdecken. Indikator für das Gelingen dieser Inszenierung sind nicht nur die (beinahe lebendig erscheinenden) Körper der Hingerichteten, sondern auch das Maß des Horrors oder der Entspanntheit des Publikums. In seinem Empfinden wie in seiner gesteuerten Zusammensetzung ist es konstitutiver Teil der Performance der Sachlichkeit und des bürokratisierten Tötens. Als solches dient es auch als Signal für den Misserfolg oder Erfolg der Inszenierung.[71] Gelingt eine solche Inszenierung nicht, und verläuft die Performance anders als geplant, so droht die Legitimität eines solchen Tötens und die Fortschrittlichkeit der Gesellschaft in Frage gestellt zu werden. Die wider Erwarten sehr leibliche Kemmler-Hinrichtung des Jahres 1890 hat dies gezeigt, und weitere sogenannte „botched executions" während des 20. Jahrhunderts haben die Instabilitäten elektrischen Tötens regelmäßig vorgeführt.[72] Immer wieder wurde das gesellschaftliche Selbstverständnis in elektrischen Hinrichtungen neu ausgehandelt. Als Ende der 1990er Jahre Flammen aus dem Kopf Pedro Medinas schlugen und nur wenig später Bilder des nach seiner Hinrichtung

---

[70] Vgl. die Artikel in der „Las Vegas Review" und im „Mountain Democrat" vom Februar 1924, nach Mark GROSSMAN, Encyclopedia of capital punishment, Santa Barbara, CA/Denver 1998, S. 134 f.; Timothy V. KAUFMAN-OSBORNE, From noose to needle. Capital punishment and the late liberal state, Ann Arbor, MI 2002; Loren B. CHAN, Example for the nation. Nevada's execution of Gee Jon, in: Nevada Historical Quarterly 18 (1975), S. 90-106.

[71] Vgl. MARTSCHUKAT, Geschichte der Todesstrafe in Nordamerika (wie Anm. 13), S. 81-115, S. 164-188.

[72] Vgl. dazu Deborah W. DENNO, Is electrocution an unconstitutional method of execution? The engineering of death over the century, in: William and Mary Law Review 35 (1994), S. 551-692; notorisch ist der Fall Willie Francis, dessen Hinrichtung auf dem elektrischen Stuhl scheiterte und ein knappes Jahr später wiederholt wurde; vgl. Arthur S. MILLER / Jefferey H. BOWMAN, Death by installments. The ordeal of Willie Francis, New York 1988.

blutverschmierten Allen Lee Davis verschiedene Publika schockierten, verabschiedete sich schließlich sogar Florida vom elektrischen Töten.[73] Bemerkenswert ist auch hier sicherlich die Bedeutung der sichtbaren Körperlichkeit, des Blutes des Hingerichteten als Zeichen physischen Leids und somit der Unzulänglichkeit der Methode wie der Grausamkeit der Gesellschaft. Das Blut scheint anzuzeigen, dass hier *mehr* geschehen ist, als die *bloße* Beendigung eines Lebens – und „more than the mere extinguishment of life" durfte eine moderne Hinrichtung nicht sein, hatte der Oberste Gerichtshof der USA im Mai 1890 im Zuge des Falles Kemmler befunden.[74]

Ruhig, unsichtbar, bürokratisch, in antiseptischer Umgebung und geradezu unkörperlich sollte in der Moderne getötet werden – zunächst elektrisch, nun mit Gas oder Gift. Die Performances elektrischen Tötens reproduzierten eine spezifische Rationalität, in die sich ein blutiger, geschundener Leib nicht einfügen ließ, denn er signalisierte genau das Gegenteil. Freilich war dieses Verfahren zur performativen Herstellung dieser „Wahrheit" rationalen Tötens alles andere als „enttheatralisiert".[75] Dieses „Wissen" um die eigene Nüchternheit, um das Töten als bürokratischen Akt, den man als bedauerliche, aber doch notwendige Pflicht mit allen Rücksichtnahmen auf den Hinzurichtenden zu erledigen gedachte, gründete in einem großen Aufwand. Die Anstrengungen, die Theatralik des Geschehens so gering wie möglich erscheinen zu lassen, waren immens. Die Inszenierung war umfassend – nur dass das staatlich verordnete Töten kein Theater der Grausamkeit mehr sein durfte, sondern ein Theater der Sachlichkeit.

---

[73] Die Bilder sind auf zahlreichen Internetseiten zu finden oder auch in Timothy KAUFMAN-OSBORNE, What the law must not hear. On capital punishment and the voice of pain, in: SARAT (Hg.), Pain, death, and the law (wie Anm. 26), S. 71-102, zwischen S. 90 und S. 91 abgedruckt.

[74] In re Kemmler, 136 U.S. 436 (1890), 19. Mai 1890, nach: <*http://laws.findlaw.com/us/136/436.html*>, 27. April 2001.

[75] Vielmehr sind sie derart theatralisiert, dass Hinrichtungszeugen bisweilen versichern, vollkommen die Distanz verloren zu haben und in der Performance aufgegangen zu sein; vgl. hierzu den Bericht von Ron S. STEFFEY, Witness for the condemned, in: Virginia Quarterly Review 69 (1993), S. 607-618.

MAREN MÖHRING

Performanz und historische Mimesis

Die Nachahmung antiker Statuen in der deutschen Nacktkultur, 1890-1930

„Der größte Wert und die Berechtigung der antiken Skulptur bestand darin, *Vorbilder* zu schaffen, die man bewundern und nachahmen konnte."

J. P. Müller: Mein System (1908)

Das Bemühen, den eigenen Körper so zu gestalten, dass er eine möglichst „große Ähnlichkeit mit den antiken Statuen"[1] aufwies, wird in unzähligen Texten aus dem Umfeld der deutschen Nacktkultur thematisiert. Richard Ungewitter (1868-1958), Protagonist der frühen FKK-Bewegung und vor 1914 ihr auflagenstärkster Autor, forderte, den „*homo sapiens* zu einem idealen ‚lebenden Kunstwerk'" zu formen.[2] Über den Weg einer konsequent betriebenen Nacktgymnastik sollte dieses Ziel erreicht werden.[3] Der Arzt Johannes Große, ein Autor der Nacktkultur-Zeitschrift *Die Schönheit*, spricht in diesem Zusammenhang von „Gymnoästhetik", um die Nähe von gymnastischer Betätigung und künstlerischer Schönheit zu unterstreichen. Die Gymnastik stehe in enger Verbindung „mit der hellenischen Skulptur, eine der anderen Ideale gebend und entlehnend".[4] Die antike Statue fungierte als

---

[1] *Vorrede zur deutschen Ausgabe* in Johann Peter MÜLLER, Mein System. 15 Minuten täglicher Arbeit für die Gesundheit, Leipzig/Zürich 1908, S. 4.

[2] Richard UNGEWITTER, Die Nacktheit in entwicklungsgeschichtlicher, gesundheitlicher, moralischer und künstlerischer Beleuchtung, Stuttgart 1907, S. 81.

[3] Zur Nacktgymnastik vgl. Giselher SPITZER, Der deutsche Naturismus. Idee und Entwicklung einer volkserzieherischen Bewegung im Schnittfeld von Lebensreform, Sport und Politik (Sportwissenschaftliche Dissertationen; 19: Sportpädagogik), Ahrensburg bei Hamburg 1983. Zur frühen FKK vgl. Michael GRISKO (Hg.), Freikörperkultur und Lebenswelt. Studien zur Vor- und Frühgeschichte der Freikörperkultur in Deutschland, Kassel 1999.

[4] Johannes GROSSE, Die Schönheit des Menschen. Ihr Schauen, Bilden und Bekleiden, Dresden 1912, S. 33 und S. 163. Der nacktgymnastischen Körperbildung dienten neben den griechischen Statuen auch hellenische Vasenbilder, Runen und die Zeichnungen Fidus' als nachahmenswerte Vorbilder.

Modell für die eigene Körperbildung, weil man in ihr das Abbild des althellenischen Menschen sah, der – in philhellenischer Tradition – als Repräsentant einer Kultur betrachtet wurde, der die harmonische Vermittlung von Kultur und Natur exemplarisch gelungen sei. An diese Griechen, „Naturvolk" und „Kulturvolk" in einem, suchten sich die Nacktkultur-Anhänger/innen anzulehnen.[5] Der Anschluss an das traditionelle bürgerliche „Bildungsmuster" der antiken Statue ermöglichte es ihnen, die eigenen Reformbemühungen autoritativ abzusichern und insbesondere die neue (semi-)öffentliche Nacktheit historisch zu legitimieren.[6]

Wie beim *tableau vivant* sollte in der Nacktgymnastik die antike Statue nachgestellt werden;[7] doch anders als die theaterähnliche Inszenierung im lebenden Bild kam die Nacktgymnastik auch ohne Publikum aus (bzw. konvergierten Ausführende und Zuschauer/innen). Vor allem war hier die Nachahmung antiker Statuen nicht auf wenige Darsteller/innen beschränkt, sondern umfassend körperpädagogisch ausgerichtet. Eine ästhetische und gesunde Körperhaltung sollte von allen erlernt werden. Die möglichst täglich zu betreibende Nacktgymnastik - im Freien oder am offenen Fenster - bestand aus einer in diversen Trainingsleitfäden festgelegten Abfolge von Körperübungen, durch die jeder einzelne Muskel bearbeitet und ‚in Form' gebracht wurde. Dabei stellte nicht nur die Gestalt der antiken Statue das Körperideal dar, auch die in der Plastik stillgestellte Bewegung diente als Vorbild: So beschreibt die Nacktgymnastik-Lehrerin Bess Mensendieck die „kauernde() Venus im Vatikan" als „vollendetste Illustration zur ästhetischen

---

[5] Die Griechen galten als „Naturvolk" und gleichzeitig als „Kulturvolk", während die Deutschen „immer noch ein Bureaukraten- und Gelehrtenvolk" seien (Heinrich PUDOR, Die neue Erziehung. Essays über die Erziehung zur Kunst und zum Leben, Leipzig 1902, S. 277).

[6] Dies war notwendig angesichts der zahlreichen gegen Nacktkultur-Vereine wie Einzelpersonen angestrengten Sittlichkeitsprozesse. Die zeitgenössische Diskussion um die Lex Heinze behandelt Peter MAST, Künstlerische und wissenschaftliche Freiheit im Deutschen Reich, 1890-1901. Umsturzvorlage und Lex Heinze sowie die Fälle Arons und Spahn im Schnittpunkt der Interessen von Besitzbürgertum, Katholizismus und Staat (Historische Forschungen; 17), Rheinfelden, 2. Aufl. 1986. Zur Statue als bürgerlichem Bildungsmuster siehe Gerhard NEUMANN, Der Körper des Menschen und die belebte Statue. Zu einer Grundformel in Gottfried Kellers *Sinngedicht*, in: Mathias MAYER / DERS. (Hgg.), Pygmalion. Die Geschichte des Mythos in der abendländischen Kultur (Rombach Wissenschaft: Reihe Litterae; 45), Freiburg im Breisgau 1997, S. 555-591, S. 565 f.

[7] *Tableaux vivants* bildeten einen integralen Bestandteil der sog. „Schönheit-Abende", die von einem Teil der Nacktkulturbewegung regelmäßig veranstaltet wurden.

Forderung des Niederhockens".[8] Ziel war die ‚künstlerische Durchbildung' des eigenen Körpers; es galt, die antiken Bildwerke „nachzuüben".[9] Diese kontinuierliche „Nacheiferung schöner Vorbilder"[10] lässt sich als mimetische Körperpraktik beschreiben. Dabei ließ der normierende Vergleich mit den idealschönen Statuen die Nacktgymnast/innen ihre ästhetischen ‚Mängel' entdecken und motivierte zu deren Behebung; auf diese Weise wurde ein „mimetisches Begehren" installiert.[11]

Am Beispiel der nacktkulturellen Statuennachahmung möchte ich Prozesse der Körperkonstitution als performative Vorgänge sichtbar machen; die Anlehnung an die Antike thematisiert – und problematisiert – dabei die historische Dimension, an der jeder performative Akt teilhat.

1. Performanz / Perfomativität / Mimesis

Liegt in der Nähe von Nacktgymnastik und *tableau vivant* eine Möglichkeit, die Körperpraktik der Statuennachahmung als *Performance* im engeren Sinne, nämlich als künstlerische Inszenierung (vor einem Publikum) zu behandeln, so soll der aus der Sprechakttheorie herrührende Begriff des Performativen im Folgenden in einer umfassenderen Weise verstanden werden, nämlich (kulturwissenschaftlich) als „cultural performance".[12] Insofern mich der Prozess der Körperkonstitution in der Statuennachahmung interessiert, eignet sich insbesondere Judith Butlers Begriff der Performativität, der von ihr auch auf die Materialität des Körpers angewandt wird.

Im Anschluss an Jacques Derrida und dessen Relektüre der Sprechakttheorie John L. Austins wird für Butlers Konzept der Performativität das

---

[8] Bess M. MENSENDIECK, Körperkultur des Weibes. Praktisch hygienische und praktisch ästhetische Winke, München, 4. verbess. Aufl. 1909, S. 38.
[9] Ebenda, S. 65 (im Original gesperrt gedruckt).
[10] UNGEWITTER, Nacktheit (wie Anm. 2), S. 85.
[11] Zum ‚mimetischen Begehren' als Begehren, den eigenen Körper dem idealen Vorbild anzugleichen, vgl. Daniel WILDMANN, Begehrte Körper. Konstruktion und Inszenierung des ‚arischen' Männerkörpers im ‚Dritten Reich', Würzburg 1998, S. 61.
[12] Der Begriff der „cultural performance" wurde in den 1950er Jahren von dem US-amerikanischen Ethnologen Milton Singer eingeführt; mittels cultural performances stelle eine Kultur ihr Selbstverständnis dar und aus. Vgl. Erika FISCHER-LICHTE, Grenzgänge und Tauschhandel. Auf dem Weg zu einer performativen Kultur, in: Uwe WIRTH (Hg.), Performanz. Zwischen Sprachphilosophie und Kulturwissenschaften, Frankfurt am Main 2002, S. 277-300, S. 289.

Phänomen der Iterabilität zentral; die Frage des wiederholten Zitierens tritt in den Vordergrund.[13] Performativität wird von Butler definiert als „zitierende Praxis, durch die der Diskurs die Wirkungen erzeugt, die er benennt".[14] Den sprachlichen Zitatbegriff zur kulturellen Zitation erweiternd, wird Performativität bei Butler nun auch zum zentralen Modus der Körperkonstitution. Denn auch die körperliche Materie sei immer etwas zu Materie Gewordenes, Produkt einer sedimentierenden Praxis.[15] Damit stellt Butler die historische Dimension performativer Akte, Aspekte der Speicherung und Wiederholung, heraus. Performativität besteht in einer ständigen Wiederholung von Normen und ist insofern von Performance als begrenztem Akt zu unterscheiden.[16]

Als das „Erbe abgelagerter Akte" begreift Butler den Körper, den wir nur als einen „zu einem geschlechtsspezifischen gemachten Körper" kennen.[17] Nicht nur *gender*, sondern auch das biologische Geschlecht, *sex*, rekonzeptualisiert Butler also als Ergebnis eines performativen Vorgangs, den sie (im Sinne ihres Begriffs der Performativität) als ein wiederholtes, erzwungenes und zum großen Teil unbewusstes Zitieren von Geschlechternormen begreift.[18] Im Anschluss an Butler formuliert Jon McKenzie: „(N)orms become sedimented *as* (and not in) gendered bodies".[19] Indem Butler die mimetische Wiederholung der Norm als zentralen Aspekt der Körpermaterialisierung

---

[13] Allerdings ist eine Gleichsetzung von Iterierbarkeit und Zitierbarkeit problematisch; Iterierbarkeit steht für einen Mechanismus, der jegliche Zitation erst ermöglicht. Vgl. Uwe WIRTH, Der Performanzbegriff im Spannungsfeld von Illokution, Iteration und Indexikalität, in: DERS. (wie Anm. 12), S. 9-60, S. 45 f.

[14] Judith BUTLER, Körper von Gewicht. Die diskursiven Grenzen des Geschlechts, Berlin 1995, S. 22.

[15] Der Körper sei „ein fortgesetztes und unaufhörliches *Materialisieren* von Möglichkeiten" (Judith BUTLER, Performative Akte und Geschlechterkonstitution. Phänomenologie und feministische Theorie, in: WIRTH, Performanz (wie Anm. 12), S. 301-320, S. 304).

[16] Diese Einbeziehung der zeitlichen Dimension unterscheidet Butlers Ansatz vom *doing gender* der Ethnomethodologie, die vergeschlechtlichte Körper vornehmlich als Resultate situativer sozialer Praxen untersucht (vgl. Isabell LOREY, Immer Ärger mit dem Subjekt. Theoretische und politische Konsequenzen eines juridischen Machtmodells: Judith Butler (Perspektiven; 2), Tübingen 1996, S. 17 f.).

[17] BUTLER, Performative Akte (wie Anm. 15), S. 307.

[18] Zur Zwangsförmigkeit der Materialisierung von Normen vgl. BUTLER, Körper von Gewicht (wie Anm. 14), S. 21.

[19] Jon MCKENZIE, Genre trouble. (The) Butler did it, in: P. PHELAN / J. LANE (Hgg.), The ends of performance, New York/London 1998, S. 217-235, S. 221. Die Materie ist also nicht von den sie regulierenden Normen und der Signifikation ihrer Machtwirkungen zu trennen. Butler liefert damit eine Theorie, welche die simultane Entstehung von Körpern und hegemonialen Normen beschreibt.

instituiert,[20] wird ihr Ansatz anschlussfähig für Theorien mimetischer Körperpraktiken, die in der Mimesis einen nicht im Diskursiven oder im Symbolischen aufgehenden Modus der Körperkonstitution sehen.[21]

Diesem Prozess der Konstitution von Männer- und Frauenkörpern möchte ich im zweiten Teil (*Performing sex*) nachgehen. Mit Judith Butler werde ich die Statuennachahmung als „andauernde(n) und wiederholte(n) Versuch" lesen, „die eigenen Idealisierungen zu imitieren".[22] Dabei geht es weniger um das partielle Zitieren einzelner *gender norms*, sondern vielmehr um die Nachahmung eines vergeschlechtlichten Körpermodells im Ganzen. Dass Körpermaterialisierung als ein „nachhaltiges und wiederholtes körperliches Projekt"[23] zu begreifen ist, wird in der Statuennachahmung vorgeführt. Diese – zumindest teilweise – bewusste Verkörperlichung von Normen[24] lässt sich in diesem Sinne als Theatralisierung der von Butler skizzierten unbewussten Körpermaterialisierung verstehen.

Neben *sex* gehört auch *race* zu denjenigen Normen, die zwangsweise materialisiert werden, um sich als kulturell intelligibles, lebensfähiges Subjekt zu qualifizieren. In der Statuennachahmung werden nicht allein männliche oder weibliche Körpermodelle zitiert; konstitutiv verbunden mit der Herstellung eines vergeschlechtlichten Körpers ist seine Rassifizierung. Die antike Statue wurde in der Nacktkultur rassentheoretisch gelesen und fungierte als ideale, nämlich ‚arische Rassengestalt'. Im dritten Teil (*Historische Mimesis*) wird dieser Lesart der antiken Statue und damit der Nachahmung der Antike in der Nacktkultur nachzugehen sein. Die in der Statuennachahmung vollzogene Antikerezeption lässt sich mit Philippe Lacoue-Labarthe

---

[20] Materialisierung sei eine „Angelegenheit des Wiederholens (...), des Zitierens oder mimetischen Nachahmens der Norm" (BUTLER, Körper von Gewicht (wie Anm. 14), S. 149).

[21] Dass z.B. Rituale ihre vergemeinschaftende Kraft „nicht einem begrifflich-reflexiven Prozeß, sondern einem körperlich-habituellen, szenisch-mimetischen Nachvollzug" verdanken, betonen Christoph WULF / Jörg ZIRFAS, Die performative Bildung von Gemeinschaften. Zur Hervorbringung des Sozialen in Ritualen und Ritualisierungen, in: Paragrana 10 (2001), S. 93-116, S. 111. Zur Mimesis als „grundlegende(r) Weise der Vergesellschaftung" siehe Gunter GEBAUER / Christoph WULF, Spiel – Ritual – Geste. Mimetisches Handeln in der sozialen Welt, Reinbek bei Hamburg 1998, S. 54. Zur Performanz als „Leerstelle im Mimesiskonzept" sowie zum notwendigen Zusammenspiel beider vgl. Wolfgang ISER, Mimesis und Performanz, in: WIRTH, Performanz (wie Anm. 12), S. 243-261, S. 246, S. 257.

[22] BUTLER, Körper von Gewicht (wie Anm. 14), S. 149, S. 170.

[23] BUTLER, Performative Akte (wie Anm. 15), S. 305.

[24] Mimetische Praxen weisen allerdings immer einen „über ihre Intentionalität hinausgehenden Gehalt" auf (Christoph WULF, Mimesis in Gesten und Ritualen, in: Paragrana 7 (1998), S. 241-263, S. 243).

und Jean-Luc Nancy als Zitation eines spezifischen Griechenmythos verstehen, als eine mimetische Anlehnung an die Antike, über die eine nationale Identität hergestellt werden sollte.[25] Diese nacktkulturelle Bezugnahme auf die Antike[26] soll als Beispiel eines Vorgangs behandelt werden, den ich mit dem Begriff der *historischen Mimesis* zu fassen versuche.

Historische Mimesis spricht die Dimensionen von Zeitlichkeit (in) der Performanz an – einen Aspekt, den ich in der Diskussion um Performanz für unerlässlich halte. Historische Mimesis soll durchaus auf die *historische* Zeit referieren bzw. den historischen Abstand von Antike und frühem 20. Jahrhundert thematisieren; zugleich bringt der Wiederholungscharakter der *Mimesis* aber eine rekursive Bewegung in die historische Linearität ein, die auf diese Weise durchkreuzt und um die Dimension einer anderen Zeitlichkeit, eines wiederaufnehmenden Zitierens, ergänzt wird.[27] Wenn ich mit Philippe Lacoue-Labarthe davon ausgehe, dass „keine Moderne zustande [kommt], ohne ihren Bezug zum Alten zu erfinden", dass das Moderne „sogar in nichts anderem, als in einer solchen Erfindung [besteht]",[28] dann wird die Vergangenheit als Produkt der Gegenwart sichtbar. In jeder Wieder-Holung der Vergangenheit wird diese neu konfiguriert, das Zitierte also jeweils neu er-

---

[25] Vgl. Philippe LACOUE-LABARTHE / Jean-Luc NANCY, Der Nazi-Mythos, in: Elisabeth WEBER / Georg Christoph THOLEN (Hgg.), Das Vergessen(e). Anamnesen des Undarstellbaren, Wien 1997, S. 158-190. Zur Rolle von *invented traditions* für die Nationenbildung vgl. Eric HOBSBAWM / Terence RANGER (Hgg.), The Invention of Tradition, Cambridge u.a. 1984.

[26] Die Nachahmung der Antike fand in der bisherigen Forschung zur FKK und Körperkultur meist nur nebenbei Erwähnung, wurde aber nicht systematisch oder konzeptuell untersucht.

[27] Auch für Butlers Konzept der Performativität ist eine andere Temporalität, die „nicht als einfache Aufeinanderfolge unterschiedlicher ‚Momente' interpretiert" werden dürfe, von zentraler Bedeutung (BUTLER, Körper von Gewicht (wie Anm. 14), S. 325, Anm. 10). – Der Frage, inwieweit sich das wiederaufnehmende Zitieren auch als ein psychoanalytisches Durcharbeiten thematisieren ließe, kann hier nicht nachgegangen werden. Michel de Certeau etwa kontrastiert Geschichtsforschung und Psychoanalyse im Hinblick auf die Art und Weise, wie sie jeweils den „*Raum des Gedächtnisses*" aufteilten. Während die Psychoanalyse die Vergangenheit in der Gegenwart erkenne, führe die Historiographie einen Bruch zwischen Vergangenheit und Gegenwart ein und stelle beide nebeneinander: „Zwei Strategien der Zeit stehen sich so gegenüber, obwohl sie im Bereich ähnlicher Fragen entstehen: Wie kann man Prinzipien und Kriterien erarbeiten, mit denen sich die Unterschiede und Kontinuitäten zwischen den heutigen Strukturen und den vergangenen Konfigurationen begreifen lassen?" (Michel DE CERTEAU, Theoretische Fiktionen. Geschichte und Psychoanalyse, hg. v. Luce Giard, Wien 1997, S. 93).

[28] Philippe LACOUE-LABARTHE, Die Fiktion des Politischen. Heidegger, die Kunst und die Politik, Stuttgart 1990, S. 95.

funden.²⁹ Wenn Lacoue-Labarthe den Akzent auf die *Bezugnahme* zur Vergangenheit legt, dann ist weniger das Zitierte, als vielmehr der Vorgang des Zitierens, der produktive Prozess des zitierenden *Wiederholens* angesprochen. Der Begriff der historischen Mimesis soll dabei die Verflechtung zweier Logiken der Wiederholung zum Ausdruck bringen: die „klassische Wiederholung", die „unter den Bedingungen einer temporalisierten Zeit" stattfindet und „eine Unterscheidbarkeit und Unterschiedenheit der Zeitstellen" beinhaltet, und die „unklassische Wiederholung", die einer anderen Temporalität angehört und auf die „Herstellung einer virtuellen Gleichzeitigkeit" abzielt.³⁰ Kein Wiederholungsvorgang ist nur der einen oder anderen Logik unterstellt; vielmehr ist von einer „konstitutive(n) Gedoppeltheit jeder Wiederholung"³¹ auszugehen. Bei der Anwendung des Konzepts der historischen Mimesis für die geschichtswissenschaftliche Analyse ist dieser Doppelung Rechnung zu tragen.

Es geht dabei um ein Zwischen (in) der Zeit, ein „*entre*",³² das die Praxis der Statuennachahmung als Mimesis in jeder Hinsicht betrifft: zwischen Menschenkörper und Statuenkörper,³³ zwischen Leben und Kunst, zwischen bewusster und unbewusster Annäherung, zwischen Aneignung und Enteignung, zwischen Selbst und Anderem.

---

29 Dass auch die Norm, die zitiert wird, der Zitation nicht vorgängig ist, sondern erst in der Wiederholung produziert wird, betont auch Butler. Bei ihr kommt die historische Zeit insofern wieder ins Spiel, als es sich bei den wiederholten regulativen Idealen um historisch-spezifische Normen handelt.
30 Eckhard LOBSIEN, Wörtlichkeit und Wiederholung. Phänomenologie poetischer Sprache, München 1995, S. 224, paraphrasiert hier die von Derrida in der *Postkarte* herausgestellten Modi der Wiederholung (siehe folgende Anm.).
31 „Zwei Logiken also, mit unkalkulierbarem Effekt, zwei Wiederholungen, die sich ebensowenig entgegensetzen, wie sie sich identisch reproduzieren, und die, wenn sie sich wiederholen, zurückwerfen die konstitutive Gedoppeltheit jeder Wiederholung" (Jacques DERRIDA, Die Postkarte. Von Sokrates bis an Freud und jenseits, Berlin 1987, S. 114).
32 BUTLER, Körper von Gewicht (wie Anm. 14), S. 326, Anm. 10.
33 Zum Zwischen in der *inter*-medialen Zitation der Statuennachahmung siehe Maren MÖHRING, „...ein nackter Marmorleib". Mimetische Körperkonstitution in der deutschen Nacktkultur oder: Wie läßt sich eine griechische Statue zitieren? In: Andrea GUTENBERG / Ralph J. POOLE (Hgg.), Zitier-Fähigkeit. Findungen und Erfindungen des Anderen, Berlin 2001, S. 215-233.

2. Performing sex. Die performative Herstellung von Männer- und Frauenkörpern in der Statuennachahmung

Die Praktik der Statuennachahmung lässt sich als (Körper-) „Bildungsritual von Subjekten"[34] verstehen und ist mit einer Vergeschlechtlichung des Körpers / des Subjekts verbunden. Insofern die Stilisierung des Körpers die Geschlechtszugehörigkeit instituiert und ihr den Anschein von Substantialität verleiht,[35] gilt es, den naturalisierten Herstellungsprozess von Geschlecht und Geschlechtskörpern am Beispiel der Statuennachahmung als performativen Vorgang sichtbar zu machen.

2.1 Venus und Apoll

Nachgeahmt wurden vor allem Statuen des Lichtgottes Apoll einerseits und der Venus andererseits. Sie wurden als Modelle eines idealen männlichen bzw. idealen weiblichen Körpers präsentiert: „Der vollständig schöne und gesunde Mensch wird wohl in seiner Körpergestalt am meisten durch den Apollo von Belvedere und die Venus Aphrodite, die bedeutendsten Werke der griechischen Kunst, dargestellt".[36] Venusstatuen galten als Wiedergaben der „natürliche(n) Körperform der Frau". Sie seien „Gestalten, welche die ideale Körperform des Weibes in ihrer günstigsten Entwicklung zeigen sollen".[37] Das hegemoniale Modell ‚Venus' wies allerdings vielfache Ausprägungen auf. So hat sich die Vorliebe für einen je spezifischen Venustypus historisch geändert, wie es in einem Text aus der *Schönheit* von 1903 nachzulesen ist:

---

[34] Butlers Überlegungen zur Performativität können als Analysen solcher Rituale begriffen werden. Vgl. WULF / ZIRFAS (wie Anm. 21), S. 99.
[35] BUTLER, Performative Akte (wie Anm. 15), S. 302.
[36] Adolf JUST, Kehrt zur Natur zurück. Die wahre naturgemäße Heil- und Lebensweise, Wasser, Licht, Luft, Erde, Früchte und wahres Cristentum, Stapelburg, 7. wesentl. vervollkommn. Aufl. 1910, S. 172.
[37] J. THIERSCH, Die einer Verbesserung der Frauen-Kleidung entstehenden Hindernisse. Der moderne Schönheitsbegriff, in: Die Schönheit 1 (1903), S. 250-253, S. 251; Gustav FRITSCH, Die Gestalt des Menschen. Mit Benutzung der Werke von E. Harless und C. Schmidt. Für Künstler und Anthropologen dargestellt, Stuttgart 1899, S. 146. Zur Vorbildlichkeit der Venusfiguren in der gesamten deutschen Körperkulturbewegung vgl. Bernd WEDEMEYER, Body-Building or man in the making. Aspects of the German Bodybuilding Movement in the Kaiserreich and Weimar Republic, in: The International Journal of the History of Sport 11 (1994), S. 472-484, S. 477.

„Wir zivilisierten Kunstverständigen haben unser Schönheitsideal der Antike entnommen, aber auch hinsichtlich des Weibes selbst in jüngster Zeit mehrfach gewechselt. Vor wenig mehr als einem halben Jahrhundert wurde jeder in Acht erklärt, der nicht ausschließlich auf die Venus von Medici schwur, dann kam die von Melos, die kapitolinische, knidische, vom Esquilin und so fort an die Reihe, bis unsere modernen Präraffaeliten wieder bei der wehmütigen, schwindsüchtigen des Botticelli anlangten".[38]

Der Normstreit um ‚die' Venus galt insbesondere der (mangelnden) Schlankheit der Venus-Statuen. In dem zeitgenössisch beobachteten „Kampf der Üppigen und der Schlanken"[39] konnte bisweilen die moderne Schönheit dem antiken Ideal den Rang ablaufen, da sie durch eine „feinere Ausbildung einer normalen Taille" ausgezeichnet sei – sofern „sie noch nicht oder nicht merkbar durch das Korsett entstellt" sei.[40] Schlankheit und „Schwung, die Zierlichkeit und Enge der Taille" galten dabei als „arisches Rassezeichen", während „geradlinig parallel zueinander" verlaufende „Seitenlinien des Rumpfes" nur „für das unreife, unentwickelte Mädchen, ferner für sehr plumpe, plebejische Gestalten von Naturvölkern" und für Europäerinnen „vulgärer Herkunft" zuträfen: „je aristokratischer, je edler ein Frauenkörper, desto eleganter geschwungen und schlanker ist seine Taille".[41] Die sogenannte ‚schlanke Linie' beginnt sich also, mit und gegen die antiken Venusstatuen, als Norm durchzusetzen – nicht nur in der Nacktkultur.[42]

---

[38] Josef KIRCHNER, Von der Schönheit der Frauen. V. Das Weib als Studienobjekt der Kunst, in: Die Schönheit 1 (1903), S. 396-404, S. 398.
[39] Dieser Kampf reicht nach Große bis in die „älteste() Urgeschichte" zurück (GROSSE, Schönheit (wie Anm. 4), S. 44). Die Annahme einer „Zweiteilung in schlanke und untersetzte Körperbildung bei allen Kulturrassen" findet sich bei C[arl] H[einrich] STRATZ, Von der Schönheit der Frauen. I. Der moderne Schönheitsbegriff, in: Die Schönheit 1 (1903), S. 15-22, S. 17. Der in Nacktkultur-Texten häufig zitierte Gynäkologe und Bestseller-Autor Stratz (1858-1924) setzte die Venus von Medici als universellen „Schönheitsnormalwert", an dem die einzelnen Frauen der verschiedenen ‚Rassen' zu messen waren – und z.T. auch tatsächlich von ihm vermessen wurden.
[40] GROSSE, Schönheit (wie Anm. 4), S. 107. Dagegen FRITSCH, Die Gestalt des Menschen (wie Anm. 37), S. 93, der von der „Volksunsitte" spricht, „dass manche unserer weisen Kunstkritiker vorgeschrittener Richtung sich nicht scheuen, zu erklären, ‚die Venus von Milo sei ja gar nicht mehr unser Schönheitsideal, sie habe überhaupt keine Taille'".
[41] GROSSE, Schönheit (wie Anm. 4), S. 27 f. Siehe auch die Kritik an der „plumpen Dienstbotentaille" (ebenda, S. 61).
[42] Zur ‚neuen Frau' in den 1920er Jahren, die eine ‚sportliche Linie' und keine ‚klassischen Formen' mehr aufweise, vgl. Gesa KESSEMEIER, „Und wo Schleifenenden flattern, beginnt das Reich alles Weiblichen". Zur Konstruktion geschlechtsspezifischer Körperbilder in der Mode der Jahre 1920 bis 1929, in: Kultur, Geschlecht, Körper, hg. v. Genus. Münsteraner Arbeitskreis für Gender Studies, Münster 1999, S. 159-178.

Die Unerschöpflichkeit des „Füllhorn(s) der ästhetischen Typenlehre"[43] zeigt sich nicht nur beim weiblichen, sondern auch beim männlichen „Schönheitstypus". Im Nacktkultur-Diskurs stehen die Jünglingsstatuen des Apoll und Antinous den Herkulesfiguren – als Verkörperungen des erwachsenen und besonders muskelstarken Mannes – gegenüber.[44] Generell lässt sich für die Nacktkultur aber eine Präferenz für den Jüngling feststellen. So wurde die Nacktgymnastik deutlich abgegrenzt von einem Athletentum, das an „plumper Kraftleistung" orientiert sei; Ziel der nacktgymnastischen Übungen war ein schlanker, ebenmässiger, kein ‚muskelstrotzender' Körper.[45] Wie in der Diskussion um die Schlankheit des Frauenkörpers bereits angeklungen, wurde hier immer auch ein rassistisches und klassenspezifisches (bürgerliches) Schönheitsideal verhandelt.[46]

Über nacktgymnastische Übungen sollte nun der ebenmässige Körperbau erarbeitet werden. Dabei wurde das Training mit der Bildhauerei verglichen: Es wurde am Körper gymnastisch „gearbeitet wie an einer Statue".[47] Die berühmten Frottierübungen aus J. P. Müllers *Mein System*, dem erfolgreichsten Nacktgymnastiksystem zu Beginn des 20. Jahrhunderts,[48] implizierten ein Abreiben und Massieren der Körperoberfläche, das mit dem Polieren der Statue seitens des Bildhauers analogisiert wurde.

2.2 Das Zitieren der „Normalfigur"

Voraussetzung für die über die Nacktgymnastik zu erreichende Angleichung an das antike Modell war zunächst eine umfassende Blickschulung, eine „fortgesetzte Übung des Auges"; es musste erlernt werden, die in der antiken

---

[43] GROSSE, Schönheit (wie Anm. 4), S. 35.
[44] „Die Gestalten der griechischen Statuen sind mäßig muskulös, nicht übertrieben muskelschwellend, abgesehen vom Typus des Herakles der späteren Kunstzeit, welcher den reinen Athleten, den Kraftmenschen, darstellt" (Johannes GROSSE, Griechische Körperbildung und Schönheitszeichen, in: Die Schönheit 18 (1922), S. 65-78, S. 67).
[45] GROSSE, Schönheit (wie Anm. 4), S. 152. Zum männlichen Schönheitsideal in der Nacktkultur vgl. Maren MÖHRING, Der moderne Apoll, in: WerkstattGeschichte 10/29 (2001), S. 27-42.
[46] Zur Verwobenheit von ästhetischen und hygienischen Normen im Nacktkulturdiskurs vgl. Maren MÖHRING, Nackte Marmorleiber und organische Maschinen. Der natürliche Körper in der deutschen Nacktkultur, 1890-1930, Diss. München 2001.
[47] Fritz Wirth WINTHER, Körperbildung als Kunst und Pflicht, München 1919, S. 41.
[48] Das „Müllern" wurde zum Synonym für das nacktgymnastische Training. Zu Müller (1864-1983) siehe Hans BONDE, I.P. Muller. Danish Apostle of Health, in: The International Journal of the History of Sport 8 (1991), S. 347-369.

Statue verkörperte ideale Gestalt zu erkennen.[49] Den physiognomischen Diskurs aufgreifend, der von der Konzeption einer schönen ‚Normalgestalt' und den „weniger schönen Abweichungen" strukturiert war,[50] wurde das in den Statuen sichtbar gemachte Ideal in den nacktkulturellen Texten als „symmetrisch umschlossene Wohlgestalt" diskursiviert[51] und als „Normalfigur" bezeichnet. Die „Merkel-Fritsch'sche Normalfigur" sei gleichbedeutend mit der „Gestalt des normal-idealen Menschen" und „für jeden menschlichen Körper als Schema anwendbar".[52] In diesem Sinne ist die qua Nacktgymnastik vollzogene ästhetische Körperbildung als Annäherung an die „Normalfigur" zu denken.[53]

Mit Butler kann dieser Vorgang als Zitation eines idealen Körperschemas beschrieben werden. Dieses Zitieren stellt Butler ins Zentrum ihrer Überlegungen zur Materialisierung von Körpern und greift damit auf psychoanalytische Konzepte zurück, die die menschliche Morphogenese als Projektion eines Körperschemas auf eine Oberfläche konzipieren. Dadurch würden Körperkonturen ausgearbeitet und eingefasst.[54] Während die „Normalfigur" im Nacktkultur-Diskurs häufig als transhistorisches und universelles Ideal ge-

---

[49] UNGEWITTER, Nacktheit (wie Anm. 2), S. 84.
[50] Vgl. Claudia SCHMÖLDERS, Das Vorurteil im Leibe. Eine Einführung in die Physiognomik, Berlin 1995, S. 115. Zur Bedeutsamkeit der Physiognomik im Nacktkultur-Diskurs siehe Kultur der Physiognomie, in: Die Schönheit 5 (1907), S. 670-674.
[51] GROSSE, Schönheit (wie Anm. 4), S. 180, zitiert hier Lukian.
[52] FRITSCH, Die Gestalt des Menschen (wie Anm. 37), S. 147; Josef KIRCHNER, Von der Schönheit der Frauen. VIII. Die Rassenschönheit des Weibes, in: Die Schönheit 1 (1903), S. 659-662, S. 662. Gustav Theodor Fritsch (1838-1927), Professor für Medizin in Berlin und Mitbegründer der Berliner Gesellschaft für Anthropologie, hat in seinem Buch *Die Gestalt des Menschen* (1899) einen „Leitfaden" erarbeitet, damit sich Künstler und Anthropologen „über die natürlichen, normalen Verhältnisse schnell und sicher" orientieren könnten. Der von ihm in Anwendung gebrachte Proportionsschlüssel stimme „mit den Verhältnissen der Merkel'schen Normalgestalt" überein (ebenda, S. 144). Der Mediziner Friedrich Merkel (1845-1919) hat das *Handbuch der topographischen Anatomie* verfasst und grundlegende Methoden für den Schädelvergleich entwickelt.
[53] Gustav FRITSCH, Ist die körperliche Entwicklung der Menschheit zurückgegangen? Nach einem Vortrage, gehalten am 25.3.1904 in der Ortsgruppe Berlin des *Deutschen Vereins für vernünftige Leibeszucht*, bearb. v. Dr. Singer, in: Kraft und Schönheit 4 (1904), S. 169-179, S. 179.
[54] Zum Ich als „Projektion einer Oberfläche" vgl. Sigmund FREUD, Das Ich und das Es, in: DERS., Studienausgabe, Bd. 3, Frankfurt am Main 1982, S. 273-330, S. 294. Zur Unterscheidung von unbewusstem Körperbild und teilweise bewusstem Körperschema in Psychiatrie und Medizin vgl. Marie-Luise ANGERER, The body of gender. Oder the body of what? Zur Leere des Geschlechts und seiner Fassade, in: Kultur, Geschlecht, Körper (wie Anm. 42), S. 64-76, S. 67 f.

handhabt wurde, rekonzeptualisiert Butler das (psychoanalytische) Körperschema als Effekt gesellschaftlicher Regulationsmacht, als ein Konglomerat umkämpfter, historisch-spezifischer Normen[55] und historisiert damit die „Normalfigur".

Galt im Nacktkultur-Diskurs die „Merkel-Fritsch'sche Normalfigur" einerseits als allgemein-menschlich, so war andererseits, wie gezeigt wurde, der sogenannte „Schönheitstypus" geschlechtlich differenziert. Schließlich trete der Mensch als „schönste Erscheinung der Erde" immer in „zweifacher Gestalt: im Doppelwesen von Mann und Weib" auf, denn „'Femina' ist gegenüber dem Gatten ein vollkommen und eigenartig organisiertes Wesen im mechanischen wie im ästhetischen".[56] Es wurden also (lediglich) zwei unterschiedlich vergeschlechtlichte Körperschemata als komplementär und ‚natürlich' angenommen. Mit Butler lässt sich diese Beschränkung als Effekt eines historisch-spezifischen heterosexistischen Regimes aufzeigen. Die Nachahmung von Apoll- und Venusstatuen ist damit als Teil der „schweigende(n) kollektive(n) Übereinkunft" zu betrachten, „klar abgegrenzte und polare Geschlechterzugehörigkeiten als kulturelle Fiktionen zu performieren, hervorzubringen und zu erhalten".[57]

Die Asymmetrie innerhalb dieser Zweigeschlechtlichkeit zeigt sich u.a. darin, dass das ideale Körperschema in einer (hetero)sexistischen Ordnung immer männlich markiert ist und als ‚allgemeines' morphologisches Ideal auch die weibliche Morphologie bestimmt. Schon Johann Joachim Winckelmann (1717-1768) hatte – in Übereinstimmung mit dem antiken Schönheitsideal, das die Schönheit des Mannes über diejenige der Frau gestellt hatte – allein männliche Statuen und ihren Kontur als maßgeblich für die ‚absolute Schönheit' betrachtet.[58] Entsprechend wurden in den Anleitungen zur Nacktgymnastik für Frauen neben den Venusstatuen bisweilen auch Männerstatuen als vorbildlich präsentiert.[59]

In dieser Konstellation liegt nach Butler nicht allein die Möglichkeit, sondern die Zwangsläufigkeit „querlaufende(r) Identifizierungen" begründet, die auf die grundsätzliche „Instabilität der imaginären Grenzen des biologischen

---

[55] Diese Umformulierung erfolgt über eine Relektüre, nämlich eine Historisierung des aristotelischen *schema* (vgl. BUTLER, Körper von Gewicht (wie Anm. 14), S. 57 f.).
[56] GROSSE, Schönheit (wie Anm. 4), S. 93.
[57] BUTLER, Performative Akte (wie Anm. 15), S. 306.
[58] Vgl. George L. MOSSE, Das Bild des Mannes. Zur Konstruktion der modernen Männlichkeit, Frankfurt am Main 1997, S. 93 f., S. 104. Zur Normativität der männlichen Gestalt in der Nacktkultur siehe MÖHRING, Nackte Marmorleiber (wie Anm. 46), S. 31 f.
[59] Vgl. MENSENDIECK (wie Anm. 8), S. 42, S. 96 f.

Geschlechts" verweist.⁶⁰ Ein Echo findet diese Instabilität im Nacktkultur-Diskurs, wenn die sogenannte ‚Vermännlichung' von Frauen verhandelt wird, die besonders im Sport drohe:

> „Sie gefallen mir nicht, jene realistischen, poesielosen Geschöpfe, die wohl vorzüglich sich im Leben zurecht finden können, die aber niemals ein Vorbild wahrer weiblicher Schönheit sind. Der Sport mit seinen Strapazen, der aus Knaben ganze Männer macht, hat aus ihnen nicht ganze Frauen, sondern Mannweiber gemacht. Hier heißt es, die Grenze zu finden".⁶¹

Die (Geschlechter-) Grenze wird hier in ihrer Instabilität thematisiert. Um der Vermännlichung durch Sport vorzubeugen, wurden in der Nacktgymnastik „eigene Gesetze", der weiblichen „körperlichen und seelischen Eigenart entsprechend", beachtet und die Übungen geschlechtsspezifisch differenziert.⁶² Nacktgymnastik wurde also als *expressive*, die vermeintliche geschlechtsspezifische Eigenart *ausdrückende* Praxis zu behaupten versucht und die performative Herstellung von Geschlecht(skörpern) in der Nacktgymnastik damit unsichtbar gemacht. Die Notwendigkeit, Gesetze für die Nacktgymnastik festzulegen, macht aber deutlich, dass Körperpraktiken nicht vollständig kontrollierbar sind. Eine exakte Wiederholung von (Geschlechter-) Normen lässt sich nicht garantieren; Mimesis ist Identitäts- und Differenzmaschine in einem.⁶³

Das Problem einer historischen Analyse von performativen Akten liegt nun darin, dasjenige in den Blick zu bekommen, das den normativen Vorgaben entgeht. Das Problem ist ein zweifaches. Zum einen hat ein Grossteil der Quellen normativen Charakter; vornehmlich vorbildliche (Statuen- und Menschen-) Körper werden in den FKK-Publikationen präsentiert. Zum anderen ist eine ereignishafte performative Praxis immer nur medial zu erfassen. Steht bei einer miterlebten Performance das Medium des Körpers im Vordergrund, ist man bei historischen Analysen vergangener Performances zumeist auf Bild- und Schriftquellen (gegebenenfalls auf Tonquellen) verwiesen. Wäh-

---

⁶⁰ BUTLER, Körper von Gewicht (wie Anm. 14), S. 122. Auch die männliche Morphogenese unterliegt instabilen Identifizierungen, wenn etwa in der Nacktkultur die Jünglingsgestalt als an das Weibliche erinnernde *morphe* konzipiert ist, die dann im Zuge des Erwachsenwerdens – als erneuter Morphogenese – gleichsam vermännlicht wird und damit ebenfalls querlaufende Identifizierungen voraussetzt.
⁶¹ J.F. KAPP, Erziehung zur Schönheit, in: Die Schönheit 2 (1904), S. 4-10, S. 10.
⁶² C[lara] HÖFER-ABEKING, Funktionelles Frauenturnen. (Zu Bess Mensendiecks gleichnamigem Werk), in: Die Schönheit 19 (1923), S. 464-470, S. 464.
⁶³ In *Haß spricht* weist Butler darauf hin, dass es u.a. deshalb immer zu Modifikationen bei der Zitation kommt, weil der Kontext performativer Akte „nie von vornherein vollständig determiniert ist" (Judith BUTLER, Hass spricht. Zur Politik des Performativen, Berlin 1998, S. 228).

rend die mediale Vermitteltheit performativer Praktiken beim ‚Live-Dabeisein' allzu leicht aus dem Blick gerät, bilden Aufzeichnungsmedien den Ansatzpunkt historischer Untersuchungen.

Die Quellen, mit deren Hilfe ich die Statuennachahmung zu (re-) konstruieren versuche, sind Fotografien von Statuen und Statuen nachstellenden Menschen sowie schriftliche Beschreibungen dieser Praxis. Dieser intermediale Verbund spielte bereits für die nacktkulturelle Statuennachahmung eine wichtige Rolle, wurden die Fotografien doch als sichtbare Vorbilder präsentiert, die – im Gegensatz zu den Statuen selbst – überall anzusehen und nachzuahmen waren und die durch die dazugehörigen Texte erklärt, in ihrer Bedeutung festgelegt werden sollten. Große etwa findet an den antiken Statuen sogenannte „Schönheitzeichen" vor, die der „Körperschönheit als ihre objektiven Merkmale" anhafteten; mit seinem „Katalog" der Schönheitzeichen *diskursiviert* er die in den Statuen verkörperten Normen.[64] Er übersetzt also ‚plastische' Zeichen in sprachliche.[65] Doch weder die antiken Statuen noch die Körperpraktik der Statuennachahmung sind in Sprache übersetzbar, es bleibt immer ein Rest. Was im Bild oder in der Plastik auf einen Blick, gleichzeitig vorhanden ist, muss im Text stückweise geschildert werden. Die Listenform des Große'schen Katalogs der Schönheitzeichen verweist auf die Unabschließbarkeit seines Katalogs und die Vergeblichkeit des Versuchs, eine (Fotografie einer) Statue erschöpfend in Schrift zu übersetzen. Mit diesem Problem ist auch jede historiographische Analyse von Bildquellen sowie performativen Praktiken konfrontiert. Das, was in den nacktkulturellen Texten als „Einfühlung in die antike Plastik"[66] umschrieben wird, lässt sich als Referenz auf die mimetische (körperliche) Anverwandlung lesen, aber eben: *lesen*.

Einer historischen performativen Praxis nähern sich Historiker/innen in erster Linie diskursiv. Wie Große muss auch die Historikerin heute die Fotografien der Statuen und der sie nachstellenden Menschen be-schreiben. Das Übersetzungsproblem teilt sie dabei mit den historischen Akteur/innen;[67] das Transferproblem ist also gleichsam ein doppeltes, es wiederholt sich.

Die Unterschiedlichkeit der Register des Sagbaren, des Sichtbaren und des Performativen zu betonen, bedeutet aber nicht, von einem vollständigen Bruch zwischen Diskurs und Performanz auszugehen; vielmehr ließe sich

---

[64] GROSSE, Körperbildung (wie Anm. 44), S. 76; DERS., Schönheit (wie Anm. 4), S. 107.
[65] Ein ähnliches Problem stellt sich bei den Anleitungen zur Nacktgymnastik, in denen körperliche Bewegungen in Worte übersetzt werden müssen.
[66] WINTHER (wie Anm. 47), S. 10, Bildunterschrift.
[67] Zur Nachahmung allgemein als einer „mehrgliedrige(n) Übersetzung" vgl. ISER (wie Anm. 21), S. 250.

hier von einer wechselseitigen Supplementierung sprechen.[68] Dies gilt es vor allem auch deshalb zu betonen, weil die Nacktkulturbewegung am (kulturkritischen) Versuch einer Entdiskursivierung, einer „Wiederverbildlichung und Wiederverkörperlichung des symbolischen Austauschs" beteiligt war[69] und – sehr beredt – das mimetische Moment in den Vordergrund zu stellen suchte. Dabei blieb sie aber immer auch auf die diskursive Produktion von (Körper-) Wissen angewiesen. Die Verkörperlichung qua Körper und diejenige qua Schrift und Bild (bzw. Plastik) sind miteinander verbunden, sie zitieren sich wechselseitig.

Nach der Erörterung der medialen Voraussetzungen soll im Folgenden nun auf die historische Dimension der nacktkulturellen Statuennachahmung eingegangen werden. Als historische Mimesis begriffen, verweist diese performative Praktik in ihrer aktualisierenden Resignifizierung des antiken Modells auf die einer Wiederholung zukommenden unterschiedlichen Temporalitäten.

3. Historische Mimesis

„Die Menschen machen ihre eigene Geschichte, aber sie machen sie nicht aus freien Stücken, nicht unter selbstgewählten, sondern unmittelbar vorgefundenen, gegebenen und überlieferten Umständen. Die Tradition aller toten Geschlechter lastet wie ein Alp auf dem Gehirne der Lebenden. Und wenn sie eben damit beschäftigt scheinen, sich und die Dinge umzuwälzen, noch nicht Dagewesenes zu schaffen, gerade in solchen Epochen revolutionärer Krise beschwören sie ängstlich die Geister der Vergangenheit zu ihrem Dienste herauf, entlehnen ihnen Namen, Schlachtparole, Kostüm, um in dieser altehrwürdigen Verkleidung und mit dieser erborgten Sprache die neue Weltgeschichtsszene aufzuführen".

Karl Marx: Der achtzehnte Brumaire des Louis Bonaparte

Das historische Kostüm, das die Nacktkultur-Anhänger/innen wählten, um ihre lebensreformerischen Ziele zu proklamieren, war die griechische Nacktheit. Sie wurde als „ideale Nacktheit" verstanden und mit einer zeitenthobe-

---

[68] In jedem Fall hat man es mit „zwei Modalitäten der (Re-) Präsentation und Konstruktion von Wirklichkeit in verschiedenen Symbolregistern, die allerdings sehr unterschiedliche Wirklichkeitserfahrungen bedingen und ermöglichen", zu tun (Gunter GEBAUER / Thomas ALKEMEYER, Das Performative in Sport und neuen Spielen, in: Paragrana 10 (2001), S. 117-136, S. 124). Ganz ähnlich spricht FISCHER-LICHTE (wie Anm. 12), S. 293, vom Performance- und Text-Modell der Kultur als „zwei Modalitäten der Konstitution von Wirklichkeit (Welt) und Wirklichkeitserfahrung".
[69] So GEBAUER / ALKEMEYER (wie Anm. 68), S. 124, über den Sport.

nen Natürlichkeit gleichgesetzt.⁷⁰ Dass aber auch dieses Kostüm einen historischen Index trug, soll im Folgenden anhand der nacktkulturellen Antikerezeption gezeigt werden. Die Anverwandlung an das antike Vorbild wird als Nationalisierung und ‚Rassifizierung' zu diskutieren sein. Während bereits vielfach auf „nationale Verkörperungs-Strategien" in Körperpraktiken wie Aufmärschen, Tanzformationen und Turnfesten hingewiesen worden ist,⁷¹ gerät bei einer Analyse der Statuennachahmung auch die nationale Identifizierung am und im *einzelnen* Körper in den Blick. Denn diese Identifizierung setzt nicht erst in der Formation mehrerer Individuen zu einer gemeinschaftlichen Gestalt an, sondern bestimmt von Anfang an auch die individuelle Morphogenese.

3.1 Die rassentheoretische Lesart der antiken Statuen: Germanische Griechen

In „Schwarze Athene" hat Martin Bernal herausgearbeitet, dass in den klassischen Altertumswissenschaften im Laufe des 19. Jahrhunderts das „antike Modell" für die Erklärung der Herkunft der Griechen von einem „arischen Modell" abgelöst worden ist. Im Zuge dessen seien die semitischen und ägyptischen Einflüsse auf die griechische Kultur verdrängt und die Bedeutsamkeit der dorischen – und das heißt im damaligen Diskurs: ‚nordischen' – Einwanderung betont worden.⁷² Diesem „arischen Modell" entsprechend, galten die Griechen der Antike zu Beginn des 20. Jahrhunderts (nicht nur) im Nacktkultur-Diskurs als „alte Arier".⁷³ Die „mit der Natur innig verwachse-

---

70   Vgl. den mehrbändigen, 1915-1923 erschienenen Fotoband „Ideale Nacktheit" aus dem Verlag der *Schönheit* in Dresden.
71   Wolfgang KASCHUBA, Die Nation als Körper. Zur symbolischen Konstruktion ‚nationaler' Alltagswelt, in: Etienne FRANCOIS (Hg.), Deutschland und Frankreich im Vergleich, 19. und 20. Jahrhundert (Kritische Studien zur Geschichtswissenschaft; 110), Göttingen 1995, S. 291-299, S. 291. Vgl. auch Inge BAXMANN, Der Körper der Nation, in: Ebenda, S. 353-365, und Svenja GOLTERMANN, Körper der Nation. Habitusformierung und die Politik des Turnens, 1860-1890 (Kritische Studien zur Geschichtswissenschaft; 126), Göttingen 1998, zugl. Diss. Bielefeld 1997, die mit Bourdieus Habitus-Konzept auch die individuelle Körperpraxis der deutschen Turner beschreibt.
72   Vgl. Martin BERNAL, Schwarze Athene. Die afroasiatischen Wurzeln der griechischen Antike, Bd. 1: Wie das klassische Griechenland ‚erfunden' wurde, München/Leipzig 1992.
73   Jörg LANZ-LIEBENFELS, Nackt- und Rassenkultur im Kampfe gegen Mucker- und Tschandalakultur, Rodaun bei Wien 1913, S. 5. Dazu Pudor: „Als Naturvolk haben die Arier die heilige Lehre des Brahma in Indien, den Hellenismus in Griechenland,

nen Germanen" und die Griechen galten als „stammverwandt": „Die griechische Kultur aber ist eine germanische, weil die alten Griechen aus Germanien stammten. Aus ihrer Kultur können wir Rückschlüsse auf die Germanen ziehen".[74] Die bereits von Winckelmann angenommene besondere Affinität von Deutschland und Griechenland wurde also als Blutsverwandtschaft substantialisiert.[75] Erst diese ‚Arisierung' der Griechen machte sie im 19. und 20. Jahrhundert ‚rassisch' nachahmenswert.

An den antiken Statuen wurden nicht nur die genannten geschlechtsspezifischen „Schönheitzeichen" abgelesen, sondern ebenso eine ‚arisierte' griechische ‚Rasse-Norm'. Diese setzte sich aus den Signifikanten ‚weiße Haut', ‚blondes Haar' und ‚blaue Augen' zusammen. Entsprechende Textstellen antiker Autoren führt der Rassentheoretiker Joseph Arthur de Gobineau (1816-1882) an;[76] in der *Schönheit* wurden diese 1913 als „anthropologische Beschreibungen, die auf die physische Beschaffenheit der griechischen Rasse manches aufklärende Licht" würfen, behandelt.[77] Ebenso wurde immer wieder die Weiße der Marmorstatuen als Beweis für die Hellhäutigkeit der Griechen beschworen.[78] Auch bei dieser spezifischen Wahrnehmung der griechischen Statuen handelt es sich – wie beim Erkennen eines idealen Körper-

---

die Renaissance in Italien geschaffen, als Naturvolk haben wir die Römer geschlagen" (Heinrich PUDOR, Rassenverjüngung, in: Die Schönheit 14 (1917), S. 250-264, S. 261). Vgl. hierzu wie zum folgenden Absatz auch Maren MÖHRING, Ideale Nacktheit. Inszenierungen in der deutschen Nacktkultur 1893-1925, in: Kerstin GERNIG (Hg.), Nacktheit. Ästhetische Inszenierungen im Kulturvergleich (Literatur – Kultur – Geschlecht: Kleine Reihe; 17), Köln/Weimar/Wien 2002, S. 91-109.

[74] Alt-Hellas und seine Wiederkehr, in: Die Schönheit 19 (1923), S. 309-310, S. 310; Hans SURÉN, Der Mensch und die Sonne, Stuttgart, 64. Aufl. 1925, S. 28. Die Griechen seien „nach neueren Forschungen tatsächlich als ein früh abgezweigter Ast des germanischen Volksstammes anzusehen", als ein „Brudervolk" (Heinrich PUDOR, Die Steinachschen Verjüngungs-Versuche und die natürliche Verjüngung durch Nacktkultur, Dresden 1920, S. 22). Zur Opposition von vermeintlich naturnahen Germanen und städtischen Römern in der FKK-Bewegung vgl. Bernd WEDEMEYER, „Zum Licht". Die Freikörperkultur in der wilhelminischen Ära und der Weimarer Republik zwischen Völkischer Bewegung, Okkultismus und Neuheidentum, in: Archiv für Kulturgeschichte 81 (1999), S. 173-197, S. 182 f.

[75] Vgl. George L. MOSSE, Die völkische Revolution. Über die geistigen Wurzeln des Nationalsozialismus, Frankfurt am Main 1991, S. 42.

[76] Vgl. Elizabeth RAWSON, The Spartan Tradition in European Thought, Oxford 1969, S. 334.

[77] Blondes Haar und blaue Augen bei den Griechen, in: Beiblatt zur Schönheit 11 (1913), S. 34.

[78] Zur weißen Hautfarbe als eine der hervorstechende(n) Eigenschaften der reinen hellenischen Rassenschönheit vgl. Friedrich KUNZE, Der Schönheitsbegriff der alten Griechen, in: Kraft und Schönheit 20 (1920), S. 11-16, S. 14.

schemas – um einen performativen Akt, in dem „der Blick eine transformierende Kraft entfaltet".[79]

Die Überblendung von Germanen- und Griechentum verlief allerdings nicht völlig reibungslos; bestand doch die Gefahr, eine zu große Vorliebe für die Griechen, die „uns auf den Gymnasien (...) von unseren verstockten Philologen aufgezwungen" werde, könne „deutsches Wesen erstick(en)".[80] Das, was „im alten Hellas ähnliches" zu finden sei, müsse daher unbedingt „zeitgemäß germanisiert" werden.[81] Die konstruierte ‚rassische' Verwandtschaft zwischen Germanen und Griechen ermöglichte ein Anknüpfen an das antike Schönheitsideal *und* eine ‚Verdeutschung' wie Modernisierung des antiken Modells.

3.2 Die Nachahmung der Antike als nationale Selbstschöpfung: Ein deutsches, ein anderes Griechenland

In der Nacktkultur um 1900 wurde, im Anschluss an Winckelmann, das Problem der Bildung einer deutschen Nation in Anlehnung an das antike Griechenland gedacht. Winckelmann sah den mimetischen Bezug auf die Antike als alleinige Möglichkeit, nationale Größe zu erlangen: „Der einzige Weg für uns, groß, ja, wenn es möglich ist, unnachahmlich zu werden, ist die Nachahmung der Alten (...), sonderlich der Griechen".[82] Der Rekurs auf Winckel-

---

[79] Vgl. FISCHER-LICHTE (wie Anm. 12), S. 298.

[80] Richard UNGEWITTER, Kultur und Nacktheit. Eine Forderung von Richard Ungewitter, Stuttgart 1911, S. 96. Zur Erfindung des Wortes „Griechentum", mit dem eine organische Einheit der griechischen Kultur allererst hergestellt wurde, vgl. Thomas NIPPERDEY, Nachdenken über die deutsche Geschichte. Essays, München 1986, S. 116.

[81] UNGEWITTER, Nacktheit (wie Anm. 2), S. 83. Zum Konflikt zwischen „völkischer und klassikorientierter Kunstauffassung" vgl. Klaus WOLBERT, „Hellenen, Germanen und wir" – Verstreute Stationen einer politischen Wirkungsgeschichte des Antikenvorbilds in Deutschland von Winckelmann bis Hitler, in: Griechen und Deutsche. Bilder vom Anderen, hg. v. Württembergischen Landesmuseum Stuttgart u. v. Hessischen Landesmuseum Darmstadt, Ausstellungskatalog, 1982, S. 76-93, S. 86 ff., der die enge Verzahnung von Germanen- und Griechentum anhand der NS-Kunst untersucht, ihre Anfänge aber bereits in der Lebensreformbewegung um 1900 findet.

[82] Johann Joachim WINCKELMANN, Gedanken über die Nachahmung der griechischen Werke in der Malerei und Bildhauerkunst, Stuttgart 1995 [1755], S. 4. Die nationalistischen Implikationen dieser Forderung kommen in einem Brief Winckelmanns vom 28.11.1756 zum Ausdruck: „Wir haben keine Spuren als die schönen Meisterstüke, welche sie uns in der Bildhauerey gelaßen; denselben sollte man mit Aemsigkeit nachfolgen, dadurch könnten wir hoffen, uns gegen andere Völker einmahl zu erheben, welche heut zu Tage uns als schwächere Menschen achten" (Johann Joachim

mann aber implizierte nicht nur die Forderung, die Griechen nachzuahmen, sondern ebenso, sich mimetisch an die Zeit um 1800 anzunähern bzw. eine Antike nachzuahmen, wie (man annahm, dass) sie in der deutschen Klassik figuriert worden war. Um 1800 markiert den Zeitpunkt, zu dem der Naturkörper als Matrix bürgerlicher Selbstfindung instituiert wurde. In diesem Sinne ließe sich formulieren, dass die Nacktkultur um 1900 nicht nur die Antike, sondern auch den ‚Anfang der Moderne' um 1800 zu wiederholen suchte.

Dabei war die nacktkulturelle historische Mimesis in ein Fortschrittsparadigma eingebunden und beinhaltete somit den Impuls zum wetteifernden Übertreffen des Vorbildes. Es ging darum, in der Nachahmung „etwas Anderes, Unvergleichbares [zu] werden", „eine Kultur im Sinne der griechischen, doch weit höher und reiner und dauerhafter", zu erlangen.[83]

Als besonderes Problem Deutschlands beschreiben nun Philippe Lacoue-Labarthe und Jean-Luc Nancy, dass Frankreich mit der Französischen Revolution eine gelungene Selbstwerdung in Anlehnung an die Antike zugeschrieben werden musste. Man habe in Deutschland daher seit dem Sturm und Drang versucht, „sich von einer *imitatio* ‚lateinischen' Stils (...) zu lösen", d.h. den neoklassizistischen Stil der französischen *imitatio*, „einschließlich der politischen, nämlich republikanischen Gestalt, die der Neoklassizismus sich zuletzt gab", verworfen und einen eigenen Stil zu finden versucht. Der mimetische Agon mit Griechenland sei durch ein Agon mit Frankreich verdoppelt worden.[84] In der Nacktkultur wird diese mimetische Konstellation noch durch ein Agon mit der Zeit um 1800 ergänzt, ist also gleichsam als *imitatio* dritten Grades zu charakterisieren.

Als Begründer einer sich von Frankreich abgrenzenden, bürgerlichen (antifeudalen) und spezifisch deutschen Antikenrezeption kann wiederum

---

WINCKELMANN, Briefe. In Verbindung mit H. Diepholder hg. v. W. Rehm, Bd. 1: 1742-1759, Berlin 1952, S. 249).

[83] GROSSE, Körperbildung (wie Anm. 44), S. 70, zitiert hier aus Goethes *Wahlverwandtschaften*; RENATUS, Griechisches und germanisches Empfinden, in: Die Schönheit 14 (1917), S. 65-75, S. 70.

[84] LACOUE-LABARTHE (wie Anm. 28), S. 117, S. 209, Anm. 18. Lacoue-Labarthe und Nancy versuchen im *Nazi-Mythos* eine spezifisch deutsche Antikerezeption herauszuarbeiten, in die sich der Nationalsozialismus als mythenschaffende Kraft hat einschreiben können. Sie betonen dabei, dass es sich um keine historische, sondern eine philosophische Arbeit handelt, die aber ein „Schema für Analysen" zur Verfügung stelle (LACOUE-LABARTHE / NANCY (wie Anm. 25), S. 158, S. 163). Sie plädieren für eine ‚Geschichte der politischen Fiktionierungen', die „zwischen Mentalitätsgeschichte, Kunst- und Denkgeschichte und politischer Geschichte" angesiedelt sei (ebenda, S. 173).

Winckelmann gelten, der einen Gegensatz zwischen Deutschland und Frankreich über die Oppositionspaare Natürlichkeit und Künstlichkeit und analog von griechischer Klassik und römischem Klassizismus, d.h. von griechischer Originalität und römischer Imitation formulierte.[85] In Ansätzen enthielt dieses neue, auf Griechenland begrenzte Nachahmungsmuster bereits die Idee einer Kulturnation (im Gegensatz zu einer Staatsnation).[86]

Das nationale Motiv wird 1923 in der Zeitschrift *Die Schönheit* ausformuliert:

„Achtzehntes Jahrhundert: Barock, Rokoko, Zopfstil – Prunk, Überladung, Schnörkel – Unnatur in Kunst und Leben! Frankreich ist maßgebend (...). Plötzlich, inmitten, eine einzigartige, einschneidende Wandlung! Rückkehr zu Einfachheit, zu erhabener Linienführung, zu religiöser Weihe der Kunst, zu wahrer, unvergänglicher Schönheit. Infolgedessen auf deutschem Boden die ungeahnte reife Frucht klassischer Kunstentfaltung, die uns heute noch nährt. Das Wunder dieser Wandlung beinahe allein das Werk (...) Johann Joachim Winckelmanns."[87]

Diese Abgrenzung von Frankreich ging mit der Absage an Rom als antikem Modell einher. Den „wüsten Schwelgereien" der Römer standen die Griechen gegenüber, die ihr Lebensglück „in der Pflege und Ausbildung des Leibes und der Seele" gefunden hätten.[88]

Diese Ablehnung Roms im Nacktkultur-Diskurs muss – verwoben mit dem nationalen (antifranzösischen) Motiv, das im und nach dem Ersten

---

[85] Zum negativen Rom-Bild Winckelmanns vgl. Alexander DEMANDT, Winckelmann und die Alte Geschichte, in: Thomas W. GAEHTGENS (Hg.), Johann Joachim Winckelmann 1717-1768 (Studien zum achtzehnten Jahrhundert; 7), Hamburg 1986, S. 301-313, S. 306 f., der auf eine romfeindliche „Tradition der deutschen Geistesgeschichte seit Erasmus und Melachthon" hinweist und dafür ebenso nationale wie konfessionelle Motive anführt. – Bei GROSSE, Schönheit (wie Anm. 4), S. 186, heißt es: Der „Römerstamm, hat (...) ein dauerndes Vorbild der Staatskunst und kriegerischen Welteroberung aufgestellt, war aber künstlerisch steril und unfähig, die ästhetische Tradition der Griechen fortzusetzen oder höher hinaufzuführen – im besten Falle und im ehrlichsten Bewußtsein Kopisten und Imitatoren".

[86] Damit wurde Griechenland auch zu einem *Kultur-* im Gegensatz zu einem *Zivilisationsmodell.* Vgl. Conrad WIEDEMANN, Römische Staatsnation und griechische Kulturnation. Zum Paradigmenwechsel zwischen Gottsched und Winckelmann, in: Franz N. MENNEMEIER (Hg.), Kontroversen, alte und neue. Akten des VII. Internationalen Germanisten-Kongresses, Tübingen 1986, S. 173-178, S. 177 f.

[87] C[lara] HÖFER-ABEKING, Der Schatzheber antiker Schönheit, in: Die Schönheit 19 (1923), S. 49-52, S. 49.

[88] Georg FUHRMANN, Wege zur wirtschaftlichen Freiheit, in: Deutsch-Hellas 1 (1907), S. 2-7, S. 3. Vgl. dazu auch GROSSE, Schönheit (wie Anm. 4), S. 189: „Der Römer geht ins Grobsinnliche, wie es ganz den Cäsarenbüsten und Marmorgesichtern römischer Kaiserinnen mit ihrem rohen lasziven Gesichtsausdruck entspricht".

Weltkrieg nochmals an Relevanz gewann – im Kontext des Kulturkampfes gesehen werden, dessen Rhetorik auch nach der Jahrhundertwende noch wirksam blieb.[89] Die Nacktkultur-Bewegung als vornehmlich norddeutsches, (kultur)protestantisches bzw. freireligiöses Phänomen nahm eine strikte Anti-Rom-Haltung ein und polemisierte heftig gegen den Katholizismus.[90] Noch 1929 erschien in der Nacktkultur-Zeitschrift *Figaro* ein Artikel mit dem Titel *Kulturkampf? – Ja, Kulturkampf!*, in dem davor gewarnt wurde, dass Deutschland „eine Musterkolonie römischen Geistes" werden könnte.[91] Der in der Nacktkultur vielbeschworene „Kampf der Lichtmenschen gegen die Dunkelmänner" war eine Fortführung des Kulturkampfes.[92]

Die Ablehnung Roms allein aber genügte noch nicht für die Etablierung einer eigenen deutschen Antikerezeption. Um nicht die französische (lateinische) Nachahmung der Antike nachahmen zu müssen,[93] sei, so Lacoue-Labarthe und Nancy, in Deutschland seit dem Sturm und Drang zudem Zuflucht zu ‚anderen Griechen' gesucht worden. Aus diesem Kontext heraus sei ein „doppeltes Griechenland" erfunden worden, nämlich ein maßvolles, sonnenhaftes, heroisches Griechenland der schönen Form auf der einen Seite und ein dunkles, mystisches Griechenland auf der anderen Seite. Man habe sich

---

[89] Vgl. Gangolf HÜBINGER, Kulturprotestantismus und Politik. Zum Verhältnis von Liberalismus und Protestantismus im wilhelminischen Deutschland, Tübingen 1994; S. 24, S. 45.

[90] Ungewitter etwa forderte 1911 „alle kernhaften deutschgesinnten Männer und Frauen zum Kampfe gegen Rom" auf, da „die römische ultramontane Kirche ein Schädling am deutschen Volkskörper" sei (UNGEWITTER, Kultur (wie Anm. 80), S. 42 f.). Zur „deutlichen Affinität zwischen nacktkultureller Praxis und ursprünglich protestantischer Konfessionalität", die in der tatsächlichen Konfession der Klientel wie in einem ‚strukturellen Protestantismus' begründet liege, vgl. Justus H. ULBRICHT, Lichtgebet und Leibvergottung. Annäherungen an die Religiösität der Freikörperkultur, in: GRISKO (wie Anm. 3), S. 141-178, S. 150.

[91] Kulturkampf? – Ja, Kulturkampf!, in: Figaro 6 (1929), S. 445- 446, S. 445 f. ‚Rom' war nicht nur eine äußere fremde Macht, sondern konnte die deutsche Nation – z.B. durch gemischtkonfessionelle Ehen – von innen her korrumpieren. Vgl. Helmut Walser SMITH, German nationalism and religious conflict. Culture, ideology, politics, 1870-1914, Princeton, NJ, 1995, S. 206.

[92] Vgl. Wilhelm KÄSTNER (Hg.), Der Kampf der Lichtfreunde gegen die Dunkelmänner, Berlin 1911. Zur Licht- und Dunkelheitsmetaphorik im Kulturkampf siehe SMITH (wie Anm. 91), S. 36.

[93] Die deutsche Geschichte sei in dieser Hinsicht von der „erbarmungslose(n) Logik des *double bind*" beherrscht: „Weil die Aneignung des Identifizierungsmittels zugleich über die Nachahmung der Alten, das heißt vor allem der Griechen, geschehen muß und nicht geschehen darf. Sie muß es, weil es kein anderes Modell als das der Griechen gibt (...). Sie darf es nicht, weil dieses griechische Modell bereits anderen gedient hat" (LACOUE-LABARTHE / NANCY (wie Anm. 25), S. 175).

also des – bereits nachgeahmten – neoklassizistischen Griechenlands zu entledigen gesucht, indem man „ein bisher noch nicht nachgemachtes Griechenland(...), das noch Griechenland zugrunde liegt", erfand – mit dem Ziel, „ein buchstäblich *archaischeres* Vorbild zu finden".[94]

Das von Lacoue-Labarthe und Nancy für spezifisch deutsch erachtete und gegen die französische Antikenachahmung gerichtete doppelte Griechenland ist geradezu exemplarisch bei Nietzsche formuliert, und es ist Nietzsches Griechenland, das für die nacktkulturelle Antikerezeption maßgeblich wurde – ein Moment, das sich im und nach dem Ersten Weltkrieg noch verstärkte.[95] Suchte man in der Nacktkultur über Winckelmann ein neues Hellas, ein „Deutsch-Hellas" herbeizuführen, so sah man in Winckelmann doch auch bereits den „Vorläufer Nietzsches mit seinem hohen Liede vom Übermenschen".[96]

3.3 Nietzsches Antike

In der *Geburt der Tragödie* von 1872 beschreibt Nietzsche ein ‚tragisches und zerrissenes' Griechenland, archaisch und aristokratisch, charakterisiert durch den ‚Willen zum Leben'.[97] Diese Griechenland-Konzeption war explizit gegen eine als humanistisch und aufgeklärt missverstandene Antike gerichtet, wie sie in der klassischen Philologie und in den Schulen gelehrt wurde. Nach Nietzsche musste ein schöpferischer Umgang mit der Antike erprobt werden, der das „Griechenthum durch die That zu *überwinden"* trachtete:

> „Man versuche alterthümlich zu leben – man kommt sofort hundert Meilen den Alten näher als mit aller Gelehrsamkeit. – Unsre Philologen zeigen nicht, daß sie irgend worin dem Althertum *nacheifern* – deshalb ist *ihr* Althertum ohne Wirkung auf die Schüler".[98]

---

[94] Ebenda, S. 176; LACOUE-LABARTHE (wie Anm. 28), S. 209.
[95] Das erste Sonderheft der *Schönheit* zu Nietzsche erschien 1927.
[96] HÖFER-ABEKING, Schatzheber (wie Anm. 87), S. 52. „Deutsch-Hellas" ist der Titel einer von Hermann Dames im Verlag *Hellas* von 1907 bis 1908 herausgegebenen Nacktkultur-Zeitschrift. In dieser Bezeichnung spricht sich meines Erachtens ein kolonialistischer Gestus aus, der parallel zur raumgreifenden Kolonisierung außereuropäischer Länder die Vergangenheit zu kolonisieren sucht.
[97] Vgl. Friedrich NIETZSCHE, Die Geburt der Tragödie. Oder: Griechenthum und Pessimismus [1872], in: DERS., Kritische Studienausgabe, Bd. 1 (=KSA 1), hg. v. Giorgio Colli u. Mazzino Montinari, München/Berlin/New York 1999, S. 9-156, *passim*.
[98] Friedrich NIETZSCHE, Notizen zu *Wir Philologen* [1875], in: DERS., Nachgelassene Fragmente 1875-1879 (KSA 8), S. 14-127, S. 124 f., S. 88 f. Zum bedeutsamen Ein-

Ähnlich wird in nacktkulturellen Texten immer wieder kritisiert, dass die Antike „Bildungsstoff", aber nicht „Lebensinhalt" sei.[99] Die herkömmliche humanistische, altphilologische Bildung in den Gymnasien wurde angegriffen und eine Reform der Schulerziehung gefordert, welche der Körperertüchtigung (Nacktgymnastik) sowie dem Anschauungsunterricht ihren gebührenden Platz einräumen sollte.[100] Die Kampagne für eine Schulreform bedeutete eine grundsätzliche Infragestellung der neuhumanistischen Hegemonie über das Antike-Bild. Mit Nietzsche wurde eine moderne Antike formuliert und im Rekurs auf das tradierte Bildungsmuster der antiken Statue ein moderner *neuer Mensch* antizipiert – im historischen Kostüm der idealen antiken Nacktheit.

Einen „heroischen Menschen"[101] galt es zu schaffen, der sich angesichts der dionysischen Urkraft zu behaupten wusste. Denn bei Nietzsche geht es nicht um eine völlige Identifizierung mit der dionysischen Kraft; zentral ist vielmehr der Kampf, der den Selbsterhalt gegenüber dem Dionysischen und die Errichtung einer (apollinischen) Ordnung ermöglicht.[102]

Diese nietzscheanische Rezeption der Antike wurde besonders vehement von Heinrich Pudor, dem „Vater der FKK",[103] vertreten. Als antikes Vorbild galt ihm „das alte Sparta, das gelobte Land der Kraft".[104] Durch Nacktgym-

---

fluss Nietzsches auf die Berliner Schulkritiker der wilhelminischen Ära vgl. Hubert CANCIK / Hildegard CANCIK-LINDEMAIER, Philolog und Kultfigur. Friedrich Nietzsche und seine Antike in Deutschland, Stuttgart 1999, S. 205-212. – Mit Nietzsche ließ sich auch eine Kritik an Winckelmann formulieren, sieht Nietzsche doch bei Winckelmann lediglich eine Seite der Antike, nämlich das Heitere und Maßvolle – das Apollinische – berücksichtigt. Diesem stellt er *das Andere der Klassik*, das Barbarische, das (dionysische) Übermaß und die Dezentrierung des Subjekts gegenüber.

[99] Alexander von GLEICHEN-RUSSWURM, Über die Bedeutung der römischen Renaissance für die Gegenwart, in: Die Schönheit 1 (1903), S. 663-672, S. 666.

[100] Ungewitter etwa kritisiert die Gymnasien als „Sitzlernschulen für geistige Akrobatik zur Ausbildung der Gehirnmuskulatur" (UNGEWITTER, Kultur (wie Anm. 80), S. 96). Zu den „Nachteile(n) unserer sogenannten klassischen humanistischen Bildung" siehe auch Die Kulturschule, in: Beiblatt zur Schönheit 5 (1907), S. 11.

[101] Dieser „heroische Mensch ist schön und der Schöpfer der Schönheit" (so LANZ-LIEBENFELS (wie Anm. 73), S. 1).

[102] Die apollinische Kunst wie die „kriegsgemässe herbe Erziehung" stehen für diesen Widerstand und fungieren gleichsam als Schutzschild gegen den schrecklichen Abgrund des Dionysischen. Vgl. NIETZSCHE, Tragödie (wie Anm. 97), S. 41.

[103] Günter DRESSEN, Geschichte des Naturismus. Von der Nacktheit über die Nacktkultur zum Naturismus, Wuppertal 1996, S. 10.

[104] „Ein solcher Lichtblick in der Menschheitsgeschichte war das alte Sparta, das gelobte Land der Kraft, nicht der brutalen Kraft, sondern derjenigen Kraft, welche Natur und Sittlichkeit vereinigte" (Heinrich PUDOR, Spartanische Erziehung, in: Kraft und Schönheit 10 (1910), S. 289-293, S. 290). Derselbe Artikel war acht Jahre zuvor, unter

nastik sollten nun in Deutschland „moderne Spartaner",[105] „(h)ärter als Eisen", geschaffen werden.[106] Der Rekurs auf Sparta lässt sich dabei als Militarisierung des (männlichen) Körperideals lesen, galten die Bewohner Spartas doch als „der kriegstüchtigste und schönste Menschenschlag, selbst in Hellas".[107] Sparta konnte auch deshalb zum Vorbild werden, weil dort auch Frauen nackt ihren Körper trainierten, während die Athenerinnen ein „fast orientalisch zurückgezogene(s), traumhafte(s) Leben"[108] geführt hätten. Neben der nacktgymnastischen Ertüchtigung lieferte Sparta auch für eugenische Maßnahmen das Modell: Der „Staat Lakedaemon" sei dafür zu preisen, dass alles in ihm „auf Schutz vor Entartung gestellt" gewesen sei; wiederholt werden neben spartanischer „Leibeszucht" auch die dortige „Ehezucht" und „Rassezucht" gelobt.[109]

Das dorische Sparta wurde aber nicht nur wegen seiner vorbildlichen Gymnastik und Eugenik zum präferierten Modell vieler Nacktkulturist/innen, sondern auch aus zwei weiteren, miteinander verwobenen Gründen: Erstens galten die dorischen Eroberer als germanisches Volk, das sich – organisiert als exklusive „Kriegerkaste"[110] – nicht oder kaum mit der ansässigen Bevölkerung vermischt, sondern seine ‚Rasseneinheit' und – dank eugenischer Maßnahmen – seine Stärke bewahrt hatte, weswegen Sparta zum ‚nordischsten Staat' in Hellas erklärt wurde. Zweitens schrieb man – mit Nietzsche – gerade den Doriern die (apollinische) kulturschöpferische Kraft zu, auf die es nach Lacoue-Labarthe und Nancy in der deutschen Antikerezeption ankam.[111] Sparta als „gelobtes Land der Kraft" diente damit als Vor-

---

Pseudonym, bereits in *Die Schönheit* erschienen und wurde 1923 abermals in *Kraft und Schönheit* abgedruckt.
[105] So die Bildunterschrift zu einem Foto, das junge Männer beim Training zeigt (vgl. ebenda, S. 289).
[106] Ebenda, S. 292.
[107] GROSSE, Schönheit (wie Anm. 4), Geleitwort. Zur ‚Re-Barbarisierung' von Männlichkeit über den Rekurs auf Sparta siehe MÖHRING, Der moderne Apoll (wie Anm. 45), S. 38 f.
[108] GROSSE, Schönheit (wie Anm. 4), S. 176, vergleicht zudem „die Athenerinnen" mit der „Pariserin".
[109] Johannes GROSSE, Schönheit, Gesundheit, Kraft und Körpererziehung der Griechen, in: Die Schönheit 19 (1923), S. 289-307, S. 292; DERS., Schönheit (wie Anm. 4), S. 173. Vgl. auch PUDOR, Spartanische Erziehung (wie Anm. 104), S. 290, der sich für die zwar barbarisch anmutende, aber dem Glauben an die Kraft geschuldete Aussetzung von „als Krüppel geborene(n) Kinder(n)" und alten Menschen ausspricht.
[110] UNGEWITTER, Kultur (wie Anm. 80), S. 40.
[111] LACOUE-LABARTHE / NANCY (wie Anm. 25), S. 178. Insofern Nietzsche die gestaltgebende Kraft den ‚nordischen' Doriern zuspricht, schreibt er sich in zeitgenössische Rassentheorien ein (vgl. dazu Hubert CANCIK, Nietzsches Antike. Vorlesung, Stuttgart/Weimar 1995, S. 122 ff.). Für Nietzsche allerdings ist Sparta kein Vorbild mehr,

bild für die Identifizierung mit der gestaltenden Kraft des Apollinischen, welche eben diese ‚dorische Ordnung' im permanenten Kampf hervorbrachte und sich in der künstlerischen Plastik, aber auch in der Gymnastik ausdrückte.[112]
Die archaische, barbarische Antike stellte also vor allem eine Ressource zur Verfügung, nämlich die für die individuelle Körperbildung qua Nacktgymnastik wie für die Nationwerdung notwendige *schöpferische Kraft*:[113]

> „(D)ie Freiheit, die der Grieche hierdurch dem Menschengeschlechte erfocht, war nicht die politische – er war und blieb ein Tyrann und Sklavenhändler – sondern die Freiheit der nicht blos [sic] instinktiven, sondern schöpferischen Gestaltung, die Freiheit zu dichten".[114]

Diese Energie wurde – von Nietzsche wie von Pudor und anderen – am Anfang der griechischen Geschichte gesucht. Das produktive Hellas war das archaische, nicht das spätere, das „von Aristoteles und seinen Schriften beherrscht wurde, der aber schon unter asiatischem Einfluss stehend, dem griechischen Geiste der Blütezeit entfremdet, mehr Dogmatik trieb als freie Kunst, also das eigentliche Griechentum schon nicht mehr vertrat."[115]

---

weil es – wie Athen – nicht mehr die Blüte der Polis repräsentiere, die das archaische Zeitalter geprägt habe (vgl. Friedrich NIETZSCHE, Nachgelassene Fragmente 1869-1874 (KSA 7), S. 46; NIETZSCHE, Notizen (wie Anm. 98), S. 60).

[112] An diesem Punkt kommt es immer wieder zu einer Überlagerung Griechenlands (Spartas) durch Rom, die Lacoue-Labarthe wie folgt beschreibt: „Deshalb hat Deutschland, nach der Entdeckung des orientalischen (mystischen, enthusiastischen, nächtlichen, wilden – *natürlichen*) Grundes Griechenlands, regelmäßig sich mit dem identifiziert, was unter einem geschichtlich-politischen Gesichtspunkt die 'dorische Ordnung' Griechenlands genannt werden könnte (das 'Junonische' Hölderlins, das 'Apollinische' Nietzsches: streng, gefügt, sonnenhaft – *technisch*). Und offensichtlich genau da überblendet Rom, das nur dies zweite Erbe angetreten hat – unter dem Anspruch, es von hellenistischen Schnörkeln zu reinigen, und ihm seine streng militärische, bäuerliche und bürgerliche Größe wiederzugeben – das Bild Griechenlands, das man von ihm frei halten wollte" (LACOUE-LABARTHE (wie Anm. 28), S. 209, Anm. 18). Für den Nationalsozialismus hat Richard Faber auf die Überlagerung von anti- und prorömischem Affekt hingewiesen. Vgl. Richard FABER, Das ewige Rom oder: die Stadt und der Erdkreis. Zur Archäologie „abendländischer" Globalisierung, Würzburg 2000, S. 38.

[113] Zur Modernität des Phänomens, das Archaische als Energie zu nutzen, siehe auch Gerd MATTENKLOTT, Nietzsche und die Ästhetik der Verzauberung, in: Sinn und Form. Beiträge zur Literatur 48 (1996), S. 485-503, S. 497.

[114] Das sei „jene Freiheit, von der Schiller sprach, ein kostbares Geschenk, für welches den Hellenen ewige Dankbarkeit gebührt". RENATUS (wie Anm. 83), S. 70 f., zitiert hier Houston Stewart Chamberlain.

[115] Ebenda, S. 65 f.

Bei der Nachahmung des ‚eigentlichen', d.h. des je eigenen, hier: deutschen Griechentums ging es darum, eine dem künstlerischen Vermögen der Griechen analoge (kultur)schöpferische Kraft zu finden – und das heißt, gerade die *Unnachahmlichkeit* der Griechen nachzuahmen: „Was die deutsche *imitatio* in Griechenland sucht, ist das Vorbild und also die Möglichkeit unabgeleiteten Zustandekommens, reiner Ursprünglichkeit: das Vorbild einer Selbstgestaltwerdung", so Lacoue-Labarthe. Dies sei, nach Kant, die Forderung, „unter der ein Genie die Erbschaft oder Nachfolge eines andern antritt". Demnach habe Deutschland, „einfach gesagt, versucht, Genie zu sein".[116] Nachzuahmen war also das Geniale am griechischen Volk, und „es war ja im ganzen ein ‚geniales'", eben das „Genie unter den Völkern"[117] – und gerade darin vorbildlich für die deutsche Nation.

3.4 Der arische Sonnenmythos und die heroische Nachahmung

Diese geniale natürliche Schöpferkraft steht auch im Zentrum von Sonnenmythen wie dem ‚arischen' Mythos, in denen die Sonne als „Uranfang"[118] und (männlich kodierte) ‚Urkraft' verehrt wurde (und wird). Das berühmte *Lichtgebet* des Malers Fidus wie der gesamte Sonnenkult der Nacktkultur sind meines Erachtens in diesem Kontext zu sehen.[119] Es ist „das Sonnige, Kraftgebende", wodurch „das Griechentum das ‚Land [wird], nach dem sich unsere Seele sehnt', unser aller Blicke sich sehnsüchtig richten", was „heute die Sehnsucht im sonnigen Hellas des Altertums sucht".[120]

---

[116] LACOUE-LABARTHE (wie Anm. 28), S. 108, S. 118. Vgl. Immanuel KANT, Kritik der Urteilskraft, hg. v. Karl Vorländer (Philosophische Bibliothek; 39a), Hamburg 1999 [1790], §49, S. 173: „Nach diesen Voraussetzungen ist Genie: die musterhafte Originalität der Naturgabe eines Subjekts im freien Gebrauche seiner Erkenntnisvermögen. Auf solche Weise ist das Produkt eines Genies (...) ein Beispiel nicht der Nachahmung (...), sondern der Nachfolge für ein anderes Genie, welches dadurch zum Gefühl seiner eigenen Originalität aufgeweckt wird".

[117] GROSSE, Gesundheit (wie Anm. 109), S. 293 f.; NIETZSCHE, Notizen (wie Anm. 98), S. 60.

[118] Friedrich Kurt BENNDORF, Preis der Sonne. Stücke und Bruchstücke aus der religiösen und poetischen Literatur, Die Schönheit 16 (1920), S. 332-338, S. 332. Insbesondere die Griechen hätten „die Sonne als das Zeugende, Starke, Ausgebende und den Mond als das Empfangende, Schwache, Dienende" empfunden (DERS., Der Mythos „Sonne-Geist" von Mombert, in: Die Schönheit 16 (1920), S. 317-329, S. 321).

[119] Fidus hat immer wieder den „sonnige(n) Arier" dargestellt, der „kein Verneiner" mehr sei wie noch Schopenhauer (vgl. FIDUS, Etwas vom Ringelreife, in: Deutsch-Hellas 1 (1907), S. 115-118, S. 116).

[120] RENATUS (wie Anm. 83), S. 68, S. 70.

Nach Lacoue-Labarthe und Nancy ist der ‚arische' Sonnenmythos ein

> „Mythos dessen, was die Formen als solche in ihrer Sichtbarkeit, in den Konturen ihrer Gestalt auftauchen läßt, und zur gleichen Zeit ist er der Mythos der Kraft oder der Glut, die die Formung dieser Formen überhaupt erlaubt. Anders gesagt (...) ist der Sonnenmythos der Mythos der formbildenden Kraft selbst, der ursprünglichen Kraft des Typus."[121]

Die Rolle des Mythos ist es demnach, „Modelle oder Typen (...) vorzuschlagen, wenn nicht sogar aufzuzwingen, Typen, durch deren Nachahmung ein Individuum – oder eine Polis oder ein ganzes Volk – sich selbst fassen und identifizieren kann." Der Ariermythos handelt also davon, „*sich* zu formen, *sich* zu ‚typisieren' und sich als absoluter freier Schöpfer (und folglich *Selbst*-Schöpfer) zu bilden". Er ist somit „Mythos der mythenbildenden Macht", „Mythos der ‚Mythopoiesis'", die autopoietische Geste par excellence.[122]

Dabei ist die mythische Kraft, so Lacoue-Labarthe, „eigentlich die des Traums, der Projektion eines Bildes, mit dem man sich identifiziert".[123] Dieses Bild ist im ‚arischen' Mythos eine ‚Rassengestalt' – nämlich der ideale ‚Rassentypus' des ‚Ariers' –, die qua ‚Rassen-' bzw. ‚Volkskraft' projiziert wird. Die schöpferische ‚Rassenkraft', dieses Gestaltungsvermögen, das in der bürgerlichen Gesellschaft verschüttet worden sei, galt es neu zu beleben.[124] Eine paradigmatische (und reflexive) Verkörperung des Kulturschöpfers fand man in der Figur des Prometheus, der im Nacktkultur-Diskurs textlich wie bildlich omnipräsent ist und dabei zeitgenössisch ‚arisiert' wurde – angekettet an einem Felsen im Kaukasus, dem Ursprungsort der ‚Arier'. Zudem wurde Prometheus in der Nacktkultur vor allem als „Typus des Sonnenheros" rezipiert, „der den Feuerbrand vom Himmel herabreißt" und da-

---

[121] LACOUE-LABARTHE / NANCY (wie Anm. 25), S. 186. Der ‚Arier' sei damit „nicht allein ein Typus unter anderen, er ist der Typus, in dem die mythische Kraft selbst, die Natur-Mutter aller Typen, sich darstellt".
[122] Ebenda, S. 183, S. 187; LACOUE-LABARTHE (wie Anm. 28), S. 133 f. – Bei Nancy und Lacoue-Labarthe geht es nicht um die ‚inhaltlichen' Elemente des Mythos, sondern um den Mythos *als* Mythos, als den sie den (arischen) „Nazi-Mythos" ansehen. Für eine ‚inhaltliche' Betrachtungsweise des arischen Mythos vgl. Léon POLIAKOV, Der arische Mythos. Zu den Quellen von Rassismus und Nationalismus, Hamburg 1993.
[123] LACOUE-LABARTHE / NANCY (wie Anm. 25), S. 181.
[124] Dies war die große Aufgabe des ‚Ariers', der die Dekadenz, also die nachlassende Schöpferkraft, zu bekämpfen hatte (vgl. Steven E. ASCHHEIM, Nietzsche und die Deutschen. Karriere eines Kults, Stuttgart/Weimar 1996, S. 70).

durch mit anderen Heroen ‚arischer' Sonnenmythen vergleichbar war.[125] Nietzsche hat Prometheus' Feuerraub als heroischen „arischen Frevel" verherrlicht.[126] Der prometheische Frevel gegen die Götter, „das gestohlene Feuer – die den Göttern abgelauschte Kunst des Feueranzündens",[127] liegt dabei in der menschlichen Selbstbehauptung gegenüber den Göttern, in der Nachahmung der Götter, im menschlichen „Schöpfergefühl" als „Gottähnlichkeitsgefühl" begründet:

> „Der Menschen Leid und unsagbares Ringen, der uralte Kampf, der ein Kräfteforderer ist, – prometheischer Trotz, das alles rang sich empor zum Sonnenlicht – den Neid der Götter mißachtend um kurze Stunden des Glückes – die neue Schönheit suchend: Eine Schönheit menschlicher Geistesmacht, menschlicher Seelengröße, eine Schönheit selbsterrungenen Glückes, selbstgetragenen Leids".[128]

Dieser dem „titanisch strebenden Individuum" notwendig gebotene Frevel ist von Nietzsche als aktive, männliche Tat konzipiert, die der „vom Weibe begangen(en)" ‚semitischen Sünde' entgegengesetzt ist. Letztlich werden hier zwei Modi der Nachahmung verhandelt, nämlich eine heroisch-herausfordernde (männliche) Imitation der Götter und ein passiver (weiblicher) Akt der Verführung.[129] Die Konversion der Mimesis in eine aktiv-geniale lässt sich bei Nietzsche als ‚Ermannung' lesen. Nachahmung zielt dann nicht auf ein vorgefertigtes Modell, sondern auf eine kreative „unabhängige Neuschöpfung", sie ist kein ‚Nachmachen', kein ‚Nachäffen' mehr.[130] Dieses wurde im Nacktkultur-Diskurs vehement abgelehnt:

> „Ein jeder beeilte sich, alle diese Äußerlichkeiten gedankenlos den andern nachzumachen und neue ‚Herdenmenschen' zu schaffen. Und doch brauchen wir nichts notwen-

---

[125] Was Prometheus bei den Griechen, sei Baldur bei den Germanen (Robert WERNER-SCHULTE, Heilagiu sunna! Von Sonne, Kunst und Leben. Ein Bekenntnis, in: Die Schönheit 16 (1920), S. 290-302, S. 295).
[126] NIETZSCHE, Tragödie (wie Anm. 97), S. 69 f. Das Titelbild der Erstausgabe der *Geburt der Tragödie* zeigte Prometheus, wie er die Fesseln sprengt.
[127] Die ältere Bronzezeit, der Kultursiegeszug der Urmenschheit, in: Deutsch-Hellas 1 (1907), S. 88-90, S. 88 (entnommen Heinrich Driesmans *Der Mensch der Urzeit*).
[128] Die Vertreibung aus dem Paradiese in neuer Auffassung, in: Deutsch-Hellas 1 (1907), S. 109-110, S. 109; Achilles FRITHJOF, Eine ästhetische Studie über den Achilles von Bissen, in: Die Schönheit 6 (1908), S. 426-429, S. 426.
[129] NIETZSCHE, Tragödie (wie Anm. 97), S. 69 f. Vgl. dazu Peter PÜTZ, ‚Arischer' Frevel und ‚semitische' Sünde. Nietzsches Prometheus-Konzeption, in: Edgar PANKOW / Günter PETERS (Hgg.), Prometheus. Mythos der Kultur, München 1999, S. 145-160.
[130] BENNDORF, Mythos (wie Anm. 118), S. 319. Gegen ein „gedankenlos(es) (N)achäffen" spricht sich auch Magnus WEIDEMANN, Körperkultur und – Kultur, in: Die Freude 2 (1925), S. 241-249, S. 247, aus.

diger als volle, ganze Persönlichkeiten, die uns hinaus aus diesem Strudel ‚zurück zur Natur' führen. Schon wird der Grund zu neuem Menschentume gelegt."[131] Dieses ‚Nachmachen', diese ‚falsche Mimesis', sah man in der aristotelischen, in der scholastischen, in der historistischen (Antike-) Nachahmung gegeben. In der nacktkulturellen Antikerezeption wurde also mit der Ablehnung eines bestimmten antiken Modells, nämlich Roms, auch eine bestimmte Art der Mimesis verworfen. Das Problem der Nachahmung stellt sich damit letztlich auch als Machtfrage dar. Eine aktiv-männliche – individuelle wie ‚rassische' – Prägekraft galt als Zeichen der Stärke in Abgrenzung zum passiven Geprägtwerden. Diese plastische Prägekraft war es nun, die man bei den alten Griechen, dem „plastischen Volk" per se, zu finden glaubte.[132]

Dabei stellte nun diese eigentümliche Begabung der Griechen das anschauliche Gegenstück zum jüdischen Bilderverbot dar. Den Griechen stand damit ein „völlig anders geartete(s) Volk" gegenüber, die „völlig kunstlosen Israeliten".[133] Der Nacktkultur-Diskurs partizipierte in dieser Hinsicht an den zeitgenössischen Antisemitismen, die ‚den Juden' einen Mangel an (plastischer) Einbildungskraft und damit Originalität zuschrieben.[134] Im Zusammenhang damit sprach man Juden auch die Fähigkeit zur ‚rassischen Typenprägung' ab. Damit ist ‚der Jude' nicht Anti-Typus im Sinne eines gegensätzlichen Typus', sondern der *Abwesenheit eines jeglichen Typus'*. Diese These Lacoue-Labarthes (und Nancys) macht auf eine fundamentale Asymmetrie aufmerksam; Juden erscheinen so als „unvorstellbar mimetische Wesen", sind „Ort einer zugleich unabsehbaren und unorganischen Mimesis ohne Zweck, die keine Kunst hervorbringt, und zu keiner Aneignung führt. Die Verunsicherung selbst".[135] Die an spezifische mimetische Fähigkeiten geknüpfte Zuschreibung von Gestaltlosigkeit beziehungsweise Vielgestaltigkeit ‚des Juden' fügt dem zeitgenössisch vieldiskutierten Problem des ‚un-

---

[131] UNGEWITTER, Nacktheit (wie Anm. 2), S. 101.
[132] „Die Phantasie der Griechen war eine wesentlich plastische; die Kunst daher, in welcher sie vorzüglich allen anderen Völkern vorstanden und immer voranstehen werden, die Plastik" (Wilhelm LÜBKE, Grundriss der Kunstgeschichte, Stuttgart, 9. durchges. Aufl. 1881, S. 126). Zur Annahme eines besonderen plastischen Sinns bei den Griechen vgl. auch CANCIK (wie Anm. 111), S. 135.
[133] Charles REITTER, Kraft, Schönheit und Nacktheit. Plauderei, in: Kraft und Schönheit 20 (1920), S. 228-232, S. 229.
[134] Der ‚jüdische Mangel an Einbildungskraft' ist u.a. von Chamberlain in seinen *Grundlagen des 19. Jahrhunderts* von 1899 formuliert worden.
[135] LACOUE-LABARTHE (wie Anm. 28), S. 135, S. 184. Im Anschluss ließe sich eine Differenz von Antisemitismus und Rassismus formulieren: Während anderen ‚Rassen' in jeder Hinsicht ‚mindere Rasse-Eigenschaften' zugeschrieben wurden, waren ‚die Juden' durch ‚rassische Eigenschaftslosigkeit' charakterisiert.

sichtbaren Juden' eine weitere Dimension hinzu,[136] ist doch das Regime der Sichtbarkeit an eine (fixierbare) Gestalt gebunden.

4. Fazit

In diesem Text habe ich versucht, die in der Nacktkultur betriebene mimetische Annäherung an die antike Statue als Technik der Körper- und Identitätskonstitution zu beschreiben. Die Praxis der Statuennachahmung macht dabei die Körperkonstitution als performativen Akt sichtbar, bei dem ein historisch-spezifisches vergeschlechtlichtes und rassifiziertes Körperschema wiederholt zitiert wird und werden muss. Mit Butlers Konzept der Performativität lässt sich besonders deutlich die *Zwangsförmigkeit* dieses Vorgangs und die Normativität einer bestimmten Körpergestalt herausstellen. *Ereignishaftigkeit und Singularität* einer jeglichen Performanz hingegen sind zwar mitgedacht, geraten aber von dieser Perspektive her leicht aus dem Blick.[137] Butlers Fokus liegt eher auf den Prozessen der Sedimentation durch wiederholte Akte als auf der genauen Analyse einzelner performativer Akte, wobei ihr Anliegen – in der Tradition feministischer Theorie – durchaus eine Analyse der (Re-) Produktion gesellschaftlicher Strukturen durch individuelle Akte ist.[138] Wenn Butler den Körper als historische Situation, als „Reproduktion einer geschichtlichen Situation" begreift, dann betont sie, dass ein performativer Akt nie voraussetzungslos vonstatten geht, sondern eine Vorgeschichte hat.[139]

Diese historische Dimension der Performanz habe ich auf einer anderen Ebene zu explizieren und zu problematisieren versucht. Die Nachahmung der

---

[136] Der assimilierte und damit nicht mehr zu erkennende Jude sollte, so forderten es die völkischen Segmente der Nacktkultur, durch die Praxis der „nackten Gattenwahl" – einer gegenseitigen Begutachtung zukünftiger Eheleute in nacktem Zustand – an seiner Beschneidung identifiziert werden. Vgl. MÖHRING, Ideale Nacktheit (wie Anm. 73).

[137] Vgl. E. SCHUMACHER, Performativität und Performance, in: WIRTH, Performanz (wie Anm. 12), S. 383-402. Performativer Akt und Performativität (sowie Ereignishaftigkeit und Mediatisierung) sind allerdings immer nur zusammen zu haben (vgl. ebenda, S. 398); es kann also nur um Akzentsetzungen, nicht um den Ausschluss der jeweils anderen Perspektive gehen.

[138] Vgl. BUTLER, Performative Akte (wie Anm. 15), S. 306. Michel de Certeau hingegen legt den Akzent auf die individuelle (und bisweilen subversive) Aneignung von Normen. Vgl. Michel DE CERTEAU, Kunst des Handelns, Berlin 1988.

[139] BUTLER, Performative Akte (wie Anm. 15), S. 305.

Antike in der Nacktkultur implizierte, dass man sich an der griechischen Körperbildung – als deren überliefertes Produkt die antike Statue betrachtet wurde – orientierte. Der Begriff der historischen Mimesis sollte zugleich dem zeitlichen Abstand zwischen Antike und beginnendem 20. Jahrhundert sowie dem Prozess der resignifizierenden Zitation des antiken Modells in der Nacktkultur Rechnung tragen. Das, was an den antiken Statuen nachgeahmt wurde, wurde erst im Akt der Mimesis konstruiert. Dabei wurde in der Nacktkultur durchaus auch die Art der Nachahmung thematisiert, die eigene Zitierpraxis also gleichsam reflektiert: Es ging um ein Unnachahmlich-Werden durch eine aktive, männlich kodierte Nachahmung. Diese ‚heroische' Anlehnung an das antike Vorbild stellt das Paradox einer selbstschöpferischen Körperbildung in der Nachahmung eines Anderen aus. Die Gewalttätigkeit dieses ‚heroischen' Willens zur (männlichen) Originalität zeigt sich in den Rassismen und Antisemitismen, die dieser Form der Körper- und Selbstkonstitution inhärent sind.

VERZEICHNIS DER ABBILDUNGEN

Abb. 1:   Paris, Bibliothèque Nationale lat. 8837, f. 48v
Abb. 2-4: Paris, Archives Nationales K 17, no. 5
Abb. 5:   Illustrated London News, 8. Sept. 1855, S. 300 f.
Abb. 6:   Illustrated London News, 15. Sept. 1855, S. 332
Abb. 7:   Friedrich PAUL, Handbuch der criminalistischen Photographie für Beamte der Gerichte, Staatsanwaltschaften und der Sicherheitsbehörden, Berlin 1900, S. 13
Abb. 8:   Execution of Czolgosz with Panorama of Auburn Prison (Thomas A. Edison Inc. 1901)
Abb. 9:   Fritz Wirth WINTHER, Körperbildung als Kunst und Pflicht, München 1919, Abb. 2
Abb. 10: Fritz Wirth WINTHER, Körperbildung als Kunst und Pflicht, München 1919, Abb. 1

VERZEICHNIS DER AUTORINNEN UND AUTOREN

Gerd Althoff, Prof. Dr., Lehrstuhl für Mittlere Geschichte am Hist. Sem. der Westfälischen Wilhelms-Universität Münster; Forschungsschwerpunkte: Vorstaatliche Herrschaftsformen im Mittelalter, Spielregeln der Politik, symbolische Kommunikation

Klaus van Eickels, PD Dr., Otto-Friedrich-Universität Bamberg, Lehrstuhl für Mittelalterliche Geschichte; Forschungsschwerpunkte: Personale Bindungen (insb. Freundschaft) im Mittelalter, Westeuropa im Mittelalter, Wirtschafts- und Sozialgeschichte des Hoch- und Spätmittelalters

Erika Fischer-Lichte, Prof. Dr., Institut für Theaterwissenschaft der Freien Universität Berlin; Forschungsschwerpunkte: Ästhetik, Kunst- und Theatertheorie, Theatergeschichte

Jens Jäger, Dr. phil., DFG-Stipendiat; Forschungsschwerpunkte: Polizei- und Kriminalitätsgeschichte, Historische Bildforschung, Fotografiegeschichte

Geoffrey Koziol, Ph.D., Professor, Department of History, University of California, Berkeley; Forschungsschwerpunkte: France, ritual, political culture, diplomatics, conflict resolution

Achim Landwehr, Dr. phil., Juniorprofessor für Europastudien an der Heinrich-Heine-Universität Düsseldorf; Forschungsschwerpunkte: Geschichte der Wissens- und Wahrnehmungsformen, Historische Diskursanalyse, Geschichte Europas in der Frühen Neuzeit

Jürgen Martschukat, Dr. phil. habil., Privatdozent für Neuere Geschichte und Heisenberg-Stipendiat am Hist. Sem. der Univ. Hamburg; Forschungsschwerpunkte: Gewaltgeschichte und Familiengeschichte, Geschichte der USA

Maren Möhring, Dr. des., Wissenschaftliche Assistentin am Historischen Seminar der Universität zu Köln; Forschungsschwerpunkte: Körper- und Geschlechtergeschichte, Kulturgeschichte Deutschlands im 20. Jahrhundert

Steffen Patzold, Dr. phil., Wissenschaftlicher Assistent am Hist. Sem. der Universität Hamburg; Forschungsschwerpunkte: Früh- und hochmittelalterliche Geschichte, Geschichte des Mönchtums, Konflikte, bischöfliche Macht

Johannes Paulmann, Helmut-Schmidt-Stiftungsprofessor für Internationale Geschichte an der International University Bremen; Forschungsschwerpunkte: Geschichte transnationaler Beziehungen und des europäischen Staatensystems, Deutsche Geschichte in internationalem Zusammenhang

Frühe Neuzeit

Michael Höhle
Universität und Reformation
Die Universität Frankfurt (Oder) von 1506 bis 1550
(Bonner Beiträge zur Kirchengeschichte, Bd. 25)
2002. XII, 668 S. Gb.
€ 59,–/SFr 96,–
ISBN 3-412-15101-7
Michael Höhle stellt erstmals Verfassung, Arbeitsweise, Leistungen, Grenzen und Wandlungen der in unmittelbarer Konkurrenz zu Wittenberg gegründeten Oder-Universität in ihrer Anfangsphase dar. Vor allem schildert er ihre Beteiligung an den theologischen Auseinandersetzungen und kirchenpolitischen Aktionen des beginnenden Reformationszeitalters.

Herzog Albrecht von Preußen und Livland (1540–1551)
Regesten aus dem Herzoglichen Briefarchiv und den Ostpreußischen Folianten
(Veröffentlichungen aus den Archiven Preußischer Kulturbesitz, Bd. 54)
Bearbeitet von Stefan Hartmann
2002. LIII, 569 S. Gb.
€ 69,–/SFr 111,–
ISBN 3-412-02902-5
Dieser Band erfasst in ca. 750 Vollregesten die Korrespondenz Herzog Albrechts und seiner Räte mit seinem Bruder, Erzbischof Wilhelm von Riga, den livländischen Ordensmeistern Hermann von Brüggenei und Johann von der Recke sowie mit anderen livländischen Prälaten und vor allem mit der Stadt Riga.

Heinz Kathe
Die Wittenberger Philosophische Fakultät 1502–1817
(Mitteldeutsche Forschungen, Bd. 117)
2002. IX, 500 S. Gb.
€ 59,–/SFr 96,–
ISBN 3-412-04402-4
In diesem Jahr feiert die Martin-Luther-Universität Halle-Wittenberg ihr 500-jähriges Bestehen. Heinz Kathe hat dies zum Anlass genommen, die Geschichte der Wittenberger philosophischen Fakultät darzustellen.

Hans-Ulrich Thamer (Hg.)
Bürgertum und Kunst in der Neuzeit
(Städteforschung, Reihe A, Band 57)
2002. XIII, 272 S. 87 s/w-Abb. Gb.
€ 39,90/sFr 67,–
ISBN 3-412-08201
Mit dem Wandel des vormodernen Stadtbürgertums zum Bildungs- und Wirtschaftsbürgertum des 19. Jahrhunderts veränderte sich auch das Verhältnis zu Kunst und Kultur. Der vorliegende Band widmet sich dem Kunstverständnis der Bürger, ihrer Auffassung des Künstlertums, vor allem aber ihrer Rolle als Mäzen und Sammler von Kunst.

Ursulaplatz 1, D-50668 Köln, Telefon (0221) 9139 00, Fax 9139 011

Frühe Neuzeit

Denkwelten um 1700
Zehn intellektuelle Profile
Hg. von Richard van Dülmen und Sina Rauschenbach
2002. VI, 219 S. 24 s/w-Abb.
Br. € 24,90/SFr 42,–
ISBN 3-412-07102-1
Die Welt um 1700 ist in ihren Ordnungsmustern, Wertvorstellungen und sozialen Leitbildern vielfach noch von der mittelalterlichen Tradition bestimmt, doch zeichnen sich auch Dimensionen, Perspektiven und Richtungen ab, die auf ein neues Verständnis der Welt hinweisen. In diesem Buch werden die Profile von zehn Intellektuellen – Bayle, Corelli, Dampier, Eisenmenger, Francke, Leibniz, Lesage, Newton, Prandauer und Toland – vorgestellt, die bereits in ihrer Zeit mehr als Architekten des Neuen denn als Bewahrer des Alten galten.

Augustin Güntzer
Kleines Biechlin von meinem gantzen Leben
Die Autobiografie eines Elsässer Kannengießers aus dem 17. Jahrhundert
Ediert und kommentiert von Fabian Brändle und Dominik Sieber
(Selbstzeugnisse der Neuzeit, Bd. 8)
2002. 317 S. 12 s/w-Abb., 2 Karten. Gb. € 34,90/SFr 57,70
ISBN 3-412-08200-7
Die Lebensbeschreibung des Elsässer Kannengießers Augustin Güntzer, geboren 1596 und gestorben um 1657, ist eines der wenigen populären Selbstzeugnisse des 17. Jahrhunderts. Güntzer erlebte den Dreißigjährigen Krieg in all seiner Härte, musste mehrfach emigrieren und hielt die Schrecken des Krieges in einem eindrucksvollen Erfahrungsbericht fest.

Jan Klußmann (Hg.)
Leibeigenschaft
Bäuerliche Unfreiheit in der frühen Neuzeit. (Potsdamer Studien zur Geschichte der ländlichen Gesellschaft, Band 3)
2002. XV, 274 Seiten. Gb.
€ 32,90/SFr 54,70
ISBN 3-412-05601-4
Das aktuelle Interesse an der Funktionsweise vormoderner ländlicher Gesellschaften erfordert auch eine Neubewertung des historischen Phänomens Leibeigenschaft. Der Band stellt hierzu für Mitteleuropa und ausgewählte Vergleichsregionen quellengestützte Untersuchungen vor: Diese lenken erstmals den Blick auf die unterschiedlichen sozialen Wirklichkeiten und zeitgenössischen Wahrnehmungen von Leibeigenschaft.

Jörg Deventer
Gegenreformation in Schlesien
Die habsburgische Rekatholisierungspolitik in Glogau und Schweidnitz (1526–1707)
(Neue Forschungen zur Schlesischen Geschichte, Bd. 8)
2003. X, 433 S. 8 Taf. mit 8 s/w-Abb. € 44,90/SFr 74,–
ISBN 3-412-06702-4
Schlesien war im 17. Jahrhundert nicht nur ein Schauplatz des Dreißigjährigen Krieges, hier fand auch der Versuch der katholischen Habsburger statt, die fast vollständig protestantisch gewordene Bevölkerung unter Zwang zurück zum »allein selig machenden Glauben« zu führen.

Mittelalter

Jürgen Weitzel (Hg.)
Hoheitliches Strafen in der Spätantike und im frühen Mittelalter
(Konflikt, Verbrechen und Sanktion in der Gesellschaft Alteuropas, Symposien und Synthesen, Band 7)
2002. VII, 266 Seiten. Gebunden.
€ 34,90/SFr 57,70
ISBN 3-412-12402-8
Das Buch gibt Aufschluss darüber, dass die antiken Traditionen des Strafens bei den einzelnen germanischen Stämmen in unterschiedlicher Form und Stärke an Boden gewannen und dass christlich-religiöse Deutungsmuster und Werthaltungen allmählich antik-profane Herrschafts- und Rechtskonzeptionen ablösten.

Daniela Fruscione
Das Asyl bei den germanischen Stämmen im frühen Mittelalter
(Konflikt, Verbrechen und Sanktion in der Gesellschaft Alteuropas, Fallstudien, Band 6)
2003. XXXIV, 222 Seiten. Br.
€ 34,90/SFr 57,70
ISBN 3-412-06902-7
Die Autorin zeigt, dass das Institut des Asyls eine feste Größe innerhalb eines umfassenden Herrschaftskonzepts darstellte und eine wesentliche Rolle in der Entwicklung einer Strafpraxis im Frühmittelalter gespielt hat.

Holger Kunde
Das Zisterzienserkloster Pforte
Die Urkundenfälschungen und die frühe Geschichte bis 1236
(Quellen und Forschungen zur Geschichte Sachsen-Anhalts, Bd. 4)
2002. XXXIX, 400 S. 31 s/w-Abb. auf Taf. Gb. € 39,90/SFr 67,–
ISBN 3-412-14601-3
Das Kloster Pforte war dank seiner fähigen Äbte, seiner Förderung durch die Naumburger Bischöfe, die Kaiser und die Markgrafen von Meißen und dank seiner zahlreichen Tochtergründungen die wohl bedeutendste Niederlassung des Zisterzienserordens im sächsisch-thüringischen Raum.

Jörg Schwarz
Herrscher- und Reichstitel bei Kaisertum und Papsttum im 12. und 13. Jahrhundert
(Forschungen zur Kaiser- und Papstgeschichte des Mittelalters, Band 22)
2003. 510 Seiten. Gebunden.
€ 69,–/SFr 111,–
ISBN 3-412-05903-X
Im Hinblick auf die reichhaltige Literatur zum Thema eröffnet diese Untersuchung durch die doppelte Betrachtungsweise eine Vielzahl neuer, zum Teil überraschender Einsichten.

URSULAPLATZ 1, D-50668 KÖLN, TELEFON (0221) 913900, FAX 9139011

Mittelalter

Brigitte Burrichter
Erzählte Labyrinthe und labyrinthisches Erzählen
Romanische Literatur des Mittelalters und der Renaissance
(Pictura & Poesis, Band 18)
2003. VII, 285 S. 14 s/w-Abb. auf 8 Tafeln. Geb. ISBN 3-412-14502-5
Die Autorin untersucht einen scheinbaren Widerspruch in Kunst und Literatur: In der Literatur ist von Labyrinthen die Rede, in denen man sich verirrt, während die Abbildungen bis zum 15. Jahrhundert ausschließlich Labyrinthe zeigen, die aus einem einzigen, meist verschlungenen Weg bestehen.
Brigitte Burrichter zeichnet hier anhand von literarischen Texten nach: Das einsträngige Labyrinth steht für den Heilsweg, das Irrweglabyrinth für das sündige Leben. Diese Unterscheidung war Voraussetzung dafür, dass im Übergang vom Spätmittelalter zur Renaissance beide Labyrinthtypen ästhetisiert werden konnten. Die Lösung vom christlichen Kontext ermöglichte dann auch die bildliche Darstellung von Irrweglabyrinthen als ästhetischen Gebilden.

Christine Müller
Landgräfliche Städte in Thüringen
Die Städtepolitik der Ludowinger im 12. und 13. Jahrhundert
(Veröffentlichungen der Historischen Kommission für Thüringen, Kleine Reihe, Band 7)
2003. 374 S. 20 s/w-Abb. in sep. Tafelteil. Geb. ISBN 3-412-11602-5
Das Buch behandelt die Entstehung und frühe Entwicklungsgeschichte der landgräflichen Städte in Thüringen im 12. und 13. Jahrhundert sowie die landgräfliche Städtepolitik. Dabei werden auch die kleineren Städte Weißensee, Freyburg/Unstrut, Sangerhausen, Schmalkalden, Thamsbrück und Creuzburg untersucht.

Manfred Wilde
Die Zauberei- und Hexenprozesse in Kursachsen
2003. X, 734 S. 14 s/w-Abb. Geb. ISBN 3-412-10602-X
Das Buch behandelt über 900 Zauberei- und Hexenprozesse gegen Einzelpersonen und verknüpft dabei Rechts- und Sozialgeschichte. Es zeigt sich, dass Anschuldigungen wie Hexerei, Zauberei, Segensprechungen, Wahrsagen und abergläubische Praktiken häufig auf Auseinandersetzungen im Sozialverhalten beruhten und als Verhaltensmuster ausgenutzt wurden.

Peter Thorau, Sabine Penth Rüdiger Fuchs (Hg.)
Regionen Europas – Europa der Regionen
2003. XI, 304 Seiten. 4 s/w-Abb. Broschur. ISBN 3-412-01903-8
Im März 2003 feierte der Mediävist Kurt-Ulrich Jäschke seinen 65. Geburtstag. In den langen Jahren seines Wirkens hat er sich in besonderer Weise um die Geschichte des Saar-Lor-Lux-Raumes verdient gemacht, der mit den Luxemburgern eine der bedeutendsten Herrscherdynastien des Mittelalters hervorbrachte. Neue Impulse setzten daneben beispielsweise seine Beiträge zur mittelalterlichen Frauenfor-schung oder zur Stadtgeschichtsforschung.

URSULAPLATZ 1, D-50668 KÖLN, TELEFON (0 2 2 1) 91 39 00, FAX 91 39 011

Jörn Rüsen
Geschichte im Kulturprozess
2002. X, 298 S. Br.
€ 26,90/SFr 45,30
ISBN 3-412-06002-X
Das Buch greift die Herausforderung der Postmoderne auf und plädiert für den Blick über den Tellerrand der westlichen Kultur. Es weist dem historischen Denken und der Geschichtskultur eine zentrale Aufgabe in der geistigen Bewältigung der Modernisierung zu.

Jörn Rüsen
Zerbrechende Zeit
Über den Sinn der Geschichte
2001. IX, 357 S. 25 s/w-Abb. Br.
€ 28,–/SFr 48,50
ISBN 3-412-13000-1
Das Buch erörtert die Grundfrage des historischen Denkens nach dem Sinn der Geschichte. Es geht um elementare und fundamentale Aspekte des Geschichtsbewusstseins, um historisches Erzählen und um Grundfragen einer Ästhetik des Historischen. Vor allem aber geht es um die historischen Sinnlosigkeitserfahrungen des 20. Jahrhunderts und ihre geistige Verarbeitung in geschichtlichen Deutungen.

Stefan Krankenhagen
Auschwitz darstellen
Ästhetische Positionen zwischen Adorno, Spielberg und Walser
(Beiträge zur Geschichtskultur, Bd. 23) 2001. V, 284 S. Br.
€ 29,90/SFr 52,50/
ISBN 3-412-04701-5
Dieses Buch untersucht gegenwärtige und vergangene Darstellungsformen von Auschwitz im Kontext der über fünfzigjährigen Auseinandersetzung mit dem Thema. Ohne diese Geschichte lückenlos rekonstruieren zu wollen, handelt die Arbeit von ästhetischen Positionen, die unser Verständnis von Auschwitz nachhaltig geprägt haben.

Jan-Holger Kirsch
Nationaler Mythos oder historische Trauer?
Der Streit um ein zentrales »Holocaust-Mahnmal« für die Berliner Republik
(Beiträge zur Geschichtskultur, Band 25)
2003. X, 400 S. 8 Tafeln mit 11 s/w-Abb. Broschur.
€ 34,90/sFr 57,70
ISBN 3-412-14002-3
25. Juni 1999: Der Deutsche Bundestag beschließt mit großer Mehrheit, in Berlin ein »Denkmal für die ermordeten Juden Europas« zu errichten. Vorangegangen war eine langwierige Kontroverse, die zu den wichtigsten Selbstverständigungsdebatten der entstehenden »Berliner Republik« zu rechnen ist. Auf der Basis der publizistischen Stellungnahmen werden in diesem Buch die wesentlichen Konfliktlinien des Denkmalstreits analysiert. Eine zweite Untersuchungsebene bilden die künstlerischen Entwürfe, die die Schwierigkeiten des Vorhabens plastisch vor Augen führen. Aus kulturtheoretischer, geschichtsdidaktischer und erinnerungsethischer Perspektive geht es zugleich um allgemeinere Fragen: Wie verändert sich das historische Erinnern durch den wachsenden Zeitabstand zum Nationalsozialismus? Was kann Trauer um die Ermordeten der NS-Herrschaft heute noch bedeuten?

Beiträge zur Geschichtskultur

Herausgegeben von Jörn Rüsen

– Eine Auswahl –
Bd. 1-9: erschienen im Margit Rottmann Verlag

Bd. 15: Aleida Assmann
Zeit und Tradition
Kulturelle Strategien der Dauer. 1998.
VIII, 167 S. 3 s/w Abb. Br.
ISBN 3-412-03798-2

Bd. 16: Jan-Holger Kirsch
»Wir haben aus der Geschichte gelernt«
Der 8. Mai als politischer Gedenktag in Deutschland
1999. 257 S. Br.
ISBN 3-412-09798-5

Bd. 17: Dietrich Schubert
»Jetzt wohin?«
Heinrich Heine in seinen verhinderten und errichteten Denkmälern
1999. IV, 380 S. 110 s/w-Abb. Br.
ISBN 3-412-11498-7

Bd. 18: Thomas von der Dunk
Das deutsche Denkmal
Eine Geschichte in Stein und Bronze vom Hochmittelalter bis zum Barock.
1999. 844 S.
208 s/w-Abb. Gb. mit SU.
ISBN 3-412-12898-8

Bd. 19: Felix Philipp Lutz
Das Geschichtsbewusstsein der Deutschen
Grundlagen der politischen Kultur in Ost und West
2000. X, 421S. Br.
ISBN 3-412-13498-8

Bd. 20: Gertrud Koch (Hg.)
Bruchlinien
Tendenzen der Holocaustforschung
1999. 320 S. Br.
ISBN 3-412-07199-4

Bd. 21: Jörn Rüsen (Hg.)
Geschichtsbewusstsein
Psychologische Grundlagen, Entwicklungskonzepte, empirische Befunde
2001. 406 S. Br.
ISBN 3-412-15599-3

Bd. 22: Burkhard Liebsch und Jörn Rüsen (Hg.)
Trauer und Geschichte
2001. 378 S. 12 s/w-Abb. Br.
ISBN 3-412-13100-8

Bd. 23: Stefan Krankenhagen
Auschwitz darstellen
Ästhetische Positionen zwischen Adorno, Spielberg und Walser
2001. V, 284 S. Br.
ISBN 3-412-04701-5

Bd. 24: Thomas Prüfer
Die Bildung der Geschichte
Friedrich Schiller und die Anfänge der modernen Geschichtswissenschaft
2002. X, 392 S. Br.
ISBN 3-412-05802-5

Bd. 25: Jan-Holger Kirsch
Nationaler Mythos oder historische Trauer?
Der Streit um ein zentrales »Holocast-Mahnmal« für die Berliner Republik
2003. X, 400 S. Br.
ISBN 3-412-14002-3

Bd.26: Steffi Richter und Wolfgang Höpken (Hg.)
Vergangenheit im Gesellschaftskonflikt
Ein Historikerstreit in Japan
2003. Etwa 280 S. Br.
ISBN 3-412-14402-9

Ursulaplatz 1, D-50668 Köln, Telefon (0221) 913900, Fax 9139011

Norm und Struktur

Studien zum sozialen Wandel in Mittelalter und Früher Neuzeit

Herausgegeben von Gert Melville, in Verbindung mit Gerd Althoff, Heinz Duchhardt, Peter Landau, Klaus Schreiner und Winfried Schulze

– Eine Auswahl –

Bd. 7: Heinz Duchhardt/ Gert Melville (Hg.):
Im Spannungsfeld von Recht und Ritual. Soziale Kommunikation in Mittelalter und Früher Neuzeit.
1997. X, 500 S. Gb.
ISBN 3-412-04597-7

Bd. 8: Andreas Sohn:
Deutsche Prokuratoren an der römischen Kurie in der Frührenaissance 1431-1474. 1997. 444 S. Gb.
ISBN 3-412-03797-4

Bd. 9: Simon Teuscher:
Bekannte – Klienten – Verwandte. Soziabilität und Politik in der Stadt Bern um 1500. 1998. IX, 315 S. Gb.
ISBN 3-412-14397-9

Bd. 10: Gert Melville / Peter von Moos (Hg.):
Das Öffentliche und Private in der Vormoderne
1998. XXII, 716 S. Gb.
ISBN 3-412-01698-5

Bd. 11: Marcus Sandl:
Ökonomie des Raumes
Der kameralwissenschaftliche Entwurf der Staatswirtschaft im 18. Jahrhundert
1999. XI, 518 S. Gb.
ISBN 3-412-00199-6

Bd. 12: Andrea Löther:
Prozessionen in spätmittelalterlichen Städten
Politische Partizipation, obrigkeitliche Inszenierung, städtische Einheit.
1999. X, 400 S. Gb.
ISBN 3-412-04799-6

Bd. 13: Steffen Krieb:
Vermitteln und Versöhnen.
Konfliktregelung im deutschen Thronstreit 1198–1208.
2000. IV, 251 S. Gb.
ISBN 3-412-11199-6

Bd. 14: Mathias Schmoeckel:
Humanität und Staatsraison. Die Abschaffung der Folter in Europa und die Entwicklung des gemeinen Strafprozess- und Beweisrechts seit dem hohen Mittelalter. 2000. XI, 668 S. Gb.
ISBN 3-412-09799-3

Bd. 15: Peter von Moos (Hg.):
Der Fehltritt. Vergehen und Versehen in der Vormoderne.
2001. XXIV, 468 S. Gb.
ISBN 3-412-06101-8

Bd. 16: Stefanie Schlinger:
Prestige und Herrschaft.
Zur Repräsentation der Lübecker Ratsherren in Mittelalter und Früher Neuzeit.
2002. Ca. 272 S. 12 Taf. mit 12 s/w-Abb. Gb.
ISBN 3-412-15501-2

Bd. 17.1,2: Jörg Oberste:
Zwischen Heiligkeit und Häresie.
Religiosität und sozialer Aufstieg in der Stadt des hohen Mittelalters.
2003. 2 Bände. Zus. ca. 840 S. Gb.
ISBN 3-412-15902-6

Ursulaplatz 1, D-50668 Köln, Telefon (0221) 913900, Fax 9139011